最新财会系列教材

财务会计

CAIWU KUAIJI

（第 九 版）

丁元霖　主编

立信会计出版社
LIXIN ACCOUNTING PUBLISHING HOUSE

图书在版编目(CIP)数据

财务会计/丁元霖主编. —9版. —上海：立信会计出版社,2014.7
最新财会系列教材
ISBN 978-7-5429-4284-5

Ⅰ.①财… Ⅱ.①丁… Ⅲ.①财务会计－教材 Ⅳ.①F234.4

中国版本图书馆CIP数据核字(2014)第162095号

策划编辑	蔡莉萍
责任编辑	蔡莉萍
封面设计	周崇文

财务会计(第九版)

出版发行	立信会计出版社		
地　　址	上海市中山西路2230号	邮政编码	200235
电　　话	(021)64411389	传　真	(021)64411325
网　　址	www.lixinaph.com	电子邮箱	lxaph@sh163.net
网上书店	www.shlx.net	电　话	(021)64411071
经　　销	各地新华书店		
印　　刷	上海肖华印务有限公司		
开　　本	710毫米×960毫米　1/16		
印　　张	27		
字　　数	490千字		
版　　次	2014年7月第9版		
印　　次	2014年7月第1次		
书　　号	ISBN 978-7-5429-4284-5/F		
定　　价	42.00元		

如有印订差错　请与本社联系调换

最新财会系列教材编写说明

  为了满足高等财经类专业教学的需要,我们在立信会计出版社的支持下,出版了最新财会系列教材。该套教材包括:《会计学基础》、《财务会计》、《财务管理》、《成本会计》、《管理会计》和《税务会计》共六本,并同步出版了习题与解答配套用书。

  该套丛书的特点是:理论联系实际,深入浅出,通俗易懂;遵循循序渐进的原则,合理安排各门学科的教学内容,详略得当;教材之间既衔接紧密,又保持相对独立。各本教材的主要内容均由丁元霖执笔编写,连贯性好,系统性强;能根据会计改革的需要,不断地修订、充实更新教材内容,因此深受读者欢迎。

  目前《财务会计》一书已出了第九版,该书前八版印数达 34.26 万册;《会计学基础》一书已出了第四版,印数达 10 万册;《财务管理》一书也已出了第三版,印数达 4.7 万册;《成本会计》一书已出了第三版,印数已达 4 万册,此外还出版了《管理会计》和《税务会计》。总之,这套书的市场效应和社会效应都相当好。其中,《财务会计(第六版)》荣获华东地区大学出版社第七届优秀教材、学术专著二等奖;《管理会计》一书荣获华东地区大学出版社第八届优秀教材学术专著一等奖。

丁元霖
2014 年夏

第九版前言

本书自 2010 年 8 月第八版修订出版以来，承蒙广大读者厚爱，已印刷了多次，连同前七版的印刷，印数已达 34.26 万册，在社会上受到好评。该书曾荣获华东地区大学出版社第七届优秀教材、学术专著二等奖。

为了使教材的内容不断地更新，以体现教材内容的先进性，本书又进行了第八次修订，即现在的第九版。且可提供配套的教学课件。与本书配套的《财务会计习题与解答》（第八版）因 90% 的内容仍可使用，目前暂不修订。

本书全面、系统地阐述了现代会计的产生和发展，财务会计的特点，货币资金和转账结算，存货、应收及预付款项、固定资产、无形资产和长期待摊费用、对外投资、负债、所有者权益、产品成本和期间费用、税金、政府补助和利润等的核算，财务报告的编制和分析，债务重组和非货币性资产交换，以及会计调整和资产负债表日后事项的处理等内容。

这次修订对内容作了必要的增删，本书通过修订后，除了保持原有的特点外，结构更趋合理，内容也更趋完善。本书的特点是内容新颖、重点突出、详略得当，注重理论联系实际，注重基本理论，注重基本技能和基本方法的训练，做到深入浅出，通俗易懂。但因编者水平有限，疏漏之处在所难免，恳请广大读者多提批评与建议，以利于今后改进（可以通过电子信箱 ding_yuanlin@hotmail.com 与作者联系）。

本书可作为高等财经院校的教材，并可作为会计师、注册会计师考试的参考书，也可以作为企业领导、财会人员自学参考用书。

本书正文部分由丁元霖负责修订；刘芳源、丁辰、应红梅、杨炜之、潘桂群、刘骥、马洪照、孙伟桓、傅秋菊和吴峥参加了思考题和习题的修订工作，最后由丁元霖定稿。

本书在编写过程中，承蒙有关单位财务人员的热情支持和帮助，特在此表示谢意。

编　者
2014 年夏

初版前言

财政部颁发了《企业会计准则》和《企业财务通则》,制定了各行业的会计制度,全面地推行了会计的改革,这是我国会计事业的飞跃,揭开了我国财务会计工作的新纪元。

会计改革是社会主义市场经济发展的需要,是与国际会计接轨的需要。它改变了各行业强调自己行业特点,各自制定会计制度、确定销售收入的入账时间、采用不同的核算方法等各自为政的局面;统一了确认销售收入的入账时间、存货的计价方法;基本上统一了货币资金、存货、固定资产、无形资产、长期待摊费用、投资、负债、所有者权益、收入、费用、利润和利润分配等业务的核算方法。这样,原有分行业的会计教材体系中,各行业的会计教材势必出现大量的重复。因此,必须改革现行的教材体系,即改变按各个行业编写教材、全面阐述其整套的会计核算方法的做法,以避免不必要的重复,适应会计改革的需要,为此,我们编写了《财务会计》这本书。

《财务会计》是新的会计教材体系中的骨干教材,是《会计学基础》的后续教材,它概括了各行业会计的基本核算方法。《财务会计》的后续教材为《财务管理》、《成本会计》等。

本书全面地阐述了会计改革与税制改革后财务会计的理论与实务,内容新颖,注重理论联系实际及基本理论、基本技能和基本方法的训练。各章均附有思考题和习题,便于教师教学,学生学习。

本书可作为高等财经院校的教材,并可作为会计师培训的参考书以及供企业领导人员、财会人员自学参考。

本书共分十一章,第一、第二、第三、第四、第九、第十、第十一章由丁元霖编写,第五、第六、第七、第八章由李惟荘编写,刘芳源、李敏夏参加部分习题的编写工作,王铭敏、陈奕、李吉参加了部分章节的誊写工作,丁辰参加了整理工作。全书由丁元霖主编并定稿。

本书在编写过程中,承蒙有关单位财会人员的热情支持和帮助,特在此表示谢意。由于编者水平有限,疏漏之处在所难免,恳请广大读者批评指正。

编　者
1994年8月

目 录

第一章 总 论 ... 1
- 第一节 财务会计概述 ... 1
- 第二节 会计基本假设、会计基础和会计信息质量要求 ... 2
- 第三节 会计要素和会计科目 ... 6
- 思考题 ... 12

第二章 货币资金和转账结算 ... 13
- 第一节 库存现金 ... 13
- 第二节 备用金 ... 15
- 第三节 银行存款 ... 16
- 第四节 结算业务 ... 17
- 第五节 企业与银行对账的方法 ... 38
- 第六节 外币业务 ... 40
- 思考题 ... 44
- 习 题 ... 45

第三章 存货 ... 51
- 第一节 存货概述 ... 51
- 第二节 原材料 ... 53
- 第三节 产成品 ... 73
- 第四节 库存商品 ... 81
- 第五节 包装物 ... 96
- 第六节 低值易耗品 ... 101
- 第七节 存货的清查盘点 ... 104
- 第八节 存货的期末计量 ... 105
- 思考题 ... 108
- 习 题 ... 109

第四章 应收及预付款项 ... 127
- 第一节 应收及预付款项概述 ... 127
- 第二节 应收账款 ... 128
- 第三节 其他应收款 ... 130
- 第四节 坏账损失 ... 131
- 思考题 ... 134
- 习　题 ... 135

第五章 固定资产、无形资产和长期待摊费用 ... 138
- 第一节 固定资产 ... 138
- 第二节 无形资产 ... 157
- 第三节 长期待摊费用 ... 166
- 思考题 ... 167
- 习　题 ... 168

第六章 对外投资 ... 174
- 第一节 对外投资概述 ... 174
- 第二节 交易性金融资产 ... 176
- 第三节 持有至到期投资 ... 178
- 第四节 可供出售金融资产 ... 183
- 第五节 长期股权投资 ... 186
- 第六节 投资性房地产 ... 193
- 思考题 ... 197
- 习　题 ... 197

第七章 负债 ... 204
- 第一节 负债概述 ... 204
- 第二节 流动负债 ... 205
- 第三节 非流动负债 ... 213
- 思考题 ... 236
- 习　题 ... 237

第八章　所有者权益 …… 243
第一节　所有者权益概述 …… 243
第二节　实收资本和股本 …… 244
第三节　资本公积 …… 251
第四节　留存收益 …… 252
思考题 …… 254
习　题 …… 254

第九章　产品成本与期间费用 …… 258
第一节　产品成本与期间费用概述 …… 258
第二节　产品成本与期间费用的核算 …… 263
思考题 …… 267
习　题 …… 267

第十章　税金、政府补助和利润 …… 272
第一节　税金和教育费附加 …… 272
第二节　政府补助 …… 284
第三节　利润 …… 287
第四节　利润分配 …… 298
思考题 …… 302
习　题 …… 303

第十一章　财务报告 …… 311
第一节　财务报告概述 …… 311
第二节　资产负债表 …… 313
第三节　利润表 …… 321
第四节　现金流量表 …… 326
第五节　所有者权益变动表 …… 340
第六节　附注 …… 344
第七节　财务报表的分析 …… 345
第八节　合并财务报表 …… 350
思考题 …… 360
习　题 …… 361

第十二章 债务重组和非货币性资产交换······370
  第一节 债务重组······370
  第二节 非货币性资产交换······380
  思考题······384
  习　题······385

第十三章 会计调整······391
  第一节 会计政策及其变更······391
  第二节 会计估计及其变更······396
  第三节 前期差错及其更正······400
  思考题······402
  习　题······403

第十四章 资产负债表日后事项······405
  第一节 资产负债表日后事项概述······405
  第二节 资产负债表日后调整事项的会计处理······407
  第三节 资产负债表日后非调整事项的会计处理······413
  思考题······415
  习　题······415

附录一　复利现值系数表······417
附录二　年金现值系数表······418

第一章 总 论

第一节 财务会计概述

一、现代会计的概述

现代会计是指以货币作为主要计量单位,对一定单位的经济活动,通过收集、加工,提供以会计信息为主的经济信息,并为取得最佳经济效益,对经济活动进行控制、分析、预测和决策的一种经济管理活动。

会计是随着社会生产力的发展和经济管理的需要而产生和发展起来的。生产越发展,会计越重要。

1494年,意大利数学家卢卡·帕乔利在《算术、几何、比与比例概要》著作中的"簿记论",全面、系统地从理论上阐述了复式记账法,这是世界会计发展史上的一大飞跃,使会计从原来的单式记账法上升为复式记账法,从而提高了会计的科学性和严密性,减少了会计记录与核算的差错,使会计能更全面、系统、准确地核算和监督企业的资金及其运动,从此开创了现代会计的新纪元。

现代会计500年来不断地得到发展、充实和完善,从20世纪50年代开始,财务会计与管理会计分离,从而形成了现代会计的两大分支。

财务会计是指按照《企业会计准则》和《企业会计准则——应用指南》的要求,对已发生的交易或事项,通过记账、算账和定期编制财务报告等专门方法,将企业的财务状况、经营成果和现金流量等会计信息,提供给企业外部的财务报告使用者,反映企业管理层受托责任履行情况的外部会计。财务会计信息的提供有助于财务报告使用者作出经济决策。

管理会计是指根据企业管理层"加强内部管理,取得最佳经济效益"的需要,利用财务会计信息和其他信息,运用各种方法对企业内部各级责任单位的现在和未来的经济活动进行规划、控制与评价,并定期通过编制内部报表,向企业管理层提供多种可供选择的特定的管理信息,以便其作出最佳的决策的内部会计。

二、财务会计的特点

财务会计与管理会计相比较,主要有以下几个特点:

第一,财务会计的服务对象主要是企业外部,即财务报告使用者,它包括与企业有经济利益关系的投资者、潜在的投资者和债权人等。虽然他们不直接参与企业的经济管理活动,但他们的经济利益与企业的财务状况、经营成果和现金流量有着密切的联系。此外,还有财政、税务等政府部门,这些部门需要信息来监管企业的经济活动,制定税收政策,进行税收征管和国民经济统计;以及审计等中介机构。因此,财务会计必须为上述投资者、债权人、政府部门和中介机构服务。

第二,财务会计的会计主体是整个企业,通常按月、年分期揭示整个企业的财务状况、经营成果和现金流量,而不需要揭示企业内部某一部分或某一项具体业务的经营成果情况。

第三,财务会计的工作程序比较固定,必须遵循根据原始凭证编制记账凭证,再根据记账凭证登记会计账簿,最后根据会计账簿编制财务报告这一基本工作程序。记账凭证、会计账簿和财务报告均有规定的格式和用途。

第四,财务会计工作的重点是反映过去已经发生或已经完成的交易或事项,因此,它所提供的会计信息应力求准确。

第五,财务会计的具体核算必须严格遵守财政部颁发的《企业会计准则》、《企业会计准则——应用指南》和《企业财务通则》的规定。

第二节 会计基本假设、会计基础和会计信息质量要求

一、会计基本假设

会计基本假设是企业会计确认、计量和报告的前提,它是指对会计核算所处的时间、空间环境等所作的合理设定。会计核算的基本假设包括会计主体、持续经营、会计分期和货币计量等四项。

(一)会计主体

会计主体,是指企业会计确认、计量和报告的空间范围。为了向财务报告使用者反映企业财务状况、经营成果和现金流量,提供与其决策有用的信息,企业会计确认、计量和报告必须集中反映特定对象的活动,才能实现财务报告的目标。

首先,只有明确会计主体,才能判定会计所要处理的交易或事项的空间范围,才能对那些影响会计主体经济利益的各项交易或者事项加以确认、计量和报告,才能确定会计主体资产、负债、所有者权益的增减,收入的实现与费用的发生等。其次,只有明确会计主体,才能将会计主体的交易或者事项与会计主体所有者的交易或者事项区分开来。因为无论是会计主体的交易或者事项,还是会计主体所有者的交易或者事项,最终都将影响所有者的经济利益。但是为了真实地反映会计主

体的财务状况、经营成果和现金流量,必须将会计主体的交易或者事项与会计主体所有者的交易或者事项区别开来。以正确地核算会计主体的经济效益,明确经济责任和经济权利,从而为经营者加强会计主体的管理和进行经营决策提供可靠的会计信息。

(二) 持续经营

持续经营是指会计主体的生产经营活动在可以预知的将来,将会按照目前的规模和状态持续不断地经营下去。将持续经营作为会计核算的基本前提,表明企业不会面临破产清算,那么,企业拥有的资产将按原定的用途在生产经营过程中被耗用、出售或转换,并按原先承诺的条件在经营过程中清偿债务。

持续经营假设为会计核算的正常进行提供了依据,它解决了财产计价、费用成本和收益的确定等问题。例如,企业经营中可供长期使用的固定资产和无形资产的价值,按使用寿命或受益期限分期进行折旧或摊销,从而转化为企业各期的成本或费用,并从各期的收益中得到补偿,就是以持续经营为前提的。如果企业经营状况恶化,处于破产的境地,那么,这一前提就不能成立,对尚存的资产就不能以账面上的历史成本为准,而应按清理变现的实际价值计价,同时,也不一定能按原先承诺的条件清偿债务。届时,资产按清算时实际变为现金的价值计算,就能如实地反映企业的剩余财产,以有助于正确处理各方面的权益。

(三) 会计分期

会计分期是指将会计主体持续不断的生产经营活动划分为一个个连续的、长短相同的期间。会计分期的目的是将持续经营的生产经营活动划分成连续的、相等的会计期间,据以分期结算账目,计算盈亏,并按期编制财务报告,及时地向财务报告使用者提供会计主体的财务状况、经营成果和现金流量的信息。

根据持续经营假设,作为会计主体的企业,其生产经营活动是持续不断的。那么,企业的经营成果,只有在企业生产经营结束,其变卖所有的财产、清偿所有的债务后,将所剩余的现款与投资者投资额相比较后才能确定,这显然是不可能的。为了使会计这个信息系统充分地发挥作用,以满足企业内部管理层的生产经营决策和外部投资者债权人决策的需要,就必须将持续不断的生产经营活动人为地划分为一个个连续的、相等的期间,分期确认、计量和报告企业的财务状况、经营成果和现金流量。

会计期间分为年度和中期,中期是指短于一个完整的会计年度的报告期间。会计年度是指以1年为标准的会计期间,我国的会计年度采用日历年度,其起讫日期为公历1月1日至12月31日;会计中期还可以具体划分为半年度、季度和月度。

(四) 货币计量

货币计量是指会计主体在会计确认、计量和报告时以货币为基本计量单位,反映其生产经营活动。在市场经济的条件下,货币是衡量一般商品价值的共同尺度,因此,只有货币计量单位才能为会计核算提供一个普遍适用的手段,以全面地反映企业的财务状况、经营成果和现金流量。

在我国,由于人民币是国家法定的货币,因此规定以人民币为记账本位币。外商投资企业等业务收支以外币为主的企业,也可以选定某种外币为记账本位币,但编制和提供的财务报告应当折算为人民币反映。在境外设立的中国企业向国内报送的财务报告,也应当折算为人民币反映。

二、会计基础

企业会计的确认、计量和报告应当以权责发生制为基础。权责发生制是指以权利的形成和责任的发生为标准来确认收入与费用的方法。采用这种方法,凡是当期已经实现的收入、已经发生或应当负担的费用,不论是否收到和支付现金,均应作为当期的收入、费用入账。

在实际工作中,企业交易或者事项的发生时间与现金收付的时间往往会不一致,为了真实、公允地反映特定会计期间的财务状况和经营成果,会计基本准则明确规定企业在会计确认、计量和报告中,应当以权责发生制为基础。

收付实现制是与权责发生制相对应的一种会计基础,它是指以现金的收到和支付为标准来确认收入和费用的方法。目前我国的行政单位会计采用收付实现制,事业单位会计除经营业务采用权责发生制外,其他大部分业务采用收付实现制。

三、会计信息质量要求

会计信息质量要求是指在会计假设制约下,会计主体在会计核算中对会计对象进行确认、计量和报告的科学规范。会计信息质量要求是人们从会计实践中总结出来的经验,这些经验在得到会计界公认以后,就成为对财务报告中所提供会计信息质量的基本要求,它使财务报告中所提供的会计信息对投资者、债权人和政府有关部门等使用者的决策有用。我国的会计信息质量要求包括可靠性、相关性、可理解性、可比性、实质重于形式、重要性、谨慎性和及时性。

(一) 可靠性

可靠性是指企业应当以实际发生的交易或事项为依据进行会计确认、计量和报告,如实反映符合确认和计量要求的各项会计要素及其他相关信息,保证会计信息真实可靠、内容完整。

可靠性是会计核算最重要的质量要求,会计作为一个信息系统,它要求会计核算必须以交易或事项发生时所取得的合法的书面凭证为依据,不得弄虚作假,伪造、篡改凭证,以保证所提供的会计信息与会计反映对象的客观事实相一致,以便为投资者、债权人、企业内部管理层和政府有关部门提供可靠的依据。

(二)相关性

相关性是指企业提供的会计信息应当与财务报告使用者的经济决策需要相关,有助于财务报告使用者对企业过去、现在或者未来的情况作出评价或者预测。

会计信息的价值在于其与使用者的决策相关,是否有助于决策或者提高决策水平。如果提供的会计信息没有满足会计信息使用者的需要,对其经济决策没有什么作用,就不具有相关性。因此相关性要求企业会计在确认、计量和报告会计信息的过程中,要充分考虑使用者的决策模式和对会计信息的需要。

(三)可理解性

可理解性是指企业提供的会计信息应当清晰明了,便于财务报告使用者理解和利用。

企业编制财务报告、提供会计信息的目的在于使用,而要使使用者有效使用会计信息,应当能让其了解会计信息的内涵,弄懂会计信息的内容,这就要求财务报告所提供的会计信息应当清晰明了,易于理解。只有这样,才能提高会计信息的有用性,实现财务报告目标,满足向财务报告使用者提供决策有用信息的要求。

(四)可比性

可比性是指企业提供的会计信息应当具有可比性。

同一企业不同时期发生的相同或者相似的交易或者事项,应当采用一致的会计政策,不得随意变更。确需变更的,应当在附注中说明。

不同企业发生的相同或者相似的交易或者事项,应当采用规定的会计政策,确保会计信息口径一致、相互可比。

可比性要求对某些交易或者事项可以有多种会计政策的,会计核算前后各期应当保持一致。并要求各企业都依据企业会计准则的统一规定进行核算,使企业前后各期和各企业的会计信息建立在相互可比的基础上,使其提供的会计信息便于比较、分析、汇总,这样既能使投资者和债权人对企业的财务状况和经营业绩及发展趋势作出准确的判断,又能满足国民经济宏观调控的需要。

(五)实质重于形式

实质重于形式是指企业应当按照交易或者事项的经济实质进行会计确认、计量和报告,不应仅以交易或者事项的法律形式为依据。

在实际工作中,交易或者事项的外在法律形式并不总能完全真实地反映其实质内容。所以,会计信息要想反映其拟反映的交易或者事项,就必须根据交易或者事项的实质和经济现实,而不能仅仅根据它们的法律形式进行核算和反映。例如,融资租入的固定资产,在租赁期未满之前,从法律形式上来看,所有权并没有转移给承租人,但是从经济实质上看,融资租入的固定资产的租赁期限通常超过了该资产使用寿命的75%,而且到期承租人能以很低的价格购置该项资产,在这种情况下,与该项资产相关的收益和风险已转移给承租人,因此承租人应将其视为自有的固定资产。

(六) 重要性

重要性是指企业提供的会计信息应当反映企业财务状况、经营成果和现金流量等有关的所有重要交易或者事项。

重要性与会计信息的成本效益直接相关。因此,对于那些对企业资产、负债、损益等有较大影响的,并进而影响财务报告据以作出合理判断的重要的交易或事项,必须按照规定的会计方法和程序进行处理,并在财务报告中予以充分、准确的披露;对于次要的交易或者事项,在不影响会计信息真实性和不至于误导财务报告使用者作出正确判断的前提下,则可适当简化处理。这样,有利于抓住那些对企业经济发展和制定经营决策有重大影响作用的关键性内容,达到事半功倍的效果,有助于企业简化核算工作和提高工作效率。

(七) 谨慎性

谨慎性是指企业对交易或者事项进行会计确认、计量和报告应当保持应有的谨慎,不应高估资产或者收益、低估负债或者费用。

在市场经济环境下,企业的生产经营活动面临着许多风险和不确定性,会计信息质量的谨慎性要求企业在风险和不确定性的情况下,作出职业判断时,应保持应有的谨慎,充分估计到各种风险和损失,既不高估资产或者收益,也不低估负债或者费用。

(八) 及时性

及时性是指企业对于已经发生的交易或者事项,应当及时进行会计确认、计量和报告,不得提前或者延后。

在市场经济环境下,市场瞬息万变,企业竞争日趋激烈,这就要求企业及时收集、处理和传递会计信息,以便于财务报告使用者及时利用会计信息进行决策和调控。

第三节 会计要素和会计科目

一、会计要素

会计要素是指按照交易或者事项的经济特征所作的基本分类。

(一) 会计要素的分类

会计要素分为反映企业财务状况的会计要素和反映企业经营成果的会计要素。它既是会计确认和计量的依据,也是确定财务报表结构和内容的基础。我国企业的会计要素按照其性质不同,可分为六项,其中:构成资产负债表的要素有资产、负债和所有者权益三项,构成利润表的要素有收入、费用和利润三项。

1. 资产　　资产是指企业过去的交易或者事项形成的、由企业拥有或者控制的、预期会给企业带来经济利益的资源。将一项资源确认为资产,在符合资产定义的前提下,还应同时满足以下两个条件:一是与该资源有关的经济利益很可能流入企业;二是该资源的成本或者价值能够可靠地计量,资产是企业从事生产经营活动必不可少的物质基础。

资产按其流动性不同,可分为流动资产和非流动资产。流动资产是指预计在一个正常营业周期中变现、出售或耗用的、或者主要为交易目的而持有的、或者预计在资产负债表日起1年内(含1年)变现、或者自资产负债表日起1年内交换其他资产或清偿负债的能力不受限制的现金或现金等价物等资产。流动资产主要有库存现金、银行存款、交易性金融资产、应收及预付款项、待摊费用和存货等。非流动资产是指流动资产以外的资产。非流动资产主要有持有至到期投资、可供出售金融资产、长期股权投资、投资性房地产、固定资产、无形资产和长期待摊费用等。

2. 负债　　负债是指企业过去的交易或者事项形成的、预期会导致经济利益流出企业的现时义务。它是企业筹措资金的重要渠道。负债必须按期偿还,将一项现时义务确认为负债,在符合负债定义的前提下,还需要同时满足以下两个条件:一是与该义务有关的经济利益很可能流出企业;二是未来流出的经济利益的金额能够可靠地计量。负债反映了企业与债权人之间的一种债务、债权关系,债权人对企业的资产有求偿权。

负债按其流动性不同,可分为流动负债和非流动负债。流动负债是指预计在一个正常营业周期中清偿的、或者主要为交易目的而持有的、或者自资产负债表日起1年内到期应予以清偿的、或者企业无权自主地将清偿推迟至资产负债表日后1年以上的负债。流动负债主要有短期借款、应付票据、应付账款、预收账款、应付职工薪酬、应交税费、应付股利和其他应付款等。非流动负债是指流动负债以外的债务。非流动负债主要有长期借款、应付债券、长期应付款和预计负债等。

3. 所有者权益　　所有者权益是指企业资产扣除负债后,由所有者享有的剩余权益。所有者权益的确认依赖于资产和负债的确认,所有者权益金额的确定也取决于资产和负债的计量,它是资产金额与负债金额之间的差额。所有者权益主要有实收资本、资本公积、盈余公积和未分配利润等。

4. 收入　　收入是指企业在日常活动中形成的、会导致所有者权益增加的、与所有者投入资本无关的经济利益的总流入。收入的确认应同时满足以下三个条件:一是与收入相关的经济利益应当很可能流入企业;二是经济利益流入企业的结果会导致资产的增加或者负债的减少;三是经济利益的流入额能够可靠地计量。收入主要有主营业务收入和其他业务收入。企业应当合理确认收入的实现,并将实现的收入按时入账。

5. 费用　　费用是指企业在日常活动中所发生的、会导致所有者权益减少的、与向所有者分配利润无关的经济利益的总流出。费用的确认应同时满足以下三个条件：一是与费用相关的经济利益很可能流出企业；二是经济利益流出企业的结果会导致资产的减少或者负债的增加；三是经济利益的流出额能够可靠地计量。费用主要有主营业务成本、其他业务成本、销售费用、管理费用和财务费用等。为了确定会计期间的净收益，还必须合理确认本期的费用，使费用与收入相配比。

6. 利润　　利润是指企业在一定会计期间的经营成果。它包括收入减去费用后的净额和直接计入当期利益的利得和损失，因此，利润的确认依赖于收入和费用、利得和损失的确认。反映利润的指标有营业利润、利润总额和净利润。它是评价企业经济效益最主要的依据。

（二）会计要素的计量

1. 会计要素计量属性　　它是指反映会计要素金额的确定基础。它主要包括历史成本、重置成本、可变现净值、现值和公允价值等。

（1）历史成本　　它又称实际成本，是指取得某项资产时所实际支付的现金或者其他等价物。在历史成本计量下，资产按照其购置时支付的现金或者现金等价物的金额，或者按照购置资产时所付出的对价的公允价值计量。负债按照其因承担现时义务而实际收到的款项或者资产的金额，或者承担现时义务的合同金额，或者按照日常活动中为偿还负债预期需要支付的现金或者现金等价物的金额计量。

（2）重置成本　　它又称现行成本，是指按照当前市场条件，重新取得同样一项资产所需支付的现金或者现金等价物金额。在重置成本计量下，资产按照现在购买相同或相似资产所需支付的现金或者现金等价物的金额计量；负债按照现在偿付该项债务所需支付的现金或者现金等价物的金额计量。

（3）可变现净值　　它是指在正常生产经营过程中，以预计售价减去进一步加工成本和销售所必需的预计税金、费用后的净值。在可变现净值计量下，资产按照其正常对外销售所能收到的现金等价物的金额扣减该资产至完工时估计将要发生的成本、估计的销售费用及相关税金后的金额计量。

（4）现值　　它是指对未来现金流量以恰当的折现率进行折现后的价值，是考虑货币时间价值因素等的一种计量属性。在现值计量下，资产按照预计从其持续使用和最终处置中所产生的未来净现金流入量的折现金额计量；负债按照预计期限内需要偿还的未来净现金流出量的折现金额计量。

（5）公允价值　　它是指在公平交易中，熟悉情况的交易双方自愿进行资产交换或者债务清偿的金额。在公允价值计量下，资产和负债按照在公平交易中，熟悉情况的交易双方自愿进行资产交换或者债务清偿的金额计量。

2. 会计要素计量属性的应用原则　　企业在对会计要素进行计量时,一般应当采用历史成本。采用重置成本、可变现净值、现值、公允价值计量的,应当保证所确定的会计要素金额能够取得并可靠计量。

二、会计等式

在六个会计要素中,资产、负债和所有者权益三个要素构成了会计等式。即:

$$资产＝负债＋所有者权益$$

这一等式是会计的基本等式,它是复式记账、试算平衡和编制资产负债表的理论依据,它反映了企业在某一时点的财务状况。

而收入、费用和利润三个要素构成了另一会计等式。即:

$$收入－费用＝利润$$

这一等式是编制利润表的理论依据,它反映了企业在某一期间的经营成果。

企业在生产经营活动中,为了取得收入,必然要耗费各种资产,被耗费的资产转化为企业的费用,通过收入与费用的对比,以确定企业的利润。企业取得了利润将使资产和所有者权益增加,如发生亏损将使资产和所有者权益减少。在生产经营活动中,负债也会随之发生增减变动,因此在会计期间内,尚未结算的任何一个时点,其等式可以扩展为:

$$资产＝负债＋所有者权益＋利润(收入－费用)$$

三、会计科目

(一) 设置会计科目的意义

会计科目是指为记录各种交易或事项而对会计要素按其经济内容或用途作进一步分类核算的项目。交易或事项又称经济业务。

企业在生产经营活动中,各项资产、负债和所有者权益必然会发生增减变动,并将发生收入和费用,这些均是会计核算和监督的具体内容。然而资产包括了不少的内容,它们分布在不同的形态上,发挥着各自的作用;负债和所有者权益也各自包括了不少的内容,又来自不同的渠道。而各种收入的来源和各种费用的用途又各不相同。因此,为了全面、系统、分类地核算和监督各项经济活动,和由此而引起会计要素的增减变动情况,就必须结合生产经营管理的需要,通过设置会计科目,对会计要素的具体内容进行科学的分类。会计科目是设置账户的依据。

(二) 会计科目的分类

1. 会计科目按照其反映的经济内容分　　可以划分为资产类、负债类、共同类、所有者权益类、成本类和损益类六个大类。现将企业的会计科目表的具体项目列示如图表1-1所示。

图表 1-1

会 计 科 目 表

顺序号	编号	名 称	顺序号	编号	名 称
		一、资产类	25	1471	存货跌价准备
1	1001	库存现金	26	1475	待摊费用
2	1002	银行存款	27	1501	持有至到期投资
3	1005	备用金	28	1502	持有至到期投资减值准备
4	1012	其他货币资金	29	1503	可供出售金融资产
5	1101	交易性金融资产	30	1511	长期股权投资
6	1121	应收票据	31	1512	长期股权投资减值准备
7	1122	应收账款	32	1521	投资性房地产
8	1123	预付账款	33	1522	投资性房地产累计折旧
9	1131	应收股利	34	1523	投资性房地产减值准备
10	1132	应收利息	35	1531	长期应收款
11	1221	其他应收款	36	1601	固定资产
12	1231	坏账准备	37	1602	累计折旧
13	1401	材料采购	38	1603	固定资产减值准备
14	1402	在途物资	39	1604	在建工程
15	1403	原材料	40	1605	在建工程减值准备
16	1404	材料成本差异	41	1606	工程物资
17	1405	库存商品	42	1607	固定资产清理
18	1406	发出商品	43	1621	生产性生物资产
19	1407	商品进销差价	44	1622	生产性生物资产累计折旧
20	1408	委托代销商品	45	1631	油气资产
21	1409	受托代销商品	46	1632	累计折耗
22	1410	委托加工物资	47	1701	无形资产
23	1411	包装物	48	1702	累计摊销
24	1412	低值易耗品	49	1703	无形资产减值准备

（续表）

顺序号	编号	名　称	顺序号	编号	名　称
50	1711	商誉	76	4001	实收资本
51	1801	长期待摊费用	77	4002	资本公积
52	1811	递延所得税资产	78	4101	盈余公积
53	1901	待处理财产损溢	79	4103	本年利润
		二、负债类	80	4104	利润分配
54	2001	短期借款	81	4201	库存股
55	2101	交易性金融负债			五、成本类
56	2201	应付票据	82	5001	生产成本
57	2202	应付账款	83	5101	制造费用
58	2203	预收账款	84	5201	劳务成本
59	2211	应付职工薪酬	85	5301	研发支出
60	2221	应交税费			六、损益类
61	2231	应付利息			（一）收入类
62	2232	应付股利	86	6001	主营业务收入
63	2241	其他应付款	87	6051	其他业务收入
64	2314	受托代销商品款	88	6101	公允价值变动损益
65	2401	递延收益	89	6111	投资收益
66	2501	长期借款	90	6301	营业外收入
67	2502	应付债券			（二）费用类
68	2701	长期应付款	91	6401	主营业务成本
69	2702	未确认融资费用	92	6402	其他业务成本
70	2711	专项应付款	93	6403	营业税金及附加
71	2801	预计负债	94	6601	销售费用
72	2901	递延所得税负债	95	6602	管理费用
		三、共同类	96	6603	财务费用
73	3101	衍生工具	97	6701	资产减值损失
74	3201	套期工具	98	6711	营业外支出
75	3202	被套期项目	99	6801	所得税费用
		四、所有者权益	100	6901	以前年度损益调整

共同类会计科目根据余额来确定其归属,若余额在借方,属于资产类;若余额在贷方,则属于负债类。

损益类科目按其性质不同,又可以分为收入类科目和费用类科目。

2. 会计科目按照其提供核算指标的详细程度分　可以划分为总分类科目和明细分类科目。总分类科目是指对会计要素的具体内容进行总括分类的项目,它又称一级科目。明细分类科目是指根据核算与管理的需要对某些会计科目所作的进一步分类的项目,按照其分类的详细程度不同,又可以分为子目和细目;子目又称二级科目,细目又称三级科目。

会计科目是由财政部制定的《企业会计准则——应用指南》中规定的,企业在不影响会计核算要求和财务报表汇总以及对外提供统一的财务报表的前提下,可以根据实际情况自行增设、减少或合并某些会计科目,子、细目除少数财政部有规定者外,一般由企业根据核算与管理的需要自行确定。

思 考 题

1. 什么是现代会计？它有哪两大分支？
2. 什么是财务会计？什么是管理会计？
3. 试述财务会计的特点。
4. 什么是会计基本假设？它包括哪些内容？
5. 试述会计主体、持续经营、会计分期和货币计量各自的作用。
6. 什么是会计信息质量要求？它有何作用？我国会计有哪些信息质量要求？
7. 什么是会计要素？试述会计要素的分类。
8. 什么是资产？试述确认资产的条件。
9. 什么是负债？试述确认负债的条件。
10. 什么是所有者权益？试述确认所有者权益的条件。
11. 什么是收入和费用？试述确认它们的条件。
12. 什么是会计要素计量属性？它包括哪些内容？
13. 什么是历史成本？什么是可变现净值？
14. 试述会计要素计量属性的应用原则。
15. 六个会计要素构成了哪两个会计等式？它们各有什么作用？
16. 什么是会计科目？会计科目按照其反映的经济内容不同分为哪几类？

第二章 货币资金和转账结算

货币资金是企业的生产经营资金在循环周转过程中,停留在货币形态的资金。货币资金由库存现金、备用金、银行存款和其他货币资金组成。

货币资金是企业流动资产的一个重要组成部分,它反映了企业的直接支付能力。由于货币资金容易被丢失、挪用、贪污和盗窃,因此必须注意加强管理和控制。

第一节 库 存 现 金

一、库存现金的管理

库存现金是指财会部门为了备付日常零星开支而保管的现金,包括人民币和外币。

(一)库存现金限额的管理

我国颁布的《现金管理暂行条例》规定,各企业都要核定库存现金限额。库存现金限额原则上根据该企业3～5天的日常零星现金开支的需要确定。边远地区和交通不发达地区的库存现金限额可以适当放宽,但最多不得超过15天。由企业根据现金日常零星的支用情况提出所需的库存现金限额,报经开户银行核准。企业的库存现金若超过了限额,超过限额的部分必须在当天解存银行。企业若需要补充库存现金时,必须签发现金支票,向银行提取现金。

(二)库存现金收入的管理

企业收入的现金在一般情况下必须于当天解存银行,如当天不能及时解存银行的,应于次日解存银行,不得予以"坐支"。"坐支"是指企业从业务收入的现金中直接支付。

企业因特殊情况需要坐支现金的,应当事先报经开户银行审查批准,由开户银行核定坐支范围和限额。企业应定期向银行报送坐支金额和使用情况。

(三)库存现金支出的管理

企业必须严格按照财务制度规定的下列八个使用范围支用库存现金。

(1)职工的工资和各种工资性津贴。
(2)个人劳动报酬。

（3）支付给个人的各种奖金，包括根据国家规定颁发给个人的各种科学技术、文化艺术、体育等各种奖金。

（4）各种劳保、福利费用及国家规定的对个人的其他现金支出。

（5）收购单位向个人收购农副产品和其他物资支付的价款。

（6）出差人员必须随身携带的差旅费。

（7）结算金额较小的零星开支。

（8）中国人民银行确定需要支付现金的其他支出。这是指因采购地点不确定、交通不便、抢险救灾以及特殊情况等，办理转账结算不便，必须使用现金的单位，经开户银行核准后支用的现金。

凡不符上述支付范围的，应通过银行办理转账结算。企业应按照规定的用途使用库存现金，不准用不符合财务制度的凭证顶替现金；不准单位之间相互借用现金；不准谎报用途套取现金；不准利用银行账户代其他单位和个人存入或支取现金；不准将单位收入的现金以个人名义存入储蓄；不准保留账外公款；禁止发行变相货币；不准以任何票券代替人民币在市场上流通。

（四）库存现金的内部控制制度

为了加强库存现金的管理，应坚持"钱账分管"的内部控制制度。企业现金的收付保管，应由专职或兼职的出纳人员负责。出纳人员除了登记现金日记账和银行存款日记账外，不得兼办费用、收入、债务、债权账簿的登记工作，以及稽核和会计档案的保管工作，以杜绝弊端。

二、库存现金的核算

企业应设置"库存现金"账户对库存现金进行总分类核算。"库存现金"是资产类账户，用以核算企业库存现金的收入、付出和结存。企业收入现金时，记入借方；企业付出现金时，记入贷方；期末余额在借方，表示企业持有库存现金的数额。

为了加强对库存现金的核算与管理，详细地掌握企业现金收付的动态和结存情况，企业还必须设置"现金日记账"，按照现金收支业务发生的时间先后顺序，逐日、逐笔进行登记，并逐日结出余额，以便与实存现金相核对，做到日清日结、账款相符。

企业如发生库存现金短缺时，应借记"待处理财产损溢"账户，贷记"库存现金"账户；反之，如发生库存现金溢余时，则借记"库存现金"账户，贷记"待处理财产损溢"账户，以保持账款相符。待查明原因，确定处理意见时，再予以转账。对于短缺的库存现金，如决定由企业列支时，应借记"营业外支出"账户；如决定由责任人赔偿时，则借记"其他应收款"账户，贷记"待处理财产损溢"账户。对于溢余的库存现金，经批准转账时，应借记"待处理财产损溢"账户，贷记"营业外收入"账户。

第二节 备用金

一、备用金的管理

备用金是指企业拨付给有关职能部门或工作人员在一定限额内周转使用的现金。

企业对备用金实行定额管理。备用金的定额应由有关职能部门或工作人员根据工作上的需要提出申请,经财会部门审核同意,报经开户银行审批后才能确定。一经确定,不得任意变更。使用备用金的部门和工作人员应根据用款情况,定期或不定期地凭付出现金时取得的原始凭证向财会部门报账,财会部门收到报账的付款凭证时,应审核其是否符合财务制度规定的现金支用范围,审核无误后,根据付款凭证的金额拨付现金,以补足其备用金定额。此外,备用金还包括营业找零备用的现金。

二、备用金的核算

企业拨付有关职能部门或工作人员备用金时,应设置"备用金"账户进行核算。

【例】 经银行核准供应部门的备用金定额为 1 200 元。

(1) 4月1日,以现金拨付供应部门备用金 1 200元,作分录如下:

借:备用金——供应部门　　　　　　　　　　　　　　1 200.00
　　贷:库存现金　　　　　　　　　　　　　　　　　　1 200.00

(2) 4月10日,供应部门送来报账发票,其中:账页180元,市内交通费220元,快递费225元,印制名片费80元,招待客户用餐费350元。经审核无误,当即以现金 1 055 元补足其备用金定额,作分录如下:

借:管理费用——公司经费　　　　　　　　　　　　　705.00
借:管理费用——业务招待费　　　　　　　　　　　　350.00
　　贷:库存现金　　　　　　　　　　　　　　　　　1 055.00

当存有备用金的部门或工作人员不再需要备用金时,企业应及时予以收回,届时借记"库存现金"账户,贷记"备用金"账户。

为了加强备用金的管理和核算,应按使用备用金的部门和人员设置二级明细分类账。并对备用金进行必要的抽查,以做到账款相符,防止被挪用。

"备用金"是资产类账户,用以核算企业内部各职能部门或个人周转使用的现金。企业拨付内部职能部门或个人备用金时,记入借方;企业收回备用金时,记入贷方;期末余额在借方,表示企业备用金的结存数额。

第三节 银行存款

一、银行存款的管理

银行存款是指企业存放在银行或其他金融机构的货币资金。企业应根据业务的需要在当地银行或其他金融机构开立银行存款账户,进行存款、取款和各种收支转账业务的结算。

企业的银行存款账户分为基本存款账户、一般存款账户、临时存款账户和专用存款账户四种。

企业只能选择一家银行的一个营业机构开立一个基本存款账户,主要用于办理日常的转账结算和现金收付。企业的工资、奖金等现金的支取,只能通过该账户办理。企业可在其他银行的一个营业机构开立一个一般存款账户,该账户可办理转账结算和存入现金,但不能支取现金。临时存款账户是存款人因临时经营活动需要开立的账户,如企业异地产品展销、临时性采购资金等。专用存款账户是企业因特定用途需要开立的账户,如基本建设项目专项资金、农副产品资金等。企业的销货款不得转入专用存款账户。

企业开立基本存款账户,必须凭中国人民银行当地分支机构核发的开户许可证办理,企业不得为还贷、还债和套取现金而多头开立基本存款账户;不得出租、出借账户;不得违反规定在异地存款和贷款而开立账户。

企业银行存款收入的来源主要有投资者投入企业的现款、销售收入和提供劳务的收入、其他业务收入及营业外收入;企业从银行或其他金融机构取得的短期借款和长期借款;企业发行债券、股票取得的现款等。

企业银行存款的支付范围主要有支付购进各种存货的货款;购置各种固定资产、无形资产的款项;支付各项费用、税金、其他业务支出;罚金、滞纳金等营业外支出及对外短期投资和长期投资的款项等。

二、银行存款的核算

企业应设置"银行存款"账户对银行存款进行总分类核算。"银行存款"是资产类账户,用以核算企业存入银行或其他金融机构的各种款项。企业向银行或其他金融机构存入款项时,记入借方;企业从银行或其他金融机构支付款项时,记入贷方;期末余额在借方,表示企业存放在银行或其他金融机构的各种款项。

为了加强对银行存款的核算与管理,及时地、详细地掌握银行存款的收付动态和结存情况,以及便于与银行账目的核对,企业还必须设置"银行存款日记账",按照银行存款收支业务发生时间的先后顺序逐笔进行登记,逐日结出余额,并与银行存款总分类账户相核对,以做到账账相符。

第四节 结算业务

　　企业开展经济活动,必然与其他企业发生经济往来,因此需要通过结算来拨付清偿款项。款项的结算方式有现金结算和转账结算两类。

　　现金结算是指单位和个人在社会经济活动中使用现金进行货币给付的行为。而转账结算又称非现金结算,是指单位和个人在社会经济活动中,使用票据、信用卡和托收承付、委托收款、汇兑等结算方式进行货币给付及其资金清算的行为。

　　由于转账结算具有方便、通用、迅速和安全的特点,因此,企业的各项结算业务,除了按照国家现金管理的规定可以采用现金结算外,都必须采用转账结算。没有在银行开立账户的个人,在向银行或其他金融机构交付款项后,也可以办理转账结算。

　　银行、单位和个人办理转账结算,都必须遵守"恪守信用,履约付款;谁的钱进谁的账,由谁支配;银行不予垫款"的原则。票据和结算凭证是办理转账结算的工具。

　　企业使用票据和结算凭证,必须符合下列规定:

　　(1) 必须使用按中国人民银行统一规定印制的票据凭证和统一规定的结算凭证。

　　(2) 签发票据、填写结算凭证要标准化、规范化,要素要齐全、数字要正确、字迹要清晰、不错漏、不潦草、防止涂改,票据的出票日期要使用中文大写,单位和银行的名称要记全称或规范化简称。

　　(3) 票据和结算凭证的金额、出票或签发日期、收款人名称不得更改。而票据和结算凭证上的其他记载事项,原记载人可以更改,但应由原记载人在更改处签章证明。

　　(4) 票据和结算凭证金额以中文大写和阿拉伯数字同时记载,两者必须一致。票据的出票日期,必须使用中文大写。

　　(5) 票据和结算凭证上的签章和其他记载事项要真实,不得伪造、变造。

　　目前采用的转账结算方式有:支票、银行本票、银行汇票、商业汇票、信用卡、汇兑、托收承付和委托收款八种。

一、支票结算

(一) 支票结算概述

　　支票是指出票人签发的、委托办理支票存款业务的银行在见票时无条件支付确定的金额给收款人或者持票人的票据。

　　开立支票存款账户,申请人必须使用其本名,并提交证明其身份的合法证件,还应当预留其本名的签名式样或印鉴,以便于付款银行在支付票款时进行核查。开立支票存款账户和领用支票,应当有可靠的资信,并存入一定的资金。

根据支票支付票款的方式不同,可分为普通支票、现金支票和转账支票三种。普通支票是指既可以转账也可以支取现金的支票。由于普通支票未限定支付方式,采用划线来区分用于转账或用于支取现金。如用于转账,应在支票左上角划两条平行线,未划线的则可用于支取现金。现金支票是指专门用于支取现金的支票,转账支票是指专门用于转账的支票。后两种支票在支票上端分别印明"现金"、"转账"字样。

支票结算作为流通手段和支付手段,具有清算及时、使用方便、收付双方都有法律保障和结算灵活的特点。在2007年6月25日以前,支票仅适用于单位和个人在同一票据交换区域的商品交易、劳务供应、资金调拨和其他款项的结算等;自2007年6月25日起支票实现了全国通用。

(二)支票结算的主要规定

1. 支票的填写要求　　签发支票应使用蓝黑墨水、墨汁或碳素墨水填写,未按规定填写,被涂改冒领的,由出票人负责。

2. 支票必须记载的六个事项　　具体表述如下:

(1) 表明支票字样　　目前我国使用的支票是按中国人民银行规定的格式印制的,在印制时,已印有支票字样。

(2) 无条件支付的委托　　出票人应记载无条件的委托事项。支票上通常印有"上列款项请从我账户内支付"的字样。

(3) 确定的金额　　出票人在出票时,应在支票上以中文大写和数码同时记载固定的支票金额。

(4) 付款人名称　　出票人签发支票时,填写的付款人名称必须是银行和金融机构的名称。

(5) 出票日期　　支票的出票日期必须是实际出票日期。

(6) 出票人签章　　出票人是创设票据的出票行为人,通过其签章以确认其债务人的地位。

3. 支票的金额和收款人名称可以由出票人授权补记　　由于支票在使用中,往往会发生难以确定支票金额的情况,况且在活跃的市场经济活动中,使用支票采购材料时,出票人往往不能事先确定收款人。为了方便支票使用人,因此对支票的金额和收款人名称,出票人可以授权他人补记,未补记前的支票不得背书转让和提示付款。

4. 禁止签发空头支票和签章与预留银行签章不符的支票　　空头支票是指出票人所签发支票的金额超过其付款时在付款人处实有的存款金额。银行对签发空头支票和签章与预留银行签章不符的支票,除予以退票外,并按票面金额处以5%但不低于1 000元的罚款;同时持票人有权要求出票人支付支票金额2%的赔偿金。对屡次签发空头支票的单位,银行应停止其签发支票。

5. 支票的提示付款期限　　提示付款期限为10天,自出票日起算。超过提示付款期限提示付款的,持票人开户行不予受理,付款人不予付款。

6. 收款人、被背书人受理支票时应审查的事项　　审查支票的收款是否确为本单位或本人;是否在提示付款期限内;必须记载的事项是否齐全;出票人签章是否符合规定;大小写金额是否一致;出票日期是否使用中文大写;出票金额、出票日期、收款人名称是否更改,更改的其他记载事项是否由原记载人签章;支票正面是否记载"不得转让"的字样。此外,被背书人还应审查背书是否连续,背书栏是否记载"不得转让"的字样;背书人签章是否符合规定,背书使用粘单是否按规定签章等。

7. 支票权利的转让　　持票人可以通过背书将支票权利转让给他人。背书是指在票据背面或者粘单上记载有关事项并签章的票据行为。票据凭证不能满足背书人记载事项的需要,可以加附粘单,黏附于票据凭证上。粘单上的第一记载人,应当在支票和粘单的粘接处签章。背书由背书人签章,并记载被背书人名称和背书日期,背书未记载日期的,视为在支票到期日前背书。已背书转让的支票,背书应当连续,即转让支票的背书人与受让支票的被背书人在支票上的签章依次前后衔接。但出票人在支票上记载"不得转让"字样的支票和用于支取现金的支票不得转让。

8. 支票持票人委托开户银行收款的手续　　持票人应在支票背面背书人签章栏签章、记载"委托收款"字样、背书日期,在被背书人栏内记载开户银行名称,并将支票和填制的进账单送交开户银行。收款人持用于支取现金的支票向付款人提示付款时,应在支票背面"收款人签章"处签章,持票人为个人的,还需交验本人身份证件,并在支票背面注明证件名称、号码及发证机关等。

9. 支票的追索权　　支票被拒绝付款的,持票人可以对背书人、出票人行使追索权。持票人行使追索权时,应当向其前手提供被拒绝付款的有关证明。持票人自收到被拒绝付款的有关证明之日起,在3日内将被拒绝事由书面通知其前手,其前手应当自收到通知之日起,3日内书面通知其再前手。

持票人行使追索权,可以请求被追索人支付下列金额和费用:被拒绝付款的支票金额;支票金额自提示付款日起至清偿日止按银行规定的同档次的流动资金贷款利率计算的利息;取得有关拒绝证明和发出通知书的费用。持票人对支票出票人追索权的时效,自出票日起6个月;持票人对前手追索权的时效,自被拒绝付款之日起6个月。

10. 支票丧失的处理　　丧失了记载内容完整的支票,失票人应填写挂失止付通知书,列明票据丧失的时间、地点、原因;票据的种类、号码、金额、出票日期、付款日期、付款人名称、收款人名称;挂失止付人的姓名、营业场所或者住所以及联系方法,然后递交出票人开户银行申请挂失止付,如在挂失止付前支票已经支付,则银行不予受理。银行受理挂失,要按票面金额收取1‰但不低于5元的手续费。

(三)支票结算的核算

企业签发现金支票提取现金时,必须在支票联背面背书后才能据以向开户银行提取现金,留下存根联,据以借记"库存现金"账户,贷记"银行存款"账户。

企业采购原材料签发转账支票后,以支票联支付原材料的货款①,留下存根联作为付款的入账凭证,据以借记"在途物资"账户,贷记"银行存款"账户。

企业对外销售产品或提供劳务收到转账支票时,应填制"进账单",一式两联,连同支票一并解存银行,取回"进账单(收账通知联)"作为收款的入账凭证,据以借记"银行存款"账户;贷记"主营业务收入"账户。

二、银行本票

(一)银行本票概述

银行本票是指由银行签发的、承诺自己在见票时无条件支付确定的金额给收款人或者持票人的票据。

银行本票可以用于转账,注明"现金"字样的银行本票只能向出票银行支取现金。银行本票分为不定额本票和定额本票两种。定额银行本票面额为1 000元、5 000元、10 000元和50 000元。

银行本票结算作为流通和支付手段,具有信誉度高、支付能力强,并有代替现金使用功能的特点。它适用于单位和个人在同一票据交换区域内的商品交易、劳务供应以及其他款项的结算。

(二)银行本票结算的主要规定

1. 银行本票必须记载的六个事项　　六个事项是:

(1)表明"银行本票"的字样。

(2)无条件支付的承诺。

(3)确定的金额。

(4)收款人名称。

(5)出票日期。

(6)出票人盖章等。

2. 出票人的责任　　银行本票的出票人在持票人提示见票时,必须承担付款

---

① 本节主要阐述各种结算方式的核算,暂不涉及增值税额。

的责任。

3. 申请人办理银行本票的手续　　申请人应向出票银行填写"银行本票申请书",填明收款人名称、申请人名称、支付金额、申请日期等事项并签章。申请人和收款人均为个人的,若需要支取现金的,应在"支付金额"栏先填写"现金"字样,后填写支付金额。申请人或收款人为单位的,不得申请签发现金银行本票。

4. 银行本票的提示付款期限　　银行本票自出票日起,提示付款期限为1个月,最长不得超过2个月。持票人在付款期限内提示付款的,付款人必须在当日足额付款。持票人在超过提示付款期限不获付款的,在票据权利时效(2年)内向出票银行作出说明,可持银行本票向出票银行请求付款。

5. 收款人、被背书人受理银行本票时应审查的事项　　应审查银行本票的收款人是否确为本单位或本人;是否在提示付款期内,必须记载的事项是否齐全;出票人签章是否符合规定,不定额银行本票是否有压数机压印的出票金额,并与大写金额一致;出票金额、出票日期、收款人名称是否更改,更改的其他记载事项是否由原记载人签章证明;银行本票正面是否有记载"不得转让"的字样。此外,被背书人还应审查背书是否连续,背书栏是否记载"不得转让"的字样;背书人签章是否符合规定,背书使用粘单是否按规定签章等。

6. 银行本票权利的转让　　持票人可以通过背书将银行本票权利转让给他人,具体转让办法与支票相同,不再重述。

7. 银行本票的追索权　　银行本票被拒绝付款的,持票人可以对背书人、出票人行使追索权。具体追索办法与支票基本相同,所不同的是持票人对银行本票出票人的追索权的时效,是自出票日起2年。

8. 银行本票遇到意外的处理　　申请人因银行本票超过提示付款期限或其他原因要求退款时,应将银行本票提交出票银行办理退款手续。银行本票丧失,失票人可凭人民法院出具的其享有票据权利的证明,向出票银行请求付款或退款。

(三)银行本票结算的核算

企业需要使用银行本票时,应填制一式数联的"银行本票申请书",在支款凭证联上加盖预留印鉴,留下存根联作为入账依据,将其余各联送交开户银行。银行凭支款凭证扣取款项,然后据以签发银行本票交给企业。企业取得银行本票后,根据银行本票申请书(存根联)借记"其他货币资金——银行本票"账户,贷记"银行存款"账户。当企业持银行本票支付采购原材料的货款时,借记"在途物资"账户,贷记"其他货币资金——银行本票"账户。

企业销售产品,提供劳务,在收到银行本票时,经审核无误,据以借记"其他货币资金——银行本票"账户,贷记"主营业务收入"账户。企业若需要将收到的银行本票解存银行时,应在银行本票上加盖背书,并据以填制"进账单"一式数联,然后连同银行本票一并送交开户银行,经银行审核无误,在进账单上加盖收款章,企业取回进账单收账通知联,作为收款的入账依据,据以借记"银行存款"账户,贷记"其他货币资金——银行本票"账户。

三、银行汇票

(一)银行汇票概述

银行汇票是指出票银行签发的、由其在见票时按照实际结算金额无条件支付给收款人或者持票人的票据。

银行汇票作为支付手段具有使用灵活、通汇面广、安全方便、兑现性强的特点。它适用异地单位、个体经济户和个人之间的商品交易和劳务供应等。

(二)银行汇票结算的主要规定

1. 银行汇票必须记载的七个事项　　七个事项是:

(1) 表明"银行汇票"的字样。

(2) 无条件支付的委托。

(3) 确定的金额。

(4) 付款人名称。

(5) 收款人名称。

(6) 出票日期。

(7) 出票人签章等。

2. 申请人办理银行汇票的手续　　申请人应向出票银行填写"银行汇票申请书",填明收款人名称、汇票金额、申请人名称、申请日期等事项并签章,签章为其预留银行的签章。申请人和收款人均为个人,若需要使用银行汇票向代理付款人支取现金的,申请人须在"银行汇票申请书"上填明代理付款人名称,在"汇票金额"栏先填写"现金"字样,后填写代理付款人名称。代理付款人是指根据付款人的委托代理其支付票据金额的银行。申请人或者收款人为单位的,不得在"银行汇票申请书"上填明"现金"字样。

3. 银行汇票的提示付款期限　　银行汇票的提示付款期限为出票日起1个月。持票人超过向代理付款银行期限提示付款不获付款的,需在票据权利时效内向出票银行作出说明,并提供本人身份证件或单位证明,持银行汇票和解讫通知向出票银行请求付款。

4. 收款人受理银行汇票时应审查的事项　　除了要审查与受理银行本票时的六个事项外,还要审查银行汇票和解讫通知是否齐全,汇票号码和记载的内容是否一致。

5. 收款人受理银行汇票的处理　　在受理申请人交付的银行汇票时,应在出票金额以内,将实际结算金额和多余金额准确、清晰地填入银行汇票和解讫通知的有关栏内。未填明实际结算金额和多余金额或实际结算金额超过出票金额的,银行不予受理。更改实际结算金额的银行汇票无效。

6. 银行汇票权利的转让　　持票人可以通过背书将银行汇票权利转让给他人,具体转让办法与支票相同,不再重述。

7. 被背书人受理银行汇票时应审查的事项　　被背书人除了审查银行汇票是否记载实际结算金额,有无更改,其金额是否超过出票金额;背书是否连续,背书人签章是否符合规定,背书使用粘单的是否按规定签章等事项外,还包括收款人受理银行汇票时审查的事项。

8. 银行汇票的追索权　　银行汇票被拒绝付款的,持票人可以对背书人、出票人行使追索权。具体追索办法与银行本票相同。

9. 银行汇票遇到意外的处理　　申请人因银行汇票超过提示付款期限或其他原因要求退款时,应将银行汇票和解讫同时提交到出票银行,出具有关证明或证件,办理退款手续。银行汇票丧失的具体处理办法与银行本票相同,不再重述。

(三) 银行汇票结算的核算

企业需要使用银行汇票时,应填制一式数联的"银行汇票申请书",并在支款凭证联上加盖预留印鉴,留下存根联作为入账依据,并将其余各联送交签发银行。银行凭支款凭证收取款项,然后据以签发银行汇票,将银行汇票和解讫通知两联凭证交给企业。企业取得这两联凭证后,根据银行汇票委托书存根联,借记"其他货币资金——银行汇票"账户,贷记"银行存款"账户。

当企业持银行汇票和解讫通知去异地采购原材料,支付原材料货款及其采购费用时,借记"在途物资"账户,贷记"其他货币资金——银行汇票"账户;若采购材料有余款退回,则借记"银行存款"账户。

【例】　上海良工机器厂去武汉采购扁钢,发生下列经济业务:

(1) 1月2日,填制银行汇票申请书57 500元,银行受理后,收到同等数额的银行汇票及解讫通知。根据银行汇票申请书存根联,作分录如下:

借:其他货币资金——银行汇票　　　　　　　　　　　　57 500.00
　　贷:银行存款　　　　　　　　　　　　　　　　　　57 500.00

(2) 1月6日,向武汉江城工厂购进扁钢一批,计货款56 000元,运杂费1 000元,一并以面额57 500元的银行汇票付讫,余款尚未退回,作分录如下:

借:在途物资　　　　　　　　　　　　　　　　　　　57 000.00
　　贷:其他货币资金——银行汇票　　　　　　　　　　57 000.00

(3) 1月10日,银行转来多余款收账通知,金额为500元,系本月2日签发的银行汇票使用后的余款,作分录如下:

借：银行存款   500.00
　　贷：其他货币资金——银行汇票   500.00

"其他货币资金"是资产类账户，用以核算企业的银行本票存款、银行汇票存款、信用卡存款和外埠存款等各种其他货币资金。企业取得其他货币资金时，记入借方；企业支用其他货币资金或将其转入银行存款时，记入贷方；期末余额在借方，表示企业持有其他货币资金的数额。

企业在销售产品或提供劳务后，收到对方的银行汇票时，对银行汇票审查无误后，应在汇票金额栏内填写实际结算金额，多余的金额应填入"多余金额"栏内。如系全额解付的，应在"多余金额"栏内写上零，然后在汇票上加盖在银行的预留印鉴，填写进账单解入银行。经银行审核无误后，在进账单上加盖收款章，企业取回进账单收账通知联，据以借记"银行存款"账户，贷记"主营业务收入"账户。

收款方开户银行留下另一联进账单和银行汇票，将解讫通知和多余款收账通知寄往签发银行，签发银行凭解讫通知入账；将多余款收账通知联送交付款方，付款方将其作为退回余额的入账凭证。

四、商业汇票

（一）商业汇票概述

商业汇票是指出票人签发的、委托付款人在指定日期无条件支付确定的金额给收款人或者持票人的票据。

商业汇票根据承兑人的不同，可分为商业承兑汇票和银行承兑汇票两种。商业承兑汇票是指由出票人（收款人或付款人）签发、经付款人承兑的票据；银行承兑汇票是指由出票人（付款人）签发，并经其开户银行承兑的票据。承兑是指汇票付款人承诺在汇票到期日支付汇票金额的票据行为。

商业汇票作为一种商业信用，具有信用性强和结算灵活的特点。在银行开立账户的法人以及其他组织之间必须具有真实的交易关系或债权债务关系，才能使用商业汇票。出票人不得签发无对价的商业汇票，用以骗取银行或者其他票据当事人的资金。

（二）商业汇票结算的主要规定

1. 商业汇票必须记载的七个事项　　七个事项是：

(1) 表明"商业承兑汇票"或"银行承兑汇票"的字样。

(2) 无条件支付的委托。

(3) 确定的金额。

(4) 付款人名称。

(5) 收款人名称。

(6) 出票日期。

(7) 出票人签章。

2. 商业汇票的付款期限　　付款期限最长不超过6个月。付款期限应当清楚、明确。其记载形式如下：

(1) 定日付款　　它是指付款期限自出票日起计算，并在汇票上记载具体到期日。

(2) 出票后定期付款　　它是指汇票付款期限从出票日起按月计算，并在汇票上记载的付款方式。

(3) 见票后定期付款　　它是指汇票付款期限自承兑日起按月计算，并在汇票上记载的付款方式。

汇票上未记载付款日期的，为见票即付。

3. 商业汇票的提示承兑　　商业汇票可以在出票时向付款人提示承兑后使用，也可以在出票后先使用再向付款人提示承兑。

定日付款或者出票后定期付款的商业汇票，持票人应当在汇票到期日前向付款人提示承兑。见票后定期付款的汇票，持票人应当自出票日起1个月内向付款人提示承兑。汇票如未按照规定期限提示承兑的，持票人则丧失对其前手的追索权。

4. 商业汇票的承兑　　商业承兑汇票由银行以外的付款人承兑；银行承兑汇票由银行承兑。商业汇票的付款人为承兑人。银行承兑汇票的出票人或持票人向银行提示承兑时，银行按照有关规定和审批程序，对出票人的资格、资信、购销合同和汇票记载的内容进行认真审查，必要时可由出票人提供担保。符合规定和承兑条件的，与出票人签订承兑协议。

付款人应当在自收到提示承兑的汇票之日起3日内承兑或者拒绝承兑。付款人承兑商业汇票时，应当在汇票正面记载"承兑"字样和承兑日期并签章。届时银行承兑汇票的承兑银行，应按票面金额向出票人收取5‰的手续费。付款人若拒绝承兑的，必须出具拒绝承兑的证明。

5. 商业汇票的提示付款期限　　商业汇票的提示付款期限，自汇票到期日起10日。持票人应在提示付款期限内填写委托收款结算凭证，通过开户银行委托收款或直接向付款人提示付款。对异地委托收款的，持票人可匡算邮程，提前通过开户银行委托收款。持票人超过提示付款期限提示付款的，持票人开户银行不予受理。

6. 收款人、被背书人受理商业汇票时应审查的事项　　应审查商业汇票的收款人是否确为本单位或本人；必须记载的事项是否齐全；出票人、承兑人签章是否符合规定；大小写金额是否一致；出票日期是否使用中文大写；出票金额、出票日期、收款人名称是否更改，更改的其他事项是否由原记载人签章；汇票正面是否记载"不得转让"的字样。此外,被背书人还应审查背书是否连续、背书栏是否记载"不得转让"的字样;背书人签章是否符合规定;背书使用粘单是否按规定签章等。

7. 商业汇票权利的转让　　持票人可以通过背书将商业汇票权利转让给他人,具体转让办法与支票相同,不再重述。

8. 商业汇票到期日的处理　　商业承兑汇票的付款人或银行承兑汇票的出票人应于汇票到期日前,将票款足额交存其开户银行,如付款人存在合法抗辩事由而拒绝付款,应在汇票到期日前将拒绝付款证明交给其开户银行。在商业承兑汇票到期日,付款人存款账户不足支付或汇票上签章与预留银行签章不符时,其开户银行应填制付款人未付款通知书,并连同商业承兑汇票提交持票人开户银行转交持票人。

银行承兑汇票的出票人在到期日未能足额交存票款时,承兑银行除凭票向持票人无条件付款外,并对出票人尚未支付的汇票金额按每天5‰计收利息。

9. 商业汇票的追索权　　商业汇票到期被拒绝付款的,持票人可以对背书人、出票人以及商业汇票的其他债务人行使追索权。具体追索办法与银行本票基本相同,所不同的是持票人对定日付款和出票后定期付款的商业汇票的追索权的时效,是自票据到期日起2年。

10. 商业汇票遇到意外的处理　　商业汇票的持票人超过规定期限提示付款的,即丧失了对其前手的追索权,但持票人在作出说明后,仍可以向承兑人请求付款。已承兑的商业汇票丧失,失票人可以向出票人开户银行申请挂失,具体挂失办法与支票相同,这里不再重述。

(三)商业汇票结算的核算

1. 不带息商业汇票的核算　　当企业采购原材料,以不带息商业汇票抵付采购原材料货款时,借记"在途物资"账户,贷记"应付票据"账户。

【例】上海机械厂向上海钢厂购进圆钢一批,计货款30 000元,当即签发2个月期限的商业承兑汇票抵付货款,作分录如下:

　　借:在途物资——圆钢　　　　　　　　　　　　　　　　30 000.00
　　　　贷:应付票据——面值——上海钢厂　　　　　　　　　　30 000.00

企业签发的不带息商业汇票到期兑付票款时,则借记"应付票据"账户,贷记"银行存款"账户。

当企业销售产品,在收到对方抵付货款的不带息商业汇票时,借记"应收票据"账户,贷记"主营业务收入"账户。

【例】上海服装厂销售给上海服装公司服装一批,计货款60 000元,当即收到对方抵付货款的不带息商业汇票,期限为2个月,作分录如下:

借：应收票据——面值——上海服装公司　　　　　　　　　60 000.00
　　　　贷：主营业务收入　　　　　　　　　　　　　　　　　　60 000.00

　　商业汇票的执票人包括收款人或被背书人，等汇票到期日，填制委托收款结算凭证连同商业承兑汇票或银行承兑汇票及解讫通知一并送交开户银行办理收款。执票人凭取回的委托收款收账通知联，借记"银行存款"账户，贷记"应收票据"账户。

　　2. 带息商业汇票的核算　　企业签发的带息商业汇票，应于期末按照事先确定的利率计提利息，并将其列入"财务费用"账户。

　　【例】　8月31日，上海机械厂将1个月前签发并承兑给宝山钢厂的3个月期限的带息商业汇票45 000元，按7.2‰的月利率计提本月份应负担的利息，作分录如下：

　　　　借：财务费用——利息支出　　　　　　　　　　　　　　324.00
　　　　　　贷：应付票据——利息——宝山钢厂　　　　　　　　　324.00

　　带息商业汇票到期兑付本息时，根据票据面值和计提的利息，借记"应付票据"账户；根据本期应负担的利息，借记"财务费用"账户；根据支付的本息，贷记"银行存款"账户。

　　【例】　10月31日，上海机械厂3个月前签发给宝山钢厂带息商业承兑汇票已到期，金额为45 000元，月利率7.2‰，当即从存款户中兑付本息，作分录如下：

　　　　借：应付票据——面值——宝山钢厂　　　　　　　　　45 000.00
　　　　借：应付票据——利息——宝山钢厂　　　　　　　　　　　648.00
　　　　借：财务费用——利息支出　　　　　　　　　　　　　　324.00
　　　　　　贷：银行存款　　　　　　　　　　　　　　　　　45 972.00

　　"应付票据"是负债类账户，用以核算企业购买原材料、商品和接受劳务供应等所签发并承兑的商业汇票的面值和带息汇票计提的利息。企业以商业汇票抵付款项和带息汇票期末计提利息时，记入贷方；企业收到银行转来到期商业汇票的付款通知予以兑付时，记入借方；期末余额在贷方，表示企业尚未兑付商业汇票的本息。

　　应付票据到期，如企业无力支付票款，应按应付票据的账面价值，借记"应付票据"账户，贷记"应付账款"账户，倘若是带息的应付票据，转入"应付账款"账户以后，期末不再计提利息。

　　为了加强对应付票据的管理，企业除了按收款人设置明细分类账户进行核算外，还应设置"应付票据备查簿"，详细记载每一应付票据的种类、号数、签发日期、到期日、票面金额、票面利率、合同交易号、收款单位名称以及付款日期和金额等详细资料。应付票据到期结清时，应在备查簿内逐笔注销。

企业收到的带息商业汇票,到期末时,应按商业汇票的面值和确定的利率计提利息,届时借记"应收票据"账户,贷记"财务费用"账户。

【例】 5月31日,捷达自行车厂将1个月前收到的光明商厦的期限为2个月的带息商业汇票50 000元,按7.2‰的月利率计提利息,作分录如下:

借:应收票据——利息——光明商厦　　　　　　　　　　　　360.00
　　贷:财务费用——利息支出　　　　　　　　　　　　　　　　360.00

带息商业汇票到期收到本息时,根据收到的本息借记"银行存款"账户;根据票据面值和计提的利息,贷记"应收票据"账户,将本期应收的利息冲减"财务费用"账户。

【例】 6月30日,捷达自行车厂2个月前收到的光明商厦的带息商业汇票一张,面值50 000元,月利率7.2‰,已经到期,收到本息,存入银行,作分录如下:

借:银行存款　　　　　　　　　　　　　　　　　　　　　50 720.00
　　贷:应收票据——面值——光明商厦　　　　　　　　　　50 000.00
　　贷:应收票据——利息——光明商厦　　　　　　　　　　　　360.00
　　贷:财务费用——利息支出　　　　　　　　　　　　　　　　360.00

"应收票据"是资产类账户,用以核算企业因销售产品、提供劳务而收到的用以抵付款项的商业汇票的面值和带息汇票计提的利息。企业收到商业汇票和期末计提带息汇票利息时,记入借方;企业持有的商业汇票到期兑现或期前背书转让以及向银行贴现时,记入贷方;期末余额在借方,表示企业尚未兑现的商业汇票的本息。

为了加强对应收票据的管理,以有利于及时向承兑人兑现,以及当汇票遭到拒绝承兑时及时行使追索权,企业除了按付款人设置明细分类账进行核算外,还应设置"应收票据备查簿",逐笔登记每一应收票据的种类、号数和出票日期、票面金额、票面利率、交易合同号以及付款人、承兑人、背书人的单位名称、到期日期、收回日期和金额,如贴现的应注明贴现日期、贴现率和贴现净额,并将结清的应收票据在备查簿内逐笔注销。

(四)商业汇票的贴现及核算

商业汇票的收款人在需要资金时,可持未到期的商业汇票向其开户银行申请贴现。贴现是指票据持票人在票据到期前为获得票款,向银行贴付一定的利息,而将商业汇票的债权转让给银行的一种票据转让行为。

商业汇票持票人向银行办理贴现必须具备下列三个条件:第一,在银行开立存款账户的企业法人以及其他组织;第二,与出票人或者直接前手之间具有真实的商品交易关系;第三,提供与其直接前手之间的增值税专用发票和商品发运单据的复印件。

银行经过审查,同意贴现后,即以汇票到期值扣除从贴现日起到汇票到期日止的利息后的票款,付给申请贴现人。汇票到期时,银行凭票向付款人按汇票到期值收取票款。

企业将商业汇票向银行贴现的贴息及贴现所得的计算公式如下:

$$贴息 = 票据到期值 \times 月贴现率 \times \frac{实际贴现天数}{30 \, 天}$$

$$贴现所得 = 票据到期值 - 贴息$$

实际贴现天数是按贴现银行向申请贴现人支付贴现所得之日起,至汇票到期前1日止,30天折合为1个月。

无息商业汇票到期值即票面值,而带息商业汇票到期值是票面值加上到期的利息,利息的计算公式如下:

$$带息商业汇票到期利息 = 票面值 \times 月利率 \times \frac{票据期限}{30 \, 天}$$

【例】 上海制皂厂9月30日将9月20日收到上海百货公司的带息商业汇票1张,其金额为20 000元,月利率为7.2‰,到期日为10月30日,现向银行申请贴现,月贴现率为7.5‰。

$$票据到期值 = 20\,000 + 20\,000 \times 7.2‰ \times \frac{40}{30} = 20\,192(元)$$

$$票据贴息 = 20\,192 \times 7.5‰ \times \frac{30}{30} = 151.44(元)$$

$$贴现所得 = 20\,192 - 151.44 = 20\,040.56(元)$$

根据计算结果,作分录如下:

借:银行存款　　　　　　　　　　　　　　　　　　　20 040.56
　贷:应收票据——上海百货公司　　　　　　　　　　20 000.00
　贷:财务费用——利息支出　　　　　　　　　　　　　　40.56

本例中,若到期利息小于贴现利息,其差额则应列入"财务费用"账户的借方。

企业已贴现的商业承兑汇票,在到期日承兑人的银行存款账户不足支付时,其开户银行应立即将汇票退给贴现银行。贴现银行则将从贴现申请人账户内收取汇票到期值,届时借记"应收账款"账户,贷记"银行存款"账户。

五、信用卡

(一)信用卡概述

信用卡是指商业银行向个人和单位发行的,凭以向特约单位购物、消费和向银行存取现金,且具有消费信用的特制载体卡片。

信用卡按是否需要交存备用金,可分为贷记卡和准贷记卡。贷记卡是指发卡银行给予持卡人一定的信用额度,持卡人可以在信用额内先消费,后还款的信用卡。准贷记卡是指持卡人须先按发卡银行要求，交存一定金额的备用金，当备用金余额不足支付时，可在发卡银行规定的信用额度内透支的信用卡。

信用卡按使用的对象不同，可分为单位卡和个人卡。单位卡又称商务卡，是指发卡银行向单位发行的以商务为核心的信用卡。个人卡是指发卡银行向自然人发行的信用卡。

信用卡按持卡人的经济实力和信用等级不同，可分为金卡和普通卡。金卡是指针对经济实力较强，信誉良好的个人推出的信用卡。普通卡是指发给经济实力和资信状况一般的个人使用的信用卡。

单位或个人申领信用卡应按规定填制申请表，连同有关资料一并交发卡银行。符合条件并按银行要求交存一定金额的备用金①后，银行为申领人开立信用卡存款账户，并发给信用卡。发卡银行可根据申请人的资信程度，要求其提供担保。担保方式可采用保证、抵押或质押。

信用卡具有安全方便、可以先消费后付款的特点。它适用于单位和个人的商品交易和劳务供应的结算。

（二）信用卡结算的主要规定

1. 单位卡账户的资金和使用额度　　单位卡账户的资金一律从其基本存款账户转账存入，不得交存现金，也不得支取现金，不得将其他存款账户和销货收入的款项存入其账户。单位卡不得用于10万元以上的商品交易和劳务供应款项的结算。

2. 信用卡的使用与销户　　信用卡仅限于合法持卡人本人使用，持卡人不得出租或转借信用卡。持卡人可持信用卡在特约单位购物、消费。届时需将信用卡和身份证一并交特约单位。智能卡（又称IC卡）、照片卡可免验身份证件。当持卡人不需要继续使用信用卡时，应持信用卡主动到发卡银行办理销户。

3. 特约单位受理信用卡应审查的事项　　应审查的事项包括：受理的信用卡是否确为本单位可受理的信用卡；信用卡是否在有效期内；是否列入"止付名单"；签名条上是否有"样卡"或"专用卡"等非正常签名的字样；信用卡是否有打孔、剪角、毁坏或涂改的痕迹；持卡人身份证件或卡片上的照片与持卡人是否相符；卡片正面的拼音姓名与卡片背面的签名和身份证件上的姓名是否一致等。

4. 特约单位受理信用卡后的处理　　信用卡审查无误后，在签购单上压卡，填写实际结算金额、用途、持卡人身份证件号码、特约单位名称和编号，然后交持卡人在签购单上签名确认，并将信用卡、身份证件和签购单回单交还给持卡人。

在每日营业终了，将当日受理的信用卡签购单汇总，计算手续费和净计金额，

---

① 贷记卡不需要交存备用金

并填写汇计单和进账单,连同签购单一并送交收单银行办理进账。

5. 持卡人退货的处理　　持卡人要求退货时,特约单位应使用退货单办理压卡,并将退货单金额从当日签购单累计金额中抵减,退货单随签购单一并送交收单银行。

6. 信用卡透支及计息的规定　　信用卡的透支额,由各商业银行自行确定。金卡的可透支额高,普通卡的可透支额低,但不得发生恶意透支。恶意透支是指持卡人经银行催收后连续2个月不能缴足发卡银行规定的最低还款额,或在连续2个月缴足银行规定的最低还款额的情况下,第三个月仍不能全额还清欠款的透支行为。

贷记卡存款不计利息,而持卡人享有免息还款期。免息还款期是指针对购物、消费,对按期全额还款的持卡人提供免息待遇的期限。该期限为银行记账日至还款日期间,最长50日,最短20日。准贷记卡存款按照中国人民银行规定的活期存款利率及计息办法计算利息,但不享有免息还款期。

信用卡透支的利息,自付息日起按日息5‰计算。信用卡恶意透支的利息在按日息5‰的基础上再增加50%计算。

7. 信用卡丧失的处理　　信用卡丧失,持卡人应立即持本人身份证件或者其他有效证明,并按规定提供有关情况,向发卡银行或代办银行申请挂失。

(三) 信用卡结算的核算

企业在银行开户存入信用卡备用金时,借记"其他货币资金——信用卡存款"账户,贷记"银行存款"账户。在开户时支付的手续费,应列入"财务费用"账户。企业持信用卡支付货款或费用时,根据购进原材料或支付费用的凭证和签购单回单,借记"在途物资"或"制造费用"和"管理费用"等账户,贷记"其他货币资金——信用卡存款"账户。

【例】华新机器厂在工商银行开立信用卡存款账户。

(1) 3月1日,存入信用卡备用金20 000元,发生开户手续费40元,一并签发转账支票付讫,根据转账支票存根联,作分录如下:

　　借:其他货币资金——信用卡存款　　　　　　　　　　　　20 000.00
　　借:财务费用　　　　　　　　　　　　　　　　　　　　　　　40.00
　　　　贷:银行存款　　　　　　　　　　　　　　　　　　　　20 040.00

(2) 3月5日,购进原材料一批,货款10 000元,以信用卡存款付讫,根据发票及签购单回单,作分录如下:

　　借:在途物资　　　　　　　　　　　　　　　　　　　　　10 000.00
　　　　贷:其他货币资金——信用卡存款　　　　　　　　　　10 000.00

特约单位销售产品、供应劳务,受理客户信用卡结算时,应取得客户签字的签购单,当日营业终了,根据签购单存根联汇总后,编制计汇单,计算总计金额,根据发卡银行规定的手续费率,计算手续费,总计金额扣除手续费后为净计金额,并按净计金额填制进账单,然后一并送交开单银行办理进账,取回进账单回单入账。届时根据进账单金额借记"银行存款"账户,根据计汇单上列明的手续费借记"财务费用"账户;根据发票与计汇单上的总计金额,贷记"主营业务收入"账户。

【例】 华新机器厂采用信用卡结算,销售产品12 000元,信用卡结算手续费率为9‰。根据销售发票、签购单存根联及计汇单回单和进账单回单,作分录如下:

  借:银行存款   11 892.00
  借:财务费用——手续费   108.00
   贷:主营业务收入   12 000.00

六、汇兑

(一)汇兑概述

汇兑是指汇款人委托银行将其款项支付给收款人的结算方式。

汇兑按其凭证的传递方式不同,分为信汇和电汇两种,可以由汇款人选用。信汇是银行将信汇凭证通过邮电局寄给汇入银行。电汇是银行将电汇凭证通过电报或其他电讯工具向汇入行发出付款通知。

汇兑结算具有适用范围大、服务面广、手续简便、划款迅速、灵活易行的特点。它适用于异地各单位和个人之间的商品交易、劳务供应、资金调拨、清理旧欠等各种款项的结算。

(二)汇兑结算的主要规定

1. 签发汇兑凭证必须记载的事项   表明"信汇"或"电汇"的字样;无条件支付的委托;确定的金额;收款人名称;汇款人名称;汇入地点、汇入行名称;汇出地点、汇出行名称;委托日期和汇款人签章等。

2. 收款人为个人的处理方法   汇兑凭证上记载收款人为个人的,收款人需要到汇入银行领取汇款,汇款人应在汇兑凭证上注明"留行待取"字样;留行待取的汇款,需要指定单位的收款人领取汇款的,应注明收款人的单位名称;信汇凭收款人签章支取的,应在信汇凭证上预留其签章。

3. 需要在汇入银行支取现金的处理方法   汇款人和收款人均为个人,需要在汇入行支取现金的,应在汇兑凭证的"汇款金额"大写栏,先填写"现金"字样,后填写汇款金额。如未填明"现金"字样,需要支取现金的,由汇入银行按照国家现金管理规定审查支付。

4. 对收款人未在银行开立存款账户的处理方法   收款人凭信、电汇取款通知向汇入银行支取款项，届时必须交验本人的身份证件，在信、电汇凭证上注明证件名称、号码及发证机关，并在收款人签章处签章；信汇凭签章支取的，收款人的签章必须与预留信汇凭证上的签章相符。银行审查无误后，以收款人的姓名开立临时存款账户，只付不收，付完清户，不计付利息。需要转汇的，应由原收款人向银行填制汇兑凭证，并由本人交验其身份证件。转汇的收款人必须是原收款人。原汇入银行必须在汇兑凭证上加盖"转汇"戳记。

5. 汇款的撤销　　汇款人对汇出银行尚未汇出的款项可以申请撤销，届时应出具正式函件及原信汇、电汇回单。

6. 汇款人的退汇　　对在汇入银行开立存款账户的收款人，由汇款人与收款人自行联系退汇；对未在汇入银行开立存款账户的收款人，汇款人应出具正式函件或本人身份证件以及原信汇、电汇回单，由汇出银行通知汇入银行，经汇入银行证实汇款确未支付，并将款项汇回汇出银行，方可办理退汇。

（三）汇兑结算的核算

汇款人委托银行办理汇款，应填制一式数联的信汇、电汇结算凭证，送交开户银行。银行审查无误，同意汇款时，在回单联上加盖印章后退回汇款人，作为其汇款的入账依据。开户银行留下一联，其余各联传递到收款方开户银行。收款方开户银行留下一联，将收款通知联转交收款人，作为其收款的入账依据或取款的凭证。

企业汇出款项采购原材料时，凭信汇、电汇凭证回单联，借记"应付账款"账户，贷记"银行存款"账户；收到采购原材料的发票及运杂费凭证时，借记"在途物资"账户，贷记"应付账款"账户。

【例】 3月1日，上海面粉厂向安徽粮食公司函购小麦一批，填制信汇结算凭证，汇出金额10 000元，作分录如下：

　　借：应付账款——安徽粮食公司　　　　　　　　　　　　10 000.00
　　　　贷：银行存款　　　　　　　　　　　　　　　　　　　　10 000.00

3月8日，安徽粮食公司发来函购小麦一批，并收到其附来的发票和运杂费凭证，开列货款9 500元，运杂费500元，作分录如下：

　　借：在途物资——小麦　　　　　　　　　　　　　　　　10 000.00
　　　　贷：应付账款——安徽粮食公司　　　　　　　　　　　　10 000.00

3月9日，函购的小麦全部验收入库，结转小麦采购成本，作分录如下：

　　借：原材料——小麦　　　　　　　　　　　　　　　　　10 000.00
　　　　贷：在途物资——小麦　　　　　　　　　　　　　　　　10 000.00

企业收到购货方汇入购买产品的信汇、电汇收款通知联时,据以借记"银行存款"账户,贷记"应收账款"账户;当企业将产品发给购货方时,借记"应收账款"账户,并根据产品的货款和为其支付的产品运杂费分别贷记"主营业务收入"和"银行存款"账户。

【例】 6月5日,上海服装厂收到银行转来电汇收账通知1张,金额50 000元,系济南服装公司汇来函购服装的货款,作分录如下:

  借:银行存款   50 000.00
    贷:应收账款——济南服装公司   50 000.00

6月7日,将济南服装公司函购的服装一批,货款49 200元,委托运输公司代运,当即签发转账支票支付服装运杂费800元,产品已运出,做销售入账,作分录如下:

  借:应收账款——济南服装公司   50 000.00
    贷:主营业务收入   49 200.00
    贷:银行存款   800.00

企业派采购员到异地进行临时或零星采购需要领取汇款时,应在信汇、电汇凭证上注明"留行待取"字样。采购员应在汇入银行以汇出单位名称或采购员的名义开立采购专户,采购专户只付不收,付完清户,不计利息。

企业在汇出采购资金开立采购专户时,根据信汇、电汇凭证回单联,借记"其他货币资金——外埠存款"账户,贷记"银行存款"账户;收到采购原材料购进凭证和支付原材料采购费用时,借记"在途物资"账户,贷记"其他货币资金——外埠存款"账户。

七、托收承付

(一)托收承付概述

托收承付是指根据购销合同由收款人发货后,委托银行向异地付款人收取款项,由付款人向银行承认付款的结算方式。

托收承付结算具有物资运动与资金运动紧密结合,由银行维护收付双方正当权益的特点,它适用于商品交易,以及由于商品交易而产生的劳务供应。代销、赊销商品的款项,不得办理托收承付结算。

(二)托收承付结算的主要规定

1. 办理托收承付结算的条件   收付双方必须签订符合《合同法》规定的购销合同,并在合同上订明使用托收承付结算方式;收款人办理托收,必须具有产品确已发运的证件(包括铁路、航空、公路等运输部门签发的运单、运单副本和邮局包裹回执)。每笔托收金额的起点为10 000元,新华书店系统每笔金额的起点为

1 000元。

2. 签发托收承付凭证必须记载的事项　　表明"托收承付"的字样；确定的金额；付款人名称、账号及开户银行名称；收款人名称、账号及开户银行名称；托收附寄单证张数或册数；合同名称、号码；委托日期和收款人签章等。

3. 托收　　收款人按照签订的购销合同发货后，应将托收凭证并附发运证件和交易单证送交银行，委托银行办理托收。托收款收回的划转方式有邮寄和电汇两种，由托收方选用。

4. 承付　　付款人收到托收承付结算凭证后，应在承付期内审查核对，安排资金。

承付货款的方式有验单付款和验货付款两种。验单付款是指付款方接到开户银行转来的承付通知联及有关单证等，与合同核对相符后就应承付货款，承付期为3天。从付款人开户银行发出承付通知的次日算起（承付期内遇法定休假日顺延）。验货付款是指付款单位除了收到开户银行转来的承付通知联及有关单证外，还必须等产品全部运到并验收入库后才承付货款，承付期为10天，从运输单位发出提货通知的次日算起。

5. 拒绝付款　　付款人若发现收款人的托收款不符合托收承付结算的有关规定，或者在验单或验货过程中发现货物的品种、规格、数量、质量、价格与合同规定不符，应在承付期内填写"拒绝付款理由书"并签章，注明拒付理由，连同有关证明一并送交开户银行。开户银行审查后，同意部分或全部拒绝付款的，在拒绝付款理由书上签注意见后，将拒绝付款理由书连同拒付证明和拒付产品清单邮寄收款人开户银行转交收款人。付款人在承付期内，未向银行表示拒绝付款的，银行即视作承付，并在承付期满的次日（法定休假日顺延）上午银行开始营业时，将款项主动从付款人账户划给收款人。

6. 逾期付款　　付款人在承付期满日银行营业终了时，如无足够资金支付，其不足部分按逾期付款处理，付款人开户银行根据逾期付款的金额和天数按每天5‰计算逾期付款赔偿金。

付款人开户银行对付款人逾期未能付款的情况，应及时通知收款人开户银行，由其通知收款人。

付款人开户银行对逾期未付的托收凭证，负责进行扣款的期限为3个月（从承付期满日算起）。期满时付款人仍无足够资金支付该笔尚未付清的欠款，银行应于次日通知付款人将有关交易单证或填制应付款项证明单在2日内退回银行。银行将有关结算凭证连同交易单证或应付款项证明单退回收款人开户银行转交收款人。

付款人逾期不退回单证的，开户银行自发出通知的第3日起，按照该笔尚未付清欠款的金额,每天处以5‰但不低于50元的罚款,并暂停付款人向外办理结算业务,直到退回单证时止。

7. 重办托收　收款人对被无理拒绝付款的托收款项,在收到退回的结算凭证及所附单据后,可填写"重办托收理由书",连同购销合同、有关单证和退回的原托收凭证及交易单证,一并送交银行。经开户银行审查同意后,可以重办托收。

(三) 托收承付结算的核算

销货方在发货后成为收款人,收款人应填制一式数联的托收承付结算凭证,连同销货凭证及运单等一并送交银行。有关单证经审核无误后,银行在回单联上加盖业务公章,退给收款人,表示同意托收。银行留下一联,其余三联连同有关单证一并寄交付款人开户银行,付款人开户银行留下两联,将付款通知联及有关单证送交付款人。付款人验单付款后,以付款通知联作为付款的入账凭证,付款人开户银行留下一联,将收账通知联通过收款人开户银行转交收款人,作为其收款的入账凭证。

企业发生异地销货采用托收承付结算方式,一般要委托运输单位运送货物,则要支付运输单位运杂费,这笔运杂费一般是由购货方负担的。销货方在垫付时,应借记"应收账款"账户,贷记"银行存款"账户。

收款人在办理托收时,应将垫付的运杂费与销货款一并向购货方托收,届时根据银行退回的托收承付结算凭证存根联借记"应收账款"账户;根据销货凭证和收回代垫运杂费凭证分别贷记"主营业务收入"和"应收账款"账户。当银行转来托收承付结算凭证收账通知联时,表示托收款已回笼。届时据以借记"银行存款"账户,贷记"应收账款"账户。

【例】　上海钢厂销售给杭州机器厂圆钢一批,货款28 800元。

(1) 2月1日,签发转账支票600元,为杭州机器厂代垫圆钢的运杂费,根据转账支票存根联,作分录如下:

借:应收账款——代垫运杂费　　　　　　　　　　　　　　600.00
　　贷:银行存款　　　　　　　　　　　　　　　　　　　　　600.00

(2) 2月2日,将销售给杭州机器厂圆钢的货款28 800元,连同垫付的运杂费600元一并向银行办理托收手续,根据托收承付结算凭证回单联及有关单证,作分录如下:

借:应收账款——杭州机器厂　　　　　　　　　　　　　29 400.00
　　贷:主营业务收入　　　　　　　　　　　　　　　　　28 800.00
　　贷:应收账款——代垫运杂费　　　　　　　　　　　　　600.00

(3) 2月10日,收到银行转来杭州机器厂承付货款及运杂费的收账通知,金额为29 400元,作分录如下:

借：银行存款　　　　　　　　　　　　　　　　29 400.00
　　　　贷：应收账款——杭州机器厂　　　　　　　　　　29 400.00

付款人在购进原材料支付货款时,根据购进原材料凭证和原材料运杂费凭证,借记"在途物资"账户,贷记"银行存款"账户。

【例】 上海钢厂收到银行转来大同煤矿托收承付结算凭证付款通知联,金额为64 000元,并附来发票一张,开列煤炭一批,计货款60 000元,运杂费凭证1张,计金额4 000元。该款项经审核无误,当即承付,作分录如下：

　　借：在途物资——煤炭　　　　　　　　　　　　64 000.00
　　　　贷：银行存款　　　　　　　　　　　　　　　　64 000.00

八、委托收款

（一）委托收款概述

委托收款是指收款人委托银行向付款人收取款项的结算方式。

委托收款结算具有恪守信用、履约付款、灵活性强和不受结算金额起点限制的特点。它适用于单位和个人凭已承兑的商业汇票、债券、存单等付款人债务证明办理款项的结算,同城异地均可以使用。

（二）委托收款结算的主要规定

1. 签发委托收款凭证必须记载的事项　　表明"委托收款"的字样；确定的金额；付款人名称、账号及开户银行名称；收款人名称、账号及开户银行名称；委托收款凭据名称及附寄单证张数；委托日期和收款人签章等。

2. 委托　　收款人办理委托收款应向银行提交委托收款凭证和有关的债务证明。托收款收回的方式有邮划和电划两种,由委托方选用。

3. 付款　　付款人开户银行接到寄来的委托收款凭证及债务证明在经审核无误后,应及时通知付款人,并将有关债务证明交给付款人签收。付款人应在接到付款通知的当日书面通知银行付款。付款人在3天付款期内未向银行表示拒绝付款,银行视作同意付款,就在付款期满的次日上午银行开始营业时,将款项划给收款人。

银行在办理划款时,付款人存款账户不足支付的,应通过被委托银行向收款人发出未付款项通知书。按照有关办法规定,应将其债务证明连同未付款项通知书通过付款人开户银行邮寄被委托银行转交收款人。

4. 拒绝付款　　付款人审查有关债务证明后,对收款人委托收取的款项需要拒绝付款的,应在接到通知日的次日起3日内出具拒绝证明,持有债务证明的,应将其送交开户银行,由其将拒绝证明、债务证明和有关凭证,一并寄给被委托银行,转交收款人。

收款人在收到托收款项时,借记"银行存款"账户,贷记"应收票据"等有关账户。付款人收到委托收款凭证付款通知,支付款项时,借记"应付票据"等有关账户,贷记"银行存款"账户。

此外,在同城范围内,收款人收取公用事业费或根据国务院的规定,可以使用同城特约委托收款。收取公用事业费必须具有收付双方事先签订的经济合同,由付款人向开户银行授权,并经开户银行同意,报经中国人民银行当地分支行批准。

第五节 企业与银行对账的方法

一、企业与银行对账的目的和方法

企业对外结算主要是通过银行转账的,因此,银行存款的收支比较频繁。为了加强对银行存款收支的监督与控制,保证银行存款账目的正确无误,企业的银行存款日记账应经常与银行对账单进行核对,每月至少核对一次,以做到账实相符。为了完善企业的内部控制制度,出纳人员、银行存款日记账登记人员不宜参与核对,而应另行指定专人负责进行核对,以防发生弊端。

企业与银行对账时,将企业的银行存款日记账与银行转来的"对账单"逐笔进行核对。在核对过程中,如发现本单位记账错误,应按照错账更正的方法予以更正;如发现银行转来的"对账单"错误,应通知银行予以更正。核对的结果往往会发现未达账项,因此应通过编制"银行存款余额调节表"进行调节,经调节后双方的余额应该相等。

二、未达账项及其四种情况

"未达账项"是指企业与银行之间,由于结算凭证在传递时间上有先有后,而造成一方已登记入账,另一方因凭证未达而尚未登记入账的款项。未达账项通常有下列四种情况:

1. 银行已收款入账,企业尚未收款入账的款项　如托收承付结算、委托收款结算和汇兑结算,银行已收到收账通知,而当天未及通知收款单位。

2. 银行已付款入账,企业尚未付款入账的款项　如短期借款、长期借款利息等,银行已结算入账,而当天未及通知借款单位。

3. 企业已收款入账,而银行尚未收款入账的款项　如企业将收到的转账支票填制进账单送交银行办理收款,取得回单入账,而当天银行未及办妥转账手续。

4. 企业已付款入账,而银行尚未付款入账的款项　如企业签发转账支票付款后,凭支票存根入账,而收款单位尚未将支票解存银行,或虽已解存银行,但银行未及办妥转账手续。

三、银行存款余额调节表的编制方法

银行存款余额调节表是在银行存款日记账余额和银行对账单余额的基础上,

第二章 货币资金和转账结算

加减双方各自的未达账项，使双方的余额达到平衡，其调节公式如下：

$$\begin{array}{l}\text{银行存款}\\ \text{日记账余额}\end{array} + \begin{array}{l}\text{银行已收账，而}\\ \text{企业尚未收账数}\end{array} - \begin{array}{l}\text{银行已付账，而}\\ \text{企业尚未付账数}\end{array} =$$

$$\begin{array}{l}\text{银行对账}\\ \text{单 余 额}\end{array} + \begin{array}{l}\text{企业已收账，而}\\ \text{银行尚未收账数}\end{array} - \begin{array}{l}\text{企业已付账，而}\\ \text{银行尚未付账数}\end{array}$$

【例】 中原五金厂 6 月 28～30 日银行存款日记账和银行对账单如图表 2-1、图表 2-2 所示。

图表 2-1

银行存款日记账

单位：元

2014年		凭证号数	摘 要	收 入	付 出	结 存
月	日					
4	28		承上页			127 640
	28	（略）	支付材料货款（转支#54321）		22 375	105 265
	29		收到货款（托收承付）	39 800		145 065
	29		销货款（转支#97268）	24 720		169 785
	30		兑付设备款（商业承兑汇票）		25 240	144 545
	30		销货款（转支#78811）	21 854		166 399
	30		支付材料款（转支#54322）		19 220	147 179
	30		提取现金（现支#24680）		1 401	145 778

图表 2-2

银 行 对 账 单

单位：元

2014年		摘 要	借 方	贷 方	借或贷	余 额
月	日					
4	28	承上页			贷	127 640
	28	托收承付（收到货款）		39 800	贷	167 440
	29	转支#54321（支付材料款）	22 375		贷	145 065
	29	商业承兑汇票（兑付设备款）	25 240		贷	119 825
	30	托收承付（收到货款）		27 648	贷	147 473
	30	转支#97268（销货款）		24 720	贷	172 193
	30	短期借款计息单	2 460		贷	169 733
	30	现支#24680（提取现金）	1 401		贷	168 332

通过核对后,有未达账项四笔,据以编制银行存款余额调节表如图表 2-3 所示。

图表 2-3

银行存款余额调节表

2014 年 4 月 30 日　　　　　　　　　　　　　　　　　单位:元

项　　目	金额	项　　目	金额
银行存款日记账余额	145 778	银行对账单余额	168 332
加:银行已收账,而企业尚未收账数:		加:企业已收账,而银行尚未收账数:	
托收承付　收到货款	27 648	转支#78811　销货款	21 854
减:银行已付账,而企业尚未付账数:		减:企业已付账,而银行尚未付账数:	
短期借款计息单	2 460	转支#54322　支付材料款	19 220
调节后余额	170 966	调节后余额	170 966

企业银行存款日记账的余额与银行对账单的余额通过调节后取得了平衡,表明账簿的记录基本正确无误。对于本企业的未达账项,应于下次银行对账单到达时继续进行核对,如未达账项超过了正常日期,应及时与银行联系,查明原因予以解决,以免造成不必要的损失。

第六节　外　币　业　务

一、外汇和外币业务概述

（一）外汇和外币

外汇是国际汇兑的简称,它是指以外国货币表示的、可以用于国际结算的支付手段和资产。

1. 外汇包括的内容　　外汇包括以下四项内容:

(1) 外国货币　　它包括纸币和铸币。

(2) 外币支付凭证　　它包括票据、银行存款凭证和邮政储蓄凭证。

(3) 外币有价证券　　它包括政府债券、公司债券、股票、息票等。

(4) 其他外汇资产。

2. 外汇必须具备的条件　　外汇必须同时具备以下三个条件:

(1) 以外币表示的国外资产。

(2) 在国外能得到偿付的货币债权。

(3) 可以兑换成其他支付手段的外币资产。

外币是国外货币的简称,它是指本国货币以外的其他国家和地区的货币。外币仅仅是外汇的组成部分。

(二) 外汇汇率

外汇汇率简称汇率,又称汇价,它是指一种货币折算为另一种货币的比率。汇率也就是用某一种货币表示的另一种货币的价格,或外汇市场上买卖外汇的价格。

1. 外汇汇率的标价方法　　标价方法有直接标价法和间接标价法两种。

(1) 直接标价法　　它是指以一定单位的外国货币作为标准来折算本国货币的标价方法。采用这种标价方法,外国货币数量不变,而直接反映本国货币价值的增减变化。中国人民银行公布的外汇牌价也采用这种方法。例如,1 美元=6.08 元人民币。

(2) 间接标价法　　它是指将本国货币单位固定不变,用若干单位的外国货币来标出本国货币的单位价格,间接地显示出外国货币价值的标价方法。例如,美国采用间接标价法,1 美元=0.6648 英镑。

2. 外汇汇率的分类　　外汇汇率根据汇率的不同作用有以下三种分类。

(1) 按银行买卖外汇的汇率分　　可分为买入汇率、卖出汇率和中间汇率。

买入汇率又称买入价,是指银行向客户买入外汇时所使用的汇率。

卖出汇率又称卖出价,是指银行向客户卖出外汇时所使用的汇率。

中间汇率又称中间价,是指银行买入汇率与卖出汇率之间的平均汇率。

企业除了与银行发生外汇买卖业务外,一般均以中间汇率作为记账依据。

(2) 按汇率发生的时间分　　可分为即期汇率和历史汇率。

即期汇率是指企业发生外币业务时的市场汇率。即中国人民银行当日公布的外币汇率。

历史汇率是指企业以前的外币业务发生时所使用的汇率。

(3) 按企业记账所依据的汇率分　　可分为记账汇率和账面汇率。

记账汇率是指企业对发生的外币业务进行会计核算时所采用的汇率。

账面汇率是指企业以前发生的外币业务登记入账时所采用的汇率。账面汇率也就是历史汇率。

(三) 外币业务概述

外币业务是指企业以记账本位币以外的其他货币进行款项收付、往来结算和计价的经济业务。它主要包括企业购买或销售以外币计价的商品或劳务、企业借入或出借外币资金、承担或清偿以外币计价的债务等。记账本位币是指在会计记账上采用的作为会计计量基本尺度的货币币种。

外币业务的核算方法有外币统账制和外币分账制两种。外币统账制是指企业发生外币业务时,必须及时将外币折算为记账本位币的记账方法,并以记账本位币编制财务报表。这种方法适用有外币收支业务的一般企业。外币分账制是指企业对外币业务在日常核算时按照外币原币进行记账,分别不同的外币币种核算其所实现的损益,编制各种货币币种的财务报表,在期末一次性地将以外币表示的财务报表折算为以记账本位币表示的财务报表,并将其与记账本位币业务编制的财务报表汇总编制整个企业一定会计期间的财务报表。这种方法只适用于以外币收支为主的外商投资企业。本书以后部分的内容仅阐述外币统账制的核算方法。

二、外币业务的核算

(一) 外币业务的记账要求

企业发生的外币业务都应当采用复币记账,在按外币原币登记有关外币明细账户的同时,还应当采用外币交易日的即期汇率或者即期汇率的近似汇率将外币金额折算为记账本位币(即人民币)金额记账。即期汇率的近似汇率是指按照系统合理的方法确定的,与交易发生日即期汇率近似的汇率,通常采用当期平均汇率或加权平均汇率等。

(二) 外币业务汇兑差额的处理

对于外币业务的汇兑差额,企业在期末应当分别外币货币性项目和外币非货币性项目进行会计处理。

1. 外币货币性项目　　货币性项目是指企业持有的货币资金和将以固定或可确定金额的货币收取的资产或者偿付的负债。外币货币性项目是指以外币计量的货币性项目。货币性项目分为货币性资产项目和货币性负债项目。货币性资产项目包括库存现金、银行存款、应收账款、其他应收款和长期应收款等;货币性负债项目包括短期借款、应付账款、其他应付款、长期借款、应付债券和长期应付款等。

对于外币货币性项目,因结算或采用期末的即期汇率折算而产生的汇兑差额,计入当期损益,同时调增或调减外币货币性项目的记账本位币金额。

2. 外币非货币性项目　　非货币性项目是指货币性项目以外的项目,包括交易性金融资产、存货、长期股权投资、固定资产、无形资产等。外币非货币性项目是指以外币计量的非货币性项目。

(1) 以历史成本计量的外币非货币性项目　　这些项目,如存货,由于已在交易发生日按当日即期汇率折算,期末不应改变其原记账本位币金额,不产生汇兑差额。

(2) 以公允价值计量的外币非货币性项目　　这些项目如交易性金融资产等,采用公允价值确定日的即期汇率折算,折算后的记账本位币金额与原记账本位币金额的差额,作为公允价值变动(含汇率变动)处理,计入当期损益,具体核算方法将在第六章阐述。

3. 外币投入资本 企业收到投资者以外币投入的资本,应当采用交易发生日即期汇率折算,不得采用合同约定汇率和即期汇率的近似汇率折算,外币投入资本与相应的货币性项目的记账本位币金额之间不产生外币资本折算差额。

【例】 新兴公司1月1日"银行存款——美元户"明细账余额为45 000美元,汇率①(以下不再标注)为6.09元,折合人民币为274 050元。接着本月份发生下列有关的经济业务:

(1) 4日,向国外进口原材料一批,货款18 000美元,以美元存款付讫。当日汇率为6.08元,作分录如下:

  借:在途物资   109 440.00
    贷:银行存款——美元户(18 000×6.08)   109 440.00

(2) 10日,售给宏昌公司产品一批,货款25 000美元,尚未结算。当日汇率为6.08元,作分录如下:

  借:应收账款——美元户(25 000×6.08)   152 000.00
    贷:主营业务收入   152 000.00

(3) 15日,从美元户存款中提取美元8 000元,备发外籍人员工资。当日汇率为6.09元,作分录如下:

  借:库存现金——美元户(8 000×6.09)   48 720.00
    贷:银行存款——美元户(8 000×6.09)   48 720.00

(4) 18日,收到宏昌公司偿还本月10日所欠货款25 000美元。当日汇率为6.07元,作分录如下:

  借:银行存款——美元户(25 000×6.07)   151 750.00
  借:财务费用——汇兑差额   250.00
    贷:应收账款——美元户(25 000×6.08)   152 000.00

(5) 26日,从美元存款户中支取3 500美元,兑换成人民币存入银行。当日美元的汇率为6.08元,买入汇率为6.07元,作分录如下:

  借:银行存款——人民币户(3 500×6.07)   21 245.00
  借:财务费用——汇兑差额   35.00
    贷:银行存款——美元户(3 500×6.08)   21 280.00

(6) 31日,上列业务记入"银行存款——美元户"明细账后,美元余额为40 500元(见图表2-4),月末美元汇率为6.08元,调整人民币余额,作分录如下:

---

① 是指美元折合人民币的中间汇率。

借：财务费用——汇兑差额　　　　　　　　　　　　　　120.00
　　贷：银行存款——美元户　　　　　　　　　　　　　　　120.00

根据上列业务登记"银行存款——美元户"明细账如图表2-4所示。

图表2-4

银行存款——美元户

单位：元

2014年		凭证号数	摘要	借方			贷方			余额		
月	日			外币	汇率	人民币	外币	汇率	人民币	外币	汇率	人民币
1	1		上年结转							45 000	6.09	274 050
	4	(略)	支付材料款				18 000	6.08	109 440	27 000		164 610
	15		提现				8 000	6.09	48 720	19 000		115 890
	18		收到货款	25 000	6.07	151 750				44 000		267 640
	26		兑换人民币				3 500	6.08	21 280	40 500		246 360
	30		月末汇率调整						120	40 500	6.08	246 240

思 考 题

1. 什么是货币资金？它由哪些内容组成？为什么必须对货币资金加强管理？
2. 什么是库存现金？它的限额是如何确定的？
3. 试述库存现金收入的管理和库存现金的内部控制制度。
4. 银行存款账户分为哪几种？试述各种银行存款账户的用途。
5. 什么是转账结算？它有何特点？
6. 转账结算的原则是什么？它主要有哪些方式？
7. 什么是支票？它有哪些种类？支票结算有哪些主要规定？说明它的特点和适用性。
8. 什么是银行本票和银行汇票？分述其特点及采用时有哪些主要规定？
9. 什么是商业汇票？它有哪些种类？商业汇票结算有哪些主要规定？
10. 什么是商业汇票的贴现？持票人向银行办理贴现必须具备哪些条件？
11. 什么是信用卡？信用卡结算有哪些主要规定？
12. 什么是汇兑？这种结算有哪些主要规定？说明它的特点和适用性。

13. 什么是托收承付和委托收款？分述这两种结算的特点及主要规定。

14. 试述企业与银行对账的目的和方法。

15. 什么是未达账项？它有哪几种情况？

16. 什么是外汇？它包括哪些内容？

17. 什么是外汇汇率？试述外汇汇率的分类。

18. 什么是外币业务？它有哪两种核算方法？分述这两种方法的定义。

19. 什么是货币性项目？什么是非货币性项目？它们发生外币业务汇兑差额应怎样进行会计处理？

习 题 一

一、**目的** 练习货币资金的核算。

二、**资料** 申江工厂1月上旬发生下列有关的经济业务：

1. 2日，签发现金支票提取现金 2 500 元。

2. 2日，以现金分别拨付供应部门和总务部门备用金 900 元。

3. 2日，以现金拨付销售机构找零用周转金 500 元。

4. 8日，供应部门送来报账发票，其中招待客户用餐费 200 元，市内交通费 180 元，圆珠笔 20 元，快递费 150 元，经审核无误，当即以现金补足其备用金定额。

5. 10日，总务部门送来报账发票，其中：账页 120 元，保险箱修理费 180 元，市内交通费 136 元，快递费 90 元，印制领料单 250 元，经审核无误，当即补足其备用金定额。

三、**要求** 编制会计分录。

习 题 二

一、**目的** 练习票据和信用卡结算的核算。

二、**资料** 上海机器厂3月份发生下列经济业务：

1. 1日，向大华工厂购进甲材料一批，货款 15 000 元，当即签发转账支票付讫。

2. 3日，销售产品一批，货款 30 000 元，收到转账支票，当即存入银行。

3. 5日，签发现金支票 1 000 元，提取现金。

4. 6日，填制银行本票申请书一份，金额 12 000 元，银行受理后，收到同等数额的银行本票。

5. 8日，向南浦工厂购进乙材料一批，货款 12 000 元，以前一天银行签发的银行本票付讫。

6. 11日，销售产品一批，货款16 000元，收到银行本票，当即存入银行。

7. 14日，填制银行汇票申请书一份，金额20 000元，银行受理后，收到同等数额的银行汇票。

8. 15日，销售产品一批，货款24 500元，收到票面金额为25 000元的银行汇票一张，当即按实际销售金额结算，并存入银行。

9. 16日，向南京钢铁厂购进丙材料一批，货款18 000元，运杂费600元，款项一并以面额20 000元的银行汇票支付，余款尚未退回。

10. 18日，销售给上海机电设备公司产品一批，货款50 000元，收到1个月期限的不带息的商业承兑汇票。

11. 19日，银行转来多余款收账通知，金额为1 400元，系本月14日签发的银行汇票使用后的余款。

12. 20日，销售给沪光工厂产品一批，货款18 000元，收到2个月期限的带息银行承兑汇票，月利率为7.2‰。

13. 21日，存入信用卡备用金10 000元，发生开户费40元，一并签发转账支票付讫。

14. 22日，向沪东工厂购进丁材料一批，货款12 500元，当即签发1个月期限的商业承兑汇票付讫。

15. 23日，购进原材料一批，货款7 500元，以信用卡存款付讫。

16. 24日，1个月前签发给华昌公司的不带息商业承兑汇票已到期，金额为14 000元，当即从存款户中兑付。

17. 25日，1个月前收到光华公司的不带息银行承兑汇票一张，金额为12 400元，已经到期，收到款项，存入银行。

18. 26日，向东昌公司购进甲材料一批，货款24 000元，当即签发2个月期限的、月利率为7.2‰的商业承兑汇票付讫。

19. 27日，销售给黄兴公司产品一批，货款45 000元，收到3个月期限的带息银行承兑汇票，月利率为7.2‰。

20. 27日，45天前签发给上海钢厂的带息银行承兑汇票一张，已经到期，金额为15 000元，月利率为7.2‰，当即从存款户中兑付本息。查该汇票上月底已预提过利息。

21. 28日，将本月18日收到的不带息商业承兑汇票一张，金额为50 000元，向银行申请贴现，月贴现率为7.5‰，银行审查后同意贴现，并将贴现金额存入银行。

22. 29日，采用信用卡结算销售产品15 000元，信用卡结算手续费率为9‰，当即将签购单和计汇单存入银行。

23. 30 日,将本月 20 日收到的带息银行承兑汇票一张,向银行申请贴现,月贴现率 7.5‰。该汇票金额为 18 000 元,月利率为 7.2‰。银行审查后同意贴现,并将贴现金额存入银行。

24. 31 日,计提本月 26 日签发给东昌公司的带息商业承兑汇票的利息。

25. 31 日,计提本月 27 日收到的黄兴公司付来的带息银行承兑汇票的利息。

26. 31 日,将 3 个月前收到的东方公司的带息银行承兑汇票一张存入银行。该承兑汇票面值为 36 000 元,月利率为 7.2‰,已经到期,收到本息。查该汇票已计提了 2 个月的利息。

三、要求 编制会计分录。

习 题 三

一、目的 练习转账结算的核算。

二、资料 上海大隆工厂 2 月份发生下列经济业务:

1. 1 日,向武汉钢铁公司函购乙材料一批,填制信汇结算凭证,汇出款项 9 600 元。

2. 3 日,银行转来电汇收账通知一张,金额 32 000 元,系沈阳大昌公司汇来函购产品的货款。

3. 5 日,电汇广州工商银行 25 000 元,开立采购专户。

4. 7 日,沈阳大昌公司函购的产品一批,货款计 31 000 元,委托运输公司代运,当即签发转账支票支付产品运杂费 900 元。产品已运出,余款也从银行汇还对方。

5. 8 日,从广州城中公司购进丙材料一批,货款 22 500 元,材料的运杂费 800 元,一并以本月 5 日在广州开立的采购专户支付。

6. 10 日,广州采购专户已结清,余款已退回存入银行。

7. 12 日,武汉钢铁公司发来函购乙材料一批,并收到其附来的发票和运杂费凭证,开列货款 9 000 元,运杂费 400 元,余款 200 元也已汇回,存入银行。

8. 14 日,签发转账支票 500 元,为南京工惠公司代垫发运产品的运杂费。

9. 15 日,销售给南京工惠公司产品一批,货款 20 000 元,今连同前一日垫付的运杂费一并向银行办妥托收承付结算手续。

10. 17 日,银行转来苏州长虹工厂托收承付结算凭证,金额为 17 400 元,并附来发票一张,开列甲材料一批,计货款 17 200 元,运杂费凭证一张,金额 200 元,经审核无误,当即承付。

11. 19 日,签发转账支票 150 元,为合肥农机厂代垫发运产品的运杂费。

12. 20日,销售给合肥农机厂产品一批,货款11 515元,今连同昨日垫付的运杂费一并向银行办妥托收承付结算手续。

13. 24日,收到银行转来南京工惠公司承付款项的收账通知,金额为20 500元。

14. 26日,收到银行转来合肥农机厂支付款项的收账通知,金额为11 665元。

15. 28日,银行转来自来水公司特约委托收款凭证付款通知联,金额为540元,系支付本月份自来水费。

三、要求 编制会计分录。

习 题 四

一、目的 练习银行存款余额调节表的编制。

二、资料 新鸿工厂6月28~30日银行存款日记账及银行对账单如图表2-5、图表2-6所示。

图表2-5

银行存款日记账

单位:元

2013年		凭证号数	摘　　要	收入	付出	结存
月	日					
6	28		承上页			147 160
	28		支付设备款(转支#33422)		24 600	122 560
	28		汇出邮购款(电汇)		19 600	102 960
	29		收到货款(托收承付)	32 400		135 360
	29	(略)	支付材料款(转支#33423)		27 120	108 240
	29		销货款(转支#74891)	24 510		132 750
	30		提现(现支#11336)		1 500	131 250
	30		房租(特约委托收款)		5 310	125 940
	30		销货款(转支#66294)	31 840		157 780
	30		垫付运杂费(转支#33424)		924	156 856

图表2-6

银 行 对 账 单

单位:元

2013年		摘　　要	借　方	贷　方	借或贷	余　额
月	日					
6	28	承上页			贷	147 160
	28	托收承付(收到货款)		32 400	贷	179 560
	28	电汇(邮购款)	19 600		贷	159 960
	29	特约委托收款(房租)	5 310		贷	154 650
	29	转支#33422(支付设备款)	24 600		贷	130 050
	30	托收承付(收到货款)		29 560	贷	159 610
	30	转支#74891(销货款)		24 510	贷	184 120
	30	提现	1 500		贷	182 620
	30	短期借款计息单	5 670		贷	176 950
	30	特约委托收款(水费)	745		贷	176 205

三、要求

1. 将银行存款日记账与银行对账单逐笔核对,找出未达账项。
2. 编制银行存款余额调节表,验算企业与银行双方账目是否相符。

习 题 五

一、目的　练习外币业务的核算。

二、资料

1. 浦江公司1月1日"银行存款——美元户"明细账余额为50 000美元。当日汇率为6.09元,折合人民币为304 500元。

2. 1月份发生下列有关的外币业务:

(1) 5日,向国外公司进口材料一批,货款20 000美元,以美元存款付讫。当日汇率为6.08元。

(2) 10日,售给莱茵公司产品一批,货款26 000美元,尚未结算,当日汇率为6.08元。

(3) 12日,收到莱茵公司偿还本月10日所欠货款26 000美元,当日汇率为6.07元。

(4) 15 日,从美元户存款提取美元 7 500 元,备发外籍人员工资,当日汇率为 6.08 元。

(5) 20 日,售给亨特公司产品一批,货款 20 000 美元,尚未结算,当日汇率为 6.08 元。

(6) 24 日,从美元户支取 4 500 美元,兑换成人民币存入银行,当日汇率为 6.08 元,买入汇率为 6.07 元。

(7) 27 日,收到亨特公司偿还本月 20 日所欠货款 20 000 美元,当日汇率为 6.08 元。

(8) 31 日,今日汇率为 6.08 元,调整本月份"银行存款——美元户"明细账的余额。

三、要求

1. 根据"资料2",编制会计分录。
2. 根据"资料1"和编制的会计分录,开设并逐笔登记"银行存款——美元户"明细账。

第三章 存　货

第一节　存货概述

一、存货的意义

存货是指企业在日常活动中持有以备出售的产成品或商品、或者是处在生产过程中的在产品、在生产过程或提供劳务过程中耗用的材料和物料等。由此可见，存货最基本的特征是，企业持有存货的最终目的是为了出售，而不是自用或消耗。在企业生产经营活动过程中，存货处在不断地被销售、耗用和重置之中，因此它属于流动资产的范畴，并且是企业流动资产的一个重要的组成部分。

存货通常在企业流动资产中占有最大的比重，且是流动资产中变现能力最弱的资产。存货的积压必然会引起企业资金周转的困难，进而影响生产经营活动的正常开展，而存货的不足又会直接影响企业的生产经营活动和销售收入，因此存货的储备必须适当。另外，存货还容易被偷盗和散失，因此必须要加强对存货的管理和核算，以正确确定存货的数量和价格，确保存货的安全。

二、存货的确认条件

（一）与该存货有关的经济利益很可能流入企业

资产最重要的特征是预期会给企业带来经济利益。如果某一项目预期不能给企业带来经济利益，就不能确认为企业的资产。存货是企业一项重要的流动资产，因此，对存货的确认，关键是要判断其是否很可能给企业带来经济利益。

（二）该存货的成本能够可靠地计量

成本能够可靠地计量是资产确认的一项基本条件。存货作为企业资产的组成部分，要予以确认也必须能够对其成本进行可靠地计量。存货的成本能够可靠地计量必须以取得确凿的、可靠的证据为依据，并且具有可验证性。如果存货成本不能可靠地计量，则不能确认其为存货。

三、存货的范围

确定存货的范围是正确核算存货的基础。而存货的范围是由存货的确认条件所决定的。根据存货的确认条件，存货的具体范围如下所述。

（1）已经支付货款、购入或已生产加工完毕，验收合格并存放在本企业仓库、经营部及陈列展览的库存材料、自制半成品、产成品、库存商品、包装物和低值易耗品等等。

(2) 已经支付货款购入,但尚未验收入库的在途材料、在途商品。

(3) 正在进行生产加工的在产品。

(4) 已经发运,但尚未办妥托收手续的产成品或库存商品。

(5) 已经委托加工单位生产加工的加工物资。

(6) 已经委托其他单位代销的产成品或库存商品。

根据合同,已经售出而尚未运出本企业的产成品或库存商品、接受其他单位委托加工的物资、接受其他单位委托代销的商品等,由于所有权属于其他企业,因此不属于本企业的存货。

四、存货的分类

企业为了加强对存货的管理,正确核算产品的生产成本和销售成本,必须对存货进行科学分类。存货按其来源和用途的不同,可以分为以下八类。

1. 原材料　　它是指企业用于生产制造产品而购入的材料。

2. 在产品　　它是指正在进行生产加工的产品,或已生产加工完毕,但尚未验收入库,还不能对外销售的产品。

3. 自制半成品　　它是指企业已经完成一定生产过程,并已由半成品仓库检验合格入库,但尚未制造完工成为产成品,还需进一步加工的中间产品。

4. 产成品　　它是指企业已经完成全部生产过程,合乎标准规格和技术条件并已验收入库,可以按照合同规定的条件送交订货单位,或者可以作为商品对外销售的产品。

5. 库存商品　　它是指企业外购或委托加工完成验收入库的用于对外销售的各种商品。

6. 包装物　　它是指企业为了包装本企业产品或商品而储备的各种包装容器。

7. 低值易耗品　　它是指使用期限较短的,或者单位价值较低的,不能作为固定资产的各种用具物品。

8. 委托加工物资　　它是指企业委托外单位加工的材料、商品等。

五、存货购销的交接方式

在存货购销业务活动中,存货的交接方式一般有送货制、提货制和发货制三种。

送货制是指供货单位将存货送到购货单位指定的仓库或其他地点,由购货单位验收入库的一种存货交接方式。

提货制又称取货制,是指购货单位指派专人到供货单位指定的仓库或其他地点提取并验收存货的一种存货交接方式。

发货制是指供货单位根据购销合同规定的发货日期、品种、规格和数量等条件,将存货委托运输单位由铁路或公路、水路、航空运送到购货单位所在地或其他指定地区(如车站、或码头、机场等),由购货单位领取并验收入库的一种存货交接方式。

第二节 原 材 料

一、原材料的分类和价格构成

（一）原材料的特点和分类

原材料是指企业用于制造产品、构成产品实体或有助于产品形成的各种材料。它是生产加工过程中的劳动对象,在投入加工后,就改变其原有的实物形态。随着产品加工的完成,其价值也就一次全部地转移到产品中去,成为构成产品成本最主要的因素。

原材料的品种规格繁多,按其在生产过程中的作用不同,可以分为以下五类。

1. 原料及主要材料　　它是指经过生产加工后构成产品实体的各种原料和材料,如炼铁厂使用的铁矿石、家具厂使用的木材等。

2. 辅助材料　　它是指在生产加工过程中,有助于产品形成或便于生产的进行,但不构成产品实体的各种材料,如汽车制造厂使用的喷漆、印染厂使用的染料及机器设备上使用的润滑油、防锈剂等。

3. 燃料　　它是指在生产加工过程中用来燃烧发热以产生热能的各种材料,如煤、焦炭、汽油、柴油、天然气、煤气等。

4. 修理用备件　　它是指为修配自有机器设备和运输设备等所备用的各种专用零件和部件,如汽车的轮胎、水泵的齿轮、气门等。

5. 外购半成品　　它又称外购件,是指从外单位购入由本单位继续加工的半成品,如电视机厂的显像管、洗衣机厂的定时器等。

（二）原材料成本的构成

原材料成本应由采购原材料的实际支出构成。实际支出包括买价和采购费用两大部分,原材料成本具体由以下五项内容构成。

1. 买价　　它是指购进原材料时发票上列明的货款金额。

2. 运杂费　　它是指为采购原材料而发生的运输费、装卸费、保险费、包装费和仓储费。

3. 运输途中的合理损耗　　它是指购入原材料在运输途中发生的定额范围内的损耗。

4. 入库前的整理挑选费用　　它是指整理挑选原材料过程中发生的工、费支出和必要的损耗,扣除回收下脚废料的价值后的开支。

5. 税金　　它是指进口原材料发生的关税和消费税。

二、原材料购进的核算

工业企业要加强原材料的核算,首先,要根据生产业务的情况,对各种原材料确定一个合理的储备额,做到既能使生产加工顺利地进行,又能使资金合理节约地运用;其次,要加强对原材料的管理,建立和健全原材料的验收、发料、退料和保管等各项工作的责任制,定期进行盘点,以防止原材料的短缺、毁损和失窃;再次,要加强原材料使用的管理,制定合理的消耗定额,在保证质量的前提下,节约使用原材料,降低产品成本。

(一)原材料购进的业务程序及其核算

原材料购进的业务程序一般是:事先根据生产加工计划,与供货单位订立采购合同,然后按照采购合同组织原材料的采购。由于原材料采购的地点不同,采用的结算方式各异,其业务程序也有所不同。

如在同城采购,一般采用转账支票结算方式。通常由供应部门派采购人员携带转账支票去供货单位采购原材料、支付货款,倘若采取提货制,应取回发票和提货单。凭发票填制收料单后,将收料单转交仓库,通知其准备验收原材料,将发票转交财会部门入账。将提货单转交运输部门,由其提回原材料交付仓库,仓库凭供应部门转来的收料单将原材料验收入库;倘若采取送货制,则将提货单交供货单位送货,取回发票,据以填制收料单,将收料单转交仓库,仓库等供货单位送来原材料验收入库后,再将收料单转交财会部门。

如去异地采购,通常采用发货制,由供货单位根据合同发货,结算方式一般采用托收承付。当财会部门收到银行转来供货单位的托收凭证及内附的发票和运杂费凭证时,在备查簿上做好记录后转交供应部门,供应部门将发票中列明的原材料名称、规格、数量、单价、开单日期与供应合同核对相符,据以填制收料单后,将托收凭证及其附件退还财会部门,由其支付货款及运杂费。运输单位送来提货单时,供应部门将收料单转交仓库,通知其准备验收原材料,将提货单交付运输部门提回原材料,交付仓库验收入库。

我国税法规定,对销售货物要征收增值税,增值税是价外税,它不包括在货款内。增值税的纳税人同负税人是分离的。纳税人是销售货物或者提供加工、修理修配劳务的单位和个人,负税人却是消费者。因此,企业购进原材料时,除了要支付原材料的货款外,还要为以后的消费者垫支增值税,所以企业购进原材料时,必须取得增值税专用发票(下面简称专用发票),其格式见图表3-1。

企业取得供货单位的专用发票,与合同核对相符后,据以支付货款和增值税

图表 3-1

增值税专用发票
发票联

开票日期：2014 年 1 月 3 日　　　　　　　　　　　　　　　　　编号：94231

购货单位	名　　称		上海机械厂		纳税人登记号		310046824507915	
	地址、电话		（略）		开户银行及账号		1101162028436	
商品或劳务名称		计量单位	数　量	单价(元)	金额(元)	税率(%)	税额(元)	
圆　钢		千克	10 000	3.00	30 000.00	17%	5 100.00	
合　计					30 000.00		5 100.00	
计税合计(大写)人民币叁万伍仟壹佰元整　　　　　　　　　　￥35 100.00								
销货单位	名　　称		马鞍山钢铁厂		纳税人登记号		537600894122754	
	地址、电话		（略）		开户银行及账号		4631205766418	

收款人　　　　　　　开票单位(未盖章无效)

发票联　购货方记账

额,届时财会部门根据审核无误的专用发票(发票联)开列的货款,借记"在途物资"账户;根据增值税额,借记"应交税费"账户;根据价税合计及付款凭证,贷记"银行存款"账户。将专用发票(抵扣联)装订成册,妥善保管,作为日后抵扣销售产品增值税的依据。若从异地进货,发生原材料的运杂费,也应借记"在途物资"账户,将其作为原材料价格的组成部分。

当原材料运到时,由仓库验收人员根据供应部门转来的"收料单",将原材料验收入库,并将实收数量填入收料单实收数量栏内,据以计算原材料的单价。收料单的格式见图表 3-2。

图表 3-2

收　料　单

供货单位：马鞍山钢铁厂　　　　　　　　　　　　　　　　　编号：21374
发票编号：94231　　　　　　2014 年 1 月 5 日　　　　收料仓库：1 号仓库

材料类别	材料名称	规格	计量单位	数　量		采购成本(元)			单价(元)
				应收	实收	货款	运杂费	合计	
黑色金属	圆钢	10cm	千克	10 000	10 000	30 000	1 000	31 000	3.10
备注									

仓库主管(签章)　　　　　　记账员(签章)　　　　　　收料员(签章)

收料单一式数联,其中一联仓库留存,据以登记原材料明细账,另一联则送交财会部门入账,收料单经财会部门审核无误后,据以借记"原材料"账户;贷记"在途物资"账户。

【例】 上海机械厂向马鞍山钢铁厂采购圆钢10 000千克。

(1)1月3日,银行转来马鞍山钢铁厂托收凭证,金额为36 100元,内附专用发票一张,开列圆钢10 000千克,每千克3元,计货款30 000元、增值税额5 100元;运杂费凭证一张,金额1 000元。经审核无误,予以承付,作分录如下:

借:在途物资——圆钢　　　　　　　　　　　　　　　　　31 000.00
借:应交税费——应交增值税——进项税额　　　　　　　　 5 100.00
　贷:银行存款　　　　　　　　　　　　　　　　　　　　 36 100.00

(2)1月5日,仓库转来收料单,上项圆钢已验收入库,结转其采购成本,作分录如下:

借:原材料——原料及主要材料　　　　　　　　　　　　　31 000.00
　贷:在途物资——圆钢　　　　　　　　　　　　　　　　 31 000.00

异地采购原材料如发生两种以上原材料的运杂费合并在一起时,可以按重量的比例在各种原材料之间进行分配后,分别计入各种原材料的采购成本入账。

异地采购的原材料已运到,而结算凭证和专用发票尚未到达时,经审核确属供应合同所订购的原材料,可以先将原材料验收入库。按照供应合同所订的价格,借记"原材料"账户,贷记"应付账款"账户。等结算凭证和内附的专用发票、运杂费凭证到达时,先用红字冲销上述会计分录,然后再按专用发票列明的原材料的货款、增值税额以及运杂费凭证列明的运杂费,重新作原材料购进的核算。

【例】 上海钢铁厂向大同煤矿订购煤60吨,合同规定价格为每吨450元。

(1)4月8日,仓库转来收料单,大同煤矿发来本厂订购的煤60吨,已验收入库,由于银行的结算凭证和专用发票尚未收到,先按合同价入账,作分录如下:

借:原材料——燃料　　　　　　　　　　　　　　　　　　27 000.00
　贷:应付账款——暂估应付账款　　　　　　　　　　　　 27 000.00

(2)4月10日,银行转来大同煤矿托收凭证,内附专用发票,开列煤60吨,每吨450元,计货款27 000元,增值税额4 590元;运杂费凭证一张,金额1 200元。

① 注销入库时的账务处理,作分录如下:

借:原材料——燃料　　　　　　　　　　　　　　　　　　27 000.00
　贷:应付账款——暂估应付账款　　　　　　　　　　　　 27 000.00

② 托收凭证经审核无误,支付款项时,作分录如下:

借：在途物资——煤　　　　　　　　　　　　　　　　　　28 200.00
借：应交税费——应交增值税——进项税额　　　　　　　 4 590.00
　　贷：银行存款　　　　　　　　　　　　　　　　　　 32 790.00

③ 结转材料采购成本，作分录如下：

借：原材料——燃料　　　　　　　　　　　　　　　　　 28 200.00
　　贷：在途物资——煤　　　　　　　　　　　　　　　 28 200.00

"应付账款"是负债类账户，用以核算企业因购买原材料、商品和接受劳务供应等应付给供货单位的款项。企业购入原材料、商品等已验收入库及已接受劳务供应，而货款尚未支付时，记入贷方；企业偿还应付账款时，记入借方；期末余额在贷方，表示企业尚欠供货单位的款项。

在实际工作中，对于验收入库的原材料，可以根据收料单定期编制收料汇总表，然后据以编制会计分录，以简化核算工作。

（二）预付货款购进原材料的核算

企业采购的原材料，有的需要预付货款，届时由供应部门先与供货单位签订购货合同，并根据购货合同的规定，填制"预付货款审批单"，一式数联，经有关领导审批后，财会部门据以预付货款。财会部门凭"预付货款审批单"及供货单位的收款凭证，借记"预付账款"账户，贷记"银行存款"账户；当收到供货单位专用发票和原材料，支付剩余款项时，借记"在途物资"、"预付账款"、"应交税费"账户，贷记"银行存款"账户；等到材料验收入库后，再借记"原材料"账户，贷记"在途物资"账户。

【例】　上海冶炼厂向上海燃料公司采购煤 40 吨，每吨 480 元，根据合同先预付 20% 的货款，15 天后交货时，再支付其余 80% 的货款。

（1）4 月 1 日，签发转账支票 3 840 元，预付上海燃料公司 40 吨煤的 20% 的货款，作分录如下：

借：预付账款——上海燃料公司　　　　　　　　　　　　 3 840.00
　　贷：银行存款　　　　　　　　　　　　　　　　　　 3 840.00

（2）4 月 16 日，收到上海燃料公司开来的专用发票，开列煤 40 吨，每吨 480元，计货款 19 200 元，增值税额 3 264 元，签发转账支票一张，金额 18 624 元，以结清账款，作分录如下：

借：在途物资——煤　　　　　　　　　　　　　　　　　 19 200.00
借：应交税费——应交增值税——进项税额　　　　　　　 3 264.00
　　贷：预付账款——上海燃料公司　　　　　　　　　　 3 840.00
　　贷：银行存款　　　　　　　　　　　　　　　　　　 18 624.00

(3) 4月17日,仓库转来收料单,40吨煤已验收入库,结转其采购成本,作分录如下:

  借:原材料——燃料   19 200.00
   贷:在途物资——煤   19 200.00

"在途物资"是资产类账户,用以核算企业采取实际成本(或进价)进行原材料、商品等各种物资的日常核算以及货款已付尚未验收入库的在途物资的采购成本。企业购入原材料等各种物资发生采购成本时,记入借方;企业购入的原材料等各种物资验收入库,结转采购成本时,记入贷方;期末余额在借方,表示企业尚未到达及虽已到达但尚未验收入库的在途物资。

"预付账款"是资产类账户,用以核算企业按照购货合同规定预付给供货单位的货款。企业预付货款时,记入借方;企业收到所购原材料等物资,转销预付货款时,记入贷方;期末余额在借方,表示企业预付给供货单位的款项。

(三) 购进原材料发生短缺和溢余的核算

企业购进原材料,应认真进行验收,如果在验收过程中发现原材料短缺或溢余的情况,除将实收数量填入收料单外,还应查明原因,予以处理。购进原材料发生短缺或溢余的主要原因有:在运输途中由于不可抗拒的自然条件和商品性质等因素,使原材料发生合理的损耗或升溢;供货单位工作上差错,少发或多发原材料;运输单位的失职、丢失原材料以及不法分子的贪污盗窃等。因此,对于原材料的短缺或溢余,应认真调查、具体分析、明确责任、及时处理,以保护企业财产的安全。

企业购进原材料发生短缺或溢余,如属于运输途中的正常损耗和升溢,应计入原材料的采购成本。届时相应调整原材料的单位成本。

【例】 上海食品厂日前已支付给天津果品公司货款及运杂费的4 000千克红枣已运到。该红枣每千克15.75元,计货款63 000元,运杂费840元。验收时实收3 990千克,短缺10千克,此系途中正常损耗。材料已验收入库,结转其采购成本,作分录如下:

  借:原材料——原料及主要材料   63 840.00
   贷:在途物资——红枣   63 840.00

$$3\,980\text{千克红枣的单价成本} = \frac{63\,000+840}{3\,990} = 16(元)$$

$$4\,000\text{千克红枣的单价成本} = \frac{63\,000+840}{4\,000} = 15.96(元)$$

因此,购进原材料验收时发生途中正常损耗或升溢的核算方法,与验收时的数量与实际数量符合的核算方法是一致的,所不同的是发生途中正常的损耗,将增加原材料的单位成本,而发生途中升溢则减少原材料的单位成本。

企业购进原材料如由于其他原因发生短缺或溢余,应先按实收数结转原材料采购成本,将短缺或溢余金额先记入"待处理财产损溢"账户。等到与对方联系解决后,如属于供货单位少发原材料,作退货处理时,应由对方开来红字专用发票,根据价税合计数借记"应收账款"账户;根据货款贷记"待处理财产损溢"账户;根据增值税额贷记"应交税费"账户。如属于供货单位多发原材料,补作进货时,应由对方补来专用发票,根据货款借记"待处理财产损溢"账户;根据增值税额借记"应交税费"账户;根据价款合计数贷记"应付账款"账户。如属于运输单位责任,由其负责赔偿时,则根据货款借记"其他应收款"账户,贷记"待处理财产损溢"账户。

【例】 上海食品厂向福州制糖厂采购白砂糖5 000千克。

(1) 3月1日,银行转来福州制糖厂托收凭证,金额为24 570元,内附增值税专用发票一张,开列白砂糖5 000千克,每千克4.20元,计货款21 000元、增值税额3 570元,运杂费凭证一张,金额1 000元。经审核无误,予以承付,作分录如下:

  借:在途物资——白砂糖   21 000.00
  借:应交税费——应交增值税——进项税额   3 570.00
   贷:银行存款   24 570.00

(2) 3月4日,仓库转来收料单,上项白砂糖实收4 500千克,短缺500千克系对方少发材料。由供应部门与对方联系解决,结转入库白砂糖的采购成本,作分录如下:

  借:原材料——辅助材料   18 900.00
  借:待处理财产损溢——待处理流动资产损溢   2 100.00
   贷:在途物资——白砂糖   21 000.00

(3) 3月12日,经联系查明短缺的500千克白砂糖系对方少发。今收到福州制糖厂开来红字专用发票,开列退货款2 100元,退增值税额357元,予以转账,作分录如下:

  借:应收账款——福州制糖厂   2 457.00
   贷:待处理财产损溢   2 100.00
   贷:应交税费——应交增值税——进项税额   357.00

"待处理财产损溢"是资产类账户,用以核算企业已经发生而尚待处理的各项财产物资的盘亏、盘盈、毁损以及购入原材料、商品等物资途中的短缺和溢余等。企业发生盘亏、毁损、短缺各种财产物资以及转销盘盈、溢余各种财产物资时,记入借方;企业发生盘盈、溢余各种财产物资以及转销盘亏、毁损、短缺各种财产物资时,记入贷方;在期末结账前处理完毕后,该账户应无余额。

(四) 购货折扣的核算

企业在赊购原材料等存货时,赊销方为了促使赊购方尽快地清偿账款而给予一定的折扣优惠,从而产生了购货折扣。购货折扣是指赊购方在赊购原材料等存货后,因迅速清偿赊购账款而从赊销方取得的折扣优惠。需要说明的是享受购货折扣仅局限于原材料的货款,并不包括增值税额。

企业赊购原材料等存货时,当赊销方提出以付款为条件给予购货折扣时,应按总价法入账。

总价法是以原材料等存货的发票价格作为其买价入账。当企业取得购货折扣时,再冲减当期的财务费用。

【例】 上海精工家具厂1月份向上海木材公司赊购木材,木材公司给予的付款条件为:15天内付清货款,购货折扣为1‰,超过15天则支付全价。

(1) 6日,赊购木材一批,货款50 000元,增值税额8 500元,木材已验收入库。

① 根据专用发票,作分录如下:

借:在途物资——木材　　　　　　　　　　　　　　50 000.00
借:应交税费——应交增值税——进项税额　　　　　 8 500.00
　贷:应付账款——上海木材厂　　　　　　　　　　58 500.00

② 根据收料单结转木材采购成本,作分录如下:

借:原材料——原料及主要材料　　　　　　　　　　50 000.00
　贷:在途物资——木材　　　　　　　　　　　　　50 000.00

(2) 20日,签发转账支票一张,金额为58 000元,支付本月6日赊购木材的货款及增值税额,作分录如下:

借:应付账款——上海木材厂　　　　　　　　　　　58 500.00
　贷:银行存款　　　　　　　　　　　　　　　　　58 000.00
　贷:财务费用　　　　　　　　　　　　　　　　　　　500.00

(五) 购货折让的核算

购货折让是指企业购进原材料等存货,因品种、规格和质量等原因从销货单位取得的价格上的减让。

企业发生购货折让时,应以原材料等存货的买价扣除购货折让后的净额入账,而且增值税额与货款同步享有购货折让。

【例】 申新机械厂向南京钢厂订购20cm圆钢5 000千克。

(1) 9月5日,银行转来南京钢厂托收凭证,内附增值税专用发票一张,开列

22cm 圆钢 5 000 千克,每千克 3 元,计货款 15 000 元,增值税额 2 550 元;运杂费凭证一张,金额为 800 元。查验合同,系订购 20cm 的圆钢,与合同不符,予以拒付。不作账务处理,由供应部门与对方联系解决。

(2) 9 月 14 日,经联系后,对方同意给予 6‰ 的购货折让。当即收到厂方的销货折让发票,折让货款 900 元,增值税额 153 元,当即支付 22cm 圆钢的货款、增值税额及运杂费。作分录如下:

借:在途物资——圆钢	14 900.00
借:应交税费——应交增值税——进项税额	2 397.00
贷:银行存款	17 297.00

(3) 9 月 15 日,上项圆钢已运到,并验收入库,结转其采购成本,作分录如下:

借:原材料——原料及主要材料	14 900.00
贷:在途物资——圆钢	14 900.00

三、原材料发出的核算

原材料发出的业务程序一般是:当各部门需要领用原材料时,应由领料人根据生产经营任务或工作的需要填制领料单,填明领用原材料的名称、规格、数量及用途,由领料部门主管审核签章,领料人再凭此领料单向仓库领料,仓库在审核无误后据以发料。根据发料情况填列实发数量、单价和金额,并由领、发料双方签章。领料单一式数联,一联由领料部门带回留存,仓库自留一联登记原材料明细账,另一联转交财会部门入账。领料单的格式如图表 3-3 所示。

图表 3-3

领 料 单

编 号:4322

领料部门:生产车间　　　　2014 年 1 月 6 日　　　　发料仓库:甲库

材料类别	材料名称	规格	计量单位	数量		单价(元)	金额(元)
				请领	实发		
黑色金属	圆钢	10cm	千克	4 000	4 000	3.10	12 400

用途:制造轴承

仓库主管(签章)	记账员(签章)	发料员(签章)	领料部门主管(签章)	领料人(签章)

由于企业领发料较为频繁,为了简化核算手续,平时可以根据领料单登记原材料明细分类账,然后根据原材料的分类和不同的用途定期编制发料汇总表,据以入账。直接用于制造产品的原材料借记"生产成本"账户,间接用于制造产品的原

材料借记"制造费用"账户,企业管理部门领用的原材料借记"管理费用"账户,贷记"原材料"账户。发料汇总表的格式如图表 3-4 所示。

图表 3-4

发料汇总表
2014 年 1 月 1~10 日　　　　　　　　　　　　　　　　　　单位:元

应借账户	应贷账户:原材料				
	原料及主要材料	辅助材料	燃料	修理用备件	合计
生产成本	52 000	8 800	2 400		63 200
制造费用		2 400	3 750	1 450	7 600
管理费用		1 000	400		1 400
合计	52 000	12 200	6 550	1 450	72 200

【例】　浦江工厂 1 月上旬,根据领料单编制发料汇总表如表 3-4 所示。

根据发料汇总表,作分录如下:

　　借:生产成本　　　　　　　　　　　　　　　　　63 200.00
　　借:制造费用　　　　　　　　　　　　　　　　　 7 600.00
　　借:管理费用　　　　　　　　　　　　　　　　　 1 400.00
　　　　贷:原材料——原料及主要材料　　　　　　　52 000.00
　　　　贷:原材料——辅助材料　　　　　　　　　　12 200.00
　　　　贷:原材料——燃料　　　　　　　　　　　　 6 550.00
　　　　贷:原材料——修理用备件　　　　　　　　　 1 450.00

"原材料"是资产类账户,用以核算企业库存的各种原材料。企业购进、接受投资将原材料验收入库和发生盘盈时,记入借方;企业发出、销售、盘亏和毁损原材料时,记入贷方;期末余额在借方,表示企业期末库存原材料的成本。

四、发出原材料的计价

企业购进的原材料由于产地、价格和运输费用的不同,因此各批购进原材料的单位成本往往各异,则对发出原材料的价值,就需要采用合理的计算方法来予以确定。根据财政部的规定,企业对原材料的计价可以选择使用个别计价法、先进先出法、移动加权平均法和综合加权平均法等。对不同的原材料可以采用不同的计价方法。原材料计价方法一经确定后,不得随意变更。

（一）个别计价法

个别计价法又称为分批实际计价法,是指认定每一件或每一批原材料的实际单价，计算发出该件或该批原材料成本的方法。其计算公式如下：

$$发出原材料成本 = 发出原材料数量 \times 该件（批）原材料单价$$

个别计价法的具体计算方法如图表 3-5、图表 3-6、图表 3-7 所示。

采用个别计价法，对每件或每批购进的原材料应分别存放，并分户登记原材料明细分类账。对每次领用的原材料，应在领料单上注明购进的件别或批次，便于按照该件或该批原材料的实际单价计算其耗用金额。

采用个别计价法能随时结转发出原材料的成本。这种方法计算的结果符合实际，但计算起来工作量最为繁重，适用于能分清件别、批次的原材料。

（二）先进先出法

先进先出法是指根据先入库先发出的原则，对于发出的原材料，以先入库原材料的单价进行计价，从而计算发出原材料成本的方法。

采用先进先出法计算发出原材料成本的具体做法是：先按第一批入库原材料的单价计算发出原材料的成本，领发完毕后，再按第二批入库原材料的单价计算，以此类推。若领发的原材料属于前后两批入库的，单价又不同时，就分别需要用两个单价计算。其具体计算方法如图表 3-5、图表 3-8 所示。

采用先进先出法，期末结存原材料金额是根据近期入库原材料成本计价的，其价值接近于市场价格，并能随时结转发出原材料的实际成本。但每次发料要根据先入库的单价计算，工作量较大，一般适用于收发料次数不多的原材料。

（三）移动加权平均法

移动加权平均法是指以各次原材料收入的数量和金额与各次收入前结存的数量和金额为基础，计算出平均单价，再进而计算发出原材料成本的方法。其计算公式如下：

$$平均单价 = \frac{本次收入前原材料结存金额 + 本次原材料收入金额}{本次收入前原材料结存数量 + 本次原材料收入数量}$$

$$发出原材料成本 = 发出原材料数量 \times 平均单价$$

移动加权平均法的具体计算方法如图表 3-5、图表 3-9 所示。

采用移动加权平均法计算发出原材料的成本最为均衡，能随时结出发出原材料的成本。但每次原材料入库后几乎都要重新计算平均单价，工作量很大，一般适用于前后单价相差幅度较大的原材料。

（四）综合加权平均法

综合加权平均法是指在一个计算期内综合计算原材料的加权平均单价，再乘以发出原材料数量，从而计算发出原材料成本的方法。其计算公式如下：

$$\text{加权平均单价} = \frac{\text{期初结存原材料金额} + \text{本期收入原材料金额}}{\text{期初结存原材料数量} + \text{本期收入原材料数量}}$$

发出原材料成本 = 发出原材料数量 × 加权平均单价

在日常工作中，由于加权平均单价往往不能整除，计算的结果必然会产生尾差，为了保证期末原材料成本的准确性，可以先计算期末结存原材料金额，然后倒挤耗用原材料成本，其计算公式如下：

期末结存原材料金额 = 期末结存原材料数量 × 加权平均单价

发出原材料成本 = 期初结存原材料金额 + 本期收入原材料金额 − 期末结存原材料金额

综合加权平均法的具体计算方法如图表 3-5、图表 3-10 所示。

采用综合加权平均法计算发出原材料的成本较为均衡，计算的工作量较小，但计算成本工作必须在月末进行，工作量较为集中，一般适用于前后单价相差幅度较大，且在月末结转其发出成本的原材料。

现举例说明上述四种发出原材料成本的计算方法。

【例】 顺昌印染厂坯布 3 月份期初结存 3 000 米，单价 12 元，金额 36 000 元，购进批次为 075，本月份收发料情况如图表 3-5 所示。

（1）用个别计价法计算发出原材料成本如图表 3-6 所示。

图表 3-5

坯布收发料记录

金额单位：元

2014年		业务号数	计量单位	收料				发料	
月	日			数量	单价	金额	批次	数量	批次
3	10	（略）	米					1 500	075
	14		米	3 000	12.30	36 900.00	076		
	20		米					1 000	076
	24		米	2 500	12.44	31 100.00	077		
	30		米					1 500	075
			米					100	077

图表 3-6

坯布成本计算表

金额单位：元

发料日期	发料批次	计量单位	发料数量	单 价	发出原材料成本
（1）	（2）	（3）	（4）	（5）	（6）=（4）×（5）
3月10日	075	米	1 500	12.00	18 000
3月20日	076	米	1 000	12.30	12 300
3月30日	075	米	1 500	12.00	18 000
	077	米	100	12.44	1 244
合　　计			4 100		49 544

结转发出材料成本后坯布的结存金额如图表 3-7 所示。

图表 3-7

坯布结存记录

金额单位：元

结存批次	结存数量	计量单位	单　价	结存金额
076	2 000	米	12.30	24 600
077	2 400	米	12.44	29 856
合　　计	4 400	—		54 456

（2）用先进先出法计算发出原材料成本如图表 3-8 所示。

（3）用移动加权平均法计算发出材料成本如图表 3-9 所示。

（4）用综合加权平均法计算发出材料成本如图表 3-10 所示。

企业计算发出原材料的成本通常在月末进行，在采用先进先出法时，为了便于计算，也可以先计算期末结存原材料金额，然后再倒挤耗用原材料成本，倒挤耗用原材料成本的计算公式与综合加权平均法相同。

【例】　运用上例资料，用先进先出法倒挤耗用原材料成本如下：

期末结存原材料金额 $= 2\,500 \times 12.44 + 1\,900 \times 12.30 = 54\,470$（元）

发出原材料成本 $= 36\,000 + 36\,900 + 31\,100 - 54\,470 = 49\,530$（元）

图表3-8

材料明细分类账

原材料名称：坯布　　　　　规格：110cm　　　　　数量单位：m；金额单位：元

2014年		凭证号数	摘要	收入			发出			结存		
月	日			数量	单价	金额	数量	单价	金额	数量	单价	金额
3	1	（略）	期初结存							3 000	12.00	36 000
	10		领用				1 500	12.00	18 000	1 500	12.00	18 000
	14		购进	3 000	12.30	36 900				1 500×12.00 3 000×12.30		54 900
	20		领用				1 000	12.00	12 000	500×12.00 3 000×12.30		42 900
	24		购进	2 500	12.44	31 100				500×12.00 3 000×12.30 2 500×12.44		74 000
	30		领用				1 600	500×12.00 1 100×12.30	19 530	1 900×12.30 2 500×12.44		54 470
3	31		本月合计	5 500		68 000	4 100		49 530	1 900×12.30 2 500×12.44		54 470

图表 3-9

材料明细分类账

原材料名称：坯布　　规格：110cm　　数量单位：m　　金额单位：元

2014年		凭证号数	摘要	收入			发出			结存		
月	日			数量	单价	金额	数量	单价	金额	数量	单价	金额
3	1		期初结存							3 000	12.00	36 000
	10	(略)	领用				1 500	12.00	18 000	1 500	12.00	18 000
	14		购进	3 000	12.30	36 900				4 500	12.20	54 900
	20		领用				1 000	12.20	12 200	3 500	12.20	42 700
	24		购进	2 500	12.44	31 100				6 000	12.30	73 800
	30		领用				1 600	12.30	19 680	4 400	12.30	54 120
3	31		本月合计	5 500		68 000	4 100		49 880	4 400	12.30	54 120

1月14日平均单价 = $\dfrac{18\,000 + 36\,900}{1\,500 + 3\,000}$ = 12.20(元)

1月24日平均单价 = $\dfrac{42\,700 + 31\,100}{3\,500 + 2\,500}$ = 12.30(元)

图表 3-10

原材料明细分类账

原材料名称：坯布　　　　规格：110cm　　　　数量单位：m
金额单位：元

2014年		凭证号数	摘要	收入			发出			结存		
月	日			数量	单价	金额	数量	单价	金额	数量	单价	金额
3	1		期初结存							3 000	12.00	36 000.00
	10	(略)	领用				1 500			1 500		
	14		购进	3 000	12.30	36 900				4 500		
	20		领用				1 000			3 500		
	24		购进	2 500	12.44	31 100				6 000		
	30		领用				1 600			4 400		
	31		结转发出材料成本				4 100		50 164.68	4 400	12.2353	53 835.32
3	31		本月合计	5 500		68 000	4 100		50 164.68	4 400	12.2353	53 835.32

加权平均单价 = $\dfrac{36\,000+36\,900+31\,100}{3\,000+3\,000+2\,500}$ = 12.2353（元）

期末结存原材料金额 = 4 400 × 12.2353 = 53 835.32（元）

发出原材料成本 = 36 000 + 36 900 + 31 100 − 53 835.32 = 50 164.68（元）

五、原材料按计划成本法核算

前述的原材料是采用实际成本法进行计价和核算的。然而不少企业原材料的品种、规格复杂繁多,核算的工作量很大,为了简化核算手续,对原材料采用计划成本法核算。采用计划成本法也有利于考核原材料采购部门的经营业绩,通过实际成本与计划成本的对比,可以促使原材料采购部门节约采购支出,降低原材料采购成本。

计划成本法是指企业原材料的收入、发出和结存均按事先制定的计划成本计价,将实际成本与计划成本的差额通过"材料成本差异"账户反映,俟期末将发出原材料的计划成本调整为实际成本的方法。

采用计划成本法必须事先制定每一品种规格原材料的计划成本。原材料的计划成本构成内容与实际成本相同,不再重述。原材料计划成本通常由企业供应部门会同财会部门共同制定,制定的计划成本应力求接近实际,除单位成本发生很大变动等特殊情况外,在年度内一般不作调整,以保持计划成本的相对稳定。

(一)原材料购进的核算

企业的原材料采用计划成本法进行计价和核算时,应设置"材料采购"账户,当发生采购原材料的实际成本时,记入"材料采购"账户的借方;原材料验收入库时,按入库原材料的计划成本,借记"原材料"账户,贷记"材料采购"账户。这样,"材料采购"账户的借方登记采购原材料的实际成本,贷方登记采购原材料的计划成本,两者之间的差额转入"材料成本差异"账户。

【例】 上海电机厂向武汉钢铁厂采购圆钢 20 000 千克。

(1) 5月4日,银行转来武汉钢铁厂的托收凭证,金额为68 520元,内附专用发票一张,开列圆钢 20 000 千克,每千克2.80元,计货款56 000元,增值税额 9 520 元;运杂费凭证一张,金额 3 000 元。审核无误后,予以承付,作分录如下:

```
借:材料采购——圆钢                           59 000.00
借:应交税费——应交增值税——进项税额          9 520.00
    贷:银行存款                               68 520.00
```

(2) 5月8日,仓库转来收料单,20 000 千克圆钢已验收入库,其计划单价为3元,予以转账,作分录如下:

```
借:原材料——原材料及主要材料                 60 000.00
    贷:材料采购——圆钢                       60 000.00
```

同时,结转采购圆钢成本差异,作分录如下:

```
借:材料采购——圆钢                            1 000.00
    贷:材料成本差异                            1 000.00
```

在实际工作中,为了简化核算手续,采购原材料实际成本与计划成本的差异不必逐笔结转,可以在月末通过对比后,一次转入"材料成本差异"账户。

"材料采购"是资产类账户,用以反映企业采用计划成本进行原材料日常核算而购入的原材料的采购成本。企业购入的原材料发生的采购成本和结转原材料实际成本小于计划成本的差异时,记入借方;企业将原材料验收入库按计划成本入账和结转原材料实际成本大于计划成本的差异时,记入贷方;期末余额在借方,表示企业尚未到达及虽已到达,但尚未验收入库的在途材料。

(二)原材料发出的核算

企业发出原材料时,一律采用计划成本计价,届时根据不同的用途借记"生产成本"、"制造费用"、"管理费用"等账户,贷记"原材料"账户。期末再将发出原材料的计划成本调整成为实际成本。调整的方法是将期末的材料成本差异在已经发出原材料和期末结存原材料之间进行分摊,其计算公式如下:

$$材料成本差异率 = \frac{期初结存材料成本差异 + 本期收入材料成本差异}{期初结存原材料计划成本 + 本期收入原材料计划成本} \times 100\%$$

$$本期发出原材料应分摊的材料成本差异 = 发出原材料的计划成本 \times 材料成本差异率$$

计算的结果倘若是正数,表示实际成本大于计划成本,是超支;倘若是负数,表示实际成本小于计划成本,是节约。如发生超支,应借记"生产成本"、"制造费用"、"管理费用"等账户,贷记"材料成本差异"账户;如发生节约,则借记"材料成本差异"账户,贷记"生产成本"、"制造费用"、"管理费用"等账户。

【例】 大名工厂原材料采用计划成本计价,"原材料"账户期初余额为 86 000 元,"材料成本差异"账户期初为贷方余额 1 548 元,本月"原材料"账户借方发生额为 72 000 元,"材料成本差异"账户借贷方发生额相抵后,为贷方净发生额 1 217 元,本月份直接用于制造产品的原材料为 64 000 元,间接用于制造产品的原材料为 6 000 元,管理部门领用原材料为 1 200 元,计算本月份发出原材料应分摊的材料成本差异如下:

$$材料成本差异率 = \frac{-1\,548 - 1\,217}{86\,000 + 72\,000} \times 100\% = -1.75\%$$

$$直接制造产品应分摊的材料成本差异 = 64\,000 \times (-1.75\%) = -1\,120(元)$$

$$间接制造产品应分摊的材料成本差异 = 6\,000 \times (-1.75\%) = -105(元)$$

$$管理部门应分摊的材料成本差异 = 1\,200 \times (-1.75\%) = -21(元)$$

根据计算的结果,作分录如下:

借:材料成本差异　　　　　　　　　　　　　　　　1 246.00
　　贷:生产成本　　　　　　　　　　　　　　　　　　　1 120.00
　　贷:制造费用　　　　　　　　　　　　　　　　　　　　105.00
　　贷:管理费用　　　　　　　　　　　　　　　　　　　　 21.00

"材料成本差异"是资产类账户,它是"原材料"账户的调整账户,用以反映企业原材料的实际成本与计划成本的差异。企业购进、加工收回原材料验收入库时,实际成本大于计划成本的差额,以及分摊发出原材料实际成本小于计划成本差异时,记入借方;实际成本小于计划成本的差额,以及分摊发出原材料实际成本大于计划成本差异时,记入贷方;期末余额若在借方,表示企业库存原材料的实际成本大于计划成本的差异;期末余额若在贷方,则表示企业库存原材料的实际成本小于计划成本的差异。

六、委托加工材料的核算

企业从外部购入的原材料,有时在规格和质量上还不能直接满足生产上的需要,因此必须将这部分原材料委托给外单位加工,从而形成了委托加工材料。

企业在委托外单位加工材料前,必须与接受加工单位签订"委托加工材料合同",在合同上要列明加工原材料的品种、规格、数量、质量要求、交货期限、材料加工的损耗率、加工计费标准等,以作为双方执行的依据。

企业在按"委托加工材料合同"发出原材料给加工单位时,应填制"发出材料委托加工单",一式数联,其格式见图表3-11。

"发出材料委托加工单"经收发双方签章后,各自留下一联,加工单位将其作为收到原材料的凭证,发料部门将其作为发出原材料的依据,还有一联送交财会部门,财会部门复核无误后,据以借记"委托加工物资"账户,贷记"原材料"账户。倘若"原材料"账户按计划成本计价,则还需要将发出原材料的计划成本,乘以上月的材料成本差异率,将其调整为实际成本。

【例】 徐汇工厂委托松江线材厂加工铜丝,3月1日根据合同规定由仓库发出铜锭后,填制发出材料委托加工单如图表3-11所示。

图表3-11

发出材料委托加工单

加工单位:松江线材厂　　　　　2014年3月1日

编号	材料名称	计量单位	应发数量	实发数量	单价(元)	金额(元)	材料成本差异率
1004	铜锭	千克	1 010	1 010	60.00	60 600.00	1.5%
加工内容: 铜丝2 000千克		材料损耗率:1%		材料收回日期: 3月10日		加工合同:第422号	

财会部门复核无误后,作分录如下:

借:委托加工物资——铜丝　　　　　　　　　　　　　　　　60 600.00
　　贷:原材料　　　　　　　　　　　　　　　　　　　　　　60 600.00

同时,将发出原材料的计划成本调整为实际成本,作分录如下:

借:委托加工物资——铜丝　　　　　　　　　　　　　　　　　909.00
　　贷:材料成本差异　　　　　　　　　　　　　　　　　　　　909.00

企业委托加工材料的实际成本由发出加工材料的实际成本、加工费用和为加工业务而发生的运杂费组成。因此,加工业务发生的加工费用和运杂费均应列入"委托加工物资"账户。

【例】 3月9日,松江线材厂送来加工完毕的1 000千克铜丝,徐汇工厂当即支付其加工费用4 000元,增值税额680元,加工材料往返运杂费291元,作分录如下:

借:委托加工物资——铜丝　　　　　　　　　　　　　　　　4 291.00
借:应交税费——应交增值税——进项税额　　　　　　　　　　680.00
　　贷:银行存款　　　　　　　　　　　　　　　　　　　　　4 971.00

企业收回委托加工材料时,应认真进行验收,并根据验收的结果填制"委托加工材料收料单",其格式与收料单基本相似。"委托加工材料收料单"一式三联,接受加工的企业留下一联,作为交料凭证;仓库自留一联,作为收料凭证;另一联送交财会部门,经复核无误后据以入账。届时,根据加工材料的计划成本借记"原材料"账户;根据加工材料的实际成本,贷记"委托加工物资"账户;其差额列入"材料成本差异"账户。

【例】 3月10日,松江线材厂送来加工完毕的铜丝1 000千克,经仓库验收全部合格入库,转来委托加工材料收料单,铜丝的计划单位成本为65.50元,经审核无误,作分录如下:

借:原材料　　　　　　　　　　　　　　　　　　　　　　　65 500.00
借:材料成本差异　　　　　　　　　　　　　　　　　　　　　 300.00
　　贷:委托加工物资——铜丝　　　　　　　　　　　　　　　65 800.00

"委托加工物资"是资产类账户,用以核算企业委托外单位加工的各种材料和物资的实际成本。企业发外单位加工材料和物资、支付加工材料和物资的加工费和运杂费时,记入借方;企业结转加工材料和物资的实际成本时,记入贷方;期末余额在借方,表示企业期末尚未完工的委托加工材料和物资的成本。

第三节 产成品

产成品是工业企业员工生产加工的劳动成果,也是工业企业存货的重要组成部分,产成品通过销售所取得的收入是工业企业收入的最主要的来源。因此,必须建立和健全产成品的收入、发出和保管的制度。

一、产品收入的核算

生产车间将产品生产加工完毕后,应根据完工产品的数量填制"产成品交库单",连同产品一并送交检验部门。经检验合格后,由检验人员签注检验结果,然后再送交成品仓库。仓库保管员审核无误并点收数量后,在"产成品交库单"上签章,表示产成品入库工作已经完成。产成品交库单的格式如图表3-12所示。

图表3-12

产成品交库单

交库部门:装配车间　　　　2014年1月10日　　　　　　编号:305

商品编号	商品名称	规　格	计量单位	送验数量	检验结果		实收数量	备　注
					合格	不合格		
007	北极牌电冰箱	180升	台	200	180	20	180	

仓库保管员(签章)　　　检验员(签章)　　　车间主任(签章)　　　制单(签章)

产成品交库单一式三联,成品仓库自留一联,作为登记产成品明细分类账的依据;一联退还生产车间,作为其统计产量的凭证;另一联送交财会部门作为计算产品成本的凭证。

由于产品成本在月末才能进行计算,因此,平时验收入库的产品只登记库存商品明细分类账中的数量,等月末财会部门根据成品仓库转来产成品交库单及其他有关资料,计算出产品的生产成本,并据以编制产成品收入汇总表。其格式见图表3-13。

【例】上海针织厂3月31日编制产成品收入汇总表如图表3-13所示。

根据产成品收入汇总表,结转完工产品成本,作分录如下:

　　借:库存商品　　　　　　　　　　　　　　　　100 400.00
　　　　贷:生产成本　　　　　　　　　　　　　　　　100 400.00

图表 3-13

产成品收入汇总表

2014 年 3 月 31 日

商品类别	商品名称	规 格	计量单位	数 量	单 价（元）	金 额（元）
男上衣类	男棉毛衫	90cm	件	2 000	14.00	28 000
	男棉毛衫	100cm	件	2 500	16.00	40 000
	男棉毛衫	110cm	件	1 800	18.00	32 400
合 计						100 400

二、产品销售的核算

企业生产产品的目的是为了销售，通过销售既满足了社会消费的需要，又从销售收入中补偿了生产产品的耗费和各种费用，并能获取一定的利润。因此，企业应积极开展产品的销售工作，及时地回笼销货款，使企业的资金流畅无阻，以保证企业生产经营活动的正常进行。

（一）销售商品收入的确认

销售商品中所指的商品主要包括为销售而生产或购进的商品，如工业企业生产的产成品、半成品，商品流通企业购进的商品等，企业销售的其他存货如原材料、包装物等也视同商品。

企业确认销售商品收入必须同时符合下列五个条件。

1. 企业已将商品所有权上主要风险和报酬转移给购货方　　风险主要是指商品由于贬值、损坏、报废等所造成的损失。报酬是指商品中包含的未来的经济利益，包括商品因升值等给企业带来的经济利益。当一项商品发生的任何损失均不需要本企业承担，带来的经济利益也不归本企业所有，则意味着该商品所有权上的风险和报酬已转移出该企业。判断一项商品所有权上的主要风险和报酬是否已转移给购货方，需要视不同情况而定。

1) 在大多数情况下，所有权上的风险和报酬的转移伴随着所有权凭证的转移或实物的交付而转移，如大多数零售交易。

2) 在有些情况下，企业已将所有权凭证或实物交付给购货方，但商品所有权上的主要风险和报酬并未转移。企业可能在以下几种情况下保留商品所有权上的主要风险和报酬：

（1）企业销售的商品在质量、品种、规格等方面不符合合同规定的要求，又未根据正常的保证条款予以弥补，因而仍负有责任。

（2）企业销售商品的收入是否能够取得，取决于销售方销售其商品的收入是否能够取得，如代销商品，委托方应在受托方售出商品，并取得受托方提供的代销清单时确认收入。

（3）企业尚未完成售出商品的安装或检验工作,且此项安装或检验任务是销售合同的重要组成部分。

（4）销售合同中规定了由于特定原因购货方有权退货的条款,而企业又不能确定退货的可能性。

3）在有些情况下,企业已将商品所有权上的主要风险和报酬转移给购货方,但实物尚未交付。这时应在所有权上的主要风险和报酬转移时确认收入,而不管实物是否交付。例如,交款提货的销售,购货方支付完货款,并取得提货单,即认为该商品所有权已经转移,销售方应确认收入。

2. 企业失去了对商品的管理权与控制权　它是指企业既没有保留通常与所有权相联系的继续管理权,也没有对已售出的商品实施有效控制。企业将商品所有权上的主要风险和报酬转移给购货方后,如仍然保留通常与所有权相联系的继续管理权,或仍然对售出的商品实施控制,则此项销售不能成立,不能确认相应的销售收入。

3. 收入的金额能够可靠地计量　收入能否可靠地计量是确认收入的基本前提。企业在销售商品时,售价通常已经确定。但在销售过程中由于某种不确定因素,也有可能出现售价变动的情况,则在新的售价未确定前不应确认收入。

4. 相关的经济利益能够流入企业　经济利益是指直接或间接流入企业的现金或现金等价物。在销售商品的交易中,与交易相关的经济利益即为销售商品的货款。销售商品的货款能否有把握收回,是收入确认的一个重要条件,企业在销售商品时,如估计货款收回的可能性不大,即使收入确认的其他条件均已满足,也不应确认收入。

销售商品的货款能否收回,主要根据企业以前和购货方交往的直接经验,或从其他方面取得的信息,或政府的有关政策等进行判断。企业在判断货款收回的可能性时,应进行定性分析,当确定货款收回的可能性大于不能收回的可能性时,即认为货款能够收回。

在一般情况下,企业售出的商品符合合同或协议规定的要求,并已将发票账单交付购货方,购货方也承诺付款,即表明销售商品的货款能够收回。如企业判断货款不能收回的,应提供可靠的证据。

5. 相关的已发生或将发生的成本能够可靠地计量　收入和成本应配比,与同一项销售有关的收入和成本应在同一会计期间内予以确认。因此,即使在其他条件均已满足的情况下,若成本不能可靠地计量,则相关的收入也不能确认。例如,订货销售,企业已收到购货方全部或部分货款,但库存无现货,对收到的货款仅能确认其为一项负债。

（二）同城产品销售的业务程序及其核算

销售部门同城销售产品时，应填制一式数联的专用发票，留下存根联，将发票联和抵扣联交给购货单位，据以办理结算。将记账联转交财会部门，财会部门审核无误后据以作为产品销售入账。增值税专用发票上应列明产品名称、数量、单价、金额和增值税额及价税合计等。其格式与购进原材料时收到的专用发票相同，不再重述。销售部门还应根据专用发票填制提货单，一式数联，自留存根联。若采用提货制由购货方自行提货，则将提货联和出仓联交于购货单位，购货单位凭提货联向仓库提货。仓库发货后，留下提货联登记库存商品明细账，以出仓联作为出门证明。若采用送货制，则由购货方凭提货单的提货联和出仓联向运输部门办理送货手续，由运输部门凭提货联向仓库提取产品，以出仓联作为出门证明，然后将产品送到购货单位的指定地点。提货单的格式如图表3-14所示。

图表3-14

提 货 单

2014年2月15日

购货单位：上海交电公司

商品编号	商品名称	规格	计量单位	数量	单价(元)	金额(元)	交货方式
007	北极牌电冰箱	180升	台	100	1 800	180 000	提货制

销货单位(签章)　　销售部主管(签章)　　发货人(签章)　　提货人(签章)　　制单(签章)

企业在销售产品时，根据专用发票（记账联）上开列的价税合计数与对方结算款项。若收到转账支票、银行本票等，解存银行后，借记"银行存款"账户；若收到商业汇票，则借记"应收票据"账户；根据开列的货款，贷记"主营业务收入"账户；根据开列的增值税额，贷记"应交税费"账户。当结转已售产品销售成本时，借记"主营业务成本"账户，贷记"库存商品"账户。

【例】 上海电冰箱厂销售给上海交电公司北极牌电冰箱100台，每台售价1 800元，计货款180 000元，增值税额30 600元，价税合计210 600元。

(1) 当即收到转账支票，存入银行，作分录如下：

借：银行存款　　　　　　　　　　　　　　　　　　　210 600.00
　　贷：主营业务收入　　　　　　　　　　　　　　　180 000.00
　　贷：应交税费——应交增值税——销项税额　　　　 30 600.00

(2) 结转该电冰箱的销售成本，其单位成本为1 440元，作分录如下：

借：主营业务成本　　　　　　　　　　　　　　　　　144 000.00
　　贷：库存商品　　　　　　　　　　　　　　　　　144 000.00

"库存商品"是资产类账户,用以核算企业库存的各种产品或商品,包括生产完工验收入库的产品和为了转售而购进验收入库的商品。当产品或商品验收入库和发生盘盈时,记入借方;当产品或商品销售、盘亏时,记入贷方;期末余额在借方,表示结存库存产品或商品的成本。

在实际工作中,产品的销售成本一般在月末定期结转,由于每批完工产品的销售成本往往各异,因此,计算已销产品的成本,可以采用个别计价法、先进先出法、移动加权平均法或综合加权平均法。具体计算方法在本章第二节中已作了阐述,不再重复。

企业对销售的产品承诺负责安装或检验工作的,产品已经发出,专用发票已交付购货方,而且购货方已预付了部分货款,但根据合同规定,应由销货方负责安装,并经检验合格后,购货方才支付余款。在这种情况下,产品发出并不表示产品所有权上的主要风险和报酬已转移给购货方,因为安装过程中可能会发生一些不确定因素,阻碍销售的实现。因此,只有在安装完毕、检验合格后才能确认收入。所以,销货方在发出产品时,按其成本借记"发出商品"账户,贷记"库存商品"账户。等安装完毕经检验合格后,才能确认其销售收入。

【例】青云电梯厂售给大明公司电梯一部,货款 120 000 元,增值税额 20 400 元。合同规定电梯由厂方负责安装,电梯交货时支付货款的 50%,安装完毕检验合格后付清全部款项,该电梯的成本为 93 600 元。

(1)发出电梯一部时,作分录如下:

  借:发出商品——大明公司   93 600.00
    贷:库存商品   93 600.00

(2)收到电梯 50% 的货款 60 000 元,存入银行时,作分录如下:

  借:银行存款   60 000.00
    贷:预收账款——大明公司   60 000.00

(3)电梯安装完毕,验收合格,开出增值税专用发票并转销预收账款时,作分录如下:

  借:应收账款——大明公司   80 400.00
  借:预收账款——大明公司   60 000.00
    贷:主营业务收入   120 000.00
    贷:应交税费——应交增值税——销项税额   20 400.00

同时,结转发出产品销售成本,作分录如下:

  借:主营业务成本   93 600.00
    贷:发出商品——大明公司   93 600.00

(4) 收到电梯其余 50% 的货款 60 000 元及增值税额 20 400 元,存入银行时,作分录如下:

　　借:银行存款　　　　　　　　　　　　　　　　　　　　80 400.00
　　　贷:应收账款——大明公司　　　　　　　　　　　　　　80 400.00

"发出商品"是资产类账户,用以核算企业未满足收入确认条件,但已发出的产品或商品的成本。企业向购货方发出产品或商品时,记入借方;企业确认销售收入结转其成本时,记入贷方;期末余额在借方,表示企业尚待确认销售收入的发出产品或商品的成本。

(三) 异地产品销售的业务程序及其核算

企业异地产品销售业务程序是:事先由销售部门与购货方签订合同,交货方式通常采用发货制,结算方式通常采用托收承付。由销售部门根据合同的要求填制增值税专用发票,留下"存根联"备查;并填制"提货单",据以向仓库提取产品,然后委托运输单位将产品运到购货单位指定的地点,并为购货单位垫付运杂费。销售部门取得运输单位的运单后,将运单连同增值税专用发票的发票联、抵扣联和记账联一并转交财会部门。财会部门凭发票联、抵扣联和运单,通过银行向购货方办理托收款项的手续,接着根据从银行取回的托收凭证回单联和增值税专用发票记账联等凭证,作产品销售入账。

【例】 上海服装厂根据合同开出增值税专用发票,售给北京服装公司男呢大衣 200 件,每件 320 元,计货款 64 000 元,增值税额 10 880 元。

(1) 1 月 15 日,男呢大衣已委托上海铁路局运送,上海铁路局开来运杂费凭证 500 元,当即签发转账支票付讫,作分录如下:

　　借:应收账款——代垫运杂费　　　　　　　　　　　　　　500.00
　　　贷:银行存款　　　　　　　　　　　　　　　　　　　　500.00

(2) 1 月 16 日,凭增值税专用发票(发票联、抵扣联)及运杂费凭证,共计款项 75 380 元,一并向银行办妥托收手续。作分录如下:

　　借:应收账款——北京交电公司　　　　　　　　　　　　75 380.00
　　　贷:主营业务收入　　　　　　　　　　　　　　　　　64 000.00
　　　贷:应交税费——应交增值税——销项税额　　　　　　10 880.00
　　　贷:应收账款——代垫运杂费　　　　　　　　　　　　　500.00

(3) 1 月 27 日,银行转来北京服装公司支付款项 75 380 元的收账通知,作分录如下:

　　借:银行存款　　　　　　　　　　　　　　　　　　　75 380.00
　　　贷:应收账款——北京服装公司　　　　　　　　　　　75 380.00

企业销售产品采用托收承付结算的,如根据以前与购货方交往的直接经验判断购货方信誉较差,或销售时得知购货方在另一项交易中发生了巨额亏损,资金周转十分困难等情况,确定货款收回的可能性小于不能收回的可能性,那么,在发出产品办妥结算手续时,应借记"发出商品"账户,贷记"库存商品"账户。等托收款回笼时,再确认销售产品收入。

（四）预收货款销售产品的核算

企业采用预收货款方式销售产品时,应事先与购货方签订预收货款销售合同,企业根据合同规定预收货款时,还没有转移产品的所有权,届时应借记"银行存款"账户,贷记"预收账款"账户。等企业根据合同规定的日期,开出增值税专用发票并交付购货方产品时,再确认产品销售收入。

【例】 上海钢铁厂采用预收货款方式向上海机械厂销售特种钢5 000千克,每千克6元,合同规定先预收30%的货款,15天后交货时再支付其余70%的货款。

（1）9月1日,收到上海机械厂签发转账支票一张,金额9 000元,系预收5 000千克特种钢30%的货款。作分录如下:

  借:银行存款   9 000.00
   贷:预收账款——上海机械厂   9 000.00

（2）9月16日,售给上海机械厂特种钢5 000千克,单价6元,计货款30 000元,增值税额5 100元,并收到上海机械厂转账支票一张,金额26 100元,系支付特种钢其余70%的货款和全部增值税额,作分录如下:

  借:预收账款——上海机械厂   9 000.00
  借:银行存款   26 100.00
   贷:主营业务收入   30 000.00
   贷:应交税费——应交增值税——销项税额 5 100.00

"主营业务收入"是损益类账户,用以核算企业销售产品、商品、提供工业性劳务等主要经营业务所发生的收入。企业实现产品、商品销售收入和工业性劳务收入等主要经营业务收入时,记入贷方,企业发生销货退回、销售折让及期末将其余额结转"本年利润"账户时,记入借方。

"预收账款"是负债类账户,用以核算企业按照合同规定向购货方预收的货款。企业预收货款时,记入贷方;企业的产品、商品销售收入实现时,记入借方;期末余额在贷方,表示企业已经预收而尚未交付购货方产品、商品的数额。

（五）分期收款销售产品的核算

企业对于价格昂贵的大型设备、船只等产品,产销具有季节性的产品和滞销产品,可以采用分期收款的销售方式,以扩大产品销售。

企业采用分期收款销售方式时,事先应由销售部门与购货方签订"分期收款销售合同",合同内应注明产品的名称、规格、发货日期、分期收款的期限和金额等。

分期收款销售产品的业务程序是:由销售部门根据"分期收款销售合同"填制提货单,留下存根联,将提货联、出仓联交付购货方,据以向仓库提取产品。仓库留下提货联,将出仓联转交财会部门,经财会部门审核无误后,根据其成本借记"发出商品"账户,贷记"库存商品"账户。按合同规定的结算日期,填制增值税专用发票,收取货款和增值税额,届时借记"银行存款"账户,贷记"主营业务收入"账户和"应交税费"账户;同时按产品全部成本与全部销售收入的比率,计算出应结转的销售成本,据以借记"主营业务成本"账户,贷记"发出商品"账户。

【例】 上海电冰箱厂根据分期收款销售合同销售给浦江电器公司北极牌电冰箱 75 台,每台售价 1 800 元,成本 1 440 元,增值税税率为 17%,合同规定分三期结算。交货时先收取货款 30%,然后每隔 1 个月结算一次,每次收取货款 35%,2 个月后全部结清。

(1) 5 月 10 日,发给浦江电器公司北极牌电冰箱 75 台,作分录如下:

　　借:发出商品——浦江电器公司　　　　　　　　　　　111 000.00
　　　　贷:库存商品　　　　　　　　　　　　　　　　　111 000.00

(2) 5 月 10 日,收到浦江电器公司转账支票一张,金额 47 385 元,系付来第一期北极牌电冰箱货款 40 500 元,增值税额 6 885 元。

① 将转账支票存入银行,作分录如下:

　　借:银行存款　　　　　　　　　　　　　　　　　　47 385.00
　　　　贷:主营业务收入　　　　　　　　　　　　　　　40 500.00
　　　　贷:应交税费——应交增值税——销项税额　　　　6 885.00

② 结转分期收款产品销售成本,作分录如下:

　　借:主营业务成本　　　　　　　　　　　　　　　　33 300.00
　　　　贷:发出商品——浦江电器公司　　　　　　　　　33 300.00

"主营业务成本"是损益类账户,用以核算企业销售产品、商品、工业性劳务等主要经营业务的成本,企业结转产品、商品销售、工业性劳务等主要经营业务成本时,记入借方;企业期末将其余额结转"本年利润"账户时,记入贷方。

(六)销货退回的核算

企业的产品在销售以后,由于产品的品种、规格、质量和交货日期与合同不符等原因,购货方提出退货,经企业销售部门同意后,由其填制退货的红字专用发票和退货交库单,送交各有关部门办理退货手续。财会部门根据销售部门转来的红字专用发票(记账联)办理退款手续,然后据以入账。

【例】 上海电扇厂日前销售给顺昌商厦清凉牌台扇 500 只,每只 150 元。现该商厦发现其中 60 只质量不好,经销售部门同意后作退货处理,当即开出红字专用发票。产品已退回验收入库,并签发转账支票 10 530 元,支付其退货款 9 000 元,退税款 1 530 元。作分录如下:

  借:主营业务收入   9 000.00
  借:应交税费——应交增值税——销项税额   1 530.00
   贷:银行存款   10 530.00

如果销货退回的产品已结转了销售成本,那么还要予以转回,届时应根据其销售成本,借记"库存商品"账户,贷记"主营业务成本"账户。

第四节 库存商品

商品流通企业对库存商品的核算方法有数量进价金额核算和售价金额核算两种。

一、数量进价金额核算

数量进价金额核算是指通过库存商品的实物数量和进价金额来反映和控制库存商品购进、销售和储存的一种核算方法。这种方法主要适用于经营批发业务的企业和经营品种、规格不多的专业性零售企业。

采用数量进价金额核算的商品的计价,与工业企业对原材料的计价相同,应由采购商品的买价和采购费用两大部分构成。

(一)商品购进的核算

商品流通企业购进商品同生产企业购进原材料一样,也必须取得增值税专用发票。商品流通企业购进商品的业务程序与工业企业购进原材料的业务程序基本相同,不再重述。

商品流通企业对于商品采购费用有以下三种处理方法可供选择。

1. **采购费用直接计入商品采购成本**   将商品采购费用直接计入商品采购成本的企业取得供货单位的专用发票和运杂费凭证,与合同核对相符后,据以支付账款。届时,财会部门根据审核无误的专用发票(发票联)开列的货款,和运杂费凭证上开列的运杂费,借记"在途物资"账户;根据专用发票(发票联)开列的增值税额,借记"应交税费"账户;根据付款凭证,贷记"银行存款"账户。商品采购完毕结转其采购成本时,根据"在途物资"账户归集的采购成本,借记"库存商品"账户,贷记"在途物资"账户。具体核算方法与原材料相同,不再重述。

2. 采购费用直接计入当期损益 商品采购费用金额较小的企业,为了简化核算手续,可以将其直接计入当期损益,列入"销售费用"账户,月末全部转入"本年利润"账户。

3. 采购费用先在"进货费用"账户中归集 商品采购费用先在"进货费用"账户中归集的企业,期末应将归集的进货费用按照商品的存销比例进行分摊。对于已售商品的进货费用计入主营业务成本;对于未售商品的进货费用,计入期末存货成本。为了便于阐述,本目下文内容对于商品采购费用,采用先在"进货费用"账户中归集的方法。

企业取得供货单位的专用发票,与合同核对相符后,据以支付货款和增值税额。届时,财会部门根据审核无误的专用发票(发票联)开列的货款,借记"在途物资"账户;根据增值税额,借记"应交税费"账户;根据价税合计额及付款凭证,贷记"银行存款"账户;采购商品发生的运杂费则应列入"进货费用"账户。

【例】 上海交电公司向广东电饭锅厂采购光明牌电饭锅。

(1) 4月15日,银行转来广东电饭锅厂托收凭证,金额为94 500元,内附增值税专用发票一张,开列光明牌电饭锅800只,每只100元,计货款80 000元,增值税额13 600元;运杂费凭证一张,金额900元,经审核无误,予以承付。作分录如下:

借:在途物资——广东电饭锅厂　　　　　　　　　　　　　　80 000.00
借:应交税费——应交增值税——进项税额　　　　　　　　 13 600.00
借:进货费用——电饭锅类　　　　　　　　　　　　　　　　　 900.00
　　贷:银行存款　　　　　　　　　　　　　　　　　　　　　　94 500.00

(2) 4月18日,仓库转来收货单,上项光明牌电饭锅已验收入库,经审核无误,结转商品采购成本。作分录如下:

借:库存商品——电饭锅类　　　　　　　　　　　　　　　　 80 000.00
　　贷:在途物资——广东电饭锅厂　　　　　　　　　　　　 80 000.00

商品流通企业采用"在途物资"账户核算商品采购时,通常按供货单位名称进行明细分类核算。

商品流通企业"库存商品"账户在按实际成本法核算时,通常按经营商品的类别进行二级明细分类核算,按品名、规格进行三级明细分类核算。

(二) 进货退出的核算

商品流通企业购进的商品在验收时,对于原箱整件包装的商品,通常只作抽样检查,因此在入库后复验商品时,往往会发现商品的数量、质量、品种、规格与要求不符,为此,商品流通企业应及时与供货单位联系,调换或补回商品,或者作进货退出处理。届时由供货单位开出红字发票,据以进行进货退出核算。对于供货单位尚未退回的款项,可以通过"应付账款"账户核算,以固定账户对应关系。

【例】 上海百货公司日前向上海保温瓶厂购进向阳牌保温瓶100箱,每箱200元,货款已付。经复验发现其中10箱质量不符要求,经联系后对方同意退货。

(1) 2月1日,收到上海保温瓶厂退货的红字发票,开列应退货款2 000元,增值税额340元,冲销商品采购额。作分录如下：

借：在途物资——上海保温瓶厂　　　　　　　　　　2 000.00
借：应交税费——应交增值税——进项税额　　　　　340.00
　贷：应付账款——上海保温瓶厂　　　　　　　　　2 340.00

(2) 2月3日,将商品退还上海保温瓶厂,作分录如下：

借：库存商品——保温瓶类　　　　　　　　　　　　2 000.00
　贷：在途物资——上海保温瓶厂　　　　　　　　　2 000.00

(3) 2月4日,收到厂方退还款项的转账支票2 340元,存入银行,作分录如下：

借：银行存款　　　　　　　　　　　　　　　　　　2 340.00
　贷：应付账款——上海保温瓶厂　　　　　　　　　2 340.00

(三) 购进商品发生短缺和溢余的核算

商品流通企业购进商品,应认真进行验收,以确保账实相符。在验收过程中发现商品短缺或溢余时,除了将实收数量填入收货单外,还应及时查明原因,予以处理。购进商品发生短缺或溢余的原因与购进原材料相同,不再重述。

购进商品发生短缺或溢余时,应先按实收数结转商品采购成本,将短缺或溢余金额记入"待处理财产损溢"账户。查明原因后,若是自然损耗,应作为进货费用列支；若是自然升溢,则应冲减进货费用,至于其他原因产生商品短缺或溢余,其核算方法与购进原材料相同,不再重述。

【例】 上海烟糖公司向哈尔滨制糖厂采购绵白糖。

(1) 6月5日,银行转来哈尔滨制糖厂托收凭证,金额为21 780元,内附增值税专用发票一张,开列绵白糖4 000千克,每千克4.50元,计货款18 000元,增值税额为3 060元；运杂费凭证一张,金额为720元,经审核无误,予以承付。作分录如下：

借：在途物资——哈尔滨制糖厂　　　　　　　　　18 000.00
借：应交税费——应交增值税——进项税额　　　　　3 060.00
借：进货费用——食糖类　　　　　　　　　　　　　　720.00
　贷：银行存款　　　　　　　　　　　　　　　　　21 780.00

(2) 6月10日,仓库转来收货单,上项绵白糖实收4 006千克,溢余6千克,原因待查。作分录如下：

  借：库存商品——食糖类   18 027.00
   贷：在途物资——哈尔滨制糖厂   18 000.00
   贷：待处理财产损溢   27.00

 （3）6月12日，今查明溢余6千克绵白糖系自然升溢，予以转账，作分录如下：

  借：待处理财产损溢   27.00
   贷：进货费用——食糖类   27.00

（四）商品销售的核算

  商品流通企业销售商品时，贷记"主营业务收入"账户；结转已销商品成本时，借记"主营业务成本"账户。同城商品销售、异地商品销售、预收货款商品销售、分期收款商品销售和销货退回的核算方法与工业企业完全相同，在本章第三节已作了阐述，不再重复。现阐述代销商品的核算。

  代销商品是销售商品的一种方式，牵涉到委托方和受托方两个方面，处在委托方立场上的商品称为委托代销商品，处在受托方立场上的商品称为受托代销商品。

  代销商品销售后有两种不同的处理方式：一种是受托方和委托方分别作商品购销处理；另一种是受托方根据销售额向委托方结算代销手续费，委托方作商品销售处理。

  1. 作商品购销方式的核算 分委托方和受托方阐述。

  （1）委托方的核算 商品流通企业对于新商品、季节性商品、呆滞积压商品等，为了加速商品流通，推销新商品和呆滞积压商品，合理地使用仓位和节约仓储费用，可以将商品先发往购货单位，委托其代销，等商品销售后，再定期结算货款。

  采取委托代销方式销售商品，一般先由业务部门确定委托代销商品的品种、规格、数量和金额，经领导批准后，由业务部门与各购货单位订立"商品委托代销购销合同"。合同上注明结算方式、货款清偿时间、商品保管的要求及双方承担的责任等。

  委托代销商品的业务程序一般是：由业务部门根据"商品委托代销购销合同"，填制"委托代销商品发货单"，然后由储运部门据以将商品发运给受托单位，由于商品所有权上的风险和报酬并未转移给受托方，因此，还不能确认销售收入。根据合同规定，定期进行结算，等结算届期时，由受托单位将已售代销商品的清单交付委托方，委托方据以填制增值税专用发票，作为销售收入入账。

  【例】 上海交电公司根据商品委托代销合同，将光明牌微波炉200台，委托浦声商厦代销，该微波炉购进单价270元，销售单价300元，增值税税率为17%，合同规定每个月月末受托方向委托方开具代销商品清单结算货款。

(1) 3月1日,发给浦声商厦微波炉200台,作分录如下:

  借:委托代销商品——浦声商厦   54 000.00
   贷:库存商品——微波炉类   54 000.00

(2) 3月30日,收到浦声商厦送来代销商品清单,据以填制增值税专用发票,开列销售光明牌微波炉100台,单价300元,货款30 000元,增值税额5 100元,作分录如下:

  借:应收账款——浦声商厦   35 100.00
   贷:主营业务收入——微波炉类   30 000.00
   贷:应交税费——应交增值税——销项税额   5 100.00

同时,结转已售委托代销商品成本27 000元,作分录如下:

  借:主营业务成本——微波炉类   27 000.00
   贷:委托代销商品——浦声商厦   27 000.00

"委托代销商品"是资产类账户,用以核算企业委托其他单位代销的商品。企业将商品交付受托单位代销时,记入借方;企业收到受托单位已售代销商品清单,开出增值税专用发票时,记入贷方;期末余额在借方,表示企业尚存委托代销商品的数额。该账户应按受托单位进行明细分类核算。

(2) 受托方的核算 接受代销商品的商品流通企业,可以有效地利用供货单位的资金开展经营业务。受托单位在收到代销商品时,应根据商品的进价借记"受托代销商品"账户,贷记"受托代销商品款"账户。

代销商品销售后,应填制增值税专用发票,据以借记"银行存款"或"应收账款"账户,贷记"主营业务收入"和"应交税费"账户;并按进价金额借记"主营业务成本"账户,贷记"受托代销商品"账户;同时借记"受托代销商品款"账户,贷记"应付账款"账户。结算届期时,将代销商品清单交付委托方,等收到委托方增值税专用发票后,据以支付货款和增值税额。届时借记"应付账款"和"应交税费"账户,贷记"银行存款"账户。

【例】 上海交电公司根据受托代销合同,接受大明电器厂1 000只华声牌电饭锅的代销业务,合同规定该电饭锅购进单价为72元,销售单价为80元,增值税税率为17%,合同规定每个月末结算货款。

(1) 3月1日,收到1 000只华声牌电饭锅,作分录如下:

  借:受托代销商品——大明电器厂   72 000.00
   贷:受托代销商品款——大明电器厂   72 000.00

(2) 3月15日,销售华声牌电饭锅500只,计货款40 000元,增值税额6 800

元，收到转账支票存入银行。

① 反映商品销售收入和销项税额，作分录如下：

借：银行存款	46 800.00
贷：主营业务收入——电饭锅类	40 000.00
贷：应交税费——应交增值税——销项税额	6 800.00

② 结转商品销售成本，作分录如下：

借：主营业务成本——电饭锅类	36 000.00
贷：受托代销商品——大明电器厂	36 000.00

③ 结转代销商品款，作分录如下：

借：受托代销商品款——大明电器厂	36 000.00
贷：应付账款——大明电器厂	36 000.00

（3）3月31日，开出代销商品清单后，收到大明电器厂增值税专用发票，开列华声牌电饭锅500只，每只72元，货款36 000元，增值税额6 120元，当即签发转账支票付讫，作分录如下：

借：应付账款——大明电器厂	36 000.00
借：应交税费——应交增值税——进项税额	6 120.00
贷：银行存款	42 120.00

"受托代销商品"是资产类账户，用以核算企业接受其他单位委托代销的商品。企业收到代销商品时，记入借方；企业接受代销商品销售后，结转其销售成本时，记入贷方；期末余额在借方，表示企业尚未销售代销商品的数额。该账户应按委托单位进行明细分类核算。

"受托代销商品款"是负债类账户，用以核算企业接受代销商品的货款。企业收到代销商品时，记入贷方；企业销售代销商品予以转销时，记入借方；期末余额在贷方，表示企业尚未销售的代销商品的货款。该账户应按委托单位进行明细分类核算。

2. 结算代销手续费方式的核算　　分委托方和受托方阐述。

（1）委托方的核算　　委托其他企业代销商品时，采取支付代销手续费方式，其业务程序与代销商品销售的核算方法，与作商品购销业务处理的方式基本相同。所不同的是，由于受托方是商品购销双方的中介人，委托方要根据合同的规定，按销售额的一定比例，支付受托方代销手续费，届时借记"销售费用"账户。

【例】　上海服装公司将女时装300套委托江浦商厦代销，该女时装购进单价215元，销售单价250元，增值税税率为17%，合同规定每月月末结算一次，代销手续费为6%。

4月1日，将女时装交付江浦商厦时，作分录如下：

借：委托代销商品——江浦商厦　　　　　　　　　　　　64 500.00
　　贷：库存商品——女装类　　　　　　　　　　　　　　　　64 500.00

4月29日，江浦商厦送来代销商品清单和代销手续费发票，开列代销手续费3 000元，据以填制增值税专用发票，开列销售女时装200套，每套250元，计货款50 000元，增值税额8 500元。

① 根据代销商品清单和增值税专用发票，按销售处理，作分录如下：

借：应收账款——江浦商厦　　　　　　　　　　　　　　58 500.00
　　贷：主营业务收入——女装类　　　　　　　　　　　　　　50 000.00
　　贷：应交税费——应交增值税——销项税额　　　　　　　　 8 500.00

② 同时，结转已售委托代销商品成本，作分录如下：

借：主营业务成本——女装类　　　　　　　　　　　　　43 000.00
　　贷：委托代销商品——江浦商厦　　　　　　　　　　　　　43 000.00

③ 结算代销手续费，作分录如下：

借：销售费用——代销手续费　　　　　　　　　　　　　 3 000.00
　　贷：应收账款——江浦商厦　　　　　　　　　　　　　　　 3 000.00

4月30日，江浦商厦扣除了代销手续费3 000元后，付来已售代销的200套女时装的货款及增值税额，款项存入银行，作分录如下：

借：银行存款　　　　　　　　　　　　　　　　　　　　55 500.00
　　贷：应收账款——江浦商厦　　　　　　　　　　　　　　　55 500.00

（2）受托方的核算　　接受代销商品的企业，采用收取代销手续费方式，在收到代销商品时按其委托的售价借记"受托代销商品"账户，贷记"受托代销商品款"账户。

代销商品销售后，应根据规定向购货方填制增值税专用发票，按价税合计收取的款项借记"银行存款"账户；按实现的销售收入贷记"应付账款"账户；按收取的增值税额贷记"应交税费"账户。同时要注销代销商品，借记"受托代销商品款"账户，贷记"受托代销商品"账户。

企业根据合同规定向委托方结算代销手续费时，作为其他业务收入处理。

【例】　上海文具公司根据受托代销合同接受上海包袋厂代销200打牛仔书包，每打售价480元，增值税税率为17%，合同规定每月末结算一次，代销手续费为6%。

(1) 1月2日,收到200打牛仔书包时,作分录如下:

借:受托代销商品——上海包袋厂　　　　　　　　　　　　　96 000.00
　　贷:代销商品款——上海包袋厂　　　　　　　　　　　　　96 000.00

(2) 1月15日,销售牛仔书包100打,计货款48 000元,增值税额8 160元,收到支票,存入银行。

① 反映商品销售收入和销项税额,作分录如下:

借:银行存款　　　　　　　　　　　　　　　　　　　　　　56 160.00
　　贷:应付账款——上海包袋厂　　　　　　　　　　　　　　48 000.00
　　贷:应交税费——应交增值税——销项税额　　　　　　　 8 160.00

② 注销代销商品,作分录如下:

借:代销商品款——上海包袋厂　　　　　　　　　　　　　　48 000.00
　　贷:受托代销商品——上海包袋厂　　　　　　　　　　　　48 000.00

(3) 1月30日,开出代销商品清单及代销手续费发票,开列手续费2 880元,作分录如下:

借:应付账款——上海包袋厂　　　　　　　　　　　　　　　 2 880.00
　　贷:其他业务收入　　　　　　　　　　　　　　　　　　　 2 880.00

(4) 1月31日,收到上海包袋厂专用发票,开列牛仔书包100打,每打480元,货款48 000元,增值税额8 160元,今扣除代销手续费2 880元后,签发转账支票支付上海包袋厂已售代销牛仔书包货款及进项税额,作分录如下:

借:应付账款——上海包袋厂　　　　　　　　　　　　　　　45 120.00
借:应交税费——应交增值税——进项税额　　　　　　　　　 8 160.00
　　贷:银行存款　　　　　　　　　　　　　　　　　　　　　53 280.00

(五) 进货费用的分摊

企业平时按商品类别在"进货费用"账户中归集商品采购费用,期末应将进货费用在结存商品和已销商品之间进行分摊,其计算公式如下:

$$\text{某类商品进货费用分摊率} = \frac{\text{该类商品期初结存进货费用} + \text{该类商品本期增加进货费用}}{\text{该类商品期初余额} + \text{该类商品本期增加金额}} \times 100\%$$

$$\text{某类结存商品应分摊进货费用} = \text{该类商品期末余额} \times \text{该类商品进货费用分摊率}$$

$$\text{某类已销商品应分摊进货费用} = \text{该类商品进货费用合计} - \text{该类结存商品应分摊进货费用}$$

【例】 上海服装批发公司"库存商品——男装类"账户1月份期初余额为398 760元,本期增加金额为369 850元,期末余额为396 920元,"进货费用——男装类"账户期初余额为4 788元,本期增加金额为4 512元,分摊本月份男装类商品进货费用如下:

$$男装类商品进货费用分摊率 = \frac{4\ 788 + 4\ 512}{398\ 760 + 369\ 850} \times 100\% = 1.21\%$$

$$男装类结存商品应分摊进货费用 = 396\ 920 \times 1.21\% = 4\ 802.73(元)$$

$$男装类已销商品应分摊进货费用 = 4\ 788 + 4\ 512 - 4\ 802.73 = 4\ 497.27(元)$$

根据计算的结果,作以下账务处理。

(1) 1月31日,结转已销商品进货费用,作分录如下:

 借:主营业务成本   4 497.27
  贷:进货费用——男装类   4 497.27

(2) 1月31日,结转结存商品的进货费用,作分录如下:

 借:库存商品——男装类——进货费用   4 802.73
  贷:进货费用——男装类   4 802.73

(3) 2月1日,将"库存商品"账户中的进货费用转回,作分录如下:

 借:进货费用——男装类   4 802.73
  贷:库存商品——男装类——进货费用   4 802.73

"进货费用"是成本类账户,用以核算商品流通企业归集的商品采购费用。企业发生商品采购费用时,记入借方;企业月末按存销比例分摊商品采购费用时,记入贷方;分摊后无余额。

二、售价金额核算

售价金额核算是指通过库存商品的售价金额来反映和控制库存商品的购进、销售和储存的一种核算方法,这种方法主要适用于经营商品品种、规格繁多的零售企业。

售价金额法不按商品的名称、规格、数量设置明细账进行数量金额核算,仅按营业柜组设置明细账按售价进行核算,以简化核算手续。在这种情况下,为了保护企业商品的安全,必须建立实物负责制,将营业柜组作为实物负责部门对其经营的商品承担经济责任,并加强商品的盘点。

(一) 商品购进的核算

零售企业对于商品采购费用同批发企业一样,也有三种不同的处理方法。由于零售企业的商品采购费用金额较小。因此,通常将其直接计入损益,列入"销售费用"账户。

零售企业购进商品,在支付货款及进项税额时,借记"在途物资"账户和"应交税费"账户,贷记"银行存款"账户;在商品验收入库时,按商品的售价借记"库存商品"账户,按商品的进价贷记"在途物资"账户,售价与进价之间的差额列入"商品进销差价"账户。需要说明的是这里所指的售价是含有增值税销项税额的售价。

【例】 上海商厦向上海服装公司采购男夹克衫500件。

(1) 4月20日,财会部门收到增值税专用发票,开列男夹克衫500件,每件110元,计货款55 000元,增值税额9 350元,经审核无误,当即签发转账支票付讫,作分录如下:

  借:在途物资——上海服装公司   55 000.00
  借:应交税费——应交增值税——进项税额   9 350.00
    贷:银行存款   64 350.00

(2) 4月21日,财会部门收到服装柜转来的收货单,列明男夹克衫零售单价150元。商品已验收入库,结转商品采购成本,作分录如下:

  借:库存商品——服装柜   75 000.00
    贷:在途物资——上海服装公司   55 000.00
    贷:商品进销差价——服装柜   20 000.00

(二)进货退出的核算

零售企业当发生进货退出时,也需要供货单位开来增值税红字专用发票,才能据以入账。届时除了要冲销商品采购额和库存商品数额外,还要冲销商品进销差价额。

【例】 上海商厦电器柜发现日前向上海电器厂购进的食品粉碎机中有20只质量不符要求,与厂方联系后同意退货。该食品粉碎机每只进价115元,售价156元。

(1) 4月5日,收到上海电器厂同意退货的红字发票,应退货款2 300元,增值税额391元,冲销商品采购额。作分录如下:

  借:在途物资——上海电器厂   2 300.00
  借:应交税费——应交增值税——进项税额   391.00
    贷:应付账款——上海电器厂   2 691.00

(2) 4月6日,电器柜将商品退还上海电器厂,作分录如下:

  借:库存商品——电器柜   3 120.00
    贷:在途物资——上海电器厂   2 300.00
    贷:商品进销差价——电器柜   820.00

(3) 4月7日,收到厂方退还款项的转账支票一张,金额2 691元,存入银行,作分录如下:

  借:银行存款   2 691.00
   贷:应付账款——上海电器厂   2 691.00

(三) 购进商品发生短缺和溢余的核算

零售企业购进商品发生短缺或溢余时,应按实收商品的售价金额借记"库存商品"账户;按实收商品售价与进价的差额贷记"商品进销差价"账户,并将短缺或溢余商品的进价金额列入"待处理财产损溢"账户。查明原因后的核算方法与进货金额核算相同,即区别各种不同的原因,将进价金额从"待处理财产损溢"账户转入各有关账户。

【例】 上海食品公司向太仓肉松厂购入肉松1 000千克,每千克进价59元,售价80元。

(1) 9月10日,收到银行转来太仓肉松厂托收凭证,金额69 330元,内附专用发票一张,开列肉松1 000千克,每千克59元,计货款59 000元,增值税额10 030元;运杂费凭证一张,金额300元。款项审核无误后,予以承付,作分录如下:

  借:在途物资——太仓肉松厂   59 000.00
  借:应交税费——应交增值税——进项税额   10 030.00
  借:销售费用——运杂费   300.00
   贷:银行存款   69 330.00

(2) 9月12日,肉松已运到,由食品柜验收,实收999千克,短缺1千克,原因待查,结转肉松采购成本,作分录如下:

  借:库存商品——食品柜   79 920.00
  借:待处理财产损溢   59.00
   贷:在途物资——太仓肉松厂   59 000.00
   贷:商品进销差价——食品柜   20 979.00

(3) 9月15日,今查明短缺的1千克肉松系自然损耗,予以转账,作分录如下:

  借:销售费用——商品损耗   59.00
   贷:待处理财产损溢   59.00

(四) 商品销售的核算

零售企业的商品销售业务通常是按营业柜组组织进行的,其商品销售收入,除少数企事业单位采用支票结算外,主要是个人消费者,通常采用现金结算和信用卡结算。

零售企业商品销售业务是通过"主营业务收入"和"主营业务成本"账户进行核算的。为了简化核算手续，平时在"主营业务收入"账户中反映含税的销售收入，期末再将其调整为真正的商品销售额，即不含税的销售额。商品销售后，财会部门要反映商品销售收入和收入货款的情况，同时为了能及时反映商品实物负责小组库存商品的购销动态和结存情况，便于各实物负责小组随时掌握其经管商品的价值，明确其所承担的经济责任，需要随时转销已销库存商品的成本。由于零售企业库存商品是按售价反映的，因此，转销库存商品的金额同反映商品销售收入增加的金额是一致的。而商品进价与售价之间的差价，在"商品进销差价"账户内反映，所以，当已销商品按售价从"库存商品"账户内转销时，从理论上讲，应该同时将这部分已销商品的进销差价也从"商品进销差价"账户内转销，将已销商品的成本调整为进价，即在"主营业务成本"账户内用进价反映。但是，每天计算已销商品进销差价的工作量很大，因此，在实际工作中，平时把已销商品按售价转入"主营业务成本"账户，月末一次计算出当月已销商品的进销差价，再将商品销售成本调整成为进价。这是售价金额核算企业商品销售核算的特点。

【例】 黄浦商厦为信用卡特约单位，信用卡结算手续费率为9‰，1月15日，各营业柜组商品销售及货款收入情况如图表3-15所示。

图表3-15

商品销售收入缴款单汇总表

2014年1月15日　　　　　　　　　　　　　　　　单位：元

柜别 \ 项目	销售金额	现金收入	信用卡签购单	转账支票	现金溢缺
百货柜	19 150.00	15 050.00	2 600.00	1 500.00	
服装柜	18 670.00	16 270.00	2 400.00		
合　计	37 820.00	31 320.00	5 000.00	1 500.00	

(1) 财会部门根据各营业柜组交来的商品销售收入的现金、签购单和转账支票，根据签购单编制计汇单，并与转账支票一并存入银行，作分录如下：

　　借：库存现金　　　　　　　　　　　　　　　　　　　　　　31 320.00
　　借：银行存款　　　　　　　　　　　　　　　　　　　　　　 6 455.00
　　借：财务费用　　　　　　　　　　　　　　　　　　　　　　　　45.00
　　　　贷：主营业务收入——百货柜　　　　　　　　　　　　　19 150.00
　　　　贷：主营业务收入——服装柜　　　　　　　　　　　　　18 670.00

同时转销库存商品，作分录如下：

借：主营业务成本——百货柜　　　　　　　　　　　　　19 150.00
借：主营业务成本——服装柜　　　　　　　　　　　　　18 670.00
　　贷：库存商品——百货柜　　　　　　　　　　　　　　　　19 150.00
　　贷：库存商品——服装柜　　　　　　　　　　　　　　　　18 670.00

(2) 将现金集中解存银行，取得解款单回单，作分录如下：

借：银行存款　　　　　　　　　　　　　　　　　　　　31 320.00
　　贷：库存现金　　　　　　　　　　　　　　　　　　　　　31 320.00

通过转销库存商品，可以及时反映各营业柜组经管商品的库存额和经济责任。

如发生销货款短缺或溢余，应先列入"待处理财产损溢"账户，等查清情况，并经领导批准后，再转入"营业外支出"或"营业外收入"账户。如果确定应由责任人赔偿时，则转入"其他应收款"账户。

(五) 商品销售成本和商品销售收入的调整

1. 商品销售成本的调整　　由于企业销售商品后，在转销库存商品时，以售价转入"主营业务成本"账户，因此"主营业务成本"账户①平时反映的是商品的售价，它包含着商品销售成本和已销商品进销差价两项内容。商品销售成本的调整就是要将"主营业务成本"账户的售价金额通过计算和结转已销商品进销差价，调整成为进价成本。已销商品进销差价的计算方法有差价率计算法和实际进销差价计算法两种。

(1) 差价率计算法　　它是指按商品的存销比例，计算本期销售商品应分摊商品进销差价的一种方法。差价率计算法的计算公式如下：

$$差价率 = \frac{商品进销差价账户余额(结转前)}{期末库存商品账户余额 + 本期商品销售收入} \times 100\%$$

本期已销商品进销差价 = 本期商品销售收入 × 差价率

【例】　市北商厦 3 月 31 日有关账户余额(单位:元)如下：

商品进销差价——百货柜(结转前)　　　　　　　　　179 225.00
商品进销差价——服装柜(结转前)　　　　　　　　　167 490.00
库存商品——百货柜　　　　　　　　　　　　　　　368 400.00
库存商品——服装柜　　　　　　　　　　　　　　　350 700.00
主营业务收入——百货柜　　　　　　　　　　　　　327 600.00
主营业务收入——服装柜　　　　　　　　　　　　　292 500.00

---

① 指单纯经营零售业务的企业。若该企业是批零兼营的，或者经营多种主营业务的，则应在"主营业务成本"账户下设置"零售业务成本"明细账户进行核算。

用差价率法计算已销商品进销差价如下：

$$百货柜差价率=\frac{179\ 225}{368\ 400+327\ 600}\times 100\%=25.75\%$$

$$服装柜差价率=\frac{167\ 490}{350\ 700+292\ 500}\times 100\%=26.04\%$$

百货柜已销商品进销差价＝327 600×25.75％＝84 357（元）

服装柜已销商品进销差价＝292 500×26.04％＝76 167（元）

根据计算的结果，作分录如下：

  借：商品进销差价——百货柜   84 357.00

  借：商品进销差价——服装柜   76 167.00

   贷：主营业务成本——百货柜   84 357.00

   贷：主营业务成本——服装柜   76 167.00

差价率计算法计算简便，但与实际相比较，有一定的偏差。

（2）实际进销差价计算法 它是指先计算出期末商品的进销差价，进而逆算已销商品进销差价的一种方法。这种方法的具体做法是：期末通过商品盘点，编制"商品盘存表"，将各种商品的实存数量分别乘以销售单价和购进单价，计算出期末库存商品的售价金额和进价金额，然后将各柜组盘点的库存商品售价金额与账面结存金额相核对，如发生账实不符，表明库存商品发生了短缺或溢余，应将其转账。在账实相符的基础上计算期末商品进销差价和已销商品进销差价，其计算公式如下：

  期末商品进销差价＝期末库存商品售价金额－期末库存商品进价金额

  已销商品进销差价＝商品进销差价账户余额（结转前）－期末商品进销差价

【例】 市北商厦12月31日有关账户余额如前例。

该商厦商品盘点结果库存商品售价金额百货柜为368 400元，服装柜为350 700元，库存商品进价金额百货柜为273 487元，服装柜为259 465元。

  百货柜期末商品进销差价＝368 400－273 487＝94 913（元）

  服装柜期末商品进销差价＝350 700－259 465＝91 235（元）

  百货柜已销商品进销差价＝179 225－94 913＝84 312（元）

  服装柜已销商品进销差价＝167 490－91 235＝76 255（元）

根据计算的结果，作分录如下：

  借：商品进销差价——百货柜   84 312.00

  借：商品进销差价——服装柜   76 255.00

   贷：主营业务成本——百货柜   84 312.00

   贷：主营业务成本——服装柜   76 255.00

以这种方法计算的结果最为准确,但计算的工作量很大。在实际工作中,为了做到既简化计算手续,又准确地计算已销商品进销差价,往往在平时采用差价率法,到年末采用实际进销差价计算法,以保证整个会计年度核算资料的准确性。

"商品进销差价"是资产类账户,它是"库存商品"账户的抵减账户,用以反映企业库存商品售价金额与进价金额之间的差额。企业购进商品、商品溢余发生差价时,记入贷方;企业结转已销商品进销差价及商品短缺等而转销差价时,记入借方;期末余额在贷方,表示企业期末库存商品的进销差价。

2. 商品销售收入的调整　　零售企业销售商品的收入,平时在核算时,为了简化核算手续,并不将增值税额分离出来。因此,在"主营业务收入"账户中反映的是含税收入。到期末就需要调整商品销售收入,将含税收入中的销项税额分离出来,使"主营业务收入"账户反映真正的销售额,含税收入的调整公式如下:

$$销售额 = \frac{含税收入}{1+增值税率}$$

$$销项税额 = 含税收入 - 销售额$$

【例】　市北商厦12月31日"主营业务收入——百货柜"账户余额为327 600元,"主营业务收入——服装柜"账户余额为292 500元。增值税税率为17%,调整商品的销售收入,计算结果如下:

$$百货柜销售额 = \frac{327\,600}{1+17\%} = 280\,000(元)$$

$$服装柜销售额 = \frac{292\,500}{1+17\%} = 250\,000(元)$$

百货柜应转销项税额 = 327 600 - 280 000 = 47 600(元)

服装柜应转销项税额 = 292 500 - 250 000 = 42 500(元)

根据计算的结果,作分录如下:

　　借:主营业务收入——百货柜　　　　　　　　　　　　　　47 600.00
　　借:主营业务收入——服装柜　　　　　　　　　　　　　　42 500.00
　　　　贷:应交税费——应交增值税——销项税额　　　　　　90 100.00

(六) 商品盘点发生短缺溢余的核算

零售企业对库存商品采取售价金额核算时,库存商品明细分类账一般按营业柜组或门市部设置,平时只反映和掌握各营业柜组商品进、销、存的售价金额,而不反映和掌握各种商品的结存数量。因此,只有通过商品盘点,逐项计算出各种商品的售价金额及售价总金额,再与当天"库存商品"账户余额进行核对,才能了解和控制各种商品的实存数量,确保账实相符。

零售企业商品盘点发生账实不符时,营业柜组应填制"商品盘点短缺溢余报告单"一式三联,其中一联报送领导审批,另一联送交财会部门作为记账的依据。

商品盘点短缺或溢余是以商品的售价金额来反映的,在"商品盘点短缺溢余报告单"中,还需要将其调整为进价金额。财会部门在商品短缺或溢余原因尚未查明前,应将短缺或溢余商品的进价金额先转入"待处理财产损溢"账户,以确保账实相符,等原因查明后,再根据具体情况转入各有关账户。对于商品短缺,如属自然损耗,应转入"销售费用"账户。如属责任事故,则应根据领导的批复,若由企业开支,转入"营业外支出"账户;若由当事人负责赔偿,则转入"其他应收款"账户。对于商品溢余,如属供货单位多发商品,应作为商品购进补付货款;如属自然升溢,则应冲减"销售费用"账户;如属其他溢余,作为企业收入,应列入"营业外收入"账户。

【例】 浦江商厦百货柜3月25日盘点商品,发现短缺50元,填制商品盘点短缺溢余报告单如图表3-16所示。

图表3-16

商品盘点短缺溢余报告单

部门:百货柜　　　　　　2014年3月25日　　　　　　　　金额单位:元

账存金额	321 795.00	溢余金额		短缺或溢余原因	销货错发商品
实存金额	321 745.00	短缺金额	50.00		
上月本柜组差价率			25.80%		
溢余商品差价		溢余商品进价			
短缺商品差价	12.90	短缺商品进价	37.10		
领导批复				部门意见	要求作企业损失处理

(1) 财会部门根据商品盘点短缺溢余报告单,作分录如下:

借:待处理财产损溢　　　　　　　　　　　　　　　　　　37.10
借:商品进销差价——百货柜　　　　　　　　　　　　　　12.90
　贷:库存商品——百货柜　　　　　　　　　　　　　　　50.00

(2) 30日领导批复,将25日盘缺商品37.10元作企业损失处理,作分录如下:

借:营业外支出　　　　　　　　　　　　　　　　　　　　37.10
　贷:待处理财产损溢　　　　　　　　　　　　　　　　　37.10

第五节　包　装　物

一、包装物核算的范围

包装物不仅能保护产品的安全与完整,便于产品的保管和销售,减少产品的损耗,而且还能美化产品,以促进产品的销售,因此,企业必须加强包装物的设计和运用。由于包装物同产品的关系密切,为了加强对包装物的核算与管理,必须了解包装物的核算范围。

(一)属于包装物核算范围的包装物

包装物的种类繁多,只有下列四种包装物才属于包装物的核算范围。

(1)生产过程中用于包装产品,作为产品组成部分的包装物。

(2)随同产品出售而不单独计价的包装物。

(3)随同产品出售而单独计价的包装物。

(4)出租或出借给购货单位使用的包装物。

(二)不属于包装物核算范围的包装物

1. 用于储存和保管产品、材料,而不对外出售、出租或出借的包装物　这类包装物应按其价值大小和使用年限长短,分别在"固定资产"或"低值易耗品"账户内核算。

2. 使用一次就消耗的包装材料　这些包装材料如纸、袋、绳、铁丝、尼龙带等,应在"原材料"账户内核算。

二、包装物购进的核算

企业购进包装物的计价与材料的计价相同,即包括包装物的买价和采购费用。

企业购进包装物,在收到专用发票支付货款和增值税额时,根据开列的货款,借记"在途物资"账户;根据开列的增值税额,借记"应交税费"账户;根据价税合计和付款结算凭证,贷记"银行存款"账户。采购包装物发生的运杂费等采购费用,也列入"在途物资"账户。当包装物采购完毕验收入库,结转其采购成本时,借记"包装物"账户,贷记"在途物资"账户,其核算方法与原材料购进的核算方法基本相似。

三、包装物领用的核算

企业有生产环节领用的包装物,也有销售环节领用的包装物,由于用途不同,其核算方法也各异。

(一)在生产过程中领用包装物的核算

企业在生产过程中领用的包装物,在包装产品后,就成为产品的一部分,应将其直接记入产品的生产成本。

【例】　上海电子仪器厂包装车间为包装微波炉领用新纸版箱500只,每只10元,予以转账,作分录如下:

　　借:生产成本　　　　　　　　　　　　　　　　　　　　　　5 000.00
　　　　贷:包装物　　　　　　　　　　　　　　　　　　　　　　　5 000.00

(二)在销售过程中领用包装物的核算

企业生产完工的产品,有的产品是散装的,在销售时,需要领用包装物进行包装,有的产品包装比较简单,适合于同城销售。当销往异地时,还需要增加外包装,以防长途运输中产品的损坏和散失。这些随同产品销售的包装物,有的不单独计价,有的单独计价。

1. 不单独计价包装物的核算　　企业随同产品出售不单独计价的包装物,由于是在销售环节发生的,其成本自然作为企业的销售费用入账。

【例】　程桥纽扣厂因销售纽扣一批,领用不单独计价的新纸箱 20 只,每只 8 元,予以转账,作分录如下:

　　借:销售费用　　　　　　　　　　　　　　　　　　　　　160.00
　　　贷:包装物　　　　　　　　　　　　　　　　　　　　　　160.00

2. 单独计价包装物的核算　　企业随同产品出售单独计价的包装物作为出售包装物处理,它是企业经营业务的一部分。为了与主营业务相区别,所取得的出售包装物的收入应列入"其他业务收入"账户,其成本则应列入"其他业务成本"账户。

【例】　春江炼油厂销售机油 6 000 千克,每千克 4 元,计货款 24 000 元,增值税额 4 080 元。随货销售新铁桶 50 只,每只 120 元,计货款 6 000 元,增值税额 1 020 元。

(1) 当即收到转账支票 35 100 元,存入银行,作分录如下:

　　借:银行存款　　　　　　　　　　　　　　　　　　　　　35 100.00
　　　贷:主营业务收入　　　　　　　　　　　　　　　　　　　24 000.00
　　　贷:其他业务收入——出售包装物　　　　　　　　　　　　 6 000.00
　　　贷:应交税费——应交增值税——销项税额　　　　　　　　 5 100.00

(2) 该铁桶单位成本 105 元,结转其销售成本,作分录如下:

　　借:其他业务成本——出售包装物　　　　　　　　　　　　 5 250.00
　　　贷:包装物　　　　　　　　　　　　　　　　　　　　　　5 250.00

四、包装物出租和出借的核算

企业为了充分利用包装物,节省购销双方的开支,在销售产品时,可以开展包装物出租、出借业务。

(一)包装物出租业务的核算

包装物出租是指企业因销售产品将盛放产品的包装物租给购货单位暂时使用,出租时要收取一定数额的押金,使用完毕,归还包装物时,按租用天数向承租人收取租金,并退还押金。企业收取的押金,因要归还,因此通过"其他应付款"账户核算,而收取的租金,应作为"其他业务收入"账户处理。

出租包装物通常采用一次摊销法,在第一次领用新包装物时,根据包装物的成本,借记"其他业务成本"账户,贷记"包装物"账户。对于价值较高的包装物,也可以采用五五摊销法。五五摊销法是指在领用物品时,摊销其价值的50%,报废时再摊销其余50%的方法。

【例】 上海日化厂销售给上海百货公司白猫洗洁精300桶,每桶100元,计货款30 000元,增值税额5 100元,随货出租新塑料桶300只,每只收取押金45元。塑料桶每只成本40元,用五五摊销法摊销。

(1) 3月1日,当即收到转账支票48 600元,存入银行,作分录如下:

　　借:银行存款　　　　　　　　　　　　　　　　　48 600.00
　　　贷:主营业务收入　　　　　　　　　　　　　　　30 000.00
　　　贷:应交税费——应交增值税——销项税额　　　　5 100.00
　　　贷:其他应付款——存入保证金　　　　　　　　　13 500.00

(2) 3月1日,该塑料桶成本单价为40元,予以转账,作分录如下:

　　借:包装物——在用包装物——出租　　　　　　　12 000.00
　　　贷:包装物——库存包装物　　　　　　　　　　　12 000.00

同时,摊销其价值的50%,作分录如下:

　　借:其他业务成本　　　　　　　　　　　　　　　　6 000.00
　　　贷:包装物——包装物摊销——出租　　　　　　　6 000.00

(3) 3月26日,上海百货公司还来租出塑料桶300只,每只每天收取租金0.20元,今扣除租金1 500元后,当即签发转账支票10 500元退还其押金,作分录如下:

　　借:其他应付款——存入保证金　　　　　　　　　　12 000.00
　　　贷:其他业务收入——出租包装物　　　　　　　　　1 500.00
　　　贷:银行存款　　　　　　　　　　　　　　　　　10 500.00

(二) 包装物出借业务的核算

包装物出借是指企业因销售产品将盛放产品的包装物借给购货单位暂时使用。出借时也要收取一定数额的押金,包装物供购货单位无偿使用,当借用单位归还包装物时,应全额退还其押金。

企业收到出借包装物押金时,其核算方法与出租包装物相同,不再重述。

出借包装物通常也采用一次摊销法,在第一次领用新包装物时,根据包装物的成本,借记"销售费用"账户,贷记"包装物"账户。对于价值较高的包装物,也可以采用五五摊销法,在第一次领用新包装物时,摊销其价值的50%,列入"销售费用"账户。

新的包装物在出租或出借后,为了防止其散失,应有专人负责管理,并在备查簿上进行记录,登记其租出或借出及收回的情况。

五、包装物修理和报废的核算

（一）包装物修理的核算

企业为了保持包装物的使用效能,延长包装物的使用期限,需要加强对包装物的维修。包装物的修理方式有自行修理和委托修理两种。

1. 自行修理包装物的核算　　企业自行修理出租用包装物耗费的原材料和费用应列入"其他业务成本"账户;修理出借用包装物耗费的原材料和费用则应列入"销售费用"账户。

2. 委托修理包装物的核算　　企业委托外单位修理包装物时,除了要支付包装物的修理费用外,还要按修理费用的 17% 支付增值税额。

企业支付出租用包装物的修理费用时列入"其他业务成本"账户;企业支付出借用包装物的修理费用时列入"销售费用"账户。出租和出借两种包装物修理而支付的增值税额均应借记"应交税费"账户。

【例】　上海日化厂签发转账支票一张,金额 351 元,系支付出租用塑料箱修理费 300 元,增值税额 51 元,作分录如下：

　　借：其他业务成本　　　　　　　　　　　　　　　　　　　300.00
　　借：应交税费——应交增值税——进项税额　　　　　　　　 51.00
　　　贷：银行存款　　　　　　　　　　　　　　　　　　　　351.00

（二）包装物报废的核算

企业出租、出借的包装物因损坏而不能继续使用时,报经批准后予以报废时,应将其残料估价入库或出售。

采用一次摊销法的包装物,由于已经全额注销了账面价值,在残料估价验收入库时,应借记"原材料"账户,贷记"销售费用——包装物摊销"账户。

采用五五摊销法的包装物,在包装物报废时,按已摊销的数额,借记"包装物——包装物摊销"账户;按残料估价的价值,借记"原材料"账户;按摊余价值与残值的差额,借记"销售费用——包装费"账户或"其他业务成本"账户;按账面实际成本,贷记"包装物——在用包装物"账户。

【例】　报废出租用塑料桶 50 只,每只账面原值 40 元,已摊销了 50%,残料估价每只 2 元,已验收入库,作分录如下：

　　借：包装物——包装物摊销——出租　　　　　　　　　　1 000.00
　　借：原材料　　　　　　　　　　　　　　　　　　　　　　100.00
　　借：其他业务成本　　　　　　　　　　　　　　　　　　　900.00
　　　贷：包装物——在用包装物——出租　　　　　　　　　2 000.00

企业出租、出借包装物逾期未归还,这时所收取的押金要予以没收。当企业按规定没收逾期未归还出租、出借包装物的押金时,应按没收包装物的押金,借记"其他应付款"账户;按应交的增值税额,贷记"应交税费"账户;按两者的差额,贷记"其他业务收入"账户。

【例】 上海农药厂出借给南山公司塑料桶 60 只,每只收取押金 58.50 元,计 3 510元,因逾期未归还,予以没收。该桶的增值税税率为 17%,作分录如下:

借:其他应付款——存入保证金　　　　　　　　　　　　　3 510.00
　贷:其他业务收入　　　　　　　　　　　　　　　　　　3 000.00
　贷:应交税费——应交增值税——销项税额　　　　　　　　510.00

包装物也可以采用计划成本核算,其实际成本与计划成本的差异通过"材料成本差异"账户核算。具体核算方法与原材料相同,不再重述。

"包装物"是资产类账户,用以核算企业拥有的库存包装物的成本。企业购进、盘盈包装物时,记入借方;企业领用、出售和盘亏包装物时,记入贷方;期末余额在借方,表示企业期末结存包装物的实际数额。

第六节　低值易耗品

低值易耗品具有品种多、数量大、价值低、易损耗、购置和领发频繁、保管分散、容易丢失的特点。因此要加强对低值易耗品的管理,应根据其使用时间的长短和流动性大小等情况,建立和健全必要的收发手续和保管制度。

一、低值易耗品的分类

由于低值易耗品的种类繁多,为了有利于低值易耗品的核算和管理,根据其用途不同,可以分为以下六类。

(一) 一般工具

一般工具是指直接用于生产经营的各种工具,如刀具、量具、夹具、辅助工具以及企业内部使用的各种包装容器等。

(二) 专用工具

专用工具是指专门用于制造某一种产品,或在某一工序上使用的工具,如专用模型、钢印等。

(三) 替换设备

替换设备是指容易磨损或为制造不同产品需要替换使用的各种设备,如轧制钢材用的轧辊,浇制钢锭用的钢锭模等。

(四) 管理用具

管理用具是指管理上使用的各种家具用品和办公用具,如办公桌、办公椅、文具橱、计数器、打字机、油印机等。

（五）劳动保护用品

劳动保护用品是指为了保证职工安全工作而发给其使用的劳动防护品，如工作服、工作鞋、安全带、防护罩、手套等。

（六）其他

其他是指不属于以上各类的低值易耗品，如自行车、电扇、取暖器等。

二、低值易耗品购进的核算

企业购进低值易耗品的计价与包装物相同，即包括买价和采购费用。

企业购进低值易耗品，收到增值税专用发票支付货款和增值税时，根据开列的货款，借记"在途物资"账户；根据开列的增值税额，借记"应交税费"账户；根据价税合计和付款结算凭证，贷记"银行存款"账户。发生采购费用时，也列入"在途物资"账户。当低值易耗品采购完毕验收入库，结转其采购成本时，借记"低值易耗品——在库低值易耗品"账户，贷记"在途物资"账户。

三、低值易耗品领用和摊销的核算

低值易耗品被领用后，在使用过程中逐渐损耗，其价值也随之逐渐减少，这部分减少的价值，应根据其不同的用途通过摊销记入"制造费用"、"销售费用"、"管理费用"等账户。

低值易耗品摊销的方法有"一次摊销法"和"五五摊销法"。

企业采用一次摊销法时，生产车间为生产产品和提供劳务而领用的低值易耗品应借记"制造费用"账户；行政管理部门为组织及管理生产经营活动而领用的低值易耗品借记"管理费用"账户；销售部门领用的低值易耗品则借记"销售费用"账户，贷记"低值易耗品——在库低值易耗品"账户。采用这种方法简便易行，但成本、费用的负担不均衡，且由于摊销后就注销其账面价值，成为账外资产，不利于实物的管理与控制，容易散失，因此仅适用于价值低廉的管理用具和小型工、卡具。

企业采用五五摊销法时，先摊销其账面价值的 50%。

【例】 生产车间领用专用工具一批，价值 3 000 元，用五五摊销法摊销，作分录如下：

  借：低值易耗品——在用低值易耗品   3 000.00
    贷：低值易耗品——在库低值易耗品   3 000.00

同时摊销其价值的 50%，作分录如下：

  借：制造费用——低值易耗品摊销   1 500.00
    贷：低值易耗品——低值易耗品摊销   1 500.00

采用这种方法摊销的计算较为简便，并且低值易耗品报废前在账面仍有记录，这有利于对低值易耗品的管理和控制。这种方法适用于价值较高、使用期限较长的低值易耗品。

四、低值易耗品修理和报废的核算

（一）低值易耗品修理的核算

企业为了充分发挥低值易耗品的使用效能，需要对低值易耗品进行必要的维修。当发生维修费用时，应根据低值易耗品使用的部门入账。维修生产车间使用的低值易耗品发生的耗费应列入"制造费用"账户；维修销售机构使用的低值易耗品发生的耗费应列入"销售费用"账户；而维修管理部门使用的低值易耗品发生的耗费应列入"管理费用"账户。

（二）低值易耗品报废的核算

低值易耗品在丧失使用效能，经批准报废时，应将其残料估价验收入库或出售。

采用一次摊销法的低值易耗品在领用时，已全额转销了其账面价值，因此，在残料估价验收入库时，应借记"原材料"账户，若生产车间报废低值易耗品，其残值则应贷记"制造费用"账户；若销售部门报废低值易耗品，其残值应贷记"销售费用"账户；若管理部门报废低值易耗品，其残值则应贷记"管理费用"账户。

采用五五摊销法的低值易耗品在报废将残料估价验收入库时，按已摊销的金额，借记"低值易耗品——低值易耗品摊销"账户；按残值估价的价值借记"原材料"账户；然后摊销其摊销价值与残值的差额，根据低值易耗品报废的部门不同，将其差额借记"制造费用"、"销售费用"、"管理费用"账户，按账面原值贷记"低值易耗品——在用低值易耗品"账户。

【例】 报废打印机3台，其中：1台是生产车间领用的，2台是行政管理部门领用的，该打印机账面原值每只360元，已摊销了50%，残料估价每只10元，已验收入库，作分录如下：

借：低值易耗品——低值易耗品摊销	540.00
借：原材料	30.00
借：制造费用——低值易耗品摊销	170.00
借：管理费用——公司经费	340.00
贷：低值易耗品——在用低值易耗品	1 080.00

低值易耗品也能采用计划成本核算，具体核算方法与原材料相同，不再重述。

"低值易耗品"是资产类账户，用以核算企业拥有的各种低值易耗品的成本。企业购进、盘盈低值易耗品时，记入借方；企业领用、摊销、报废和盘亏低值易耗品时，记入贷方；期末余额在借方，表示企业拥有低值易耗品的净值。

第七节 存货的清查盘点

一、存货的明细分类核算与清查盘点

企业对原材料、产成品或库存商品、包装物、低值易耗品等各种存货,除了进行总分类核算外,应根据存货管理上的需要进行二级分类核算,对于品种、规格繁多的存货,还应根据其品名、规格进行三级明细分类核算。核算中最普遍采用的账户格式是数量金额三栏式,其格式见本章前列的图表3-8。

企业中存货的品种、规格繁多,在收发过程中由于人为的原因,难免会发生计量或计算上的差错。有的原材料、产成品或库存商品会由于自然条件的影响而发生长余或损耗;有的可能被贪污盗窃或毁损。因此必须建立和健全各种规章制度,对存货采取清查盘点的方法,以确保其安全,并做到账实相符。

存货清查盘点是企业的一项重要的财会基础工作。根据财务制度规定,企业的存货应当定期或不定期地进行清查盘点,每年至少在年终前进行一次全面的清查盘点。此外,还可根据管理上的需要随时进行局部盘点清查。对于盘亏、盘盈、毁损以及报废的存货,应及时查明原因,区别情况予以处理。

存货清查盘点是一项细致而复杂的工作,必须有领导、有组织、有计划地进行。在清查盘点前,应根据盘点的范围,确定参加盘点的人员,并组织分工。记账人员应将存货的收发凭证全部记入存货明细分类账,并结出余额,以便与盘点出来的实存数量相核对。清查盘点时,要根据存货的特点,采用不同的盘点方法和操作规程,避免发生重复盘、遗漏盘和错盘的现象。清查盘点后,由实物保管部门负责填制存货盘亏盘盈报告单。其格式如图表3-17所示。

图表3-17

存货盘亏盘盈报告单

2014年3月25日

填报部门:材料仓库　　　　　　　　　　　　　　　　　　金额单位:元

品名	规格	计量单位	单价	账存数量	实存数量	盘亏		盘盈		原因
						数量	金额	数量	金额	
圆钢	36cm	千克	3.00	5 400	5 420			20	60.00	待查
圆钢	40cm	千克	2.80	3 750	3 720	30	84.00			
合　计		—	—	—	—		84.00	—	60.00	

存货盘亏盘盈报告单一式数联,实物保管部门留存一联,一联上报领导审核,

另一联转交财会部门入账。

二、存货盘亏盘盈的核算

财会部门收到仓库转来存货盘亏盘盈报告单,经审核无误,若为盘亏,应借记"待处理财产损溢"账户,贷记"原材料"等存货账户;若为盘盈,则应借记"原材料"等存货账户,贷记"待处理财产损溢"账户,以达到账实相符。俟查明原因后,若属于收发料工作中的差错,经领导批准核销转账时,盘亏的转入"营业外支出"账户;盘盈的转入"营业外收入"账户。盘亏的若责成保管人员赔偿时,则转入"其他应收款"账户。

【例】 材料仓库转来存货盘亏盘盈报告单,计盘盈材料200元,成品仓库转来存货盘亏盘盈报告单,计盘亏库存商品1 000元。

(1) 根据材料仓库存货盘亏盘盈报告单,作分录如下:

借:原材料 200.00
　　贷:待处理财产损溢 200.00

(2) 根据成品仓库存货盘亏盘盈报告单,作分录如下:

借:待处理财产损溢 1 000.00
　　贷:库存商品 1 000.00

(3) 今查明盘盈的材料系收发工作中的差错,经批准予以核销转账,作分录如下:

借:待处理财产损溢 200.00
　　贷:营业外收入 200.00

(4) 今查明盘亏1 000元产品系收发工作中的重大差错,经批准其中80%予以核销入账,其余20%责成保管员赔偿,作分录如下:

借:营业外支出 800.00
借:其他应收款——保管员 200.00
　　贷:待处理财产损溢 1 000.00

第八节　存货的期末计量

一、存货成本与可变现净值孰低概述

存货在会计期末应当按照成本与可变现净值孰低计量。

存货成本与可变现净值孰低是指对期末存货按照成本与可变现净值两者之中的低者计量。即当期末存货的成本低于可变现净值时,按存货的成本计价;当期末存货可变现净值低于成本时,则按存货可变现净值计价。存货的可变现净值是指在日常活动中,存货估计的售价减去至完工将要发生的成本、估计的销售费用以及相关税费后的金额。

存货通常是按照历史成本计价的。然而当存货可变现净值低于成本时,表明给企业带来的未来经济利益低于其账面价值,按照谨慎性的要求,这种损失应按照存货成本与可变现净值孰低予以确认,将其可变现净值低于成本的差额计入当期损益。

企业在确定存货的可变现净值时,应当以取得的确凿证据为基础,并且考虑持有存货的目的、资产负债表日后事项的影响等因素。

为了生产而持有的原材料等,用其生产的产成品的可变现净值高于成本,则该原材料仍然应当按成本计量;原材料价格的下降表明产成品的可变现净值低于成本的,则该原材料应当按可变现净值计量。

为执行销售合同或者劳务合同而持有的存货,其可变现净值应当以合同价格为基础计算;企业持有存货的数量多于销售合同订购数量的,超出部分的存货可变现净值应当以一般销售价格为基础计算。

二、存货可变现净值低于成本的核算

企业通常应当按照单个存货项目计提存货跌价准备。对于数量繁多、单价较低的存货,也可以按存货类别计提存货跌价准备。与在同一地区生产和销售的产品系列相关、具有相同或类似最终用途或目的、且难以与其他项目分别开来计量的存货,可以合并计提存货跌价准备。

不同的存货,计提存货跌价准备的核算方法也有所不同,现分别予以阐述。

(一) 尚有使用价值和转让价值的存货

当企业的存货存在下列情况之一的,则属尚有使用价值和转让价值的存货。

(1) 市价持续下跌,并且在可预见的未来无回升的希望。

(2) 企业使用该项原材料生产产品的成本大于产品的销售价格。

(3) 企业因产品更新换代,原有库存原材料已不适应新产品的需要;而该原材料的市场价格又低于其账面成本。

(4) 因企业所提供的产品或劳务过时,或者消费者偏好改变,而市场的需求发生变化,导致市场价格逐渐下跌。

(5) 其他足以证明该项存货实质上已经发生减值的情形。

由于这些存货尚有使用价值和转让价值,因此在期末,企业计算出存货可变现净值低于成本的差额时,借记"资产减值损失"账户,贷记"存货跌价准备"账户。

企业发出原材料,结转其已提跌价准备时,借记"存货跌价准备"账户,贷记"生产成本"账户。企业销售产品、商品,结转其已计提的跌价准备时,借记"存货跌价准备"账户,贷记"主营业务成本"账户。

企业每期都应当重新确定存货的可变现净值。如果以前减记存货价值的影响因素已经消失,则减记的金额应予以恢复,并在原已计提的存货跌价准备的金额内转回,转回的金额应减少计提的存货跌价准备。

期末企业发生存货可变现净值低于成本时,应填制存货可变现净值低于成本报告单,其格式如图表 3-18 所示。

图表 3-18

存货可变现净值低于成本报告单

2014 年 3 月 31 日

填报部门:成品仓库

品　名	规格	计量单位	成本单价（元）	可变现单价（元）	单位减值额（元）	结存数量	减值金额	减值原因
捷达牌自行车	24 吋	辆	230	220	10	150	1 500	式样
捷达牌自行车	26 吋	辆	255	240	15	200	3 000	陈旧
合　计	—	—					4 500	

【例】 捷达自行车厂对存货在期末采用存货成本与可变现净值孰低法计价。

(1) 2014 年 3 月 31 日,成品仓库报来存货可变现净值低于成本报告单,列明 24 吋捷达牌自行车 150 辆,成本单价 230 元,可变现单价 220 元,计减值金额 1 500 元;26 吋捷达牌自行车 200 辆,成本单价 255 元,可变现单价 240 元,计减值金额 3 000 元,予以转账,作分录如下:

　　借:资产减值损失——存货减值损失　　　　　　　　　　　　　　　4 500.00
　　　　贷:存货跌价准备　　　　　　　　　　　　　　　　　　　　　　4 500.00

(2) 2014 年 4 月 15 日,销售 26 吋捷达牌自行车 200 辆,每辆 245 元,计货款 49 000 元、增值税额 8 330 元,收到转账支票,存入银行。

① 反映销售收入,作分录如下:

　　借:银行存款　　　　　　　　　　　　　　　　　　　　　　　　　57 330.00
　　　　贷:主营业务收入　　　　　　　　　　　　　　　　　　　　　　49 000.00
　　　　贷:应交税费——应交增值税——销项税额　　　　　　　　　　　8 330.00

② 结转销售成本,作分录如下:

　　借:主营业务成本　　　　　　　　　　　　　　　　　　　　　　　51 000.00
　　　　贷:库存商品　　　　　　　　　　　　　　　　　　　　　　　　51 000.00

③ 结转已计提的存货跌价准备,作分录如下:

借:存货跌价准备　　　　　　　　　　　　　　　　　　3 000.00
　　贷:主营业务成本　　　　　　　　　　　　　　　　　　　　3 000.00

"存货跌价准备"是资产类账户,它是"原材料"、"库存商品"等存货账户的抵减账户,用以核算企业存货的跌价准备。企业在期末发生存货减值时,记入贷方;企业在已计提跌价准备的存货价值恢复和发出存货结转其跌价准备时,记入借方;期末余额在贷方,表示企业已经计提但尚未转销的存货跌价准备。

(二) 完全丧失使用价值和转让价值的存货

当企业的存货存在以下一项或若干项情况的,则属完全丧失使用价值和转让价值的存货。

(1) 已霉烂变质的存货。
(2) 已过期且无转让价值的存货。
(3) 生产中已不再需要,并且已无使用价值和转让价值的存货。
(4) 其他足以证明已无使用价值和转让价值的存货。

这些存货已经完全丧失了使用价值和转让价值,届时,应区别情况进行核算。企业对于未计提过跌价准备的存货,应按其账面价值,借记"资产减值损失"账户,贷记"库存商品"、"原材料"等账户。对于事前曾计提过跌价准备的存货,则应按该存货已计提的跌价准备,借记"存货跌价准备"账户,按存货的账面价值,贷记"库存商品"、"原材料"等账户;两者的差额则应列入"资产减值损失"账户的借方。

思 考 题

1. 什么是存货?试述存货确定的条件和范围。
2. 存货按其来源和用途的不同,可分为哪几类?并分述其定义。
3. 按原材料在生产过程中的作用不同,可以分为哪几类?
4. 原材料成本由哪些具体内容构成?
5. 异地采购的原材料已验收入库,而结算凭证和发票尚未到达时应如何核算?
6. 企业购进原材料途中发生正常的损耗和升溢应怎样核算?发生其他原因的短缺或溢余又应怎样核算?
7. 什么是购货折扣和购货折让?它们在核算上有何不同?
8. 发出原材料可以选择哪几种计价方法?试分别说明各种方法的定义、优缺点和适用性。

9. 什么是计划成本法？它同实际成本法相比较有何优点？

10. 试述确认销售商品收入必须符合的条件。

11. 商品流通企业的库存商品有哪两种核算方法？分别说明这两种方法的定义。

12. 商品流通企业的商品采购费用有哪三种不同的处理方法？

13. 委托代销商品和受托代销商品在核算上各有何特点？

14. 采用售价金额核算的商品销售成本为什么要进行调整？应怎样进行调整？

15. 试述包装物的核算范围。

16. 企业为什么要对存货进行清查盘点？怎样做好清查盘点工作？

17. 什么是存货成本与可变现净值孰低？当存货可变现净值低于成本时应怎样进行核算？

习 题 一

一、目的 练习原材料采购的核算。

二、资料 上海沪昌工厂3月份发生下列经济业务：

1. 1日，银行转来梅山钢铁厂托收凭证，金额为13 604元，内附增值税专用发票一张，开列圆钢4 000千克，每千克2.80元，计货款11 200元，增值税额1 904元；运杂费凭证一张，金额500元，经审核无误，当即承付。

2. 5日，仓库转来收料单，本月1日从梅山钢铁厂购入的圆钢4 000千克，已全部验收入库，结转其采购成本。

3. 8日，银行转来武汉钢铁厂托收凭证，金额为37 920元，内附增值税专用发票一张，开列圆钢6 000千克，每千克2.75元，计货款16 500元；扁钢5 000千克，每千克2.90元，计货款14 500元，增值税额5 270元；运杂费凭证一张，金额1 650元，经审核无误，当即承付，运杂费按钢材的重量比例分配。

4. 11日，仓库转来收料单，本月8日从武汉钢铁厂购入的6 000千克圆钢和5 000千克扁钢均已验收入库，结转其采购成本。

5. 14日，向上海燃料公司采购煤60吨，每吨475元，合同规定先预付30%的货款，10天后交货时，再支付70%。今签发转账支票8 550元，预付60吨煤30%的货款。

6. 24日，收到上海燃料公司开来的增值税专用发票，开列煤60吨，每吨475元，计货款28 500元，增值税额4 845元。现扣除30%的预付货款后，其余款项签发转账支票予以清偿。

7. 25日,仓库转来收料单,上海燃料公司发来的60吨煤已验收入库,结转其采购成本。

8. 27日,仓库转来收料单,梅山钢铁厂发来本厂订购的扁钢6 000千克,已验收入库。由于银行结算凭证和发票尚未收到,先按合同价每千克3元入账。

9. 30日,银行转来梅山钢铁厂托收凭证,金额为21 840元,内附增值税专用发票一张,开列扁钢6 000千克,每千克3元,计货款18 000元,增值税额3 060元;运杂费凭证一张,金额780元,经审核无误,当即承付,并结转材料采购成本。

三、要求 编制会计分录。

习 题 二

一、目的 练习购进原材料发生短缺和溢余的核算。

二、资料 上海日化厂1月份发生下列经济业务:

1. 3日,银行转来南京化工厂托收凭证,金额为23 629.75元,内附增值税专用发票一张,开列A材料5 000千克,每千克4元,计货款20 000元,增值税额3 400元;运杂费凭证一张,金额229.75元,经审核无误,当即承付。

2. 8日,仓库转来收料单,本月3日向南京化工厂购入的5 000千克A材料已运到,验收时实收4 995千克,短缺5千克,系途中正常损耗,材料已验收入库,结转其采购成本。

3. 11日,银行转来兰州化工厂托收凭证,金额为35 310元,内附增值税专用发票一张,开列B材料2 000件,每件15元,计货款30 000元,增值税额5 100元;运杂费凭证一张,金额210元,经审核无误,当即承付。

4. 16日,仓库转来收料单,本月11日向兰州化工厂购入的B材料已运到,验收时实收2 100件,溢余100件,系对方多发材料,由供应部门与对方联系解决,结转入库的2 100件B材料的采购成本。

5. 18日,银行转来苏州化工厂托收凭证,金额为29 326元,内附增值税专用发票一张,开列C材料1 000箱,每箱25元,计货款25 000元,增值税额4 250元;运杂费凭证一张,金额76元,经审核无误,当即承付。

6. 20日,仓库转来收料单,本月18日向苏州化工厂购入的C材料已运到,验收时实收950箱,短缺50箱,系对方少发材料,由供应部门与对方联系解决,结转入库的950箱C材料的采购成本。

7. 22日,银行转来天津海河工厂托收凭证,金额为37 598元,内附专用发票一张,开列D材料800件,每件40元,计货款32 000元,增值税额5 440元;运杂费凭证一张,金额158元,经审核无误,当即承付。

8. 24日,兰州化工厂补来多发100件B材料的增值税专用发票一张,开列货款1 500元,增值税额255元,经审核无误,当即将款项全部汇付对方。

9. 27日,仓库转来收料单,本月22日向天津海河工厂购入的D材料已运到,验收时实收790件,短缺10件,原因待查。结转已入库材料的采购成本。

10. 29日,苏州化工厂开来红字增值税专用发票,开列50箱C材料退货款1 250元,退增值税额212.50元,退款尚未收到,予以转账。

11. 30日,短缺10件D材料,每件40元,今查明系运输单位责任,经联系后已同意赔偿,赔偿款尚未收到。

12. 31日,苏州化工厂汇来所退货款和所退增值税额共1 462.50元,存入银行。

三、要求
1. 编制会计分录。
2. 计算采购材料的单位成本。

习 题 三

一、**目的**　练习购货折扣与购货折让的核算。

二、**资料**　上海徐汇工厂4月份发生下列有关的经济业务:

1. 1日,向茂昌工厂赊购甲材料一批,计货款20 000元,增值税额3 400元。茂昌工厂给予的付款条件为10天内付清货款,购货折扣为2%,超过10天付款为全价。甲材料已验收入库,结转其采购成本。

2. 4日,向大丰公司赊购乙材料一批,计货款30 000元,增值税额5 100元。大丰公司给予的付款条件为10天内付清货款,购货折扣为2%;20天内付清货款,购货折扣为1%,超过20天付款为全价。乙材料已验收入库,结转其采购成本。

3. 8日,向昌盛公司赊购丙材料一批,计货款10 000元,增值税额1 700元,昌盛公司给予的付款条件为10天内付清货款,购货折扣为2%;20天内付清货款,购货折扣为1%,超过20天付款为全价。丙材料已验收入库,结转其采购成本。

4. 11日,签发转账支票一张,金额为23 000元,系支付赊购茂昌工厂甲材料货款19 600元,增值税额3 400元。

5. 14日,签发转账支票一张,金额为34 500元,系支付赊购大丰公司乙材料货款29 400元,增值税额5 100元。

6. 18日,向大江工厂赊购丁材料一批,计货款12 000元,增值税额2 040元,付款条件为10天内付清货款,购货折扣为1%,超过10天付款为全价。丁材料已验收入库,结转其采购成本。

7. 20日,银行转来杭州铁工厂托收凭证,内附增值税专用发票一张,开列戊材料10吨,每吨1 100元,计货款11 000元,增值税额1 870元;运杂费凭证一张,金额300元,查验与合同相符,当即承付。

8. 22日,仓库发来通知,杭州铁工厂发来的戊材料质量较差,不符合合同要求,予以代为保管,由供应部门与对方联系后解决,先将已支付的款项转入应收账款账户。

9. 24日,签发转账支票一张,金额为11 600元,系支付昌盛公司赊购丙材料货款9 900元,增值税额1 700元。

10. 28日,经联系后杭州铁工厂同意给予10%的购货折让,当即收到厂方的销货折让发票,折让货款1 100元,增值税额187元,并收到对方汇来的折让款项1 287元,存入银行。

11. 29日,仓库转来收料单,杭州铁工厂发来的戊材料10吨已验收入库,结转其采购成本。

12. 30日,签发转账支票一张,金额为14 040元,系支付赊购大江工厂丁材料的货款及增值税额。

三、要求 编制会计分录。

习 题 四

一、目的 练习发出原材料的计价与核算。

二、资料

1. 宝山工厂4月份期初结存A材料2 400千克,单价16.75元,金额为40 200元,购进批次为021,本月份收发料的情况如图表3-19所示。

图表3-19

A材料收发料记录

金额单位:元

2014年		业务号数	计量单位	收 料				发 料	
月	日			数量	单价	金额	批次	数量	批次
4	2	1	千克	3 000	16.80	50 400.00	022		
	5	2	千克					1 000	021
								1 500	022
	10	3	千克					1 000	021
								800	022

（续表）

2014年月	日	业务号数	计量单位	收料 数量	收料 单价	收料 金额	收料 批次	发料 数量	发料 批次
4	12	4	千克	4 000	16.85	67 400.00	023		
	15	5	千克					1 400	023
	20	6	千克					400	021
								1 600	023
	21	7	千克	3 000	16.88	50 640.00	024		
	25	8	千克					1 200	024
	30	9	千克					700	022
								600	023

2. 该厂领用的原材料中，80%是生产车间直接用于产品生产，16%是生产车间间接用于产品生产，4%是行政管理部门领用。

三、要求

1. 根据"资料1"，分别用个别计价法、先进先出法，移动加权平均法和综合加权平均法计算发出原材料成本（计算过程中原材料单价保留四位小数）。

2. 根据"资料1"，用先进先出法倒挤发出原材料成本。

3. 根据加权平均法计算的发出原材料成本，结合"资料2"，编制发料的会计分录。

习 题 五

一、目的 练习原材料收发的核算。

二、资料 上海顺昌工厂1月1日期初结存甲材料2 000千克，每千克14.80元，金额为29 600元，接着又发生下列有关的经济业务：

1. 2日，银行转来南京紫金工厂托收凭证，金额为26 124元，内附增值税专用发票一张，开列甲材料1 500千克，每千克14.80元，计货款22 200元，增值税额3 774元；运杂费凭证一张，金额150元，经审核无误，当即承付。

2. 4日，仓库转来收料单，本月2日从南京紫金工厂购入的1 500千克甲材料已验收入库，结转其采购成本。

3. 5日，生产车间领用甲材料1 400千克，其中1 200千克直接用于产品生产，

200千克间接用于产品生产,予以转账。

4. 10日,生产车间领用甲材料900千克,直接用于产品生产。

5. 12日,银行转来苏州金门工厂托收凭证,金额为17 582元,内附增值税专用发票一张,开列甲材料1 000千克,每千克14.90元,计货款14 900元,增值税额2 533元;运杂费凭证一张,金额149元,查验与合同相符,予以承付。

6. 14日,仓库转来收料单,本月12日从苏州金门工厂购入的甲材料,验收时实收1 010千克,溢余10千克,系途中正常升溢,材料已验收入库,结转其采购成本。

7. 15日,企业行政管理部门领用甲材料110千克,予以转账。

8. 20日,生产车间领用甲材料1 200千克,其中1 100千克直接用于产品生产,100千克间接用于产品生产。

9. 22日,向金陵公司赊购甲材料2 000千克,每千克15元,计货款30 000元,增值税额5 100元。10天付清货款,购货折扣为1%,超过10天付款为全价。甲材料已验收入库,结转其采购成本。

10. 24日,银行转来济南泉城工厂托收凭证,金额21 019.20元,内附增值税专用发票,开列甲材料1 200千克,每千克14.80元,计货款17 760元,增值税额3 019.20元;运杂费凭证一张,金额240元,查验与合同相符,予以承付。

11. 25日,生产车间领用甲材料1 500千克,全部直接用于产品生产。

12. 27日,仓库转来收料单,本月24日向济南泉城工厂购入的1 200千克甲材料已运到,验收时实收1 100千克,短缺100千克,系对方少发材料,由供应部门与对方联系解决。结转入库的1 100千克甲材料的采购成本。

13. 29日,签发转账支票一张,支付本月22日赊购金陵公司甲材料的货款及增值税额。

14. 30日,生产车间领用甲材料100千克,间接用于产品生产。

15. 31日,济南泉城工厂开来红字专用发票,开列100千克甲材料退货款1 480元,退增值税额251.60元,同时收到对方退来的全部款项,已存入银行。

三、要求

1. 编制会计分录。
2. 登记甲材料明细分类账户,发出的甲材料采用先进先出法计价。

习 题 六

一、目的 练习原材料按计划成本核算。

二、资料

1. 上海汇南工厂6月1日有关账户的期初余额如下:

(1) 原材料账户： 55 500 元
所属明细账户：
圆钢 20 000 千克　计划单价 2.40 元　　　　金额 48 000 元
扁钢 3 000 千克　计划单价 2.50 元　　　　金额 7 500 元
(2) 材料成本差异账户（贷方余额）： 555 元

2. 6月份发生下列有关的经济业务：

(1) 3日，向上海金属公司购进扁钢 2 000 千克，每千克 2.35 元，计货款 4 700 元，增值税额 799 元，当即签发转账支票付讫。

(2) 5日，仓库转来收料单，上海金属公司发来 2 000 千克的扁钢已验收入库，予以转账。

(3) 10日，银行转来梅山钢铁厂托收凭证，金额为 26 540 元，内附专用发票，开列圆钢 10 000 千克，每千克 2.20 元；货款 22 000 元；增值税额 3 740 元；运杂费凭证一张，金额 800 元。经审核无误，当即承付。

(4) 15日，仓库转来收料单，梅山钢铁厂发来的 10 000 千克圆钢已验收入库，予以转账。

(5) 21日，银行转来马鞍山钢铁厂托收凭证，金额为 31 186 元，内附增值税专用发票，开列圆钢 12 000 千克，每千克 2.15 元，货款 25 800 元，增值税额 4 386 元；运杂费凭证一张，金额 1 000 元。经审核无误，当即承付。

(6) 26日，仓库转来收料单，马鞍山钢铁厂发来的 12 000 千克圆钢已验收入库，予以转账。

(7) 30日，直接制造产品领用圆钢 21 200 千克，扁钢 2 400 千克，间接制造产品领用扁钢 400 千克，予以转账。

(8) 30日，分摊本月份发出材料成本差异。

三、要求

1. 开设原材料总分类账户及其所属明细分类账户和材料成本差异总分类账户。

2. 编制会计分录。

3. 根据会计分录登记原材料总分类账户及其所属明细分类账户和材料成本差异总分类账户。

习 题 七

一、目的　练习委托加工材料的核算。

二、资料　曹扬工厂4月份发生下列有关的经济业务：

1. 1日，仓库根据合同发给上海钢厂钢锭4 000千克，委托其加工圆钢3 960千克，该钢锭计划单价1.50元，材料成本差异率为1.5%。

2. 10日，上海钢厂送来加工完毕的3 960千克圆钢，当即支付其加工费用3 200元，增值税额544元，及加工材料往返运杂费560元。

3. 12日，仓库转来收料单，上海钢厂加工的3 960千克圆钢验收入库，其单位计划成本为2.40元，予以转账。

4. 18日，仓库根据合同发给上海钢厂钢锭2 000千克，委托其加工槽钢1 980千克，该钢锭计划单价1.50元，材料成本差异率为1.5%。

5. 27日，上海钢厂送来加工完毕的1 980千克槽钢，当即支付其加工费用2 000元，增值税额340元，及加工材料往返运杂费320元。

6. 30日，仓库转来收料单，上海钢厂加工的1 980千克槽钢验收入库，其单位计划成本为2.70元，予以转账。

三、要求 编制会计分录。

习 题 八

一、目的 练习产成品收入和销售的核算。

二、资料 上海五原工厂3月份发生下列有关的经济业务：

1. 1日，销售给华兴公司子产品400台，每台价格80元，计货款32 000元，增值税额5 440元，当即收到转账支票存入银行。

2. 3日，销售给上海五金公司寅产品4台，每台价格6 000元，计货款24 000元，增值税额4 080元。合同规定寅产品由厂方负责安装，交货时支付货款的40%，安装完毕检验合格后，付清全部款项。寅产品的单位成本为4 500元，产品已交付对方，同时收到转账支票一张，金额9 600元，系付来寅产品40%的货款。

3. 5日，签发转账支票240元，为广州五金公司垫付售给其丑产品200台的运杂费。

4. 6日，销售给广州五金公司丑产品200台，每台120元，计货款24 000元，增值税额4 080元，今连同垫付的运杂费240元一并向银行办妥托收手续。

5. 8日，售给上海五金公司的寅产品已安装完毕，验收合格，当即收到转账支票一张，金额为18 480元，系付来寅产品其余60%的货款及增值税额。

6. 10日，销售给上海五金公司子产品200台，每台80元，计货款16 000元，增值税额2 720元，当即收到商业汇票一张，金额18 720元。

7. 12日，银行转来广州五金公司支付款项28 320元的收账通知。

8. 14日，收到华兴公司转账支票一张，金额28 800元，系预收240台丑产品的货款,合同规定14天后交货。

9. 17日,签发转账支票200元,为郑州五金公司垫付售给其子产品250台的运杂费。

10. 18日,销售给郑州五金公司子产品250台,每台80元,计货款20 000元,增值税额3 400元,今连同垫付的运杂费一并向银行办妥托收手续。

11. 21日,签发转账支票375元,为西安五金公司垫付售给其丑产品250台的运杂费。

12. 22日,销售给西安五金公司丑产品250台,每台120元,计货款30 000元,增值税额5 100元,今连同垫付的运杂费一并向银行办妥托收手续。

13. 25日,银行转来郑州五金公司支付款项23 600元的收账通知。

14. 28日,销售给华兴公司丑产品240台,每台120元,计货款28 800元,增值税额4 896元,丑产品已交付对方,货款已于本月14日预收,收到其转账支票一张,金额4 896元,系支付240台丑产品的增值税额。

15. 30日,银行转来西安五金公司支付款项35 475元的收账通知。

16. 31日,根据图表3-20产成品收入汇总表结转完工产品成本。

图表3-20

产成品收入汇总表

2014年3月31日   单位:元

产品名称	计量单位	数 量	单 价	金 额
子产品	台	900	61	54 900
丑产品	台	750	90	67 500
合 计		—	—	122 400

17. 31日,根据本月份子、丑两种产品的销售数量,结转本月份销售产品的生产成本。

三、要求 编制会计分录。

习 题 九

一、目的 练习产品销售和分期收款产品销售的核算。

二、资料 上海彭浦工厂3、4月份发生下列有关的经济业务:

1. 3月1日,采用分期收款销售方式,将子产品200件,每件200元,成本150元,发给良材商厦,子产品增值税税率为17%,合同规定货款分三期结算,交货时先收取货款20%,以后每隔1个月结算一次,每次收取货款40%。

2. 3月1日,收到良材商厦转账支票一张,金额9 360元,系付来第一期子产品货款8 000元,增值税额1 360元,支票已存入银行,并结转其销售成本。

3. 3月10日,签发转账支票150元,为天津光鼎公司垫付售给其100件丑产品的运杂费。

4. 3月12日,销售给天津光鼎公司丑产品100件,每件160元,计货款16 000元,增值税额2 720元,今连同垫付的运杂费150元一并向银行办妥托收手续。但该企业以前信誉较差,预计货款收回的可能性不大,丑产品的单位成本为118元。

5. 3月24日,采用分期收款销售方式将子产品250件,每件售价200元,成本150元,发给华声商厦,子产品增值税率为17%,合同规定货款分三期结算,交货时先收取货款20%,以后每隔1个月结算一次,每次收取货款40%。

6. 3月24日,收到华声商厦转账支票一张,金额11 700元,系付来第一期子产品货款10 000元,增值税额1 700元,支票已存入银行,并结转其销售成本。

7. 4月1日,收到良材商厦转账支票一张,金额18 720元,系付来第二期子产品货款16 000元,增值税额2 720元,支票已存入银行,并结转其销售成本。

8. 4月24日,收到良材商厦转账支票一张,金额23 400元,系付来第二期子产品货款20 000元,增值税额3 400元,支票已存入银行,并结转其销售成本。

9. 4月30日,收到天津光鼎公司汇来18 870元,系付来100件丑产品的货款、增值税额及其运杂费。

三、**要求** 编制会计分录。

习 题 十

一、**目的** 练习产品销售和销货退回的核算。

二、**资料** 上海黄浦工厂8月份发生下列有关的经济业务:

1. 1日,销售给长乐商厦A产品200台,每台160元,计货款32 000元,增值税额5 440元,当即收到转账支票存入银行。

2. 5日,长乐商厦发现1日所购A产品中,有50台质量不符要求,销售部门同意作退货处理,当即开出红字增值税专用发票,产品已退回验收入库,并签发转账支票9 360元,支付其退货款8 000元,退增值税额1 360元。

3. 10日,销售给鸿兴商厦B产品300台,每台90元,计货款27 000元,增值税额4 590元,款项均未收到。

4. 16日,鸿兴商厦发现10日所购B产品中,有60台质量不符要求,销售部门同意作退货处理,当即开出红字专用发票,产品已退回验收入库,其退货、退税款从前欠款项中抵扣。

5. 18日,签发转账支票300元,为广州商厦垫付售给其300台A产品的运杂费。

6. 19日,销售给广州商厦A产品300台,每台价格160元,计货款48 000元,增值税额8 160元,今连同垫付运杂费一并向银行办妥托收手续。

7. 20日,签发转账支票200元,为长春商厦垫付售给其240台B产品的运杂费。

8. 21日,销售给长春商厦B产品240台,每台价格90元,计货款21 600元,增值税额3 672元,今连同垫付的运杂费一并向银行办妥托收手续。

9. 25日,银行转来广州商厦支付款项48 932元的收账通知,同时转来拒绝付款理由书,拒付40台不合格A产品货款6 400元,增值税额1 088元,运杂费40元,共计7 528元。销售部门同意对方拒付,并开出红字专用发票作销货退回处理。

10. 30日,银行转来长春商厦支付款项23 366元的收账通知,同时转来拒绝付款理由书,拒付少发20台B产品货款1 800元,增值税额306元,共拒付2 106元。销售部门同意对方拒付,并开出红字专用发票作销货退回处理。

三、要求　编制会计分录。

习 题 十 一

一、目的　练习库存商品的数量进价金额核算。

二、资料　上海烟糖公司的商品采购费用在"进货费用"账户归集,有关资料如下:

1. 1月1日,"库存商品——糖类"二级明细账户的余额为99 600元,其所属三级明细分类账户的余额如下:

　　白砂糖　　15 000千克　　　　单价4.40元　　　　　　金额66 000元
　　绵白糖　　 7 000千克　　　　单价4.80元　　　　　　金额33 600元

2. "进货费用——糖类"明细账户余额为2 456元。

3. 上海烟糖公司接着在1月份发生下列有关的经济业务:

(1) 2日,向上海制糖厂购进白砂糖5 000千克,每千克4.50元,计货款22 500元,增值税额3 825元,经审核无误,当即签发转账支票付讫。

(2) 3日,仓库转来收货单,向上海制糖厂采购的5 000千克白砂糖全部验收入库,结转其采购成本。

(3) 5日,今复验商品,发现其中1 000千克白砂糖质量不符要求,经联系后同意退货,收到厂方开来退货的红字增值税专用发票,应退货款4 500元、增值税额

765元。

(4) 7日,银行转来哈尔滨制糖厂托收凭证,内附增值税专用发票,开列绵白糖5 000千克,每千克4.90元,计货款24 500元,增值税额4 165元;运杂费凭证一张,金额750元。经审核无误,予以承付。

(5) 10日,销售给本市各烟糖商店白砂糖9 000千克,每千克5元,计货款45 000元,增值税额7 650元;绵白糖5 200千克,每千克5.50元,计货款28 600元,增值税额4 862元。当即收到全部款项并存入银行。

(6) 12日,仓库转来收货单,向哈尔滨制糖厂购进的绵白糖实收4 990千克,短缺10千克,系自然损耗,经批准予以转账。

(7) 15日,银行转来广州制糖厂托收凭证,内附增值税专用发票,开列白砂糖8 000千克,每千克4.45元,计货款35 600元,增值税额6 052元;运杂费凭证一张,金额1 010元。经审核无误,予以承付。

(8) 18日,仓库转来收货单,向广州制糖厂购进的白砂糖,实收8 205千克,溢余205千克,原因待查。

(9) 20日,销售给金山烟糖公司白砂糖4 000千克,每千克5元,计货款20 000元,增值税额3 400元。今连同日前垫付的运杂费300元,一并向银行办妥托收手续。

(10) 22日,银行转来广西制糖厂托收凭证,内附增值税专用发票,开列白砂糖10 000千克,每千克4.44元,计货款44 400元,增值税额7 548元;运杂费凭证一张,金额1 260元。经审核无误,予以承付。

(11) 24日,仓库转来收货单,向广西制糖厂购进的白砂糖实收9 896千克,短缺104千克,原因待查。

(12) 25日,今查明18日溢余的205千克白砂糖,其中5千克系自然升溢,200千克是广州制糖厂多发商品。经联系后,厂方对多发的200千克白砂糖补来增值税专用发票,开列货款890元,增值税额151.30元。当即将款项全部汇付对方。

(13) 27日,销售给本市各烟糖商店白砂糖11 400千克,每千克5元,计货款57 000元,增值税额9 690元;绵白糖1 500千克,每千克5.50元,计货款8 250元,增值税额1 402.50元。当即收到全部款项并存入银行。

(14) 29日,今查明24日短缺的104千克白砂糖,其中4千克系自然损耗,100千克是广西制糖厂少发。经联系后,厂方同意对少发的100千克白砂糖作退货处理。已开来退货的红字专用发票,应退货款444元,增值税额75.48元。

(15) 31日,用综合加权平均法结转本月份糖类商品销售成本。

(16) 31日,按糖类商品的存销比例分摊本月份进货费用。

3. 上海服装公司对代销商品采取作商品购销业务处理的核算方法,4月份发生下列有关的经济业务：

(1) 1日，将女夹克衫800件，委托东昌商厦代销，女夹克衫购进单价为80元，销售单价为89元，增值税税率为17%，合同规定每个月月末结算一次货款。

(2) 2日，收到春秋服装厂发来委托代销的2 000件男夹克衫，每件90元，增值税税率为17%，商品已验收入库，合同规定每个月月末结算一次货款。

(3) 27日，销售春秋服装厂委托代销的男夹克衫800件，每件100元，计货款80 000元，增值税额13 600元，当即收到商业汇票，并结转代销商品成本和代销商品款。

(4) 29日，收到东昌商厦送来代销商品清单，据以填制增值税专用发票，开列销售女夹克衫500件，每件89元，计货款44 500元，增值税额7 565元，并结转代销商品成本。

(5) 30日，收到东昌商厦付来转账支票一张，金额52 065元，系支付已售代销500件女夹克衫账款。

(6) 30日，开出代销商品清单后，收到春秋服装厂增值税专用发票，开列男夹克衫800件，每件90元，计货款72 000元，增值税额12 240元。

4. 上海交电公司对代销商品采取结算代销手续费方式的核算方法，4月份发生下列有关的经济业务：

(1) 2日，将电视机300台，委托联华商厦代销，该电视机每台进价880元，售价960元，合同规定款项每月月末结算一次，代销手续费为6%。

(2) 14日，收到上海电器厂发来代销的微波炉1 000台，每台售价250元，增值税税率为17%。商品已验收入库，合同规定款项每个月月末结算一次，代销手续费为6%。

(3) 20日，销售受托代销的微波炉400台，每台250元，计货款100 000元，增值税额17 000元，当即收到转账支票存入银行，同时注销代销商品成本。

(4) 29日，开出代销商品清单及代销手续费发票，开列代销手续费6 000元。

(5) 29日，联华商厦送来代销商品清单和代销手续费发票，开列代销手续费8 640元，据以填制增值税专用发票，开列电视机150台，计货款144 000元，增值税额24 480元，据以按销售入账，并结转其销售成本。

(6) 30日，联华商厦扣除了代销手续费8 640元后，付来已售代销的150台电视机的货款及增值税额，款项已存入银行。

(7) 30日，收到上海电器厂专用发票，开列微波炉400台，每台250元，货款100 000元，增值税额17 000元。今扣除代销手续费6 000元后，签发转账支票，付清全部账款。

三、要求

1. 根据"资料1"，开设"库存商品——糖类"二级明细分类账户及其所属的三级明细分类账户和"进货费用——糖类"明细分类账。

2. 根据"资料2",编制会计分录。

3. 根据"资料2"编制的会计分录,登记"库存商品——糖类"二级明细分类账户及其所属三级明细分类账户和进货费用明细分类账。

4. 根据"资料3"、"资料4",编制会计分录。

习题十二

一、目的 练习库存商品的售价金额核算。

二、资料

1. 卢湾商厦3月1日有关账户余额(单位:元)如下:

　　库存商品——服装柜　96 200.00　　商品进销差价——服装柜　25 200.00

　　库存商品——食品柜　89 600.00　　商品进销差价——食品柜　23 210.00

2. 卢湾商厦为信用卡特约单位,信用卡手续费率为9‰。该商厦的商品采购费用直接计入当期损益。

3月份发生下列经济业务:

(1) 1日,收到上海服装厂的增值税专用发票,开列男牛仔服1 000件,每件72元,计货款72 000元,增值税额12 240元。经审核无误,当即签发并承兑商业汇票付讫。

(2) 3日,服装柜转来收货单,1日购进的1 000件男牛仔服全部验收入库,男牛仔服的零售单价为98元。

(3) 6日,银行转来福建土产公司托收凭证,内附增值税专用发票,开列香菇1 800千克,每千克45元,计货款81 000元,增值税额13 770元;运杂费凭证一张,金额500元。经审核无误,当即承付。

(4) 10日,食品柜转来收货单,6日购进的香菇实收1 798千克,短缺2千克,原因待查。香菇的零售单价为61元。

(5) 12日,今查明10日短缺的2千克香菇系自然损耗,经批准予以转账。

(6) 15日,各营业柜组商品销售收入的情况如图表3-21所示。

图表3-21

商品销售收入缴款单汇总表

单位:元

项目 柜组	销货收入	实收现金	信用卡签购单	转账支票	现金溢缺
服装柜	45 780.00	42 280.00	3 500.00		
食品柜	42 270.00	38 520.00	1 500.00	2 250.00	
合　计	88 050.00	80 800.00	5 000.00	2 250.00	

现金、信用卡签购单和转账支票均已解存银行。

（7）20 日，服装柜发现 1 日向上海服装厂购进的男牛仔服中有 100 件质量不符要求，与厂方联系后同意退货，收到退货的红字增值税专用发票，应退货款 7 200 元，增值税额 1 224 元，商品也已退回对方。

（8）25 日，各营业柜组商品销售收入情况如图表 3-22 所示。

图表 3-22

商品销售收入缴款单汇总表

单位：元

项目 柜组	销货收入	实收现金	信用卡签购单	转账支票	现金溢缺
服装柜	46 560.00	42 375.00	4 200.00		＋15.00
食品柜	45 420.00	41 060.00	1 800.00	2 550.00	－10.00
合　计	91 980.00	83 435.00	6 000.00	2 550.00	＋5.00

现金、信用卡签购单和转账支票当天已解存银行，现金溢缺的原因待查。

（9）26 日，食品柜送来商品盘点溢余报告单，溢余商品 30 元，原因待查，上月该柜组的差价率为 25.90%。

（10）27 日，服装柜送来商品盘点短缺报告单，短缺商品 50 元，原因待查，上月该柜组的差价率为 26.20%。

（11）29 日，现查明服装柜的商品盘溢是销货工作中的差错，食品柜的商品短缺是自然损耗，经批准予以转账。

（12）31 日，本月发生的销货溢缺款查明系工作中的差错，经领导批准分别予以转账。

（13）31 日，用差价率计算法调整本月份商品销售成本。

（14）31 日，调整本月份商品销售收入。

（15）31 日，若该商厦月末盘点的结果，库存商品售价金额服装柜为 92 010 元，食品柜为 111 618 元；进价金额服装柜为 67 632 元，食品柜为 82 792 元，用实际进销差价计算法调整商品销售成本。

三、要求　编制会计分录。

习 题 十 三

一、目的　练习包装物和低值易耗品的核算。

二、资料

1. 上海桃浦工厂3月份发生下列经济业务：

（1）1日，购进包装产品用纸板箱300只，每只12元，计货款3 600元，增值税额612元，运杂费60元，款项一并以转账支票付讫。

（2）2日，1日购进的纸板箱已验收入库，结转其采购成本。

（3）5日，生产车间为包装A产品领用本月2日入库的纸板箱250只，予以转账。

（4）8日，销售B产品一批，领用不单独计价的麻袋50只，每只6元，予以转账。

（5）10日，销售C产品2 000千克，每千克8元，计货款16 000元，增值税额2 720元。随货销售塑料桶80只，每只50元，计货款4 000元，增值税额680元。全部款项当即收到转账支票，存入银行。塑料桶的单位成本为45元，结转其销售成本。

（6）12日，购进塑料桶200只，每只53.50元，计货款10 700元，增值税额1 819元，塑料桶的运杂费100元，款项一并以转账支票付讫。塑料桶已验收入库，结转其采购成本。

（7）14日，销售D产品200桶，每桶220元，计货款44 000元，增值税额7 480元。随货出租新塑料桶200只，每只收取押金60元，计12 000元，当即收到转账支票63 480元，存入银行。该出租塑料桶的成本单为54元，用五五摊销法摊销。

（8）18日，企业自行修理出借用塑料箱，领用材料50元，予以转账。

（9）20日，签发转账支票一张，金额234元，系支付出租用塑料桶修理费200元，增值税额34元。

（10）23日，销售F产品400只，每只50元，计货款20 000元，增值税额3 400元。随货出借新木箱100只，每只收取押金20元，计2 000元，当即收到转账支票25 400元，存入银行。新木箱成本单价为18元，采用一次摊销法，予以转账。

（11）27日，报废出租用塑料桶10只，残料估价每只1元，报废出借用塑料箱20只，残料每只估价0.60元，报废的塑料桶和塑料箱均已验收入库。

（12）30日，收回本月14日出租塑料桶200只，已验收入库。塑料桶每只每天收取租金0.30元，今扣除租金960元后，当即签发转账支票11 040元，退还其押金。

2. 华昌工厂4月份发生下列经济业务：

（1）1日，购入计数器2只，每只50元，计货款100元，增值税额17元；购入扳手20把，每把20元，计货款400元，增值税额68元。款项一并签发转账支票付讫，算盘和扳手均已验收入库，结转其采购成本。

(2) 4日,购入专用模具1套,货款1600元,增值税额272元,运杂费80元,一并签发转账支票付讫。专用模具已验收入库,结转其采购成本。

(3) 6日,财会部门领用本月1日购入的计数器1只,生产车间领用本月1日购入的扳手5只,领用的物品均采用一次摊销法,予以转账。

(4) 9日,生产车间领用本月4日购入的专用模具1套,采用五五摊销法摊销。

(5) 18日,签发转账支票一张,金额351元,支付生产车间使用的专用工具修理费300元,增值税额51元。

(6) 20日,生产车间报废工具一批,采用一次摊销法,残值估价40元,已验收入库。

(7) 22日,领用木料100元,其中40元用于修理行政部门的办公桌,60元用于修理销售机构的货架。

(8) 24日,行政管理部门报废文件橱1只,账面原值200元,已摊销了50%,残料估价20元,已验收入库。

(9) 30日,销售机构报废柜台2只,每只账面净值250元,已摊销了50%,残料估价共30元,已验收入库。

三、**要求** 编制会计分录。

习题十四

一、**目的** 练习存货清查盘点和期末计量的核算。

二、**资料** 浦江工厂发生下列有关的经济业务:

1. 6月22日,材料仓库送来存货盘亏盘盈报告单如图表3-23所示。

图表3-23

存货盘亏盘盈报告单

填报部门:材料仓库　　　　2013年6月22日　　　　　　　　金额单位:元

品名	计量单位	单价	账存数量	实存数量	盘亏		盘盈		原因
					数量	金额	数量	金额	
甲	千克	6.00	4 200	4 185	15	90.00			待查
乙	千克	8.00	3 175	3 172	3	24.00			
丙	千克	5.00	1 840	1 850			10	50.00	
合计	—					114.00		50.00	

2. 6月25日,今查明本月22日盘亏的甲材料与盘盈的丙材料系收发工作中

的差错，经批准予以核销转账。

3. 6月26日，今查明本月22日盘亏的乙材料系自然损耗，经批准予以核销转账。

4. 6月27日，成品仓库送来存货盘亏盘盈报告单，列明盘亏A产品5件，每件150元，计750元，原因待查。

5. 6月30日，本月27日成品仓库盘亏的A产品系保管员失职所造成，经批准其中70%予以核销转账，其余30%责成保管员赔偿。

6. 6月30日，材料仓库送来存货可变现净值低于成本报告单如图表3-24所示。

图表3-24

存货可变现净值低于成本报告单

填报部门：材料仓库　　　　2013年6月30日　　　　金额单位：元

品名	计量单位	成本单价	可变现单价	单位减值额	结存数量	减值金额	减值原因
丁材料	只	50	45	5	120	600	存放日久略有锈迹
戊材料	只	60	50	10	180	1 800	

7. 6月30日，成品仓库送来存货可变现净值低于成本报告单如图表3-25所示。

图表3-25

存货可变现净值低于成本报告单

填报部门：成品仓库　　　　2013年6月30日　　　　金额单位：元

品名	计量单位	成本单价	可变现单价	单位减值额	结存数量	减值金额	减值原因
A产品	件	100	88	12	300	3 600	式样陈旧
B产品	件	120	100	20	100	2 000	

8. 7月20日，生产车间领用丁材料50只，单价50元，系维修机器设备用，并结转其已计提的跌价准备。

9. 7月30日，销售B产品100件，计货款10 500元，增值税额1 785元，收到转账支票，存入银行。

10. 7月30日，结转本月份销售B产品100件的成本，并结转其已计提的跌价准备。

三、要求　编制会计分录。

第四章 应收及预付款项

第一节 应收及预付款项概述

一、应收及预付款项的意义

应收及预付款项是指企业在日常生产经营过程中发生的各项债权。应收及预付款项是企业变现能力较强的一项资产,也是企业流动资产的重要组成部分。

企业为了有利于商品购销活动的开展,往往采用商业信用的方式赊销商品或预付货款,以广泛地吸引客户,争取货源,因此而形成了对其他企业的债权关系。

在市场经济条件下,存在着激烈的竞争,商业信用的应用虽然给企业的商品交易提供了便利,同时也给企业带来了不确定的因素。应收及预付款项常常会有一部分不能及时收回,影响了企业的资金周转和偿债能力,造成坏账损失。因此,企业在商品购销活动中,必须注意调查购货单位和供货单位的信用状况,制定合理的信用标准,对已发生的应收及预付款项应及时进行清算或催收,以控制风险和损失,并应根据谨慎性的要求计提坏账准备。

二、应收及预付款项的分类

应收及预付款项按其经济内容不同,主要可分为应收票据、应收账款、预付账款、应收股利、应收利息和其他应收款等六种。

1. 应收票据　　它是指企业因销售商品、提供劳务等而收到的商业汇票。应收票据在第二章中已作了阐述,在此不再重复。

2. 应收账款　　它是指企业因销售商品、提供劳务等经营活动应向购货单位或接受劳务单位收取的款项。

3. 预付账款　　它是指企业按照购货合同规定预付给供货单位的款项。预付账款在第三章中已作了阐述,在此不再重复。

4. 应收股利　　它是指企业应收取的现金股利和应收取其他单位分配的利润。应收股利的核算将在第六章中阐述。

5. 应收利息　　它是指企业交易性金融资产、持有至到期投资、可供出售金融资产等应收取的利息。应收利息的核算将在第六章中阐述。

6. 其他应收款　　它是指企业除应收票据、应收账款、预付账款、应收股利、应收利息等以外的其他各种应收、暂付款项。

第二节　应　收　账　款

一、应收账款的确认和计价

企业为了扩大货物的销售额以增加企业的利润,往往会给予购货单位一定赊销付款期,这样赊销就成为企业促进产品销售和提供劳务的手段之一,从而产生了应收账款。

企业的应收账款主要有销售商品的货款、增值税销项税额和代垫运杂费等组成。应收账款是由于赊销业务而产生的,因此确认应收账款中的货款和增值税销项税额的入账时间与赊销收入实现的时间是一致的,而代垫运杂费则应于发生时确认入账。

应收账款通常按实际发生额计价入账,即按增值税专用发票上列明的货款和增值税额以及代办产品或商品运输的发票上列明的运杂费金额入账。计价时还应考虑商业折扣、现金折扣和销售折让等因素。

二、应收账款的核算

(一) 商业折扣的核算

商业折扣是指企业为促进商品销售而在商品标价上给予的扣除。商业折扣是企业采用销量越多,价格越低的促销策略。商业折扣通常在交易发生时已经确定,它仅仅是确定商品实际销售价格的手段,在销售发票上并不予以反映。因此,在存在商业折扣的情况下,应收账款的入账金额应按扣除商业折扣以后的实际售价确认,这样在会计核算上就不需要予以反映。

(二) 现金折扣的核算

在正常情况下,应收账款按销售产品或商品时确定的交易金额收回。然而,企业在赊销产品或商品后,应收账款收回需要一定的日期,企业为了尽快收回货款,以加速资金周转,可以采用现金折扣的方式。

现金折扣是指债权人为鼓励债务人在规定的期限内付款,而向债务人提供的债务扣除。企业赊销商品后,为了鼓励客户提前偿还货款,通常与债务人达成协议,债务人在不同期限内付款,可享受不同比例的折扣。现金折扣一般用符号"折扣/期限"表示。如买方在 10 天内付款可按售价给予 2% 的折扣,用符号"2/10"表示;在 20 天内付款可按售价给予 1% 的折扣,用符号"1/20"表示;在 30 天内付款,则不给折扣,用符号"n/30"表示。由此可见,现金折扣实质上是销货方为了尽快回笼资金而发生的理财费用。由于现金折扣在商品销售以后才发生,因此应收账款应按销售时发生的收入入账。企业实际发生现金折扣时,再将其列入"财务费用"账户。

采用现金折扣方式,购销双方应事先订立合同,作为落实现金折扣的依据。销货单位对于销售收入的入账金额核算方法应采用总价法。总价法是指以未减去现金折扣前的售价作为产品销售收入入账。

【例】 江东工厂对赊销产品给予现金折扣优惠,其折扣条件为:"2/10、1/20、n/30"。

(1) 2月1日,赊销给浦江公司产品一批,货款30 000元,增值税额5 100元,作分录如下:

  借:应收账款——浦江公司   35 100.00
   贷:主营业务收入   30 000.00
   贷:应交税费——应交增值税——销项税额   5 100.00

(2) 2月11日,收到浦江公司转账支票一张,金额34 500元,系支付赊购产品的货款及增值税额,作分录如下:

  借:银行存款   34 500.00
  借:财务费用   600.00
   贷:应收账款——浦江公司   35 100.00

(三) 销售折让的核算

企业在销售产品时,往往会由于生产、保管等方面的原因,售出的产品或商品在质量上存在问题。为了使商品得以销售,避免徒劳地往返运输,销货单位可以采取给予购货单位销货折让的方式解决。

销售折让是指企业因售出商品的质量不合格等原因而在售价上给予的减让。企业发生销售折让时,应冲减当期的销售收入和销项税额。

【例】 上海搪瓷厂发生下列有关的经济业务:

(1) 9月1日,销售给广州商厦搪瓷烧锅1 000只,每只12元,计货款12 000元,增值税额2 040元,以转账支票垫付运杂费150元,已一并向银行办妥托收手续,作分录如下:

  借:应收账款——广州商厦   14 190.00
   贷:主营业务收入   12 000.00
   贷:应交税费——应交增值税——销项税额   2 040.00
   贷:银行存款   150.00

(2) 9月14日,广州百货商厦验收搪瓷烧锅时,发现烧锅图案不够清晰,予以

拒付,经联系后,决定给予对方5%的销售折让,并收到对方汇来的账款13 488元,作分录如下:

  借:银行存款   13 488.00
  借:主营业务收入   600.00
  借:应交税费——应交增值税——销项税额   102.00
   贷:应收账款——广州商厦   14 190.00

"应收账款"是资产类账户,用以核算企业因销售商品、提供劳务等经营活动,应向购货单位或接受劳务单位收取的款项,以及为购货单位垫付的运杂费等。企业经营收入发生应收款项时,记入借方;企业收回应收款项,发生现金折扣和销售折让及发生经确认的坏账损失转账时,记入贷方;期末余额在借方,表示尚未收回的赊销账款。

第三节 其他应收款

其他应收款主要包括企业应收的各种赔款、罚款、存出保证金、应向职工收取的各种垫付款项等。其中有些内容已在前面有关章节中作了阐述,本节仅阐述职工因工作需要临时借款的核算内容。

当企业有关工作人员因零星采购、出差等业务需要临时借支款项时,应事先提出用款申请,并列明借款金额和归还的日期,经领导审批同意后,由财会部门拨付款项。使用后凭付款凭证向财会部门报账,财会部门审核无误后,采用多退少补的方式,予以结清销账。

【例】 供应部门采购员张玉颖经批准预支差旅费1 500元。

(1) 6月10日,张玉颖预支差旅费1 500元,以现金付讫,作分录如下:

  借:其他应收款——张玉颖   1 500.00
   贷:库存现金   1 500.00

(2) 6月20日,张玉颖出差回来报销差旅费1 385元,并退回多余现金115元,以结清预支款,作分录如下:

  借:管理费用——公司经费   1 385.00
  借:库存现金   115.00
   贷:其他应收款——张玉颖   1 500.00

企业对职工因工作需要的临时借款应加强管理,对于超过报销期限的临时采购、出差的人员应督促其尽快报销清账。

"其他应收款"是资产类账户,用以核算企业除应收票据、应收账款、预付账款、应收股利、应收利息以外的其他各种应收、暂付款项。企业发生各种其他应收、暂付款项时,记入借方;企业收回各种其他应收、暂时款项和发生确认的坏账损失转销时,记入贷方;期末余额在借方,表示企业尚未收回的其他各种应收、暂付款项。

第四节 坏账损失

一、坏账损失的确认

坏账是指企业无法收回或收回可能性很小的应收款项,由于坏账而给企业造成的损失称为坏账损失。

企业确认坏账损失的条件有以下三点:一是因债务人死亡,以其遗产清偿后,仍无法收回的应收款项;二是因债务人破产,以其破产资产清偿后,仍无法收回的应收款项;三是因债务人较长时期内未履行偿债义务,并有足够的证据表明无法收回或收回可能性极小的应收款项。

企业对于已确认为坏账的应收款项,并不意味着企业放弃了追索权,一旦重新收回,应及时予以入账。

二、坏账损失的核算

坏账损失的核算方法有直接转销法和备抵法两种。

(一) 直接转销法

直接转销法是指企业发生坏账损失时,将损失的数额作为资产减值损失,直接从应收款项中转销。

采用这种方法,只有当某一笔应收款项确实无法收回时,才作为坏账损失处理。届时借记"资产减值损失"账户,贷记"应收账款"账户。

【例】 浦江公司应收东昌工厂货款3 000元,3年来该企业已濒临破产,货款确实无法收回,经批准转作坏账损失,作分录如下:

  借:资产减值损失——坏账损失   3 000.00
    贷:应收账款——东昌工厂   3 000.00

如果应收款项作坏账损失处理后,又收回全部或部分货款时,应按实际收回的金额,先借记"应收账款"或"其他应收款"账户,贷记"资产减值损失"账户;冲转原分录后,再借记"银行存款"账户,贷记"应收账款"或"其他应收款"账户。

这种核算方法简便易行。但本期的坏账损失是由于前期的赊销或其他业务而发生的,因此影响了收入和费用的相配比。故这种方法仅适用于应收款项较少,很少发生坏账损失的小型企业。

(二) 备抵法

备抵法是指参照历史资料,按期估计可能发生的坏账损失,根据一定比例计入资产减值损失,同时建立坏账准备,以备实际发生坏账时,用以抵偿坏账损失。

备抵法认为坏账损失与企业由于赊销而产生的应收账款有直接的联系,因此坏账损失应与赊销实现的收入计入同一会计期间,使企业的收入与费用相配比。因此,企业应在期末对应收账款进行全面检查,预计各项应收账款可能发生的坏账,对于没有把握能够收回的应收账款,应当计提坏账准备。

企业在确定坏账准备的计提比例时,应当根据企业以往的经验、债务单位的实际财务状况和现金流量的情况,以及其他相关信息合理地估计。除有确凿证据表明该项应收款项不能收回,或收回的可能性不大外,不能全额计提坏账准备。

坏账准备提取的方法有应收款项发生额百分比法、应收款项余额百分比法及账龄分析法等。

1. 应收款项发生额百分比法　又称销货百分比法,是指以会计期间因赊销而发生的应收账款按一定的比例计提坏账准备的方法。企业计提坏账准备的比例一般根据历史资料和经验确定。企业在计提坏账准备时,借记"资产减值损失"账户,贷记"坏账准备"账户;当企业发生坏账损失时,则借记"坏账准备"账户,贷记"应收账款"账户。

【例】　环球公司对坏账损失采用应收款项发生额百分比法,按月提取坏账准备。

(1) 1月31日,应收账款账户借方发生额为500 000元,坏账准备率为2‰,计提本月份坏账准备,作分录如下:

　　借:资产减值损失——坏账损失　　　　　　　　　　　　1 000.00
　　　　贷:坏账准备——应收账款　　　　　　　　　　　　　　　1 000.00

(2) 2月24日,应收南桥工厂货款1 640元,因该企业已破产无法收回,经批准按坏账损失处理,作分录如下:

　　借:坏账准备——应收账款　　　　　　　　　　　　　　1 640.00
　　　　贷:应收账款——南桥工厂　　　　　　　　　　　　　　　1 640.00

若已转销的坏账损失以后又收回时,应先冲转其原分录,借记"应收账款"账户,贷记"坏账准备"账户;再作反映收回货款的分录,借记"银行存款"账户,贷记"应收账款"账户。

采用应收款项发生额百分比法,每年末要检查所规定的百分比是否符合企业坏账损失的实际情况,如果发生偏差时,应予以调整。

2. 应收款项余额百分比法　它是指根据会计期末应收款项账户的余额和

预计的坏账准备率,估计坏账损失,计提坏账准备的方法。采用这种方法计提坏账准备的有应收账款、预付账款和其他应收款。

企业根据会计期末应收款项余额估计的坏账损失是坏账准备账户的期末余额,在计提本期坏账准备时,还应考虑"坏账准备"账户原有的余额,其计算公式如下:

$$\frac{\text{本期应计提}}{\text{的坏账准备}} = \frac{\text{估 计 的}}{\text{坏账损失}} - \frac{\text{坏账准备}}{\text{账户余额}}$$

$$\frac{\text{估 计 的}}{\text{坏账损失}} = \frac{\text{期末应收账}}{\text{款账户余额}} \times \frac{\text{预计坏账}}{\text{准 备 率}}$$

【例】 大沪工厂采用应收账款余额百分比法,11月30日,坏账准备账户的余额在贷方,金额为2560元。

(1) 12月5日,应收某工厂账款2340元,因该工厂已破产而无法收回,经批准作坏账损失处理,作分录如下:

借:坏账准备——应收账款　　　　　　　　　　　　　　　2 340.00
　　贷:应收账款——某工厂　　　　　　　　　　　　　　　2 340.00

(2) 12月31日,应收账款账户余额为560 000元,预计坏账准备率为5‰,计提本月份坏账准备,计算结果如下:

估计的坏账损失=560 000×5‰=2 800(元)

本期应计提的坏账准备=2 800-(2 560-2 340)=2 580(元)

根据计算的结果,作分录如下:

借:资产减值损失——坏账损失　　　　　　　　　　　　　2 580.00
　　贷:坏账准备——应收账款　　　　　　　　　　　　　　2 580.00

3. 账龄分析法　它是指根据购货单位所欠账款日期的长短来确定计算坏账准备的方法。这种方法认为购货单位拖欠货款的日期越长,收回货款的可能性就越小,那么坏账损失的可能性就越大,应提的坏账准备也就越多。

账龄分析法的具体计算方法,是通过将应收账款拖欠日期的长短划分为若干阶段,根据历史资料和经验为每一阶段确定一个坏账损失比例,以此计算坏账准备总额。这一方法同应收账款余额百分比方法一样,也应考虑"坏账准备"账户原有的余额。

【例】 江南工厂采用账龄分析法,2013年12月31日坏账准备账户余额在贷方,为225元,应收账款账户余额为392 800元,根据拖欠的日期计算坏账准备如图表4-1所示。

图表 4-1

坏账准备计算表

2013 年 12 月 31 日　　　　　　　　　　金额单位：元

账　　龄	应收账款金额	预计坏账准备率	坏账准备
未到期	240 000	1‰	240
过期 1 个月以上	71 000	2‰	142
过期 3 个月以上	52 000	3‰	156
过期 6 个月以上	18 000	1%	180
过期 1 年以上	5 600	10%	560
过期 2 年以上	4 000	40%	1 600
过期 3 年以上	2 200	100%	2 200
合　　计	392 800	—	5 078

账龄分析法计算的年末坏账准备账户的余额为 5 078 元。

本期应计提的坏账准备＝5 078－225＝4 853(元)

根据计算的结果，作分录如下：

借：资产减值损失——坏账损失　　　　　　　　　　4 853.00
　　贷：坏账准备　　　　　　　　　　　　　　　　　　　　4 853.00

"坏账准备"是资产类账户，是"应收账款"、"预付账款"和"其他应收款"账户的抵减账户，用以核算企业计提的坏账准备。企业按规定计提坏账准备时，记入贷方；企业发生坏账损失时，记入借方；期末余额通常在贷方，表示企业已经计提尚未转销的坏账准备，若期末余额在借方，则表示坏账损失超过计提坏账准备的数额。在"坏账准备"账户下，应分别设置"应收账款"、"预付账款"和"其他应收款"明细分类账。

思 考 题

1. 什么是应收及预付款项？它是怎样产生的？
2. 应收及预付款项分哪几种？分述其各自的定义。
3. 试述应收账款的确认和计价。
4. 什么是商业折扣？什么是现金折扣？它在核算上与商业折扣有何不同？
5. 什么是销售折让？它在核算上与现金折扣有何不同？

第四章 应收及预付款项

6. 什么是其他应收款？它主要包括哪些内容？
7. 什么是坏账损失？企业应如何确认坏账损失？
8. 坏账损失有哪两种核算方法？它们在核算上有何区别？试述它们各自的适用性。
9. 什么是备抵法？其理论依据是什么？
10. 坏账准备提取的方法有哪些？并分别说明它们的定义。

习 题 一

一、目的 练习应收账款和其他应收款的核算。
二、资料

1. 上海东昌工厂对赊销产品给予现金折扣优惠，其折扣条件为"2/10、1/20、n/30"。1月份发生下列有关的经济业务：

(1) 2日，赊销给南浦公司产品一批，货款24 000元，增值税额4 080元。
(2) 5日，赊销给天马公司产品一批，货款32 000元，增值税额5 440元。
(3) 8日，赊销给光明商厦产品一批，货款15 000元，增值税额2 550元。
(4) 12日，销售给北京百货公司产品一批，货款20 000元，增值税额3 400元，以转账支票垫付运杂费300元，今一并向银行办妥托收手续。
(5) 15日，天马公司付来本月5日赊购产品货款及增值税额的转账支票一张，已存入银行。
(6) 18日，销售给南京百货公司产品一批，货款12 000元，增值税额2 040元，以转账支票垫付运杂费150元，今一并向银行办妥托收手续。
(7) 24日，光明公司付来本月8日赊购产品货款及增值税额的转账支票一张，已存入银行。
(8) 26日，北京百货公司因产品外观质量不符要求而拒付货款，经联系协商后，决定给予对方6%的折让，今收到对方汇来扣除折让后的全部款项。
(9) 29日，南浦公司付来本月2日赊购产品货款及增值税额的转账支票一张，已存入银行。
(10) 31日，南京百货公司因产品外观质量不符要求而拒付货款，经联系协商后，决定给予对方5%的折让，今收到对方汇来扣除折让后的全部款项。

2. 华光工厂发生下列有关的经济业务：

(1) 2月3日，供应部门采购员周伦预支差旅费1 200元，以现金付讫。
(2) 2月6日，生产车间工程师王飞预支差旅费1 500元，以现金付讫。
(3) 2月8日，供应部门采购员周伦出差回来报销差旅费1 240元，扣除其预支款后,当即补付其现金 40 元。

(4) 2 月 10 日,生产车间工程师王飞出差回来报销差旅费 1 476 元,并退回多余的现金 24 元,以结清其预支款。

三、要求　编制会计分录。

习　题　二

一、目的　练习坏账损失的核算。

二、资料　光耀公司 1~3 月份发生下列有关的经济业务:

1. 1 月 31 日,应收账款本月份借方发生额为 150 000 元,坏账准备率为 3‰,提取本月份坏账准备。

2. 2 月 10 日,应收大丰工厂货款 600 元,已超过 3 年,因该企业已濒临破产而无法收回,经批准转作坏账损失。

3. 2 月 28 日,应收账款账户本月份借方发生额为 120 000 元,坏账准备率为 3‰,提取本月份坏账准备。

4. 3 月 20 日,应收李庄工厂货款 540 元,因该企业已破产而无法收回,经批准转作坏账损失。

5. 3 月 31 日,应收账款账户本月份借方发生额为 180 000 元,坏账准备率为 3‰,提取本月份坏账准备。

6. 3 月 31 日,大丰工厂还来前欠货款 600 元存入银行,查该款已于 2 月 10 日转作坏账损失,予以冲转。

三、要求

1. 编制会计分录。
2. 若采用直接转销法,第 2、第 4、第 6 三笔业务应如何核算?

习　题　三

一、目的　练习坏账损失的核算。

二、资料

1. 大东公司 12 月 1 日"坏账准备"账户的余额在贷方,金额为 3 010 元,接着又发生下列有关的经济业务:

(1) 12 月 16 日,应收南平工厂账款 2 925 元,因该厂已破产无法收回,经批准作坏账损失处理。

(2) 12 月 31 日,应收账款账户余额为 610 000 元,坏账准备率为 5‰,计提本月份坏账准备。

2. 沪光公司12月1日"坏账准备"账户余额在贷方,为2 920元,接着发生下列有关的经济业务:

(1) 10日,应收华兴工厂账款3 510元,因该厂已破产而无法收回,经批准作坏账损失处理。

(2) 31日,12月份应收账款余额分析的结果和各种账龄的预计坏账准备率如图表4-2所示。

图表 4-2

应收账款余额账龄分析表

金额单位:元

账　　龄	12月末应收账款余额	预计坏账准备率	坏　账　准　备
未到期	270 000	1‰	
过期1个月以上	72 000	2‰	
过期3个月以上	52 000	3‰	
过期6个月以上	15 000	1%	
过期1年以上	6 000	10%	
过期2年以上	3 600	40%	
过期3年以上	1 500	100%	
合　　　计	420 100	—	

三、要求

1. 根据"资料1",用应收账款余额百分比法编制会计分录。
2. 根据"资料2",用账龄分析法编制会计分录。

第五章 固定资产、无形资产和长期待摊费用

第一节 固定资产

一、固定资产的概述

固定资产是指同时具有为生产商品、提供劳务、出租或经营管理而持有的、使用寿命超过一个会计年度、单位价值较高特征的有形资产。

使用寿命是指企业使用固定资产的预计期间，或者该固定资产所能生产产品或提供劳务的数量。

固定资产只有同时满足与该固定资产有关的经济利益很可能流入企业和该固定资产的成本能够可靠地计量这两个条件的，才能予以确认。

企业在对固定资产进行确认时，应当按照固定资产定义和确认的条件，考虑企业的具体情形加以判断。例如，企业的环保设备和安全设备等资产，虽然不能直接为企业带来经济利益，却有助于企业从相关资产获得经济利益，或者将减少企业未来经济利益的流出，那么，该类资产也应当确认为固定资产，但这类资产与相关资产的账面价值之和不能超过这两类资产可收回金额的总和。

固定资产通常包括房屋、建筑物、机器、机械、运输工具、器具和其他工具等。

（一）固定资产的特点和作用

固定资产是企业进行生产经营活动的一个重要的物质条件。它的特点是使用期限较长、单位价值较高，并且能在生产经营过程中长期使用而不改变其原有的实物形态。固定资产随着不断使用而逐渐发生磨损，其损耗的价值以折旧的形式逐步地转入产品成本及期间费用中去，并从产品销售收入中得到补偿。这样，固定资产损耗的价值，随着时间的推移，一部分、一部分不断地从实物形态转变为货币形态，直至固定资产报废清理才全部完成这一转变过程。因此，占用在固定资产上的资金需要较长的时间才能完成一次周转。这与流动资金的不断循环周转，不断地从实物形态转变为货币形态，又从货币形态转变为实物形态有很大的区别。

固定资产是企业财产的重要组成部分，有的固定资产直接参加劳动过程，通过

第五章 固定资产、无形资产和长期待摊费用

它将工人的劳动传导到劳动对象上去,改变劳动对象的形态或性质,有的在生产经营过程中起着辅助作用,为生产经营提供物质条件。总之,固定资产是企业进行生产经营活动必不可少的物质条件,是企业重要的劳动手段,代表着企业的生产能力。

（二）固定资产的分类

企业的固定资产是多种多样的,为了合理地组织固定资产的核算与管理,一般有以下几种不同的分类方法。

1. 按固定资产的经济用途划分　　可分为生产经营用固定资产和非生产经营用固定资产两大类。

1) 生产经营用固定资产　　它是指直接参加生产经营的过程或服务于生产经营的各类固定资产。按其在生产经营活动中发挥的作用不同,又可分为以下七小类。

（1）房屋及建筑物　　它是指生产车间和行政管理部门使用的房屋以及安装在房屋内部同房屋不可分割的各种附属设备如水暖设备、电梯等。建筑物一般指房屋以外的各种建筑物如水塔、矿井、水库、油库、铁路、桥梁等。

（2）机器、机械设备　　它是指用以改变劳动对象形态或性能和用于生产或传送电力、热力、风力的各种机器、机械设备。

（3）运输工具　　它是指用于载人或运货的各种运输工具,如轿车、载重汽车、叉车等。

（4）工具、仪器及生产用具　　它是指具有独立用途的各种用具,如切削用具;仪器,如示波器、压力仪;生产用具,如包装用具等。

（5）管理用具　　它是指生产经营管理部门所使用的各种工具,如电脑、复印机、传真机等。

（6）土地　　它是指已经估价入账的土地。

（7）其他工业生产用固定资产。

2) 非生产经营用固定资产　　它是指那些与企业生产经营活动无直接关系,用于非生产经营方面的各种固定资产。它包括供企业内部生活福利设施用的食堂、医务室、托儿所、浴室、理发室、职工活动室等部门所使用的各种固定资产。

通过这种分类,可以掌握企业固定资产的构成和分布情况,有利于企业合理地配置固定资产。

2. 按固定资产的所有权划分　　可分为自有固定资产和租入固定资产。

（1）自有固定资产　　它是指企业拥有的,可供长期自由支配使用的固定资产。

（2）租入固定资产　　它是指非企业所拥有的,是根据生产经营需要从其他

单位租入的固定资产。

这种分类有利于掌握自有固定资产的规模,并节约租金的支出。

3. 按固定资产使用情况划分　　可分为使用中固定资产、未使用固定资产、不需用固定资产和租出固定资产。

(1) 使用中固定资产　　它是指已投入正常使用,正服务于生产经营的固定资产。

(2) 未使用固定资产　　它是指已购建尚未投入使用的固定资产,进行改建、扩建而暂停使用的固定资产,以及经批准停止使用的固定资产。

(3) 租出固定资产　　它是指企业租给外单位使用的固定资产。

(4) 不需用固定资产　　它是指本企业不需用、已经上级批准准备处理的固定资产。

这种分类有利于企业充分、合理地使用固定资产,提高固定资产利用率。

另外,结合上述三种情况,固定资产可分为生产经营用固定资产、非生产经营用固定资产、租出固定资产、未使用固定资产、不需用固定资产、土地和融资租入固定资产等七大类。这种分类具有较好的适用性,常常为各企业所采用。

二、固定资产的计量

企业由于核算和管理的需要,对固定资产的计量有原始价值、净值和净额三种计量标准。

(一) 原始价值

原始价值(简称原值)是指企业取得某项固定资产时的成本。由于固定资产的来源不同,其原始价值的构成也各异,现分别予以阐述。

1. 外购的固定资产　　按照购买价款、相关税费、使固定资产达到预定可使用状态前所发生的可归属于该项资产的运输费、装卸费、安装费和专业人员服务费等计量。相关税费是指外购固定资产发生的增值税和进口固定资产发生的进口关税等。

2. 自行建造的固定资产　　按照建造该项资产达到预定可使用状态前所发生的必要支出计量。

3. 投资者投入的固定资产　　按照投资合同或协议约定的价值计量。

4. 融资租入的固定资产　　按租赁开始日租赁资产的公允价值与最低租赁付款额的现值两者中较低者计量。

5. 接受捐赠的固定资产　　如捐赠方提供有关凭证的,按照凭证上标明的金额,加上支付的相关税费入账;如捐赠方未提供有关凭证的,按照同类或类似资产的市场价值,加上支付的相关税费计量。

6. 盘盈的固定资产　　按照同类或类似固定资产的市场价值减去按该项资

产新旧程度估计的价值损耗后的余额计量。

7. 在原有固定资产基础上进行改建、扩建的固定资产　按照原有固定资产账面原值,减去改建、扩建过程中发生的变价收入,加上由于改建、扩建使该项资产达到预定可使用状态前发生的支出计量。

(二) 净值

净值是指固定资产原始价值减去累计折旧后的价值。

固定资产按原始价值计量,可以反映投资者对企业固定资产的原始投资额及企业的生产经营能力,并作为计提折旧的依据。净值可以反映企业固定资产的现有价值,将其同原始价值对比,可以看出固定资产的新旧程度。

(三) 净额

净额是指固定资产净值减去已计提的减值准备后的价值。它可以反映企业固定资产的实有价值。

三、固定资产的取得

企业取得固定资产的主要渠道有外购、自行建造、投资者投入、融资租赁方式租入和接受捐赠等。

(一) 外购和自行建造固定资产的核算

企业外购的固定资产,有的不需要安装,如房屋、建筑物、运输工具等;有的需要安装,如机器、机械设备,它们的计价范围和核算方法也各有所不同。

购置不需要安装的固定资产时,其入账的原始价值包括买价、相关税费、运输费、装卸费和专业人员服务费等。

税法规定,企业购进机器设备等生产型固定资产,其发生的进项税额能够从销项税额中抵扣。因此,对于生产型固定资产,相关税费不包括增值税。

【例】 上海机械厂向天津叉车厂购进叉车一辆,买价 75 000 元,增值税额 12 750 元,运输费、装卸费 750 元,款项一并从银行汇付对方。设备也已运到,达到预定可使用状态,并验收使用,作分录如下:

借:固定资产——生产经营用固定资产　　　　　　　　　75 750.00
借:应交税费——应交增值税——进项税额　　　　　　　12 750.00
　　贷:银行存款　　　　　　　　　　　　　　　　　　　88 500.00

税法又规定,企业外购的摩托车、小汽车、游艇等消费型固定资产,即使取得增值税专用发票,其所含的增值税额也不得予以抵扣,应将其作为固定资产原始价值的组成部分,予以入账。

【例】 浦江电器厂向上海汽车厂购进小汽车一辆,买价 180 000 元,增值税额 30 600 元,账款当即签发转账支票支付,小汽车也已验收使用,作分录如下:

借：固定资产　　　　　　　　　　　　　　　　　　　210 600.00
　　　　贷：银行存款　　　　　　　　　　　　　　　　　　210 600.00

　　"固定资产"是资产类账户，用以核算企业所有的固定资产的原始价值。企业取得固定资产和固定资产盘盈时，记入借方；企业处置和盘亏固定资产时，记入贷方；期末余额在借方，表示企业现有固定资产的原始价值。

　　企业购置需要安装的固定资产，其入账价格除了包括买价、相关税费、运输费、装卸费和专业人员服务费外，还要加上安装费，届时应通过"工程物资"和"在建工程"账户核算。

　　【例】　新江机器厂向上海压缩机厂购进需安装压缩机一台，买价220 000元，增值税额37 400元。

　　(1) 签发转账支票支付压缩机的买价和增值税额，压缩机已验收入库，作分录如下：

　　　　借：工程物资　　　　　　　　　　　　　　　　　220 000.00
　　　　借：应交税费——应交增值税——进项税额　　　　　37 400.00
　　　　　　贷：银行存款　　　　　　　　　　　　　　　　257 400.00

　　(2) 本厂安装工人领用压缩机安装，作分录如下：

　　　　借：在建工程——安装工程——安装压缩机　　　　220 000.00
　　　　　　贷：工程物资　　　　　　　　　　　　　　　　220 000.00

　　(3) 安装工人从材料仓库领用压缩机安装材料1 000元，作分录如下：

　　　　借：在建工程——安装工程——安装压缩机　　　　 1 000.00
　　　　　　贷：原材料　　　　　　　　　　　　　　　　　 1 000.00

　　(4) 安装压缩机应分摊安装调试人员的工资为2 500元，予以转账，作分录如下：

　　　　借：在建工程——安装工程——安装压缩机　　　　 2 500.00
　　　　　　贷：应付职工薪酬　　　　　　　　　　　　　 2 500.00

　　(5) 计提安装压缩机安装调试人员福利费350元，作分录如下：

　　　　借：在建工程——安装工程——安装压缩机　　　　 350.00
　　　　　　贷：应付职工薪酬　　　　　　　　　　　　　 350.00

　　(6) 压缩机安装调试完毕，已达到预定可使用状态，并验收使用，作分录如下：

　　　　借：固定资产——生产经营用固定资产　　　　　　223 850.00
　　　　　　贷：在建工程——安装工程——安装压缩机　　223 850.00

"工程物资"是资产类账户,用以核算企业为在建工程准备的各种物资的成本,包括工程用材料、尚未安装的设备以及为生产准备的工(器)具等。企业购入各种工程物资时,记入借方;企业领用工程物资时,记入贷方;期末余额在借方,表示企业期末库存工程物资的数额。

"在建工程"是资产类账户,用以核算企业进行基建、安装、更新改造工程等在建工程发生的支出。企业发生各项工程支出时,记入借方;企业的在建工程完工交付使用,结转实际工程成本时,记入贷方;期末余额在借方,表示企业各项未完工程的数额。本账户应按各工程项目进行明细分类核算。

企业自行建造固定资产也要通过"工程物资"和"在建工程"账户进行核算,其核算方法与购置需要安装的固定资产的核算方法基本相同,不再重述。

(二) 投资者投入固定资产的核算

投资者投入固定资产是指以投入资本形式进入企业的固定资产。有国家对企业的投资;也有其他投资者、合资者等将拥有的固定资产拨付企业,作为对其的投资。

企业收到投资者投入固定资产时,应按投资合同或协议约定的价值借记"固定资产"账户,贷记"实收资本"账户。

【例】 大隆机器厂接受凯东机器厂投入旧厂房一幢,已验收使用。该厂房账面原值780 000元,已提折旧300 000元,以投资合同约定的价值500 000元入账,作分录如下:

  借:固定资产——生产经营用固定资产   500 000.00
    贷:实收资本   500 000.00

(三) 接受捐赠固定资产的核算

企业接受捐赠的固定资产,按捐赠者提供的发票、报关单等有关凭证入账。如接受时没有明确的价目账单,应按照同类资产当前的市场价格包括增值税额入账。接受固定资产时发生的各项费用应计入固定资产原值。收到捐赠固定资产时,按确定的入账价值借记"固定资产"账户,贷记"营业外收入"账户。

【例】 上海化工厂收到华阳公司捐赠的仪器一台,根据提供发票等凭证,表明其价值为30 000元,用银行存款支付运杂费、手续费等共计600元。仪器已运到,达到预定可使用状态并验收使用,作分录如下:

  借:固定资产——生产经营用固定资产   30 600.00
    贷:营业外收入   30 000.00
    贷:银行存款   600.00

四、固定资产的折旧

（一）固定资产折旧概述

固定资产折旧是指在固定资产的使用寿命内，按照确定的方法对应计折旧额进行系统的分摊。

应计折旧额是指应当计提折旧的固定资产的原价扣除其预计净残值后的金额。已计提减值准备的固定资产，还应当扣除已计提的固定资产减值准备累计金额。预计净残值是指假定固定资产预计使用寿命已满，并处于使用寿命终了时的预期状态，企业目前从该项资产中获得的扣除预计处置费用后的金额。

企业应当根据固定资产的性质和使用情况，合理确定固定资产的使用寿命和预计净残值。固定资产的使用寿命、预计净残值一经确定，不得随意变更。

企业在确定固定资产的使用寿命时，应考虑的因素有：该资产的预计生产能力或实物产量；该资产的有形损耗，如设备使用中发生磨损、房屋建筑物受到自然侵蚀等；该资产的无形损耗，如因新技术的出现而使现有的资产技术水平相对陈旧，市场要求变化使产品过时等；法律或者类似规定对资产使用的限制。

（二）固定资产折旧的计提范围

企业的固定资产应按月计提折旧。除了已提足折旧仍继续使用的固定资产和按规定单独估价作为固定资产入账的土地外，所有的固定资产都应计提折旧。

企业在实际计提固定资产折旧时，当月增加的固定资产，当月不提折旧，从下月起计提折旧；当月减少的固定资产，当月仍提折旧，从下月起停止计提折旧。

（三）固定资产折旧的方法

企业应当根据与固定资产有关的经济利益的预期实现方式合理选择固定资产的折旧方法，可选用的折旧方法有平均折旧法和加速折旧法两类。固定资产的折旧方法一经确定，不得随意变更。

1. 平均折旧法　　它是指根据固定资产的损耗程度均衡地提取折旧的方法。根据具体计算方法不同，平均折旧法又可分为年限平均法和工作量法。

（1）年限平均法　　它又称直线法，是指按照应提折旧总额除以固定资产使用寿命，平均计算折旧的方法，其计算公式如下：

$$年折旧额=\frac{固定资产原始价值\times(1-预计净残值率)}{预计使用寿命}$$

$$月折旧额=\frac{年折旧额}{12}$$

预计净残值率是指预计净残值与固定资产原值的比率。而预计净残值是指预计残值减去预计处置费用的差额。

【例】东方机械厂有数控车床一台，原始价值 200 000 元，预计可使用 10 年，

预计净残值率4%,计算该数控车床年折旧额和月折旧额如下:

$$年折旧额 = \frac{200\,000 \times (1 - 4\%)}{10} = 19\,200(元)$$

$$月折旧额 = \frac{19\,200}{12} = 1\,600(元)$$

在实际工作中,由于企业拥有一定数量的固定资产,为了简化计算,可以采用分类折旧率计算法,所谓分类折旧法是指将物理特征相似、使用寿命大致相同的固定资产归并为一类,计算出一个平均的折旧率,用该类折旧率计算出该类固定资产折旧额。其计算公式如下:

$$年分类折旧率 = \frac{全年应提该类固定资产折旧总额}{该类在用固定资产原始价值总额}$$

$$月分类折旧率 = \frac{年分类折旧率}{12}$$

月分类折旧率确定后,只要将固定资产月初余额乘以该类固定资产月折旧率就可计算得到月折旧额,其计算公式如下:

$$分类固定资产月折旧额 = 该类固定资产原始价值总额 \times 月分类折旧率$$

【例】 东方机械厂的10台C616车床原始价值总额为1 600 000元,C616车床月折旧率0.84%,其月固定资产折旧额计算如下:

$$C616车床月折旧额 = 1\,600\,000 \times 0.84\% = 13\,440(元)$$

(2)工作量法 它是指按固定资产在预计使用寿命内可以完成的工作量比例计算折旧额的方法。由于固定资产价值的损耗同其完成的工作量有直接关系,因此将固定资产应提折旧总额除以该项固定资产预计使用寿命内可完成的工作量,就可求得单位工作量的应提折旧额。用这种方法可以正确地为各月使用程度相差较大的固定资产计提折旧,如汽车等运输设备可按其行驶里程(吨/公里)计算折旧。其计算公式如下:

$$每单位工作量折旧额 = \frac{固定资产原始价值 \times (1 - 预计净残值率)}{预计使用寿命内总的工作量}$$

$$固定资产月折旧额 = 每单位工作量折旧额 \times 该固定资产当月实际的工作量$$

2. 加速折旧法 它又称递减折旧费用法,是指在固定资产预计使用寿命内,前期多提折旧,后期少提折旧的方法。采用加速折旧法计提折旧可以在较短时期内收回固定资产的大部分投资,加速固定资产的更新改造,减少因科技进步带来的固定资产无形损耗的投资风险。由于固定资产在寿命周期前期使用效率较高,后期使用效率相对较低,采用加速折旧法,前期多提折旧,后期少提折旧,更符合收支配比的要求。常用的加速折旧法有双倍余额递减法和年数总和法两种。

（1）双倍余额递减法　　它是指在不考虑固定资产净残值的情况下,根据每期期初固定资产账面净值乘以2倍的直线法折旧率计算折旧的方法。其计算公式如下：

$$年折旧率 = \frac{2}{预计使用寿命} \times 100\%$$

$$年折旧额 = 固定资产账面净值 \times 年折旧率$$

企业采用双倍余额递减法计提折旧,在固定资产使用的后期应注意,当发现某一年双倍余额递减法计算的折旧额少于平均年限法计算的折旧额时,可以改用平均年限法计提折旧,通常采用下列公式进行判断：

$$当年按双倍余额递减法计算的折旧额 < \frac{账面净值 - 预计净残值}{剩余使用寿命}$$

【例】 C616车床一台,原值100 000元,预计使用寿命8年,预计净残值5 000元,用双倍余额递减法计算C616车床各年的折旧额。

$$C616车床年折旧率 = \frac{2}{8} \times 100\% = 25\%$$

C616车床各年应提折旧额如图表5-1所示。

图表5-1

双倍余额递减法折旧计算表

单位：元

年次	年初固定资产净值	双倍直线折旧率（%）	折旧额	累计折旧额	年末固定资产净值
1	100 000.00	25	25 000.00	25 000.00	75 000.00
2	75 000.00	25	18 750.00	43 750.00	56 250.00
3	56 250.00	25	14 062.50	57 812.50	42 187.50
4	42 187.50	25	10 546.88	68 359.38	31 640.62
5	31 640.62	25	7 910.16	76 269.54	23 730.46
6	23 730.46	—	6 243.49	82 513.03	17 486.97
7	17 486.97	—	6 243.49	88 756.52	11 243.48
8	11 243.48	—	6 243.48	95 000.00	5 000.00

第五章　固定资产、无形资产和长期待摊费用

第6、第7、第8年3年的折旧额 $=\dfrac{23\,730.46-5\,000}{3}=6\,243.49(元)$

（2）年数总和法　它又称合计年数法，是指将固定资产的原值减去预计净残值后的余额，乘以逐年递减的分数计算折旧的方法。这个分数的分子表示固定资产继续可使用的年数，分母表示各年可使用年数的总和。其计算公式如下：

$$年折旧额=\left(\begin{array}{c}固定资产\\原始价值\end{array}-\begin{array}{c}预\ \ 计\\净残值\end{array}\right)\times 年折旧率$$

$$年折旧率=\dfrac{尚可使用年数}{年数总和}$$

尚可使用年数＝预计使用年数－已使用年数

【例】　仪器一台，原始价值100 000元，预计净残值4 000元，预计使用寿命为5年，用年数总和法计算仪器各年的折旧额如下：

年数总和＝5＋4＋3＋2＋1＝15年

仪器各年应提折旧额如图表5-2所示。

图表5-2

年数总和法折旧计算表

单位：元

年次	原始价值减预计净残值	尚可使用年数	折旧率	折旧额	累计折旧
1	96 000	5	5/15	32 000	32 000
2	96 000	4	4/15	25 600	57 600
3	96 000	3	3/15	19 200	76 800
4	96 000	2	2/15	12 800	89 600
5	96 000	1	1/15	6 400	96 000

上面两例加速折旧法计算的都是年折旧额，在实际工作中必须将年折旧额再除以12，以求得月折旧额。

（四）固定资产折旧的核算

正确核算固定资产折旧，是正确核算产品成本和期间费用的前提，它为企业更新固定资产提供了资金。由于固定资产折旧是固定资产在生产经营过程中损耗的价值，因此要根据固定资产所在部门发挥的作用不同，分别借记"制造费用"、"销售费用"和"管理费用"账户，贷记"累计折旧"账户。

【例】　浦江机械厂采用分类折旧率计算折旧，该企业1月份全月应计提折旧总额为60 000元，其中基本生产车间为56 000元，销售部门为1 000元，行政管理部门为3 000元，作分录如下：

借：制造费用　　　　　　　　　　　　　　　　　　　56 000.00
　　借：销售费用　　　　　　　　　　　　　　　　　　　 1 000.00
　　借：管理费用　　　　　　　　　　　　　　　　　　　 3 000.00
　　　贷：累计折旧　　　　　　　　　　　　　　　　　　60 000.00

　　"累计折旧"是资产类账户，它是固定资产的抵减账户，用以核算企业固定资产的累计损耗的价值。企业在提取固定资产折旧时，记入贷方；企业在处置和盘亏固定资产时，记入借方；期末余额在贷方，表示企业固定资产的累计折旧额。"固定资产"账户余额减去"累计折旧"账户余额，就是固定资产净值。

　　企业至少应当于每年年度终了，对固定资产的使用寿命、预计净残值和折旧方法进行复核。

　　使用寿命预计数与原先估计数有差异的，应当调整固定资产使用寿命。预计净残值与原先估计数有差异的，应当调整预计净残值。与固定资产有关的经济利益预期实现方式有重大改变的，应当改变固定资产折旧方法。

五、固定资产的后续支出

（一）固定资产的后续支出概述

　　企业的固定资产投入使用后，为了维护或提高固定资产的使用效能，或者为了适应新技术发展的需要，往往需要对现有的固定资产进行维护、改建、扩建或者改良。如果这项支出增强了固定资产获取未来经济利益的能力，提高了固定资产的性能，如延长了固定资产的使用寿命、使产品质量实质性提高或使产品成本实质性降低，从而形成了可能流入企业的经济利益超过了原先的估计，则应将该后续支出予以资本化，计入固定资产的账面价值；否则，应将这些后续支出予以费用化，计入当期损益。

（二）资本化后续支出的核算

　　企业通过对厂房、办公楼等建筑物进行改建、扩建，使其更加坚固耐用，延长了其使用寿命，扩大了其使用面积；企业通过对机器设备的改建，提高了其单位时间内产品的产出数量，提高了机器设备等固定资产的生产能力；企业通过对机床的改良，大大地提高了其生产产品的精确度，实现了企业产品的更新换代；企业通过对生产线的改良，大大降低了产品的成本，提高了企业产品的价格竞争力等。企业发生的这些固定资产的后续支出，都提高了固定资产原定的创利能力。因此，应将这些后续支出予以资本化。

　　企业在将后续支出予以资本化时，后续支出的计入，不应导致计入后的固定资产账面价值超过其可收回金额。

　　企业在对固定资产进行改建、扩建或者改良时，应将固定资产的账面价值转入"在建工程"账户。届时，根据固定资产净额，借记"在建工程"账户；根据已提累计折旧额,借记"累计折旧"账户;如已提了减值准备,还应根据已提的固定资产减值准备,借记"固定资产减值准备"账户;根据固定资产原值,贷记"固定资产"账户。在固定资产改建、扩建或者改良时所发生的耗费,都应列入"在建工程"账户。在改建、扩建或者改良工程竣工,达到预定可使用状态时,如果"在建工程"账户归集的金额小于其可收回金额,应将其全部金额转入"固定资产"账户;如果"在建工程"账户归集的金额大于其可收回金额,则应按其可收回金额,借记"固定资产"账户;按"在建工程"账户归集的数额与可收回金额的差额,借记"营业外支出"账户;按"在建工程"账户归集的数额,贷记"在建工程"账户。

【例】 精达化工厂有一条生产线,原值 480 000 元,已提折旧 220 000 元,已提减值准备 10 000 元,随着新技术的出现,该设备现决定由本厂进行改良。

(1) 结转改良生产线的账面价值,作分录如下:

  借:在建工程——改良生产线   250 000.00
  借:累计折旧   220 000.00
  借:固定资产减值准备   10 000.00
   贷:固定资产   480 000.00

(2) 购置改良流水线设备,买价 200 000 元,增值税额 34 000 元,设备已交付安装,款项签发转账支票付讫,作分录如下:

  借:在建工程——改良生产线   234 000.00
   贷:银行存款   234 000.00

(3) 拆除部分淘汰的设备,出售收入 8 000 元,存入银行,作分录如下:

  借:银行存款   8 000.00
   贷:在建工程——改良生产线   8 000.00

(4) 改良生产线领用原材料 12 000 元,原材料增值税税率为 17%,作分录如下:

  借:在建工程——改良生产线   14 040.00
   贷:原材料   12 000.00
   贷:应交税费——应交增值税——进项税额转出   2 040.00

(5) 分配生产线改良人员工资 10 000 元,并计提职工福利费 1 400 元,作分录如下:

  借:在建工程——改良生产线   11 400.00
   贷:应付职工薪酬——工资   10 000.00
   贷:应付职工薪酬——职工福利   1 400.00

(6) 该生产线已改良竣工,达到预定可使用状态。该生产线预计可收回金额为560 000元，予以转账，作分录如下：

  借：固定资产——生产经营用固定资产   501 440.00
    贷：在建工程——改良生产线   501 440.00

（三）费用化后续支出的核算

固定资产在使用过程中会不断地发生有形损耗，为维持其预定效能，使它一直处于良好的工作状态，就必须对固定资产进行必要的维修。

固定资产的维修按其规模不同分为大修理和小修理两类。

固定资产大修理是指为恢复固定资产的性能，对其进行大部或全部的修理。一般是对固定资产的主要组成部分或大多数零部件进行修复或更换。例如，对机器设备进行大修理就需将设备全部分解，修理基础件，更换或修复所有磨损、腐蚀、老化等已丧失工作性能的主要部件和零件，设备要重新喷漆；对房屋、建筑物大修理就必须进行翻修或换梁等。固定资产大修理具有修理范围大、支出费用多、间隔时间长和发生次数少的特点。

固定资产小修理是指为保持固定资产的正常使用所进行的小部分修缮和维护。一般是对固定资产的个别磨损部分进行修理或更换少量零部件等。例如，对机器设备的局部修理和更换轴承、齿轮、皮带、照明灯具等；对房屋粉刷和门窗的修理。小修理具有修理范围小、支出费用少、间隔时间短和发生次数多的特点。

因固定资产修理而发生的后续支出并未提高固定资产原定的创利能力，应予以费用化。届时应根据固定资产使用的部门不同，分别借记"制造费用"、"销售费用"和"管理费用"账户，贷记"银行存款"账户。

【例】 东方机械厂厂长办公室的一辆小汽车和销售部门的一辆载重汽车进行大修理，修理费分别为22 000元和10 500元，一并以转账支票付讫，作分录如下：

  借：管理费用   22 000.00
  借：销售费用   10 500.00
    贷：银行存款   32 500.00

六、固定资产的处置

企业固定资产处置的去向主要有投资转出、出售以及报废、毁损进行清理等。为了加强固定资产管理，充分、合理地提高固定资产的利用效率，企业在处置固定资产时应严格按规定的程序进行审批，并填制相应的凭证，财会部门应根据原始凭证，审核无误后及时进行账务处理。

（一）投资转出固定资产的核算

企业为扩大投资范围，减少经营风险向其他企业投资或参与股份制企业投资时，应以有关投资合同或协议为依据，将自有的固定资产进行投资。

第五章　固定资产、无形资产和长期待摊费用

企业在决定以固定资产对外投资时,应按该项固定资产的净额,借记"固定资产清理"账户;按该项固定资产的已提折旧额,借记"累计折旧"账户;按该项固定资产已计提的减值准备,借记"固定资产减值准备"账户;按该项固定资产的账面原值,贷记"固定资产"账户。如果投资拨出固定资产需要支付相关的税费,应借记"固定资产清理"账户,贷记"银行存款"账户。俟固定资产拨付完毕后,再按投资合同或协议约定的价值,借记"长期股权投资"账户;按固定资产清理账户的净发生额,贷记"固定资产清理"账户;将这些账户之间的差额列入"营业外收入"或"营业外支出"账户。

【例】　沪光电器厂与中原电器公司合资经营,拨出机床一批。

(1) 该批机床原始价值为 800 000 元,已提折旧额为 100 000 元,该批机床已提减值准备 20 000 元,予以转账,作分录如下:

借:固定资产清理——投资拨出机床	680 000.00
借:累计折旧	100 000.00
借:固定资产减值准备	20 000.00
贷:固定资产——生产经营用固定资产	800 000.00

(2) 该批机床发生拆卸费用 1 000 元,运杂费 250 元,款项以转账支票付讫,作分录如下:

借:固定资产清理——投资拨出机床	1 250.00
贷:银行存款	1 250.00

(3) 机床拨付完毕,按投资合同约定的价值 680 500 元入账,作分录如下:

借:长期股权投资	680 500.00
借:营业外支出——非流动资产处置损失	750.00
贷:固定资产清理——投资拨出机床	681 250.00

(二) 出售固定资产的核算

企业为合理使用资金,充分发挥资金的效能,可以将闲置的不需用的固定资产出售。出售固定资产应办理严格的审批手续,在报经批准出售时,按固定资产净额,借记"固定资产清理"账户;按已提累计折旧额,借记"累计折旧"账户;按已提的减值准备,借记"固定资产减值准备"账户;按固定资产原值,贷记"固定资产"账户。当企业取得出售固定资产收入时,借记"银行存款"账户,贷记"固定资产清理"账户;发生出售固定资产的处置费用时,记入"固定资产清理"账户的借方,通过"固定资产清理"账户来核算固定资产出售的净收益或净损失。若为出售固定资产的净损失,则借记"营业外支出"账户,贷记"固定资产清理"账户;若为出售固定资产的净收益,则借记"固定资产清理"账户,贷记"营业外收入"账户。

【例】 上海电器厂有不需用设备一台,原始价值 96 000 元,已提折旧 40 000 元,已提减值准备 5 000 元。

(1) 经领导批准决定出售,予以转账,作分录如下:

  借:固定资产清理——出售设备   51 000.00
  借:累计折旧   40 000.00
  借:固定资产减值准备   5 000.00
   贷:固定资产   96 000.00

(2) 出售旧设备取得收入 52 000 元存入银行,作分录如下:

  借:银行存款   52 000.00
   贷:固定资产清理——出售设备   52 000.00

(3) 将出售固定资产净收益转账,作分录如下:

  借:固定资产清理——出售设备   1 000.00
   贷:营业外收入——非流动资产处置利得   1 000.00

(三) 固定资产报废、毁损进行清理的核算

  固定资产由于长期使用而发生耗损,使固定资产丧失原有的功能,不能继续使用,或者由于社会科技进步,必须以先进的设备替代落后的设备,就需要将它们报废,有的固定资产由于遭到意外事故或灾害以致毁损。对发生报废、毁损的固定资产要填制固定资产报废单或固定资产清理报告单,经过有关部门批准后才能进行清理。如果报废、毁损的固定资产没有提足折旧,也不需要补提折旧。

  报废、毁损的固定资产经领导批准进行清理时,按固定资产净额,借记"固定资产清理"账户,按已提折旧额,借记"累计折旧"账户,按已提的减值准备,借记"固定资产减值准备"账户;按固定资产账面原值,贷记"固定资产"账户。并将报废、毁损的固定资产卡片从保管箱内抽出做好注销记录,另行保管。

【例】 上海机械厂报废数控机床 1 台,原始价值为 300 000 元,已提折旧为 280 000 元,已提减值准备 5 000 元。

(1) 经领导批准将数控机床报废清理时,作分录如下:

  借:固定资产清理——清理数控机床   15 000.00
  借:累计折旧   280 000.00
  借:固定资产减值准备   5 000.00
   贷:固定资产   300 000.00

(2) 以转账支票支付数控机床处置费用 1 500 元,作分录如下:

借：固定资产清理——清理数控机床　　　　　　　　　　　1 500.00
　　　　贷：银行存款　　　　　　　　　　　　　　　　　　　　　1 500.00

(3) 出售清理数控机床残料收入为 14 500 元，存入银行，作分录如下：

　　借：银行存款　　　　　　　　　　　　　　　　　　　　　14 500.00
　　　　贷：固定资产清理——清理数控机床　　　　　　　　　　14 500.00

(4) 数控机床清理完毕，将清理净损失转账，作分录如下：

　　借：营业外支出——非流动资产处置损失　　　　　　　　　2 000.00
　　　　贷：固定资产清理——清理数控机床　　　　　　　　　　2 000.00

　　如果固定资产清理完毕，有净收益时，则借记"固定资产清理"账户，贷记"营业外收入"账户。
　　"固定资产清理"是资产类账户，用以核算企业因投资转出、出售、报废和毁损等原因转入清理的固定资产净额，及其在清理过程中所发生的处置费用和清理收入。企业在转入投资拨出、出售、报废、毁损固定资产净额，支付处置费用以及将清理净收益转账时，记入借方；企业在取得清理收入以及将清理净损失转账时，记入贷方；若期末余额在借方，表示企业未清理完毕的固定资产的损失；若期末余额在贷方，则表示企业未清理完毕的固定资产的收益。

七、固定资产的租赁

　　企业有时由于缺少某种临时需要的固定资产，须向其他企业租入使用，而有些企业则有暂时闲置的某种固定资产可以租出，这样就可在企业之间开展固定资产的租赁业务，互通有无，使社会物资得到充分使用。
　　企业在开展固定资产租赁业务时，应由租赁双方签订租赁合同，列明租赁期限、租金数额，以及租赁期间对设备的维修和保养责任等。
　　企业租入固定资产时，应设置"租入固定资产登记簿"，做好记录，以备查考。支付租金时，根据租用的部门不同，分别借记"制造费用"、"销售费用"、"管理费用"账户，贷记"银行存款"账户。
　　企业租出固定资产时，应设置"租出固定资产"明细分类账户进行核算，以区别自用的固定资产。租出固定资产收到租金时，借记"银行存款"账户，贷记"其他业务收入"账户。租出固定资产仍需计提折旧，计提折旧时，借记"其他业务成本"账户，贷记"累计折旧"账户。

八、固定资产的清查

　　为了保证会计核算资料的准确性、真实性，保护企业财产安全完整，进行固定资产清查是一个重要环节，固定资产清查工作一般在年末决算以前进行，也可在一些突发事件之后随时进行。在清查过程中应对发现的问题随时登记并进行处理，当发现盘亏盘盈情况要及时查明原因,并编制"固定资产盘亏盘盈报告单",其格式如图表 5-3 所示。

图表 5-3

固定资产盘亏盘盈报告单

编制单位:江海化工厂　　　　2013 年 12 月 20 日　　　　　　　　单位:元

盘亏				盘盈				毁损			
名称	数量(台)	原值	已提折旧	名称	数量(台)	市场价格	预计已提折旧	名称	数量(台)	原值	已提折旧
仪器	1	30 000	21 000								

固定资产清查的方法,一般采用"账账核对"和"账物核对"。先将固定资产总账的金额与明细分类账的金额核对相符后,再以固定资产明细账的数量与保管账上的数量核对,核对相符后,再根据保管账清点固定资产,做到账账相符和账实相符。企业对盘亏的固定资产,除要查明原因外,应根据账面净额,借记"待处理财产损溢"账户;根据已提折旧额,借记"累计折旧"账户;根据已计提的减值准备,借记"固定资产减值准备"账户;根据账面原值,贷记"固定资产"账户。企业对于盘盈的固定资产,应按照前期差错予以更正,这部分内容将在第十三章第三节中阐述。固定资产发生盘亏,应及时查明原因,报经领导批准后,再将盘亏的固定资产从"待处理财产损溢"账户转入"营业外支出"账户。

【例】　江海化工厂年末进行固定资产清查,盘亏不需用仪器一台,原值 30 000 元,已提折旧 21 000 元,但未提减值准备。

(1) 根据固定资产盘亏盘盈报告单,将盘亏的仪器转账,作分录如下:

　　借:待处理财产损溢　　　　　　　　　　　　　　　　　　9 000.00
　　借:累计折旧　　　　　　　　　　　　　　　　　　　　　21 000.00
　　　贷:固定资产——不需用固定资产　　　　　　　　　　　30 000.00

(2) 现查明盘亏的仪器已失窃,经领导批准予以核销转账,作分录如下:

　　借:营业外支出——盘亏损失　　　　　　　　　　　　　　9 000.00
　　　贷:待处理财产损溢　　　　　　　　　　　　　　　　　9 000.00

九、固定资产和在建工程的减值

(一) 固定资产的减值

由于企业经营环境的变化和科学技术的进步,或者由于企业经营管理不善等原因,导致固定资产创造未来经济利益的能力大大下降,使得固定资产可收回金额

第五章 固定资产、无形资产和长期待摊费用

低于其账面价值,即发生固定资产减值。

固定资产可收回金额,应当根据固定资产的公允价值减去处置费用后的净额与资产预计未来的现金流量的现值两者之间的较高者确定。处置费用包括与资产处置有关的法律费用、相关税费、搬运费以及为使固定资产达到可销售状态所发生的直接费用。

固定资产预计未来现金流量的现值,应当按照该资产在持续使用过程中和最终处置时所产生的预计未来的现金流量,选择恰当的折现率对其进行折现后的金额加以确定。

预计资产未来现金流量的现值,应当综合考虑资产的预计未来现金流量、使用寿命和折现率等因素。

1. 判断固定资产减值的依据　　企业应当于期末对固定资产进行检查,如发现存在下列情况,应当计算固定资产的可收回金额,以确定资产是否已经发生减值。

(1) 固定资产市价大幅度下跌,其跌价幅度大大高于因时间推移或正常使用而预计的下跌,并且预计在近期内不可能恢复。

(2) 企业所处经营环境,如技术、市场、经济或法律环境,或者产品营销市场在当期发生或在近期发生重大变化,从而对企业产生不利影响。

(3) 市场利率或者其他市场投资报酬率在当期已经提高,从而影响企业计算固定资产预计未来现金流量现值的折现率,并导致固定资产可收回金额大幅度降低。

(4) 有证据表明固定资产陈旧过时或者实体已经损坏。

(5) 固定资产已经或者将被闲置、终止使用或者计划提前处置。

(6) 企业内部报告的证据表明资产的经济绩效已经低于或者将低于预期,如资产所创造的净现金流量或者实现的营业利润远远低于预计金额等。

(7) 其他有可能表明资产已发生减值的迹象。

2. 固定资产减值的核算　　企业判断固定资产发生减值后,应计算确定固定资产可收回金额,按可收回金额低于账面价值的差额计提固定资产减值准备。届时,借记"资产减值损失"账户,贷记"固定资产减值准备"账户。

【例】 中兴工厂有电脑 2 台,每台原始价值 10 000 元,已提折旧 2 000 元,现由于市价持续下跌,每台可收回金额为 6 000 元,计提其减值准备,作分录如下:

借:资产减值损失——固定资产减值损失　　　　　　　　4 000.00
　　贷:固定资产减值准备　　　　　　　　　　　　　　　　4 000.00

当处置已计提减值准备的固定资产时,再借记"固定资产减值准备"账户,贷记"固定资产"账户。

固定资产减值损失一经确认,在以后会计期间不得转回。

"固定资产减值准备"是资产类账户,它是"固定资产"账户的抵减账户,用以核算企业提取的固定资产减值准备。企业在期末发生固定资产减值,予以计提时,记入贷方;企业在已计提减值准备的固定资产处置时,记入借方;期末余额在贷方,表示企业已提取的固定资产减值准备。

已计提减值准备的固定资产,应当按照固定资产的账面价值以及尚可使用寿命重新计算确定折旧率和折旧额。

(二) 在建工程的减值

企业应当在期末对在建工程进行全面的检查,如果有证据表明在建工程已经发生了减值,则应当计提减值准备。

对于存在长期停建并且预计在未来3年内不会重新开工的;所建项目无论在性能上,还是在技术上已经落后,并且给企业带来的经济利益具有很大的不确定性的;其他足以证明在建工程已经发生减值情形的在建工程,都应当计提在建工程减值准备。

企业在发生在建工程减值时,借记"资产减值损失——在建工程减值损失"账户,贷记"在建工程减值准备"账户;企业在处置已计提减值准备的在建工程时,借记"在建工程减值准备"账户,贷记"在建工程"账户。

"在建工程减值准备"是资产类账户,它是"在建工程"账户的递减账户,用以核算企业提取的在建工程减值准备。在期末发生在建工程减值,予以计提时,记入贷方;在已计提减值准备的在建工程处置时,记入借方;期末余额在贷方,表示企业已提取的在建工程减值准备。

在建工程减值损失一经确认,在以后会计期间不得转回。

十、固定资产的明细分类核算

固定资产是企业的重要财产,也是进行生产经营的主要物质基础。为了加强固定资产的管理,除了进行总分类核算外,还必须进行明细分类核算,以便掌握各项固定资产的原值、新旧程度、利用程度以及结构分布情况,并为计算固定资产折旧提供资料。在实际工作中主要通过设置固定资产明细分类账(卡)对各项固定资产进行明细分类核算,根据每一项目的固定资产设置一个明细分类账(卡),并兼记固定资产的折旧和减值准备。其格式见图表5-4。

为了及时反映固定资产的增减变动的情况,以及控制固定资产的明细分类账,还应设置固定资产类目账,进行固定资产的分类核算。

图表 5-4

固定资产明细分类账(卡)编号

类别_____ 名称_____ 型号_____
预计使用寿命_____ 预计残值_____ 预计清理费用_____
月折旧率_____ 月折旧额_____ 所在地_____

年		凭证号码	摘要	原始价值			累计折旧			已提减值准备	净值
月	日			借方	贷方	借方余额	借方	贷方	贷方余额		

第二节 无形资产

一、无形资产的概述

(一) 无形资产的意义

无形资产是指企业拥有或者控制的没有实物形态的可辨认非货币性长期资产。

资产满足下列条件之一的，符合无形资产定义中的可辨认性标准：一是能够从企业中分离或者划分出来，并能单独或者与相关合同、资产或负债一起用于出售、转移、授予许可、租赁或者交换；二是源自合同性权利或其他法定权利，无论这些权利是否可以从企业或其他权利和义务中转移或者分离。

尽管无形资产没有实物形态，但以其独有的无形的知识形态和某项技术、特权为企业带来超额收益，使企业在竞争中处于领先地位。例如，可口可乐配方技术长久以来为"可口可乐"带来经久不衰的畅销势头，从而赢得超额收益。由此可见无形资产虽然是看不见摸不着的一种虚拟资产，但它却确实存在而且能给企业带来长期的收益，是企业生产经营活动中的一项资产。

(二) 无形资产的特征

无形资产不同于流动资产和具有实物形态的固定资产，有其自身的特征，主要表现在以下六个部分。

1. **无形资产没有实物形态** 无形资产所体现的是一种权力或获得超额利润的能力，它没有实物形态，但却具有价值，或者能够使企业获得高于同行业平均的盈利能力。它虽然可以买卖，但它看不见摸不着，它以某种特有技术知识和权利形式存在，如专利权、商标权。

2. 无形资产能在较长的时期内使企业获得经济效益　　无形资产能供企业长期使用,从而使企业长期受益,企业为取得无形资产所发生的支出,属于资本性支出。

3. 持有无形资产的目的是使用　　企业持有无形资产的目的是用于生产商品或提供劳务、出租给他人,或为了行政管理,而不是为了对外销售。无形资产一旦脱离了生产经营活动,就失去了其经济价值。

4. 无形资产所提供的经济利益具有不确定性　　无形资产的经济价值在很大程度上受企业外部因素的影响,其预期盈利能力难以准确地予以确定。例如,某项专利权,企业在自创时估计有10年寿命,但在第六年,随着技术市场上有更先进的专利替代,那么该项专利权的经济价值也就此终结,由该项专利权可望带来的经济效益也随之告终。

5. 无形资产的经济价值与其成本之间无直接因果关系　　在企业中,往往有些无形资产,取得成本较低,却能给企业带来较高的经济效益;而有些无形资产,取得的成本较高,仅能给企业带来较低的经济效益。

6. 无形资产是有偿取得的　　只有企业发生成本而取得的无形资产才能计价入账,否则,即使具有无形资产的性质,但也不能作为无形资产计价入账。

二、无形资产的内容

无形资产分为专利权、非专利技术、商标权、著作权、土地使用权和特许权。

(一) 专利权

专利权是指发明人对其发明的成果提出申请,经国家专利机关审查批准,在一定期限以内依法享有的专有权。发明人申请获得专利,需公开其全部秘密。为保护发明人的权益,国家对专利给予法律保护。专利权按专利对象分为发明专利权、实用新型专利权和外观设计专利权。专利权是一种有期限的财产权,保护期满,专利权自动终止。根据我国《专利法》规定,发明专利权有效期为15年,实用新型专利权和外观设计专利权有效期为5年(经申请可续展3年)。

(二) 非专利技术

非专利技术又称专有技术或诀密技术。是指运用先进的、未公开的、未申请专利的,可以带来经济效益的技术及诀窍。非专利技术不受法律保护,所有人依靠自我保密的方式来维持其独占权。非专利技术主要包括以下三个方面的内容。

1. 工业专有技术　　它是指生产上已经采用,仅限于少数人知道,不享有专利权或发明权的生产、装配、修理、工艺或加工方法的技术知识。

2. 商业(贸易)专有技术　　它是指具有保密性质的市场情报、原材料价格情报以及用户、竞争对象的情况的有关知识。

3. 管理专有技术　　它是指生产组织的经营方式、管理方法、培训职工方法等保密知识。

（三）商标权

商标权是指商标使用人在向国家商标权局申请商标注册，经核准后而获得的一定期限内的专用权。商标是指用来辨认特定的商品或劳务的标记。商标权受到法律保护。商标权的有效期为10年，可以续展，一次续展10年，可无限止续展。

（四）著作权

著作权又称版权，是指公民、法人按照法律规定对文学、艺术和科学作品享有的专有权。这种专有权除法律另有规定者外，未经著作人许可或转让，他人不得占有和行使。

（五）土地使用权

土地使用权是指土地使用者对其所使用的土地，按照法律规定在一定期限内享有利用和取得收益的权利。

（六）特许权

特许权又称专营权，是指获准在一定区域和期限内，以一定的形式生产经营某种特定商品或劳务的专有权利。特许权有两种形式：一种是由政府机关授予的，如电力、电话、煤气、烟草、酒等的特许经营权。另一种是由一个企业授予另一个企业商号生产经营以该企业商号、商标、专利和非专利技术等制造的产品或提供劳务的权利，如肯德基快餐、麦当劳快餐等连锁商店。

三、无形资产的确认和计量

（一）无形资产的确认

企业要确认一项无形资产，必须同时满足以下两个条件。

1. 与该资产有关的经济利益很可能流入企业　　无形资产为企业带来的经济利益，可能表现为收入的增加、成本的节约或降低劳动强度、减少污染等其他利益。

在判断无形资产产生的经济利益是否很可能流入企业时，企业应对无形资产在预计使用寿命内可能存在的各种经济因素作出合理的估计，并且应当有明确的证据支持。无形资产所能产生的经济利益具有很高的不确定性，并且无形资产本身不能直接产生经济利益，它们通常作为必不可少的技术条件或法定前提参与企业的生产经营活动。无形资产只有与其他生产要素相结合才能产生经济利益，因此，只有当企业确信某项无形资产可以为企业带来经济利益时，才能予以确认。

2. 该无形资产的成本能够可靠地计量　　无形资产与其他资产一样是按取得时实际发生的成本计量的，但在某些情况下其实际成本难以可靠计量。例如，与企业签订了服务合同的高科技人才，并且合同规定其在一定期间内不能为其他企业提供服务，这显然是企业的优质资产，但是这些高科技人才的知识难以合理地辨认,再加上为形成这些知识所发生的支出也难以可靠地计量,因此,不能将其作为无形资产而加以确认。

(二) 无形资产的计量

企业取得的无形资产,应按取得时的成本计量。

取得时的成本,应按以下规定确定。

1. 外购的无形资产　　按照无形资产的购买价款、相关税费以及直接归属于使该项资产达到预定用途所发生的其他支出计量。

2. 自行开发的无形资产　　按照企业内部开发项目开发阶段起至该项目达到预定用途前所发生的支出总额计量。

3. 投资者投入的无形资产　　按照投资合同或协议约定的价值计量。

4. 接受捐赠的无形资产　　捐赠方提供了有关凭据的,按照凭据上标明的金额加上应支付的相关税费计量;捐赠方没有提供有关凭据的,按同类或类似无形资产的市场价格估计的金额,加上应支付的相关税费计量。

四、无形资产的取得

企业取得无形资产主要有外购、企业自行开发、投资者投入和接受捐赠等方式。由于取得的方式不同,其核算方法也不相同。

(一) 外购无形资产的核算

外购的无形资产,应按购入支付的价款和发生的咨询费、手续费之和计价入账。

【例】 上海电机厂向上海电机研究所购入专利权一项,价款150 000元,在洽购时,支付咨询费、手续费6 000元,价款及各项费用签发转账支票付讫,作分录如下:

借:无形资产——专利权　　　　　　　　　　　　156 000.00
　　贷:银行存款　　　　　　　　　　　　　　　　　156 000.00

"无形资产"是资产类账户,用以核算企业的专利权、非专利技术、商标权、土地使用权、著作权和特许权等无形资产的原值。企业取得各种无形资产时,记入借方;企业以无形资产对外投资、出售以及无形资产预期不能为企业带来经济利益,予以转销时,记入贷方;期末余额在借方,表示企业现有无形资产的原值。无形资产应按不同的类别设置明细分类账,进行明细分类核算。

(二) 自行开发无形资产的核算

企业自行开发无形资产,对于开发项目的支出,应区分研究阶段支出与开发阶段支出。研究是指为获取并理解新的科学或技术知识而进行的独创性的有计划调查。开发是指在进行商业性生产或使用前,将研究成果或其他知识应用于某项计

第五章 固定资产、无形资产和长期待摊费用

划或设计,以生产出新的或具有实质性改进的材料、装置、产品等。

企业自行开发无形资产,研究阶段的支出,应当于发生时计入当期损益;开发阶段的支出,才能确认为无形资产。

企业确认自行开发的无形资产,必须同时满足以下五个条件:一是完成该无形资产以使其能够使用或出售在技术上具有可行性;二是具有完成该无形资产并使用或出售的意图;三是无形资产产生经济利益的方式,包括能够证明运用该无形资产生产的产品存在市场或无形资产自身存在市场,无形资产将在内部使用的,应当证明其有用性;四是有足够的技术、财务资源和其他资源的支持,以完成该无形资产的开发,并有能力使用或者出售该无形资产;五是归属于该无形资产开发阶段的支出能够可靠地计量。

【例】 天成化工厂通过自行研究,开发成功一项专利权,发生有关的经济业务如下:

(1) 3月1日,为研究一项专利,领用原材料3 750元,作分录如下:

  借:研发支出——费用化支出   3 750.00
    贷:原材料   3 750.00

(2) 3月31日,分配本月份专利开发人员在研究阶段的工资6 000元,并计提职工福利费840元,作分录如下:

  借:研发支出——费用化支出   6 840.00
    贷:应付职工薪酬——工资   6 000.00
    贷:应付职工薪酬——职工福利   840.00

(3) 3月31日,结转无形资产费用化支出,作分录如下:

  借:管理费用   10 590.00
    贷:研发支出——费用化支出   10 590.00

(4) 4月1日,专利项目进入开发阶段,领用原材料56 000元,作分录如下:

  借:研发支出——资本化支出   56 000.00
    贷:原材料   56 000.00

(5) 4月10日,签发转账支票支付上海化工研究所技术咨询费7 200元,作分录如下:

  借:研发支出——资本化支出   7 200.00
    贷:银行存款   7 200.00

(6) 4月30日,计提开发专利设备的折旧费4 500元,分配专利开发人员在开

发阶段的工资 30 000 元,并计提职工福利费 4 200 元,作分录如下:

  借:研发支出——资本化支出   38 700.00
    贷:累计折旧   4 500.00
    贷:应付职工薪酬——工资   30 000.00
    贷:应付职工薪酬——福利费   4 200.00

  (7) 5 月 10 日,专利项目开发成功,签发转账支票支付专利权的注册登记费 9 600 元,律师费 6 500 元,作分录如下:

  借:研发支出——资本化支出   16 100.00
    贷:银行存款   16 100.00

  (8) 5 月 11 日,专利权申请成功,结转专利权项目的开发成本,作分录如下:

  借:无形资产   118 000.00
    贷:研发支出——资本化支出   118 000.00

  "研发支出"是成本类账户,用以核算企业进行研究与开发无形资产过程中所发生的各项支出。企业发生的无形资产研究与开发支出时,记入借方;企业期末结转无形资产研究支出和无形资产开发成功结转其开发成本时,记入贷方;期末余额在借方,表示企业正在进行的无形资产开发项目满足资本化条件的支出。

  (三) 投资者投入无形资产的核算

  企业为自身发展,引进技术资金,在市场经济体系下,往往会接受外单位或个人无形资产的投资。投资者投入的无形资产的主要形式有:专利权、非专利技术、土地使用权等。企业取得投资者投入的无形资产,应按照投资合同或协议约定的价值入账,届时,借记"无形资产"账户,贷记"实收资本"账户。

  【例】 西南机械厂接受上海机械厂一项专利权的投资,按照投资合同约定的价值 120 000 元入账,作分录如下:

  借:无形资产——专利权   120 000.00
    贷:实收资本   120 000.00

五、无形资产的摊销

(一) 无形资产摊销概述

  无形资产是企业的一项长期资产,在其使用寿命内持续为企业带来经济利益,它的价值会随着使用而不断地减少,直到消失。因此,企业应当于取得无形资产时分析判断其使用寿命。

  使用寿命有限的无形资产,应当估计该使用寿命的年限或者构成使用寿命的产量等类似计量单位数量;无法预见无形资产为企业带来经济利益期限的,应当视为使用寿命不确定的无形资产。使用寿命有限的无形资产,应当将其应摊销金额在使用寿命内系统合理摊销,应当自无形资产可供使用时起,至不再确认为无形资产时止。使用寿命不确定的无形资产不予摊销。

(二)估计无形资产使用寿命应当考虑的相关因素

来源于合同性权利或其他法定权利的无形资产,其使用寿命不应超过合同性权利或其他法定权利的期限;合同性权利或其他法定权利在到期时因续约等延续,且有证据表明企业续约不需要付出大额成本的,续约期应当计入使用寿命。合同或法律没有规定使用寿命的,企业应当综合各方面因素判断,以确定无形资产能为企业带来经济利益的期限。比如,与同行业的情况进行比较、参考历史经验,或聘请相关专家进行论证等。

按照上述方法仍无法合理确定无形资产为企业带来经济利益期限的,该项无形资产应作为使用寿命不确定的无形资产。

企业确定无形资产使用寿命通常应考虑的因素有:

(1) 运用该资产生产的产品通常的寿命周期、可获得的类似资产使用寿命的信息。

(2) 技术、工艺等方面的现阶段情况及对未来发展趋势的估计。

(3) 以该资产生产的产品或提供服务的市场需求情况。

(4) 现在或潜在的竞争者预期采取的行动。

(5) 为维持该资产带来经济利益能力的预期维护支出,以及企业预计支付有关支出的能力。

(6) 对该资产控制期限的相关法律规定或类似限制,如特许使用期、租赁期等。

(7) 与企业持有其他资产使用寿命的关联性等。

(三)无形资产摊销的核算

企业选择的无形资产摊销方法,应当反映与该项无形资产有关的经济利益的预期实现方式。无法可靠确定预期实现方式的,应当采用直线法摊销。

无形资产的应摊销金额为其成本扣除预计残值后的金额。已计提减值准备的无形资产,还应扣除已计提的无形资产减值准备累计金额。使用寿命有限的无形资产,除有第三方承诺在无形资产使用寿命结束时购买该无形资产;可以根据活跃市场得到预计残值信息,并且该市场在无形资产使用寿命结束时很可能存在的情况外,其残值应当视为零。

无形资产的摊销金额一般应当计入当期损益。届时借记"管理费用"账户,贷记"累计摊销"账户。

如果无形资产包含的经济利益通过所生产的产品或其他资产实现的,其摊销金额应当计入相关资产的成本。届时借记"制造费用"账户,贷记"累计摊销"账户。

【例】 上海电机厂外购的一项专利权,包含的经济利益通过所生产的产品实现,其成本为156 000元,预计使用寿命8年,按月摊销时,作分录如下:

  借:制造费用——其他制造费用　　　　　　　　　　　　　1 625.00
   贷:累计摊销　　　　　　　　　　　　　　　　　　　　　　　1 625.00

"累计摊销"是资产类账户,它是"无形资产"账户的抵减账户。用以核算企业对使用寿命有限的无形资产的累计摊销额。企业计提无形资产摊销时,记入贷方;企业处置无形资产时,记入借方;期末余额在贷方,表示企业无形资产的累计摊销额。

企业至少应当于每年年末,对使用寿命有限的无形资产的使用寿命及摊销方法进行复核。无形资产的使用寿命及摊销方法与以前估计不同的,应当改变摊销期限和摊销方法。

企业应当在每个会计期间对使用寿命不确定的无形资产的使用寿命进行复核。如果有证据表明无形资产的使用寿命是有限的,应当估计其使用寿命,并按规定进行摊销。

六、无形资产的处置

企业无形资产处置的去向主要有对外投资、出售和出租等。

(一)无形资产对外投资的核算

企业出于自身发展以及减少投资风险、扩大影响的目的,可以将自己的无形资产如专利权、非专利技术、商标权、著作权等向外投资以获取投资收益。对于已入账的无形资产在对外投资时,应按投资合同或协议约定的价值,借记"长期股权投资"账户,按该项无形资产已计提的累计摊销额,借记"累计摊销"账户,按该项无形资产已计提的减值准备,借记"无形资产减值准备"账户;按无形资产的账面原值,贷记"无形资产"账户。这些账户相抵后如有差额,作为营业外收支处理。

【例】 浦江服装厂以商标权作为对青浦服装厂的投资,商标权的原值为160 000元,该商标权已提累计摊销额66 000元,按投资合同约定的价值100 000元入账,作分录如下:

  借:长期股权投资——其他股权投资　　　　　　　　　　　100 000.00
  借:累计摊销　　　　　　　　　　　　　　　　　　　　　　　66 000.00
   贷:无形资产　　　　　　　　　　　　　　　　　　　　　　160 000.00
   贷:营业外收入——非流动资产处置利得　　　　　　　　　6 000.00

(二)无形资产出售的核算

出售无形资产是指企业转让无形资产所有权,出售无形资产的企业对售出的无形资产不再拥有占有、使用以及处置的权利。企业将专利权、非专利技术、商标权和土地使用权等无形资产出售给其他企业，按实际收到的出售收入，借记"银行存款"账户；按已计提的无形资产摊销额，借记"累计摊销"账户；按已计提的减值准备，借记"无形资产减值准备"账户；按出售收入的一定比例计提的营业税额，贷记"应交税费"账户；按出售无形资产的原值，贷记"无形资产"账户；将这些账户相抵后的差额列入"营业外收入"或"营业外支出"账户。

【例】 浦江电器厂将一项专利权出售给松江电器厂，该项专利权账面原值198 000元，已计提摊销额49 500元，取得出售收入180 000元，存入银行，按出售收入的5％计提营业税额，作分录如下：

借：银行存款	180 000.00
借：累计摊销	49 500.00
贷：应交税费——应交营业税	9 000.00
贷：无形资产——专利权	198 000.00
贷：营业外收入——非流动资产处置利得	22 500.00

（三）无形资产出租的核算

出租无形资产是指企业仅将该项无形资产部分使用权让渡给其他企业，其仍保留出租无形资产的所有权，并拥有占有、使用以及处置的权利。企业可以将专利权、非专利技术、商标权等无形资产的使用权出租给其他企业使用。在取得出租收入时，作为"其他业务收入"入账。但仍应保留无形资产的账面价值，在出租过程中发生的相关税费，应作为出租成本列入"其他业务成本"账户。

【例】 嘉华化工厂将一项非专利技术出租给国泰化工厂。

(1) 收到国泰化工厂转账支票一张，金额为60 000元，系付来出租非专利技术价款，作分录如下：

借：银行存款	60 000.00
贷：其他业务收入	60 000.00

(2) 分配本月份为国泰化工厂提供出租非专利技术服务人员的工资5 000元，并计提职工福利费700元，作分录如下：

借：其他业务成本	5 700.00
贷：应付职工薪酬——工资	5 000.00
贷：应付职工薪酬——职工福利	700.00

七、无形资产的减值

企业应当在期末判断各项无形资产是否可能存在发生减值的迹象。对存在减值迹象的无形资产，应当估计其可收回金额。无形资产的预计可收回金额的确定方法和判断无形资产减值的依据,与固定资产相同,不再重述。

企业对可收回金额低于账面价值的无形资产应当计提减值准备。届时按企业所持有的无形资产的账面价值高于其可以收回金额的差额,借记"资产减值损失"账户,贷记"无形资产减值准备"账户。

【例】 华生电器厂的一项非专利技术账面原值为 180 000 元,已摊销了 90 000 元,因有其他新技术出现,使该项非专利技术的可收回金额大幅度下降,预计其在剩余的使用寿命内可收回金额为 80 000 元,计提其减值准备,作分录如下:

借:资产减值损失——无形资产减值损失　　　　　　　　10 000.00
　　贷:无形资产减值准备　　　　　　　　　　　　　　　　10 000.00

无形资产的减值损失一经确认,在以后会计期间不得转回。

"无形资产减值准备"是资产类账户,它是"无形资产"账户的抵减账户,用以核算企业提取的无形资产减值准备。企业在期末发生无形资产减值予以计提时,记入贷方;企业在已计提减值准备的无形资产处置时,记入借方;期末余额在贷方,表示企业已提取的无形资产减值准备。

第三节　长期待摊费用

一、长期待摊费用概述

长期待摊费用是指企业已经发生,但应由本期和以后各期负担的、分摊期限在 1 年以上的各项费用。它包括租入固定资产改良支出和摊销期在 1 年以上的其他长期待摊费用。

(一)租入固定资产改良支出

租入固定资产改良支出是指企业为增加以经营租赁方式租入固定资产的效用,进行改装、翻修或改建的支出。由于所租的固定资产的所有权是出租单位的,因此对租入固定资产发生的改良支出,不能追加计入固定资产的原始价值,而作为企业的长期待摊费用。

(二)其他长期待摊费用

其他长期待摊费用是指除了租入固定资产改良支出以外的摊销期在 1 年以上的待摊费用,有股票发行费用等。股票发行费用是指按面值发行新股而发生的股票承销费、注册会计师费、评估费、公关及广告费、印刷费及其他直接费用。

二、长期待摊费用的核算

当企业发生租入固定资产改良支出和其他长期待摊费用时,借记"长期待摊费用"账户,贷记"银行存款"、"原材料"、"应付职工薪酬"等账户。

企业对于长期待摊费用应采用直线法分期平均摊销,摊销时借记"制造费用"、"销售费用"、"管理费用"、"财务费用"等账户,贷记"长期待摊费用"账户。

对于不同的长期待摊费用,其摊销期限的计算方法有所不同,租入固定资产的改良支出应在租赁期限与租赁资产尚可使用的寿命两者孰短的期限内平均摊销;股票发行费用在不超过2年的期限内摊销。

【例】 大隆工厂将租入机器设备进行改良,该设备租赁期为5年,尚可使用6年。

(1) 领用改良用材料23 100元,分配工资5 000元,计提职工福利费700元,作分录如下:

借:长期待摊费用——租入固定资产改良支出　　　　　28 800.00
　　贷:原材料　　　　　　　　　　　　　　　　　　　23 100.00
　　贷:应付职工薪酬——工资　　　　　　　　　　　　 5 000.00
　　贷:应付职工薪酬——职工福利　　　　　　　　　　　 700.00

(2) 按月摊销租入机器设备改良支出时,作分录如下:

借:制造费用　　　　　　　　　　　　　　　　　　　　 480.00
　　贷:长期待摊费用——租入固定资产改良支出　　　　　 480.00

"长期待摊费用"是资产类账户,用以核算企业已经发生,但应由本期和以后各期负担的摊销期限在1年以上的各项费用,企业发生长期待摊费用时,记入借方;企业摊销长期待摊费用时,记入贷方;期末余额在借方,表示企业尚待摊销的长期待摊费用。

思 考 题

1. 什么是固定资产?它有哪些特点和作用?
2. 固定资产有哪几种分类?这些分类有哪些作用?
3. 固定资产有哪几种计量标准?并分述各种计量标准的定义。
4. 什么是固定资产折旧?什么是固定资产的使用寿命和预计净残值?
5. 试述固定资产计提折旧的范围。
6. 什么是平均折旧法?它又可分为哪两种方法?并说明各种方法的定义。
7. 什么是加速折旧法?它又可分为哪两种方法?并说明各种方法的定义。
8. 固定资产有哪些后续支出?它们在核算上有何不同?

9. 固定资产可收回金额是如何确定的?
10. 试述判断固定资产减值的依据。
11. 什么是无形资产?它有哪些特征?
12. 确认无形资产应满足哪些条件?并谈谈它是怎样计量的。
13. 试述无形资产的研究与开发的定义。它们在核算上有何不同?
14. 企业确认自行开发的无形资产必须同时满足哪些条件?
15. 哪些无形资产要摊销?哪些无形资产不予摊销?这是如何确定的?
16. 什么是长期待摊费用?它包括哪些内容?

习 题 一

一、目的 练习固定资产取得的核算。

二、资料 新兴机械厂6月份发生下列有关经济业务:

1. 10日,向东风汽车厂购进载重汽车一辆,买价90 000元,增值税额15 300元,运输及装卸费600元,款项一并从银行汇付对方。载重汽车已达到预定可使用状态,验收使用。

2. 12日,向上海汽车厂购进小汽车一辆,买价120 000元,增值税额20 400元,款项当即签发转账支票付讫,小汽车已验收使用。

3. 15日,向哈尔滨机床厂购进数控机床一台,买价128 000元,增值税额21 760元,运输及装卸费1 500元,款项当即承付对方。数控机床也已运到,并验收入库。

4. 16日,本厂安装工人领用数控机床进行安装。

5. 20日,安装工人从材料仓库领用数控机床安装材料2 000元,予以转账。

6. 25日,安装数控机床应分摊安装人员的工资2 000元,予以转账。

7. 25日,计提安装数控机床人员职工福利费280元。

8. 25日,数控机床安装完毕,已达到预定可使用状态。验收使用,予以转账。

9. 28日,接受南浦机器厂投入办公楼一幢,已验收使用。该楼账面原值750 000元,已提折旧200 000元,根据投资合同约定的价值560 000元入账。

10. 30日,收到外商捐赠的仪器一台,外商提供的发票,报关单等凭证表明仪器的价值为50 000元,用银行存款支付仪器的运输费、手续费计800元。仪器已运到,达到预定可使用状态,并验收使用。

三、要求 编制会计分录。

第五章 固定资产、无形资产和长期待摊费用

习 题 二

一、目的 练习固定资产折旧的核算。

二、资料

1. 杨浦机器厂5月1日,生产车间固定资产明细账户的资料如图表5-5所示。

图表5-5

固定资产明细账资料

固定资产名称	计量单位	数量	原始价值（元）	预计使用寿命(年)	预计净残值率(%)	月折旧额（元）
厂　房	幢	1	1 620 000	30	5	
办公楼	幢	1	720 000	30	5	
车　床	台	20	1 800 000	15	5	
龙门刨床	台	1	180 000	15	5	
载重汽车	辆	3	200 000	10	4	
电　梯	辆	2	240 000	10	3	
叉　车	辆	1	60 000	10	3	
合　计			4 820 000			

2. 接着发生有关经济业务如下：

(1) 5月15日,购入小汽车一辆,买价100 000元,增值税额17 000元,款项以转账支票付讫。小汽车预计使用寿命8年,预计净残值率4%,小汽车已达到预定可使用状态,验收使用。

(2) 5月31日,计提本月份固定资产折旧额。

(3) 6月30日,有3台车床,原值各90 000元,上个月已提足折旧,计提本月份固定资产折旧额。

三、要求

1. 根据"资料1",用年限平均法计算各项固定资产的折旧额。
2. 根据"资料1"、"资料2",编制会计分录。

习 题 三

一、目的 练习加速折旧法计提折旧额。

二、资料 华兴纺织厂部分有关固定资产明细分类账户的资料如图表5-6所示。

图表5-6

固定资产明细账资料

固定资产名称	计量单位	数量	原始价值（元）	预计使用寿命（年）	预计净残值（元）
中央空调	台	1	108 000	8	5 400
仪器	台	1	24 000	5	1 200
复印机	台	1	12 000	4	600

三、要求 分别用双倍余额递减法和年数总和法计算上述各项固定资产每年的折旧额。

习 题 四

一、目的 练习固定资产折旧和固定资产后续支出的核算。

二、资料

1. 虹口纺织厂6月1日固定资产按类别列示如下：

固定资产类别	原始价值(元)	年折旧率(%)	使用部门
房　　屋	2 200 000	3	生产车间
纺织设备	2 500 000	6	生产车间
运输工具	240 000	10	运输车间
办公设备	40 000	12	销售部门
办公设备	120 000	12	行政管理部门

2. 6月、7月份发生下列经济业务：

（1）6月1日，将部分纺织设备进行改良，这部分纺织设备原值600 000元，已提折旧200 000元，已提减值准备6 000元，予以转账。

（2）6月2日，购置改良纺织设备的零件、部件一批，共计买价180 000元，增值税额30 600元。设备已交付安装，款项签发转账支票付讫。

（3）6月10日，拆除纺织设备部分淘汰的零、部件出售，出售收入3 400元，存入银行。

（4）6月15日，改良纺织设备领用原材料10 000元，原材料增值税税率为17%，予以转账。

（5）6月25日，分配改良纺织设备人员工资15 000元，并计提职工福利费2 100元。

（6）6月25日，改良的纺织设备竣工，已达到预定可使用状态。该纺织设备预计可收回金额为 660 000 元,予以转账。

(7) 6 月 28 日,签发转账支票支付载重汽车小修理费用 900 元。

(8) 6 月 29 日,购进复印机一台,买价 10 000 元,增值税额 1 700 元,以商业汇票支付。复印机已由厂长室验收使用。

(9) 6 月 30 日,按分类折旧率计提本月份固定资产折旧额。

(10) 7 月 10 日,签发转账支票支付厂房大修理费用 75 000 元。

(11) 7 月 31 日,按分类折旧率计提本月份固定资产折旧额。

三、要求　编制会计分录。

习 题 五

一、目的　练习固定资产处置的核算。

二、资料　白云机器厂 6 月份发生下列有关的经济业务:

1. 1 日,将数控机床一台,拨付广庆机器厂使用,该数控机床原始价值 225 000 元,已提折旧 76 000 元,已提减值准备 2 500 元,予以转账。

2. 2 日,支付数控机床拆卸费用 500 元,运杂费 200 元,款项一并签发转账支票付讫。

3. 5 日,数控机床拨付完毕,按投资合同约定的价值 148 000 元入账。

4. 8 日,龙门刨床一台,经批准报废清理。该龙门刨床原始价值 200 000 元,已提折旧 185 000 元,已提减值准备 5 000 元,予以转账。

5. 9 日,有车床一台,原始价值 50 000 元,已提折旧 27 000 元,已提减值准备 3 000 元,经领导批准准备出售,予以转账。

6. 10 日,签发转账支票,支付龙门刨床处置费用 1 500 元。

7. 15 日,出售龙门刨床残料收入 3 000 元,存入银行。

8. 15 日,签发转账支票,支付车床处置费用 1 000 元。

9. 16 日,龙门刨床清理完毕,予以转账。

10. 18 日,出售车床一台,收入 22 000 元,存入银行。

11. 20 日,车床出售完毕,予以转账。

12. 23 日,磨床一台,原始价值 150 000 元,已提折旧 142 500 元,经批准同意报废,予以转账。

13. 24 日,签发转账支票一张,支付磨床处置费用 1 200 元。

14. 25 日,将报废磨床残料出售,收入 9 000 元,存入银行。

15. 31 日,清理磨床完毕,予以转账。

三、要求　编制会计分录。

习 题 六

一、目的 练习固定资产租赁、清查和减值的核算。

二、资料 威远机器厂12月份发生下列有关的经济业务：

1. 2日,运输车间租入载重汽车一辆,原始价值80 000元,已验收使用。

2. 9日,将本厂小汽车一辆,原始价值180 000元,年折旧率12%,出租给江浦机械厂。

3. 15日,签发转账支票一张,支付租入载重汽车租金1 200元。

4. 20日,收到本月9日出租给江浦机械厂的小汽车的本月租金2 500元。存入银行。

5. 27日,盘亏载重汽车一辆,原始价值78 000元,已提折旧68 000元,已提减值准备2 000元,予以转账。

6. 31日,计提本月份出租的小汽车折旧费。

7. 31日,盘亏的载重汽车经领导批准,予以核销转账。

8. 31日,有电脑5台,每台原始价值10 000元,已提折旧4 000元。现由于市价持续下跌,每台可收回金额仅为4 500元,计提其减值准备。

三、要求 编制会计分录。

习 题 七

一、目的 练习无形资产和长期待摊费用的核算。

二、资料 新宇化工厂发生下列有关的经济业务：

1. 7月1日,购入一项商标权,价款103 000元,在洽购时,支付咨询费、手续费5 000元,价款和各项费用一并签发转账支票支付。

2. 7月2日,为了研究一项专利,领用原材料3 000元,领用试验工具一批,计400元,该批工具采用一次摊销法摊销。

3. 7月5日,与中原化工厂合资经营,中原化工厂以其专利权作为投资,按投资合同约定的价值144 000元入账。

4. 7月31日,分配本月份专利开发人员在研究阶段的工资5 000元,并计提职工福利费700元。

5. 7月31日,结转本月份无形资产费用化支出。

6. 7月31日,本月1日购入的商标权使用寿命为10年,本月5日取得的专利权使用寿命为8年,其包含的经济利益通过生产的产品实现,摊销应由本月份负担的费用。

7. 8月1日,专利项目已进入开发阶段,领用原材料53 380元。

8. 8月8日,签发转账支票支付上海化工研究院技术咨询费6 600元。

9. 8月31日,计提开发专利项目设备的折旧费5 000元,分配专利开发人员在开发阶段的工资33 000元,并计提职工福利费4 620元。

10. 9月1日,该项专利开发成功,申请专利权,签发转账支票支付专利的注册登记费9 900元,律师费7 500元,并结转其开发成本。

11. 9月30日,本月份新开发的专利权使用寿命为8年,其包含的经济利益通过生产的产品实现,摊销其本月份应负担的费用。

12. 9月30日,将本企业拥有的土地使用权出售给华明公司,取得出售收入600 000元,当即收到转账支票,存入银行,按出售收入的5%计提营业税。该项土地使用权的账面价值为480 000元。

13. 2年以后,7月1日购入的商标权已摊销了21 600元,现以商标权剩余的6年使用权,作为对亚通化工厂的投资,按投资合同约定的价值88 000元计量。

14. 7月27日,将本企业的非专利技术出租给泰兴化工厂,租金为56 000元,当即收到转账支票,存入银行。

15. 7月30日,分配本月份为泰兴化工厂提供出租上项非专利技术的服务人员的工资4 000元,并计提职工福利费560元。

16. 7月30日,按出租非专利技术收入的5%计提营业税额。

17. 7月31日,有一项专利权,原值175 000元,已摊销了105 000元,因有其他新专利出现,使该项专利的预计可收回金额大幅度下降,其在剩余的使用寿命内预计可收回金额为60 000元,计提其减值准备。

18. 8月1日,改良租入数控机床,领用材料25 200元,分配工资10 000元,并按工资总额的14%计提职工福利费。

19. 8月31日,数控机床租赁期为5年,设备尚可使用6年,摊销应由本月份负担的数控机床的改良支出。

三、要求　编制会计分录。

第六章 对外投资

第一节 对外投资概述

对外投资是指企业为通过分配来增加财富,或为谋求其他利益,而将资产让渡给其他单位所获得的另一项资产。

一、对外投资的分类

按照对外投资流动性的强弱不同,可分为短期投资和长期投资两种。

(一)短期投资

短期投资是指能够随时变现并且持有时间不准备超过1年的投资。属于短期投资的只有交易性金融资产。

交易性金融资产是指企业持有的以公允价值计量且其变动计入当期损益的金融资产。它包括为交易目的所持有的债券投资、股票投资、权证投资等和直接指定以公允价值计量且其变动计入当期损益的金融资产。

金融资产是指企业的现金,持有的其他单位的权益工具,从其他单位收取现金或其他金融资产或金融负债的合同权利,在潜在有利条件下,与其他单位交换金融资产或金融负债的合同权利,和将来须用或可用企业自身权益工具进行结算的衍生工具、非衍生工具的合同权利,企业根据该合同将收到非固定数量的自身权益工具等资产。

权益工具是指能证明拥有某个企业在扣除所有负债后的资产中的剩余权益的合同。

衍生工具是指具有下列特征的金融工具或其他合同:① 其价值随特定利率、金融工具价格、商品价格、汇率、价值指数、费率指数、信用等级、信用指数或其他类似变量的变动而变动,变量为非金融变量的,该变量与合同的任一方不存在特定关系。② 不要求初始净投资,或与对市场情况变化有类似反应的其他类型合同相比,要求很少的初始净投资。③ 在未来某一日期结算。

衍生工具包括远期合同、期货合同、互换和期权,以及具有远期合同、期货合同、互换和期权中一种或一种以上特征的工具。

金融工具是指形成一个企业的金融资产,并形成其他单位的金融负债或权益工具的合同。

(二)长期投资

长期投资是指短期投资以外的投资。长期投资按照投资的目的不同,可分为持有至到期投资、可供出售金融资产、长期股权投资和投资性房地产。

1. 持有至到期投资　它是指到期日固定、回收金额固定或可确定,且企业有明确意图和能力持有至到期的非衍生金融资产。

2. 可供出售金融资产　它是指初始确认时即被指定为可供出售的非衍生金融资产,以及除下列各类资产以外的金融资产:① 贷款和应收款项。② 持有至到期投资。③ 以公允价值计量且其变动计入当期损益的金融资产。

3. 长期股权投资　它是指企业持有的对子公司、联营企业及合营企业的投资以及对被投资单位不具有共同控制或影响、在活跃市场中没有报价、公允价值不能可靠计量的权益性投资。

4. 投资性房地产　它是指为赚取租金或资本增值,或两者兼有而持有的房地产。

二、对外投资的目的和特点

(一)短期投资的目的和特点

企业在生产经营过程中,经常会出现暂时闲置的现金,为了充分发挥现金的利用效果,可以在金融市场上购买其他企业发行的股票、债券、基金等进行短期投资,以谋求更高的股利收入或利息收入。由于股票、债券、基金等的流动性强,一旦企业需要使用现金时,可以随时将这些股票、债券、基金等在金融市场上出售,收回现金。

因此,短期投资具有投资收回快、风险小、变现能力强、机动而灵活的特点。

(二)长期投资的目的和特点

长期投资除了要获得投资收益外,更重要的目的有两个:其一是为了与被投资企业建立与保持一定的业务关系,影响和控制其经营业务,以有利于自身业务的经营。例如,为了保持企业正常的原材料供应的来源,或扩大企业产品的销售渠道,可以购进有关企业一定份额的股票或者向有关企业进行直接投资,以取得一定的经营决策权。其二是企业为大规模更新生产经营设施或为将来扩展生产经营规模而筹集资金,企业可以有计划地将平时固定资产损耗的价值和企业短期内不准备使用的盈余公积等款项,用以购进股票和长期债券,以便将来大规模更新生产经营设施或扩展生产经营规模时,既增了值,又可以变现使用。为了这些目的而进行的投资,一般不会在短期内出售,从而形成了长期投资。

因此长期投资具有投资额大,投资回收期长,投资收益大,风险也大的特点。

第二节 交易性金融资产

一、交易性金融资产取得的核算

企业取得交易性金融资产时,应当按照公允价值计量入账。相关的交易费用应当直接计入当期损益。

交易费用是指可直接归属于购买、发行或处置金融工具新增的外部费用。它包括支付的手续费和佣金及其他必要支出。

企业取得交易性金融资产时,按交易性金融资产的公允价值借记"交易性金融资产"账户;按发生的交易费用借记"投资收益"账户;按实际支付的金额贷记"银行存款"账户。

【例】 沪光公司11月6日购进大秦公司股票10 000股,每股8元,另以交易金额的3‰支付佣金,1‰交纳印花税,款项一并签发转账支票付讫,该股票为交易目的而持有,作分录如下:

借:交易性金融资产——成本——大秦公司股票	80 000.00
借:投资收益	320.00
贷:银行存款	80 320.00

企业取得的交易性金融资产中,若包含已宣告而尚未发放的现金股利或已到付息期但尚未领取的利息,应从成本中予以扣除,将其作为应收股利或应收利息处理。在这种情况下购入的交易性金融资产的成本,应以公允价值减去应收股利或应收利息入账。

【例】 锦江集团公司2月20日购入华达公司股票10 000股,每股6元,价款60 000元。另以交易金额的3‰支付佣金,1‰交纳印花税,款项一并签发转账支票付讫。该股票为交易目的而持有,华达公司已于2月15日宣告将于3月1日分派现金股利,每股0.20元。

(1)2月20日,购入股票时,作分录如下:

借:交易性金融资产——成本——华达公司股票	58 000.00
借:应收股利——华达公司	2 000.00
借:投资收益	240.00
贷:银行存款	60 240.00

(2)3月1日,收到华达公司现金股利时,作分录如下:

借:银行存款	2 000.00
贷:应收股利——华达公司	2 000.00

"交易性金融资产"是资产类账户,用以核算企业为交易目的所持有的债券投资、股票投资、基金投资等交易性金融资产的公允价值。企业在取得交易性金融资产和期末交易性金融资产增值时,记入借方;企业出售交易性金融资产和期末交易性金融资产减值时,记入贷方;期末余额在借方,反映企业持有交易性金融资产的公允价值。该账户应当按交易性金融资产的类别和品种,分别"成本"、"公允价值变动"进行明细核算。

二、交易性金融资产持有期间取得股利和利息的核算

交易性金融资产持有期间被投资单位宣告发放现金股利,或在期末按分期付息、一次还本债券投资的票面利率计算利息时,借记"应收股利"或"应收利息"账户,贷记"投资收益"账户。

【例】 8月31日,大华公司为交易目的而持有永乐公司上月31日发行的债券100张,计面值100 000元,该债券系分期付息,到期一次还本,年利率为6%,计提其本月份应收利息,作分录如下:

借:应收利息——永乐公司　　　　　　　　　　500.00
　　贷:投资收益　　　　　　　　　　　　　　　　500.00

等收到应收股利或应收利息时,再借记"银行存款"账户,贷记"应收股利"或"应收利息"账户。

"应收利息"是资产类账户,用以核算企业交易性金融资产、持有至到期投资、可供出售金融资产等应收取的利息。企业发生应收利息时,记入借方;企业收到应收利息时,记入贷方;期末余额在借方,表示企业尚未收回的利息。

被投资公司宣告分派股票股利时,投资企业不需要作账务处理,等被投资公司分派股票股利时,应做好备查记录,增加被投资公司股票的股数。

三、交易性金融资产的期末计量

交易性金融资产的期末计量是指期末交易性金融资产在资产负债表上反映的价值。

交易性金融资产在取得时按公允价值计量,然而在交易市场上的价格会不断地发生变化,期末,当交易性金融资产的公允价值高于其账面余额时,将两者之间的差额借记"交易性金融资产——公允价值变动"账户,贷记"公允价值变动损益"账户;当公允价值低于其账面余额时,将两者之间的差额借记"公允价值变动损益"账户,贷记"交易性金融资产——公允价值变动"账户。

【例】 沪光公司为交易目的持有大秦公司股票10 000股、账面余额80 000元。

(1) 11月30日,该股票每股公允价值为8.10元,予以转账,作分录如下:

借：交易性金融资产——公允价值变动——天原公司股票　　　　1 000.00
　　　　贷：公允价值变动损益——交易性金融资产　　　　　　　　　　1 000.00

（2）将公允价值变动损益结转"本年利润"账户，作分录如下：

　　借：公允价值变动损益——交易性金融资产　　　　　　　　　　1 000.00
　　　　贷：本年利润　　　　　　　　　　　　　　　　　　　　　　1 000.00

"公允价值变动损益"是损益类账户，用以核算企业交易性金融资产、交易性金融负债和采用公允价值模式计量的投资性房地产，衍生工具、套期保值业务等公允价值变动形成的应计入当期损益的利得或损失。企业取得公允价值变动收益或将公允价值变动损失结转"本年利润"账户时，记入贷方；企业发生公允价值变动损失或将公允价值变动收益结转"本年利润"账户时，记入借方。

四、交易性金融资产出售的核算

企业出售交易性金融资产时，也会发生交易费用，届时应按出售交易性金融资产实际收到的金额（即出售价格减去其交易费用的出售净收入），借记"银行存款"账户；按其账面余额，贷记"交易性金融资产——成本"账户，借记或贷记"交易性金融资产——公允价值变动"账户；实际收到的金额与账面余额的差额，列入"投资收益"账户的贷方或借方；同时，将原计入该金融资产的公允价值变动损益转入"投资收益"账户。

【例】12月10日，沪光公司出售其为交易目的而持有的大秦公司股票10 000股。出售价格每股8.25元，按交易金额的3‰支付佣金，1‰交纳印花税。查该股票明细账户余额成本为80 000元；"公允价值变动"明细账为借方余额1 000元，收到出售净收入，存入银行，作分录如下：

　　借：银行存款　　　　　　　　　　　　　　　　　　　　　　　82 170.00
　　　　贷：交易性金融资产——成本——大秦公司股票　　　　　　　　80 000.00
　　　　贷：交易性金融资产——公允价值变动——大秦公司股票　　　　1 000.00
　　　　贷：投资收益　　　　　　　　　　　　　　　　　　　　　　　1 170.00

"投资收益"是损益类账户，用以核算企业确认的投资收益或投资损失。企业确认投资收益或将投资损失结转"本年利润"账户时，记入贷方；企业确认投资损失或将投资收益结转"本年利润"账户时，记入借方。

第三节　持有至到期投资

一、持有至到期投资取得的核算

持有至到期投资主要是指购买到期日在1年以上的长期债券进行投资。企业购买新发行的长期债券进行持有至到期投资时，支付的债券价格，有时与债券的面值相等，有时却与面值不一致。当购进债券的价格与面值相等时，称为按面值购进；如果购进债券的价格高于面值，称为溢价购进；如果购进债券的价格低于面值，则称为折价购进。

持有至到期投资应按取得时的公允价值与交易费用之和作为初始确认金额，如支付的价款中包含已到付息期但尚未领取的债券利息，应将其列入"应收利息"账户。

（一）按面值购进债券的核算

企业按面值购进债券时，按债券的面值和交易费用之和借记"持有至到期投资——成本"账户，贷记"银行存款"账户。

持有至到期投资应当按期计提利息，计提的利息按债券面值乘以票面利率计算。对于分期付息，到期还本的持有至到期投资，在计提利息时，借记"应收利息"账户，贷记"投资收益"账户。对于到期一次还本付息的持有至到期投资，则借记"持有至到期投资——债券投资——应计利息"账户，贷记"投资收益"账户。

（二）溢价购进债券的核算

企业溢价购进债券，是因为债券的票面利率高于市场利率，那么投资企业按票面利率收到的利息将要高于按市场利率所能得到的利息。因此，溢价是为以后各期多得利息而预先付出的款项，也就是说，在投资企业以后各期收到的利息中，还包括溢价购进时预先付出的款项，因此这部分多付的款项在发生时应列入"持有至到期投资——利息调整"账户的借方，在确定各期利息收入时再进行摊销，以冲抵投资收益。利息调整摊销的方法有直线法和实际利率法两种。直线法是指将债券的利息调整额按债券的期限平均摊销的方法。

【例】银星工厂11月30日购进新发行的华光公司3年期债券150张，每张面值1 000元，购进价格为1 025.74元，该债券票面年利率为9‰，每年11月30日支付利息，该债券准备持有至到期。

（1）11月30日，签发转账支票154 014.86元，支付150张债券的价款153 861元，并按交易金额的1‰支付佣金，作分录如下：

借：持有至到期投资——成本——华光公司债券　　　　　150 153.86
借：持有至到期投资——利息调整——华光公司债券　　　　3 861.00
　　贷：银行存款　　　　　　　　　　　　　　　　　　154 014.86

（2）12月31日，预计本月份该债券应收利息入账，并用直线法摊销利息调整额，作分录如下：

借：应收利息——华光公司　　　　　　　　　　　　　　1 125.00
　　贷：持有至到期投资——利息调整——华光公司债券　　　107.25
　　贷：投资收益　　　　　　　　　　　　　　　　　　1 017.75

(3) 次年 11 月 30 日,收到华光公司 1 年期债券利息入账,作分录如下:

借:银行存款	13 500.00
贷:应收利息——华光公司	12 375.00
贷:持有至到期投资——利息调整——华光公司债券	107.25
贷:投资收益	1 017.75

采用直线法摊销利息调整额简便易行,然而随着各期借方利息调整额的减少,企业的投资额有了减少,而各期的投资收益却始终保持不变,因此反映的投资收益不够准确。为了准确地反映各期的投资收益,可以采用实际利率法。实际利率法是指根据债券期初账面价值减去交易费用后,乘以实际利率确定各期的利息收入,然后将其与按票面利率计算的应计利息收入相比较,将其差额作为各期利息调整额的方法。

采用实际利率计算法摊销借方利息调整额,溢价购进债券的实际利息收入会随着债券账面价值的逐期减少而减少,从而却使其利息调整额随之逐期增加。其计算方法如图表 6-1 所示。

【例】　金融市场实际利率为 8%,根据前例购进华光公司溢价发行的债券,用实际利率法摊销债券各期的利息调整额如图表 6-1 所示。

图表 6-1

实际利率法利息调整额计算表(借方余额)

单位:元

付息期数	应计利息收入	实际利息收入	本期利息调整额	利息调整借方余额	债券账面价值(不含交易费用)
(1)	(2)=面值×票面利率	(3)=上期(6)×实际利率	(4)=(2)-(3)	(5)=上期利息调整余额-(4)	(6)=面值+(5)
购进时				3 861.00	153 861.00
1	13 500.00	12 308.88	1 191.12	2 669.88	152 669.88
2	13 500.00	12 213.59	1 286.41	1 383.47	151 383.47
3	13 500.00	12 116.53①	1 383.47	0	150 000.00

① 由于在计算上存在尾差,因此 12 116.53 元是近似值。

以上计算的是各年的应计利息收入、实际利息收入和利息调整额。12 月 31 日预计本月份应收利息和利息调整额时,可以将第一期计算的数据除以 12 取得,并据以入账,作分录如下:

借:应收利息	1 125.00
贷:持有至到期投资——利息调整——华光公司债券	99.26
贷:投资收益	1 025.74

(三) 折价购进债券的核算

企业折价购进债券,是因为债券的票面利率低于市场利率,那么,投资企业按票面利率收到的利息将低于按市场实际利率所能得到的利息,因此,折价是为了补偿投资企业以后各期少收利息而预先少付的款项,这部分少付的款项应在发生时列入"持有至到期投资——利息调整"账户的贷方,在确定各期利息收入时,再进行摊销,以作为投资收益的一部分。

【例】 宏声公司9月30日购进新发行的春光商厦3年期的债券12张,每张面值10 000元,购进价格为9 741.97元,该债券票面利率为7%,每年9月30日支付利息,该债券准备持有至到期。

(1) 9月30日,签发转账支票117 020.54元,支付12张债券的价款116 903.64元,并按价款的1‰支付佣金,作分录如下:

借:持有至到期投资——成本——春光商厦债券　　　　　　120 116.90
　　贷:持有至到期投资——利息调整——春光商厦债券　　　 3 096.36
　　贷:银行存款　　　　　　　　　　　　　　　　　　　117 020.54

(2) 10月31日,预计该债券本月份的应收利息入账,并用直线法摊销利息调整额,作分录如下:

借:应收利息　　　　　　　　　　　　　　　　　　　　　　700.00
借:持有至到期投资——利息调整——春光商厦债券　　　　　 86.01
　　贷:投资收益　　　　　　　　　　　　　　　　　　　　　786.01

(3) 次年9月30日,收到春光商厦一年期债券利息,作分录如下:

借:银行存款　　　　　　　　　　　　　　　　　　　　　8 400.00
借:持有至到期投资——利息调整——春光商厦债券　　　　　 86.01
　　贷:应收利息　　　　　　　　　　　　　　　　　　　　7 700.00
　　贷:投资收益　　　　　　　　　　　　　　　　　　　　　786.01

以上是采用直线法摊销贷方利息调整额,若采用实际利率法摊销贷方利息调整额,折价购进债券的实际利息收入会随着债券账面价值逐期增加而增加,从而使其利息调整额也随之逐期增加。其计算方法如图表6-2所示。

【例】 金融市场实际利率为8%,根据前例购进春光商厦折价发行的债券,用实际利率法摊销债券各期的利息调整额如图表6-2所示。

"持有至到期投资"是资产类账户,用以核算企业持有至到期投资的价值。企业取得各种持有至到期投资、计提到期一次还本付息债券利息和摊销利息调整贷方余额时,记入借方;企业出售、收回持有至到期投资、将持有至到期投资重分类和摊销利息调整借方余额时,记入贷方;期末余额在借方,表示企业持有至到期投资的摊余成本。

图表6-2

实际利率法利息调整额计算表(贷方余额)　　　　　　单位:元

付息期数	应计利息收入	实际利息收入	本期利息调整额	利息调整贷方余额	债券账面价值(不含交易费用)
(1)	(2)=面值×票面利率	(3)=上期(6)×实际利率	(4)=(3)-(2)	(5)=上期利息调整余额-(4)	(6)=面值-(5)
购进时				3 096.36	116 903.64
1	8 400.00	9 352.29	952.29	2 144.07	117 855.93
2	8 400.00	9 428.47	1 028.47	1 115.60	118 884.40
3	8 400.00	9 515.60①	1 115.60	0	120 000.00

① 由于在计算上存在尾差,因此9 515.60元是近似值。

二、持有至到期投资减值的核算

企业在期末应当对持有至到期投资的账面价值进行检查;如持有至到期投资的可收回金额低于其账面价值,从而发生减值的,应当计提减值准备。届时,按持有至到期投资的可收回金额与账面价值之间的差额,计算确认减值损失,借记"资产减值损失"账户,贷记"持有至到期投资减值准备"账户。

【例】10月31日,安泰机械厂持有山海公司去年10月10日溢价发行的3年期债券120张,每张面值1 000元,每年10月10日支付利息,其账面价值投资成本为120 123.89元;利息调整为借方余额2 059.20元。因山海公司发生严重的财务困难,现1 000元面值的债券市价仅1 001元,其交易费用为1‰,计提其减值准备,作分录如下:

持有至到期投资可收回金额=1 001×120×(1-1‰)=119 999.88(元)

借:资产减值损失——持有至到期投资减值损失　　　　2 183.21
　　贷:持有至到期投资减值准备——山海公司债券　　　　　　2 183.21

已计提减值准备的持有至到期投资价值以后又得以恢复时,应在原已计提的减值准备金额内,按恢复增加的金额,借记"持有至到期投资减值准备"账户,贷记"资产减值损失"账户。

"资产减值损失"是损益类账户,用以核算企业计提各项资产减值准备所形成的损失。企业计提各项资产减值准备时,记入借方;企业已计提减值准备相关资产的价值又得以恢复按规定转回和期末结转"本年利润"账户时,记入贷方。

"持有至到期投资减值准备"账户是资产类账户,也是"持有至到期投资"账户的抵减账户,用以核算企业持有至到期投资发生减值时计提的减值准备。计提持有至到期投资减值准备时,记入贷方;当减值的持有至到期投资出售、重分类和减值的金额恢复时,记入借方,期末余额在贷方,表示企业已计提但尚未转销的持有至到期投资减值准备。

三、持有至到期投资出售和重分类的核算

持有至到期投资出售时,应按实际收到的金额,借记"银行存款"账户;按已计提的减值准备,借记"持有至到期投资减值准备"账户;按其账面余额,贷记"持有至到期投资"账户;将其差额列入"投资收益"账户。

【例】 续前例,11月5日,安泰机械厂出售山海公司发行的3年期债券120张,每张面值1 000元,现按1 000.80元出售,另按交易金额的1‰支付佣金,收到出售净收入,存入银行。作分录如下:

借:银行存款	119 975.90
借:持有至到期投资减值准备	2 183.21
借:投资收益	23.98
贷:持有至到期投资——成本——山海公司债券	120 123.89
贷:持有至到期投资——利息调整——山海公司债券	2 059.20

企业因持有意图或能力发生改变,使某项投资不再适合划分为持有至到期投资的,应当将其重分类为可供出售金融资产,并以公允价值进行后续计量。重分类日,该投资的账面价值与公允价值之间的差额记入"资本公积"账户。已计提减值准备的,还应同时结转减值准备。

【例】 8月1日,天华公司持有申达公司按面值发行的3年期债券100 000元,年利率为8%,至到期日一次还本付息。已按持有至到期投资入账,现决定将其重分类为可供出售金融资产,该债券的账面价值成本为100 100元,应计利息为6 000元,现公允价值为107 900元,予以转账。作分录如下:

借:可供出售金融资产——成本——申达公司债券	107 900.00
贷:持有至到期投资——成本——申达公司债券	100 100.00
贷:持有至到期投资——应计利息——申达公司债券	6 000.00
贷:资本公积——其他资本公积	1 800.00

第四节 可供出售金融资产

一、可供出售金融资产取得的核算

可供出售金融资产包括划分为可供出售的股票投资、债券投资等金融资产。

企业取得可供出售金融资产时,应按可供出售金融资产的公允价值与交易费用之和,借记"可供出售金融资产"账户;贷记"银行存款"账户。

【例】 2月1日,海螺服装厂购进新兴公司股票 30 000 股,每股 6 元,另以交易金额的 3‰ 支付佣金,1‰ 交纳印花税,款项一并签发转账支票付讫,该股票准备日后出售,作分录如下:

借:可供出售金融资产——成本——新兴公司股票　　　　　180 720.00
　　贷:银行存款　　　　　　　　　　　　　　　　　　　180 720.00

如取得可供出售金融资产支付的价款中包含已到付息期但尚未领取的债券利息或已宣告但尚未发放的现金股利时,将其列入"应收利息"或"应收股利"账户的借方。

可供出售金融资产在持有期间取得债券利息或现金股利时,借记"银行存款"账户,贷记"投资收益"账户。

【例】 续上例,2月15日,海螺服装厂收到新兴公司发放的现金股利,每股 0.12 元,计 3 600 元,存入银行,作分录如下:

借:银行存款　　　　　　　　　　　　　　　　　　　　3 600.00
　　贷:投资收益　　　　　　　　　　　　　　　　　　　3 600.00

二、可供出售金融资产期末计量的核算

企业在期末对可供出售金融资产应按公允价值进行调整,如公允价值高于账面余额的,按其差额,借记"可供出售金融资产——公允价值变动"账户,贷记"资本公积——其他资本公积"账户;如公允价值低于账面余额的,按其差额,借记"资本公积——其他资本公积"账户,贷记"可供出售金融资产——公允价值变动"账户。

【例】 续上例,2月28日,海螺服装厂持有新兴公司的 30 000 股股票,今日公允价值每股为 6.10 元,调整其账面价值。作分录如下:

借:可供出售金融资产——公允价值变动——新兴公司股票　　2 280.00
　　贷:资本公积——其他资本公积　　　　　　　　　　　　2 280.00

企业在期末如发现可供出售金融资产的公允价值发生较大幅度的下降,或在综合考虑各种相关因素后,预期这种下降趋势属于非暂时性的,可以认定该可供出售金融资产发生减值的,应当将其可收回金额低于账面价值的差额确认为减值损失。届时,按减值的金额,借记"资产减值损失"账户;按应从所有者权益中转出原计入资本公积的累计损失金额,贷记"资本公积——其他资本公积"账户;将两者之间以差额记入"可供出售金融资产——公允价值变动"账户的贷方。

【例】 3月31日,长春机械厂持有列入可供出售金融资产的开达公司股票

20 000股,因该股票公允价值发生较大幅度下降,每股市价下跌为5.40元,该股票交易费用为4‰,查该股票成本为118 472元,公允价值变动为贷方余额2 200元,因公允价值低于账面余额,列入"资本公积——其他资本公积"账户借方金额为2 200元,计提其减值损失,作分录如下:

可供出售金融资产可收回金额=5.40×20 000×(1-4‰)=107 568(元)

借:资产减值损失——可供出售金融资产减值损失　　　　10 904.00
　　贷:资本公积——其他资本公积　　　　　　　　　　　　2 200.00
　　贷:可供出售金融资产——公允价值变动——开达公司股票　8 704.00

已确认减值损失的金融资产,在随后的会计期间,公允价值上升的,应在原已确认的减值损失金额内,按恢复增加的金额,借记"可供出售金融资产——公允价值变动"账户,贷记"资产减值损失"账户;但可供出售金融资产为股票等权益工具投资的,则借记"可供出售金融资产——公允价值变动"账户,贷记"资本公积——其他资本公积"账户。

三、可供出售金融资产出售的核算

可供出售金融资产出售时,应按实际收到的金额,借记"银行存款"账户;按可供出售金融资产的账面余额,贷记"可供出售金融资产"账户;将应从所有者权益中转出的公允价值累计变动额(即原记入"资本公积——其他资本公积"账户的金额)予以转销;将其差额列入"投资收益"账户。

【例】 10月20日,中兴机械厂出售持有的武泰公司股票15 000股,每股8元,按交易价的3‰支付佣金,1‰交纳印花税,收到出售净收入,存入银行。查该股票成本为110 440元,公允价值变动为借方余额1 820元,因公允价值高于账面余额,已列入"资本公积——其他资本公积"账户贷方余额1 820元。

(1) 将出售收入入账,作分录如下:

借:银行存款　　　　　　　　　　　　　　　　　　　　119 520.00
　　贷:可供出售金融资产——成本——武泰公司股票　　　　110 440.00
　　贷:可供出售金融资产——公允价值变动——武泰公司股票　1 820.00
　　贷:投资收益　　　　　　　　　　　　　　　　　　　　7 260.00

(2) 结转该资产已列入"资本公积"账户的金额,作分录如下:

借:资本公积——其他资本公积　　　　　　　　　　　　1 820.00
　　贷:投资收益　　　　　　　　　　　　　　　　　　　　1 820.00

"可供出售金融资产"是资产类账户,用以核算企业持有的可供出售金融资产的公允价值。企业取得可供出售金融资产、持有至到期投资转入时和期末可供出售金融资产公允价值高于账面余额的差额,记入借方;企业在持有期间收到债券利息或现金股利、期末可供出售金融资产公允价值低于账面价值的差额、计提可供出售金融资产减值损失和可供出售金融资产出售时，记入贷方；期末余额在借方，表示企业可供出售金融资产的公允价值。

第五节　长期股权投资

一、长期股权投资初始成本的确定和核算

(一) 长期股权投资初始成本的确定

长期股权投资有企业合并形成和以支付现金、非现金资产等其他方式取得两种情况。企业合并又分为同一控制下的企业合并和非同一控制下的企业合并两种方式。

同一控制下的企业合并是指参与合并的企业在合并前后均受同一方或相同的多方最终控制且该控制并非暂时的。非同一控制下的企业合并是指参与合并的企业各方在合并前后不受同一方或相同的多方最终控制的。

同一方是指对参与合并的企业在合并前后均实施最终控制的投资者。相同的多方是指根据投资者之间的协议约定，在对被投资单位的生产经营决策行使表决权时发表一致意见的两个或两个以上的投资者。控制并非暂时性是指参与合并的各方在合并前后较长的时间内受同一方或相同的多方最终控制。较长的时间通常是指1年以上（含1年）。

1. 同一控制下企业合并形成的长期股权投资　　同一控制下的企业合并具有两个特点：一是不属于交易事项，而是资产和负债的重新组合；二是合并作价往往不公允，因此合并方应当在合并日按取得被合并方所有者权益账面价值的份额作为初始投资成本。合并日是指合并方实际取得对被合并方控制权的日期。

2. 非同一控制下企业合并形成的长期股权投资　　非同一控制下企业合并具有两个特点：一是它们是非关联企业的合并；二是合并以市价为基础，交易作价相对公平合理。因此合并方应当在购买日按企业合并成本作为初始投资成本。购买日是指购买方实际取得对被购买方控制的日期。企业合并成本包括购买方付出的资产、发生或承担的负债、发行权益性证券的公允价值以及为进行企业合并发生的各项直接相关费用之和。

3. 以支付现金取得的长期股权投资　　应当按照实际支付购买价款作为初始投资成本。它包括与取得长期股权投资直接相关的费用、税金及其他必要支出。

4. 以发行权益性证券取得的长期股权投资　　应当按照发行权益性证券的公允价值作为初始投资成本。

5. 投资者投入的长期股权投资　　应当按照投资合同或协议约定的价值作

为初始投资成本。

(二)长期股权投资初始成本的核算

1. 同一控制下企业合并形成的长期股权投资的核算　　同一控制下企业合并形成的长期股权投资,应在合并日按取得的被合并方所有者权益账面价值的份额,借记"长期股权投资"账户;按享有被投资单位已宣告但尚未发放的现金股利或利润,借记"应收股利"账户;按支付的合并对价的账面价值,贷记有关资产或借记有关负债账户;按其差额,贷记"资本公积——资本溢价"账户;为借方差额的,借记"资本公积——资本溢价"账户,若资本公积中的资本溢价不足冲减的,应依次借记"盈余公积"、"利润分配——未分配利润"账户。

【例】　长江机械制造公司内的华阳机械厂"资本公积——资本溢价"账户余额为90 000元,"盈余公积"账户金额为160 000元。现合并本公司内的华阴机械厂,取得该厂55％的股权。华阴机械厂所有者权益账面价值为8 000 000元,华阳机械厂支付合并对价资产的账面价值为4 500 000元,其中:固定资产2 200 000元,已提折旧200 000元,其余2 500 000元签发转账支票付讫。

(1) 转销参与合并的固定资产的账面价值,作分录如下:

借:固定资产清理　　　　　　　　　　　　　　　　　2 000 000.00
借:固定资产折旧　　　　　　　　　　　　　　　　　　 200 000.00
　　贷:固定资产　　　　　　　　　　　　　　　　　　2 200 000.00

(2) 确认长期股权投资初始成本,作分录如下:

借:长期股权投资——成本　　　　　　　　　　　　　4 400 000.00
借:资本公积——资本溢价　　　　　　　　　　　　　　 90 000.00
借:盈余公积　　　　　　　　　　　　　　　　　　　　 10 000.00
　　贷:固定资产清理　　　　　　　　　　　　　　　　2 000 000.00
　　贷:银行存款　　　　　　　　　　　　　　　　　　2 500 000.00

2. 非同一控制下企业合并形成的长期股权投资的核算　　非同一控制下企业合并形成的长期股权投资,购买方在购买日应当按照企业合并成本(不含自被投资企业收取的现金股利或利润),借记"长期股权投资"账户;按享有被投资单位已宣告但尚未发放的现金股利或利润,借记"应收股利"账户;按支付合并对价的账面价值,贷记有关资产账户或借记有关负债账户;按发生的直接相关费用,贷记"银行存款"等账户;将借贷方账户相抵的差额列入"营业外收入"或"营业外支出"账户。

非同一控制下的企业合并,购买方作为合并付出的资产,应当按照公允价值处置,其中付出资产为固定资产、无形资产的,其公允价值与账面价值的差额,列入"营业外收入"或"营业外支出"账户;付出资产为库存商品的,应按库存商品的公允价值作商品销售处理,并同时结转其销售成本,发生的增值税销项税额也作为企业合并成本的组成部分。

【例】 泰康公司以总额 4 082 000 元合并成本从华安公司的股东中购入该公司 30％的股权，对价付出资产的账面价值为 3 868 000 元，其中：固定资产 2 500 000 元，已提折旧 150 000 元，其公允价值为 2 380 000 元，库存商品 518 000 元，其余 1 000 000 元签发转账支票付讫。库存商品的公允价值为 600 000 元，增值税税率为 17％。

(1) 转销参与合并的固定资产账面价值，作分录如下：

借：固定资产清理　　　　　　　　　　　　　　　　　　2 350 000.00
借：固定资产折旧　　　　　　　　　　　　　　　　　　　150 000.00
　贷：固定资产　　　　　　　　　　　　　　　　　　　2 500 000.00

(2) 确认长期股权投资初始成本，作分录如下：

借：长期股权投资——成本　　　　　　　　　　　　　　4 082 000.00
　贷：固定资产清理　　　　　　　　　　　　　　　　　2 350 000.00
　贷：主营业务收入　　　　　　　　　　　　　　　　　　600 000.00
　贷：应交税费——应交增值税——销项税额　　　　　　　102 000.00
　贷：银行存款　　　　　　　　　　　　　　　　　　　1 000 000.00
　贷：营业外收入——非流动资产处置利得(2 380 000－2 350 000)　30 000.00

(3) 同时结转销售成本，作分录如下：

借：主营业务成本　　　　　　　　　　　　　　　　　　　518 000.00
　贷：库存商品　　　　　　　　　　　　　　　　　　　　518 000.00

3. 以支付现金取得长期股权投资的核算　　企业以支付现金取得的长期股权投资，应在购买日按实际支付的价款及相关税费，扣除已宣告但尚未发放的现金股利，借记"长期股权投资"账户；按已宣告但尚未发放的现金股利，借记"应收股利"账户；按实际支付的价款及相关税费，贷记"银行存款"账户。

【例】 3月5日，恒信公司从证券市场购买宏兴公司股票 500 000 股，准备长期持有，该股票每股 6 元，占该公司股份的 10％，另按交易金额的 3‰支付佣金，1‰交纳印花税，款项签发转账支票付讫。该公司已宣告将于3月10日发放现金股利，每股 0.12 元，作分录如下：

借：长期股权投资——成本　　　　　　　　　　　　　　2 952 000.00
借：应收股利　　　　　　　　　　　　　　　　　　　　　60 000.00
　贷：银行存款　　　　　　　　　　　　　　　　　　　3 012 000.00

4. 以发行权益性证券取得的长期股权投资的核算　　企业以发行权益性证

券取得的长期股权投资,应在证券发行日,按证券的公允价值(包括相关税费),借记"长期股权投资"账户,按发行证券的面值,借记"股本"[①]账户;按公允价值与面值的差额,贷记"资本公积"账户;按支付的相关税费,贷记"银行存款"账户。

【例】 富达公司以发行股票1 200 000股的方式取得新欣公司15%的股权,股票每股面值1元,发行价为5元,另需支付相关税费25 000元。当即签发转账支票付讫。作分录如下:

借:长期股权投资——成本　　　　　　　　　　6 025 000.00
　　贷:股本　　　　　　　　　　　　　　　　1 200 000.00
　　贷:资本公积——资本溢价　　　　　　　　4 800 000.00
　　贷:银行存款　　　　　　　　　　　　　　　　25 000.00

二、长期股权投资后续计量的核算

企业取得长期股权投资后的核算,按投资企业对被投资单位的控制和影响的程度不同,有成本法和权益法两种。若投资企业能够对被投资单位实施控制的长期股权投资,或者投资企业对被投资单位不具有共同控制或重大影响,并且在活跃市场中没有报价、公允价值不能可靠计量的长期股权投资,应采用成本法核算;若投资企业对被投资单位具有共同控制或者重大影响的长期股权投资,应采用权益法核算。

控制是指有权决定一个企业的财务和经营政策,并能据以从该企业的经营活动中获取利益。投资企业能够对被投资单位实施控制的,被投资单位为其子公司。

共同控制是指按照合同约定对某项经济活动所共有的控制,仅在与该项经济活动相关的重要财务和经营决策需要分享控制权的投资方一致同意时存在。投资企业与其他方对被投资单位实施共同控制的,被投资单位为其合营企业。

重大影响是指对一个企业的财务和经营政策有参与决策的权力,但并不能够控制或者与其他方一起共同控制这些政策的制定。通常投资企业拥有被投资单位20%以上但低于50%的表决权股份时,认为能够对被投资单位有重大影响,届时被投资单位为其联营企业。

(一)成本法的核算

成本法是指长期股权投资按投资成本计价的方法。采用成本法进行核算时,长期股权投资应当按照初始投资成本计价,其后,除了投资企业追加投资或收回投资等情形外,长期股权投资的账面价值保持不变。

长期股权投资采用成本法核算的一般程序如下:

[①] 股份有限公司采用"股本"账户,相当于有限责任公司的"实收资本"。

1. 初始投资　　应按照初始投资时的投资成本增加长期股权投资的账面价值。

2. 被投资单位宣告分派的现金股利或利润　　投资企业按其应享有的部分,确认为当期投资收益。

【例】　太原公司于4月30日购入新乐公司的股票1 000 000股,每股6元,占该公司有表决权股份的10%,并准备长期持有。年末该公司实现净利润3 000 000元。

(1) 4月30日,签发转账支票6 024 000元,支付1 000 000股股票价款,并按交易金额的3‰支付佣金,1‰交纳印花税,作分录如下:

借：长期股权投资——成本　　　　　　　　　　　6 024 000.00
　　贷：银行存款　　　　　　　　　　　　　　　　6 024 000.00

(2) 次年3月5日,新乐公司宣告将于3月15日发放上年度现金股利,每股为0.21元,作分录如下：

借：应收股利——新乐公司　　　　　　　　　　　　210 000.00
　　贷：投资收益　　　　　　　　　　　　　　　　210 000.00

"长期股权投资"是资产类账户,用以核算企业持有的采用成本法和权益法核算的长期股权投资。企业取得长期股权投资,以及长期股权投资增值时,记入借方;企业处置长期股权投资时,记入贷方;期末余额在借方,表示企业持有的长期股权投资的价值。

"应收股利"是资产类账户,用以核算企业应收取的现金股利和应收其他单位分配的利润。企业发生应收取的现金股利或利润时,记入借方;企业实际收到现金股利或利润时,记入贷方;期末余额在借方,表示企业尚未收回的现金股利或利润。

(二) 权益法的核算

权益法是指长期股权投资最初以投资成本入账,在投资持有期间根据投资企业享有被投资单位所有者权益份额的变动对投资的账面价值进行调整的方法。采用权益法进行核算时,长期股权投资的账面价值要随着被投资单位所有者权益的增减变动而相应地进行调整。

长期股权投资采用权益法核算的一般程序如下。

1. 初始投资　　按照初始投资时的初始投资成本增加长期股权投资的账面价值。

2. 计算初始投资成本与应享有被投资单位可辨认净资产公允价值的份额

如果初始投资成本大于取得投资时应享有被投资单位可辨认净资产公允价值的

份额的,其差额从本质上讲,是投资企业在取得投资过程中,通过购买作价体现出的与所取得股权份额相对应的商誉及被投资单位不符合确认条件的资产价值,因此不需要调整长期股权投资的初始投资成本;如果初始投资成本小于取得投资时应享有被投资单位可辨认净资产公允价值的份额的,其差额体现为双方在交易作价过程中转让方的让步,该差额应列入"营业外收入"账户,同时调整"长期股权投资"账户。

3. 被投资单位实现的净利润或发生的净亏损　　投资企业应按照享有或应分担的被投资单位实现的净损益的份额,确认投资损益,并调整长期股权投资的账面价值。

4. 被投资单位宣告分派现金股利或利润　　投资企业应按其应分得的现金股利或利润,相应减少长期股权投资的账面价值。

5. 被投资单位除净损益以外所有者权益的其他变动　　在持股比例不变的情况下,被投资单位发生除净损益以外所有者权益的其他变动,投资企业应按持股比例计算应享有或应分担的份额,相应调整长期股权投资的账面价值。其他变动有被投资单位的资本溢价、可供出售金融资产公允价值变动差额等。

投资企业确认被投资单位发生的净亏损,应当以长期股权投资的账面价值以及其他实质上构成对被投资单位净投资的长期权益减记至零为限,投资企业负有承担额外损失义务的除外。被投资单位以后实现净利润的,投资企业在用其收益分享额弥补未确认的亏损分担额后,恢复确认收益分享额。

【例】　沪兴工厂从静安公司的股东中购入该公司40%的股权,取得了对静安公司的共同控制权,而对价付出资产的账面价值为5 000 000元,其中:固定资产2 700 000元,已提折旧500 000元,其余2 800 000元签发转账支票付讫。

(1) 1月2日购买日,作分录如下:

借:长期股权投资——成本　　　　　　　　　　　　　　5 000 000.00
借:累计折旧　　　　　　　　　　　　　　　　　　　　　500 000.00
　　贷:固定资产　　　　　　　　　　　　　　　　　　　2 700 000.00
　　贷:银行存款　　　　　　　　　　　　　　　　　　　2 800 000.00

(2) 1月3日,静安公司接受本厂投资后,可辨认净资产公允价值为12 550 000元,按本厂享有40%的份额,调整长期股权投资,作分录如下:

借:长期股权投资——成本　　　　　　　　　　　　　　20 000.00
　　贷:营业外收入　　　　　　　　　　　　　　　　　　20 000.00

(3) 12月31日,静安公司利润表上的净利润为996 000元,按照应享有的40%的份额,调整"长期股权投资"账户,作分录如下:

借：长期股权投资——损益调整　　　　　　　　　　　398 400.00
　　　　贷：投资收益　　　　　　　　　　　　　　　　　　398 400.00

(4) 12月31日，静安公司资产负债表内所有者权益增加的金额中，有60 000元系发生资本溢价、可供出售金融资产公允价值变动等因素而产生的，按照应享有的份额转账，作分录如下：

　　借：长期股权投资——其他权益变动　　　　　　　　　24 000.00
　　　　贷：资本公积——其他资本公积　　　　　　　　　　24 000.00

(5) 次年3月5日，静安公司宣告将于3月20日按净利润的60%分配利润，作分录如下：

　　借：应收股利　　　　　　　　　　　　　　　　　　　239 040.00
　　　　贷：长期股权投资——损益调整　　　　　　　　　　239 400.00

三、长期股权投资减值的核算

企业在期末应当对长期股权投资的账面价值进行检查，如发生被投资单位的市价持续2年低于账面价值或者被投资单位经营所处的经济、技术或者法律等环境发生重大变化等情况，则表明长期股权投资的可收回金额低于账面价值，由此而发生减值的，应当计提减值准备。

企业在计提减值准备时，借记"资产减值损失"账户，贷记"长期股权投资减值准备"账户。

【例】 10月31日，卢新工厂长期持有的泰源公司股票200 000股，占该公司股份的8%。因该公司发生严重财务困难，每股市价下跌至4.20元，交易费用为4‰。查该股票账面价值成本为903 600元，损益调整为借方余额18 000元，计提减值准备，作分录如下：

　　　　长期股权投资可收回金额＝4.20×200 000×(1－4‰)＝836 640(元)

　　借：资产减值损失——长期股权投资减值损失　　　　　84 960.00
　　　　贷：长期股权投资减值准备　　　　　　　　　　　　84 960.00

长期股权投资减值损失一经确认，在以后会计期间不得转回。

"长期股权投资减值准备"是资产类账户，它是"长期股权投资"账户的抵减账户，用以核算企业长期股权投资发生减值时计提的减值准备。企业计提长期股权投资减值准备时，记入贷方；企业出售长期股权投资予以转销时，记入借方；期末余额在贷方，表示企业已计提但尚未转销的长期股权投资减值准备。

四、长期股权投资出售的核算

企业出售长期股权投资时，应按实际收到的金额，借记"银行存款"账户，原已计提减值准备的,借记"长期股权投资减值准备"账户;按其账面余额,贷记"长期股权投资"账户,按尚未领取的现金股利或利润,贷记"应收股利"账户;将这些账户之间的差额列入"投资收益"账户。

【例】 续上例,1月3日,出售泰源公司股票200 000股,每股4.18元,另按交易金额的3‰支付佣金,1‰交纳印花税,收到出售股票的净收入,将其存入银行。作分录如下:

  借:银行存款   832 656.00
  借:长期股权投资减值准备   84 960.00
  借:投资收益   3 984.00
   贷:长期股权投资——成本   903 600.00
   贷:长期股权投资——损益调整   18 000.00

如果权益法核算的长期股权投资在出售时,有除净损益以外的所有者权益的其他变动,还应将原已记入"资本公积——其他资本公积"账户的金额转入"投资收益"账户。

【例】 太浦公司拥有东海公司股票1 000 000股,并对该公司有重大影响。9月30日,太浦公司出售东海公司股票1 000 000股,每股5元;另按交易金额3‰支付佣金,1‰交纳印花税,出售的股票净收入已收到转账支票,并存入银行。查长期股权投资明细账户的余额,其中:成本为4 016 000元,损益调整为500 000元,其他权益变动为90 000元,因其他权益变动形成的"资本公积——其他资本公积"账户余额为90 000元。

(1)将出售股票的净收入入账,作分录如下:

  借:银行存款   4 980 000.00
   贷:长期股权投资——成本   4 016 000.00
   贷:长期股权投资——损益调整   500 000.00
   贷:长期股权投资——其他权益变动   90 000.00
   贷:投资收益   374 000.00

(2)结转因其他权益变动形成的资本公积,作分录如下:

  借:资本公积——其他资本公积   90 000.00
   贷:投资收益   90 000.00

第六节 投资性房地产

一、投资性房地产概述

投资性房地产包括已出租的建筑物和土地使用权以及持有并准备增值后转让

的土地使用权。

已出租的建筑物和土地使用权是指以经营租赁方式出租的建筑物和土地使用权;持有并准备增值后转让的土地使用权是指企业通过受让方式取得的、准备增值后转让的土地使用权。

企业的自用房地产,即为生产商品提供劳务或者经营管理而持有的房地产,作为存货的房地产均不属于投资性房地产。

确认投资性房地产应当同时满足两个条件:一是与该投资性房地产有关的经济利益很可能流入企业;二是该投资性房地产的成本能够可靠地计量。

企业对已出租的土地使用权、已出租的建筑物,应以租赁期开始日作为确认投资性房地产的时点。

二、投资性房地产初始计量的核算

投资性房地产应当按照成本进行初始计量。由于投资性房地产取得的途径不同,其初始计量也各异。

(一)外购投资性房地产的核算

外购投资性房地产的成本,由买价、相关的税费和可直接归属于该资产的其他支出构成。企业购进投资性房地产时,按支付的买价、相关税费和可直接归属于该资产的其他支出,借记"投资性房地产"账户,贷记"银行存款"账户。

【例】 光华公司购入房屋一幢,买价960 000元,契税14 400元,印花税288元,各种进户费1 312元,款项一并签发转账支票付讫。该房屋用于出租,作分录如下:

借:投资性房地产　　　　　　　　　　　　　　　　976 000.00
　　贷:银行存款　　　　　　　　　　　　　　　　　976 000.00

(二)自行建造投资性房地产的核算

自行建造投资性房地产的成本由建造该项资产达到预定可使用状态前所发生的必要支出构成。其成本的构成和自行建造固定资产相同,核算时也是通过"在建工程"账户和"工程物资"账户进行的,当在建的投资性房地产达到预定可使用状态、验收使用时,根据"在建工程"账户归集的成本,借记"投资性房地产"账户,贷记"在建工程"账户。

三、投资性房地产后续计量的核算

投资性房地产的后续计量模式有成本模式和公允价值模式两种。同一企业只能采用一种模式对所有的投资性房地产进行后续计量,不得同时采用两种计量模式。计量模式一经确定,不得随意变更。

(一)采用成本模式对投资性房地产进行后续计量的核算

企业对投资性房地产的后续计量通常采用成本模式。采用成本模式进行后续计量的投资性房地产，应区别情况进行核算。

对于投资性房地产中的建筑物，应计提折旧，其计提的方法和核算的方法与固定资产相同。企业出租投资性房地产的收入列入"其他业务收入"账户，因此，计提投资性房地产折旧时，借记"其他业务成本"账户，贷记"投资性房地产累计折旧"账户。

对于投资性房地产中的土地使用权，应进行摊销，其摊销的方法和核算的方法与无形资产相同。进行摊销时，借记"其他业务成本"账户，贷记"投资性房地产累计摊销"账户。

"投资性房地产累计折旧"是资产类账户，也是"投资性房地产"账户的抵减账户，用以核算企业采用成本模式核算的投资性建筑物计提的折旧。企业计提投资性建筑物折旧时，记入贷方；企业处置投资性建筑物时，记入借方；期末余额在贷方，表示企业投资性建筑物的累计折旧额。

"投资性房地产累计摊销"是资产类账户，也是"投资性房地产"账户的扣减账户，用以核算企业采用成本模式核算的投资性土地使用权的摊销额，企业对投资性土地使用权进行摊销时，记入贷方；企业处置投资性土地使用权时，记入借方；期末余额在贷方，表示企业投资性土地使用权的累计摊销额。

当投资性房地产发生减值时，应将其可收回金额低于账面价值的差额计提减值准备，届时借记"资产减值损失"账户，贷记"投资性房地产减值准备"账户。

"投资性房地产减值准备"是资产类账户，也是"投资性房地产"账户的抵减账户，用以核算企业采用成本模式核算的投资性房地产计提的减值准备。企业对投资性房地产计提减值准备时，记入贷方；企业处置已计提减值准备的投资性房地产时，记入借方；期末余额在贷方，表示企业已经计提但尚未转销的投资性房地产的减值准备。

企业出售投资性房地产时，应按实际收到的金额，借记"银行存款"账户，贷记"其他业务收入"账户。然后将其账面价值转入"其他业务成本"账户。

【例】 沪光公司出售出租用房屋一幢，收入 850 000 元，查该房屋的成本为 992 200 元，已提折旧 248 100 元。

(1) 取得出售收入，存入银行，作分录如下：

借：银行存款　　　　　　　　　　　　　　　　850 000.00
　　贷：其他业务收入　　　　　　　　　　　　　　850 000.00

(2) 同时结转其销售成本，作分录如下：

借：其他业务成本　　　　　　　　　　　　　　744 100.00
借：投资性房地产累计折旧　　　　　　　　　　248 100.00
　　贷：投资性房地产　　　　　　　　　　　　　　992 200.00

"投资性房地产"是资产类账户,用以核算企业采用成本模式计量的投资性房地产的成本。企业发生投资性房地产成本时,记入借方;企业处置投资性房地产时,记入贷方;期末余额在借方,表示企业结存的投资性房地产的成本。

(二)采用公允价值模式对投资性房地产进行后续计量的核算

企业有确凿证据表明投资性房地产的公允价值能够持续可靠取得的,可以对投资性房地产采用公允价值模式进行后续计量。采用公允价值模式计量的,应当同时满足两个条件:一是投资性房地产所在地有活跃的房地产交易市场;二是企业能够从房地产交易市场上取得同类或类似房地产的市场价格及其他相关信息,从而对投资性房地产的公允价值作出合理的估计。

采用公允价值模式计量的房地产应当分别设置"成本"和"公允价值变动"明细账户进行核算,采用这种模式计量的,不对投资性房地产计提折旧或进行摊销,期末应当以投资性房地产的公允价值为基础,调整其账面余额,将公允价值与原账面余额之间的差额,计入当期损益。

【例】 亚泰公司对投资性房屋采用公允价值计量,该房屋的账面余额成本为987 200元,公允价值变动为贷方余额56 700元。11月30日,该投资性房屋的公允价值为927 000元,作分录如下:

借:公允价值变动损益——投资性房地产　　　　　　　　　　3 500.00
　　贷:投资性房地产——公允价值变动　　　　　　　　　　　　　　3 500.00

期末应将"公允价值变动损益"账户余额结转"本年利润"账户。

企业出售采用公允价值模式计量的投资性房地产时,应按实际收到的金额,借记"银行存款"账户,贷记"其他业务收入"账户,并将投资性房地产的账面余额转入"其他业务成本"账户;同时,按该项投资性房地产的公允价值变动损益额,借记或贷记"公允价值变动损益"账户,贷记或借记"其他业务收入"账户。

【例】 续上例,12月29日亚泰公司出售投资性房屋。

(1) 取得出售收入939 000元,存入银行,作分录如下:

借:银行存款　　　　　　　　　　　　　　　　　　　　　　939 000.00
　　贷:其他业务收入　　　　　　　　　　　　　　　　　　　　　939 000.00

(2) 结转其销售成本,作分录如下:

借:其他业务成本　　　　　　　　　　　　　　　　　　　　927 000.00
借:投资性房地产——公允价值变动(56 700+3 500)　　　　 60 200.00
　　贷:投资性房地产——成本　　　　　　　　　　　　　　　　987 200.00

(3) 同时,转销该房屋的公允价值变动损益,作分录如下:

借:其他业务收入　　　　　　　　　　　　　　　60 200.00
　　贷:公允价值变动损益——投资性房地产　　　　　60 200.00

"投资性房地产"账户也可以用以核算企业采用公允价值模式计量的投资性房地产的公允价值。企业取得投资性房地产和期末投资性房地产的公允价值高于其账面余额时,记入借方;企业期末投资性房地产公允价值低于其账面余额和处置按公允价值计量的投资性房地产时,记入贷方;期末余额在借方,表示企业结存的投资性房地产的公允价值。

已采用公允价值模式计量的投资性房地产,不得从公允价值模式转为成本模式。

思 考 题

1. 什么是短期投资?什么是交易性金融资产?它包括哪些内容?
2. 什么是金融资产?什么是权益工具和金融工具?
3. 什么是长期投资?它按照投资的目的不同可分为哪四种?并分述其定义。
4. 试述短期投资的目的和特点。
5. 试述长期投资的目的和特点。
6. 试述交易性金融资产取得时的计量和期末的计量。
7. 持有至到期投资的初始投资成本是如何确定的?
8. 什么是债券的溢价购进和折价购进?为什么会出现溢价购进和折价购进?
9. 利息调整额有哪两种摊销方法?分述它们的优缺点。
10. 可供出售金融资产期末计量与持有至到期投资相比较有何不同?
11. 各种长期股权投资的初始成本是怎样确定的?
12. 长期股权投资后续计量有哪两种核算方法?它们各在什么情况下被采用?
13. 什么是成本法?试述其一般核算程序。
14. 什么是权益法?试述其一般核算程序。
15. 试述投资性房地产的包括的内容及初始计量。
16. 投资性房地产的后续计量有哪两种模式?它们在核算上有何不同。

习 题 一

一、目的　　练习交易性金融资产的核算。

二、资料

1. 武泰电器厂3月份发生下列有关经济业务：

（1）8日，购进浦江公司股票10 000股，每股8元，共计价款80 000元，另以交易金额的3‰支付佣金，1‰交纳印花税，款项一并签发转账支票支付。该股票为交易目的而持有。

（2）12日，购进长江公司股票20 000股，每股6元，另以交易金额的3‰支付佣金，1‰交纳印花税，款项一并签发转账支票支付。长江公司已于3月3日宣告将于3月18日分派现金股利，每股0.20元。该股票为交易目的而持有。

（3）18日，收到本厂持有3月8日购进的长江公司股票20 000股的现金股利4 000元，存入银行。

（4）25日，收到本厂持有3月12日购进的浦江公司股票10 000股的现金股利4 200元，存入银行。

（5）31日，按面值购进振兴公司债券120张，每张面值1 000元，计价款120 000元，年利率6%，另以交易金额1‰支付佣金，款项一并签发转账支票支付。该债券每年3月31日支付利息，到期一次还本。该债券为交易目的而持有。

（6）31日，以1 013元购进捷利公司3个月前发行的债券100张，每张面值1 000元，另以交易金额1‰支付佣金，款项一并签发转账支票支付。该债券年利率为6%，每年12月31日支付利息，到期一次还本。该债券为交易目的而持有。

（7）31日，浦江公司股票每股公允价值为7.90元，长江公司股票每股公允价值为6.06元，予以转账。

（8）31日，将公允价值变动损益结转"本年利润"账户。

2. 武泰电器厂4月份又发生下列有关的经济业务：

（1）10日，出售3月8日购进的浦江公司股票10 000股，每股出售价格8.20元，另按交易金额3‰支付佣金，1‰交纳印花税，交易费用已从出售收入中扣除，出售净收入已收到存入银行。

（2）20日，出售3月12日购进的长江公司股票20 000股，每股出售价格为6.30元，另按交易金额的3‰支付佣金，1‰交纳印花税，交易费用已从出售收入中扣除，出售净收入已收到存入银行。

（3）29日，出售3月31日购进的振兴公司债券120张，每张面值1 000元，现按1 005元成交，另按交易金额1‰支付佣金。交易费用已从出售收入中扣除，出售净收入已收到存入银行。

（4）30日，本厂持有的捷利公司债券公允价值为101 900元，予以转账。

（5）30日，将公允价值变动损益结转"本年利润"账户。

三、要求　编制会计分录。

第六章 对外投资

习 题 二

一、目的 练习持有至到期投资的核算。

二、资料

1. 泰山公司发生下列有关的经济业务：

(1) 3月31日，购进科维公司新发行的3年期债券100张，每张面值1 000元，按面值购进，并按价款的1‰支付佣金，当即签发转账支票支付全部款项。该债券票面年利率为8%，每年3月31日支付利息。该债券准备持有至到期。

(2) 3月31日，购进阳光公司新发行的3年期债券180张，每张面值1 000元，购进价格为1 025.74元，并按价款的1‰支付佣金，当即签发转账支票支付全部款项。该债券票面年利率为9%，而市场年利率为8%，每年3月31日支付利息。该债券准备持有至到期。

(3) 3月31日，购进通海公司发行的4年期债券15张，每张面值10 000元，购进价格为9 668.47元，并按价款的1‰支付佣金，当即签发转账支票支付全部款项。该债券票面年利率为7%，而市场年利率为8%，每年3月31日支付利息。该债券准备持有至到期。

(4) 4月30日，分别预计购进的三种债券本月份的应收利息并入账。

(5) 6月30日，现决定将持有科维公司的100张3年期债券重分类为可供出售的金融资产，该债券公允价值为102 500元，予以转账。

2. 次年接着又发生下列有关经济业务：

(1) 3月31日，收到阳光公司付来1年的债券利息，存入银行。

(2) 3月31日，收到通海公司付来1年的债券利息，存入银行。

(3) 4月15日，出售去年购进阳光公司的债券180张，每张面值1 000元，出售价格为1 031元，另按交易金额的1‰支付佣金，佣金已从出售收入中扣除。出售净收入已收到转账支票，存入银行。

(4) 6月30日，通海公司因发生财务困难，现面值10 000元的债券市价仅9 700元，计提其减值准备。

(5) 7月10日，出售去年购进通海公司发行的债券15张，每张面值为10 000元，出售价格为9 699元，另按交易金额的1‰支付佣金，佣金已从出售收入中扣除，出售的净收入已收到转账支票，存入银行。

三、要求

1. 编制会计分录（用直线法摊销利息调整额）。
2. 用实际利率法计算各年应摊销的利息调整额。

3. 编制会计分录(用实际利率法摊销利息调整额)。

习 题 三

一、目的 练习可供出售金融资产的核算。

二、资料 鹏飞化工厂发生下列有关的经济业务：

1. 6月5日，购进昌源公司股票30 000股，每股5.50元，另以交易金融的3‰支付佣金，1‰交纳印花税，款项一并签发转账支票支付，该股票准备日后出售。

2. 6月10日，购进凯乐公司股票20 000股，每股7.50元，另以交易金额的3‰支付佣金，1‰交纳印花税，款项一并签发转账支票支付，凯乐公司已于6月6日宣告将于6月21日发放现金股利，每股0.25元。该股票准备日后出售。

3. 6月21日，收到凯乐公司发放的现金股利，每股0.25元，计5 000元，存入银行。

4. 6月30日，购进宝安公司按面值发放的3年期债券120 000元，以交易金额的1‰支付佣金，款项一并签发转账支票支付。该债券年利率为8%，每年6月30日付息，准备日后出售。

5. 6月30日，昌源公司股票每股公允价值5.60元，凯乐公司股票每股公允价值7.40元，予以转账。

6. 7月10日，收到昌源公司发放的现金股利，每股0.10元，计3 000元，存入银行。

7. 7月31日，昌源公司股票每股公允价值为5.80元，宝安公司债券公允价值计120 800元，予以转账。

8. 7月31日，凯乐公司因经营失误，股票的公允价值大幅下降，为每股6.70元，计提其减值损失。

9. 8月25日，因急需资金，出售凯乐公司股票20 000股，每股6.80元，另按交易金额的3‰支付佣金，1‰交纳印花税，收到出售的净收入，存入银行。

三、要求 编制会计分录。

习 题 四

一、目的 练习长期股权投资初始成本的核算。

二、资料 黄河电器公司内的申江电器公司"资本公积——资本溢价"账户余额为80 000元，"盈余公积"账户余额为175 000元，现发生下列有关的经济业务：

1. 1月10日，今合并黄河电器公司内的天明电器厂，取得该厂50%的股权，天明电器厂所有者权益账面价值为7 500 000元,申江电器厂支付合并对价资产的账面价值为3 860 000元,其中:固定资产2 500 000元,已提折旧375 000元,其余1 735 000元签发转账支票付讫。

2. 3月20日,今以3 205 000元的合并成本从新江公司的股东中购入该公司25%的股权,新江公司可辨认净资产的公允价值为12 000 000元,而对价付出资产的账面价值为3 010 000元,其中:固定资产1 800 000元,已提折旧200 000元,其公允价值为1 610 000元,库存商品425 000元,其余985 000元签发转账支票付讫,库存商品的公允价值为500 000元,增值税税率为17%。

3. 5月15日,从证券市场购买天源公司股票600 000股,准备长期持有,该股票每股5.50元,占该公司股份的10%,另按交易金额的3‰支付佣金,1‰交纳印花税,款项签发转账支票支付,该公司已宣告将于5月20日发放现金股利,每股0.10元。

4. 5月20日,收到天源公司发放的现金股利60 000元,存入银行。

5. 8月20日,以发行1 600 000股股票的方式取得开达公司20%的股权,股票每股面值1元,发行价为5.80元,另需支付相关税费38 000元,当即签发转账支票支付。

三、要求 编制会计分录。

习 题 五

一、目的 练习长期股权投资后续计量的核算。

二、资料

1. 东华公司发生下列有关的经济业务:

(1) 3月31日,购进中兴公司的股票1 200 000股,占该公司有表决权股份的10%,并准备长期持有,该股票每股4.80元,并按交易金额的3‰支付佣金,1‰交纳印花税,款项一并签发转账支票支付。

(2) 次年3月10日,该公司宣告将于3月25日发放上年度现金股利,每股为0.15元。查中兴公司去年的净利润为2 200 000元。

(3) 次年3月25日,收到中兴公司发放的现金股利180 000元,存入银行。

(4) 次年6月30日,中兴公司发生严重财务困难,每股市价下跌为4.40元,计提其减值准备。

(5) 次年7月5日,出售中兴公司股票100 000股,每股4.35元,另按交易金额的3‰支付佣金,1‰交纳印花税,收到出售净收入,存入银行。

2. 西海公司发生下列有关的经济业务:

(1) 1月2日,今从东亚公司的股东中购入该公司30%的股权,取得了对东亚公司的共同控制权,而对价付出资产的账面价值为4 500 000元,其中:固定资产2 400 000元,已提折旧400 000元,其余2 500 000元签发转账支票付讫。

(2) 1月3日,东亚公司接受本公司投资后,可辨认净资产的公允价值为15 150 000元。

(3) 12月31日,东亚公司利润表上的净利润为1 345 500元,按照应享有的30%的份额,予以转账。

(4) 12月31日,东亚公司资产负债表中所有者权益增加的金额中有80 000元系发生资本溢价、可供出售金融资产公允价值变动等因素而产生的,按照应享有的份额予以转账。

(5) 次年3月15日,东亚公司宣告将于3月28日按净利润的70%分配利润。

(6) 次年5月15日,出售东亚公司5%的股权,收入800 000元,发生相关税费3 600元,扣除相关税费后,收到出售股权的净收入,将其存入银行。

3. 新天公司持有星光公司股票300 000股,占该公司股份的10%,该股票账面价值成本为1 506 000元,损益调整为借方余额21 000元,接着发生下列有关经济业务:

(1) 2月28日,因星光公司发生严重财务困难,每股市价下跌为4.50元,交易费用为4‰,计提其减值准备。

(2) 3月20日,出售星光公司股票300 000股,每股4.52元,另按交易金额3‰支付佣金,1‰交纳印花税,收到出售股票的净收入,将其存入银行。

三、要求 编制会计分录。

习 题 六

一、目的 练习投资性房地产的核算。

二、资料

1. 浦光公司对投资性房地产采用成本模式核算,现发生下列有关的经济业务:

(1) 5月8日,购入房屋一幢,买价1 100 000元,发生契税16 500元,印花税330元,各种进户费1 570元,款项一并签发转账支票付讫。该房屋用于出租。

(2) 5月20日,购入土地使用权,买价1 500 000元,支付相关税费35 520元,款项一并签发转账支票付讫。该土地使用权用于出租。

(3) 6月1日,出租上月购入的房屋和土地使用权,月租金分别为3 000元和2 200元,当即收到本月份租金,存入银行。

(4) 6月30日,本月份出租房屋和土地使用权的使用寿命分别为40年和70年,对其分别计提折旧和进行摊销。

(5) 次年12月1日,出售去年购入的土地使用权,收入1 600 000元,将其存入银行。

(6) 次年12月31日,出租用房屋发生减值,其可收回金额为974 000元,计提其减值准备。

2. 昌化公司对投资性房地产采用公允价值模式核算,现发生下列有关的经济业务:

(1) 3月1日,自行建造的用于出租的办公楼已竣工,达到可使用状态,其在"在建工程"账户归集的建造成本为1 500 000元,予以转账。

(2) 3月2日,收到该办公楼本月份租金7 500元,存入银行。

(3) 3月31日,该出租办公楼的公允价值为1 680 000元,予以转账。

(4) 3月31日,将公允价值变动损益结转"本年利润"账户。

(5) 4月5日,收到办公楼本月份租金7 500元,存入银行。

(6) 4月30日,该出租办公楼的公允价值为1 675 000元。予以转账。

(7) 4月30日,将公允价值变动损益结转"本年利润"账户。

(8) 5月5日,收到办公楼本月份租金7 500元,将其存入银行。

(9) 5月31日,出售出租用办公楼,收入1 672 000元,将其存入银行。

三、要求 编制会计分录。

第七章 负 债

第一节 负债概述

一、负债的特征

负债是指企业过去的交易或者事项形成的,预期会导致经济利益流出企业的现时义务。它通常具有以下四个特征。

(一) 负债是基于过去的交易或事项而产生的

负债是基于过去的交易或事项而产生的。只有源于已经发生的交易或事项,会计上才有可能确认为负债,如企业赊购原材料或使用劳务时就产生了应付账款这种负债。对于正在筹划的未来交易或事项,不能确认其为负债,如企业与供货方签订的采购合同,在未履行前,不会产生负债。

(二) 负债是企业承担的现时义务

负债是企业承担的现时义务。由于具有约束力的合同或法定要求,义务在法律上可能是强制执行的,如企业向银行借入资金,就负有按期归还本金并支付利息的义务。义务还可能产生于正常的业务活动、习惯以及为了保持良好的业务关系或公平处事的愿望,如企业确定对售出的产品在 1 年内予以免费修理,那么企业已经售出的产品预期将会发生的修理费用就是该企业的负债。

(三) 现时义务的履行通常关系到企业放弃含有经济利益的资产

企业履行现时义务时,通常要放弃含有经济利益的资产,以满足对方的要求。现行义务的履行,可采取若干种方式,如支付现金、转让非现金资产、提供劳务、以其他义务替换该项义务、将该项义务转换为所有者权益等。

(四) 负债通常是在未来某一时日通过交付资产或提供劳务来清偿

负债必须在将来的某一时日,通过交付资产或提供劳务来清偿,届时原有的负债才会消失。有时企业可以通过承诺新的负债或转化为所有者权益来了结一项现有负债,前者只是负债的展期;后者则用增加所有者权益而了结债务。

总之,企业通过承担经济义务以取得其所需要的各种资产和劳务,从而形成了企业的负债。同时企业又以付出将来的经济利益作为代价,届时将以债权人所能接受的资产或劳务来清偿所形成的负债。因此,正确合理地计量反映负债,是正确反映企业财务状况和正确预测企业未来现金流量和偿债能力的基础。

二、负债的分类

企业的负债有多种多样,其形成的原因、偿还的方式和偿还期限各不相同,都有自身的特点。根据管理和核算的需要,负债可以按不同的标准进行分类。

1. **按照负债形成的原因分类** 可分为经营性负债、融资性负债和其他负债。经营性负债是指企业因经营活动而发生的负债,如应付票据、应付账款、预收账款和应付职工薪酬等。融资性负债是指企业因融通资金而发生的负债,如短期借款、长期借款、应付债券、长期应付款等。其他负债是指由不属于以上两种的其他原因而发生的负债,如其他应付款、预提费用、预计负债等。

2. **按照负债偿还的方式分类** 可分为货币性负债和非货币性负债。货币性负债是指企业将来必须以货币资金偿还的债务,如短期借款、应付票据、应付账款、长期借款、应付债券等。非货币性负债是指企业将来以实物、劳务以及其他非货币性资产偿还的债务,如预收账款、售后商品保修、担保负债等。

3. **按照负债偿还的期限分类** 可分为流动负债和非流动负债。流动负债是指预计在一个正常营业周期中清偿的、或者主要为交易目的而持有的、或者1年内到期应予清偿的、或者企业无权自主地将清偿推迟至1年以上的负债。非流动负债是指流动负债以外的负债。

第二节 流动负债

一、流动负债概述

流动负债按照负债金额确定的程度大小不同,可分为应付金额确定的流动负债和应付金额视经营情况而定的流动负债。

应付金额确定的流动负债一般在确认一项义务的同时,根据合同、契约或法律的规定具有确切的金额、债权人和付款日。例如,短期借款、应付票据、应付账款、预收账款和应付职工薪酬等。

应付金额视经营情况而定的流动负债需在经营期末,企业才能确定负债的金额;在经营期末结束前,负债金额不能确定。例如,根据营业收入、净利润计算的应交税费、应付股利等。

流动负债的特点是偿还期限短,它必须在1年内偿还。流动负债包括的内容非常广泛,有关存货购销方面的流动负债和其他应付款已在各有关章节作了阐述。本节主要阐述短期借款和应付职工薪酬,其他流动负债的内容将在其他有关章节中阐述。

二、短期借款

短期借款是指企业向银行或其他金融机构借入的,期限在1年以下(含1年)的借款。当企业发生生产经营周转资金不足,或者因季节性储备的需要,可以通过向银行或其他金融机构借入短期借款，以确保生产经营活动的开展。

企业取得短期借款时，借记"银行存款"账户，贷记"短期借款"账户。归还短期借款时，借记"短期借款"账户，贷记"银行存款"账户。

"短期借款"是负债类账户，用以核算企业向银行等金融机构借入的期限在1年以下(含1年)的各种借款。企业取得借款时，记入贷方；归还借款时，记入借方；期末余额在贷方，表示尚未归还的短期借款数额。

三、应付职工薪酬

（一）职工薪酬概述

职工薪酬是指企业为获得职工提供服务而给予各种形式的报酬以及其他相关支出。

职工薪酬包括的内容有：① 职工工资、奖金、津贴和补贴。② 职工福利费。③ 医疗保险费、养老保险费、失业保险费等社会保险费。④ 住房公积金。⑤ 工会经费和职工教育费。⑥ 非货币性福利。⑦ 因解除与职工劳动关系给予的补偿。⑧ 其他与获得职工提供服务相关的支出。

（二）职工工资、奖金、津贴和补贴的核算

职工工资是指按照职工工作能力、劳动熟练程度、技术复杂程度和劳动繁简轻重程度，以及所负责任大小等所规定的工资标准支付给职工的劳动报酬。按照计算的方法不同，职工工资为计时工资和计件工资。计时工资是指按计时工资标准和工作时间支付给个人的劳动报酬。计件工资是指对已完成的工作量按计件单价支付的劳动报酬。

奖金是指支付给职工的超额劳动报酬和增收节支的劳动报酬。主要有生产奖、节约奖等，但不包括发明创造奖和技术改造奖。

津贴和补贴是指为了补偿职工特殊或额外的劳动消耗和因其他特殊原因支付给职工的津贴，以及为了职工工资水平不受物价影响支付给职工的物价补贴。主要有中、夜班津贴、岗位津贴、特殊工种津贴和副食品补贴等。

职工工资、奖金、津贴和补贴构成了工资总额。工资总额是指各单位在一定时期内直接支付给本单位全部职工的劳动报酬。

我国主要采用计时工资。企业一般按月计算并发放工资，在计算职工应发工资时，应根据劳动工资部门转来的考勤记录及其他有关资料，按职工出、缺勤情况，计算职工应发工资。其计算公式如下：

$$应发工资 = 工资标准 - 缺勤应扣工资$$

缺勤应扣工资是指病、事假应扣工资。在计算病、事假应扣工资时，先要将职工的月工资标准计算成日工资标准。日工资标准有两种计算方法。

一种是按法定工作日计算，其计算依据是：全年共365天，每周法定休息2天，全年休息日104天，法定假日11天，除去休假日115天，年法定工作日为250天，则月法

定工作日为 20.83 天,其计算公式如下:

$$日工资标准=\frac{月工资标准}{20.83 天}$$

另一种是按日历日数计算,每月按 30 天计算,其计算公式如下:

$$日工资标准=\frac{月工资标准}{30 天}$$

事假应扣工资＝日工资标准×事假天数

病假应扣工资＝日工资标准×病假天数×病假扣款率

现将劳动保险条例规定的病假扣款率列示如图表 7-1 所示。

图表 7-1

劳动保险条例病假扣款率表

工　　龄	2 年以下	已满 2 年 不满 4 年	已满 4 年 不满 6 年	已满 6 年 不满 8 年	8 年以上
病假扣款率(%)	40	30	20	10	0

长期病假人员是指连续病假在 6 个月以上的人员,按扣款率 40% 计算病假应扣工资。

【例】 某企业日工资标准按日历天数计算。职工孙琳月工资标准为 3 600 元,4 月份病假 2 天,工龄 4 年,计算其病假应扣工资及应发工资如下:

$$孙琳日工资标准=\frac{3\,600}{30}=120(元)$$

孙琳病假应扣工资＝120×2×20%＝48(元)

孙琳应发工资＝3 600－48＝3 552(元)

若采用计件工资,在计算职工应发工资时,应根据各个生产车间交来的产量记录和有关部门提供的计件单价,计算职工应发工资,其计算公式如下:

应发工资＝(合格品产量＋料废产量)×计件单价

【例】 某企业采用计件工资。职工周晓 4 月份生产合格品 740 只,废品(料废)10 只,计件单价为 4.10 元,计算其应发工资如下:

周晓应发工资＝(740＋10)×4.10＝3 075(元)

应发工资计算完毕后,再根据有关部门转来的应支付奖金、津贴和补贴及代扣款项等有关资料,计算职工薪酬的实发金额。其计算公式如下:

实发金额＝应发工资＋奖金＋津贴和补贴－代扣款项

在实际工作中,企业是通过编制工资结算单来结算职工薪酬的。工资结算单一般按部门人员编制,一式数联,其中一联经职工领款签收后,作为工资结算和发放的原始凭证;一联转交劳动工资部门;一联由财会部门留存。工资结算单格式如图表 7-2 所示。

财会部门为了便于核算,根据工资结算单按部门和人员编制工资汇总表,其格式如图表 7-3 所示。

图表 7-2

工资结

2014 年

姓 名	工 资	缺勤应扣工资		应发工资	奖 金	津贴和补贴	
		病假工资	事假工资			副食品补贴	中夜班津贴
刘 浩	2 500.00			2 500.00	270.00	50.00	80.00
周彭年	2 950.00			2 950.00	300.00	50.00	
孙 琳	3 600.00	48.00		3 552.00	218.00	50.00	100.00
黄玉忠	4 700.00			4 700.00	350.00	50.00	100.00
钱华昌	4 980.00		166.00	4 814.00	236.00	50.00	
张 清	5 230.00			5 230.00	320.00	50.00	
小 计	23 960.00	48.00	166.00	23 746.00	1 694.00	300.00	280.00
合 计	99 600.00	180.00	600.00	98 820.00	7 200.00	1 300.00	1 080.00

图表 7-3

工资汇

2014 年

部门及人员	工 资	缺勤应扣工资		应发工资	奖 金	津贴和补贴	
		病假工资	事假工资			副食品补贴	中夜班津贴
A 产品生产工人	99 600.00	180.00	600.00	98 820.00	7 200.00	1 300.00	1 080.00
B 产品生产工人	80 500.00	120.00	480.00	79 900.00	5 800.00	1 050.00	750.00
生产车间管理人员	7 920.00			7 920.00	580.00	100.00	
销售机构人员	11 450.00		80.00	11 370.00	880.00	150.00	
企业行政管理人员	21 000.00	50.00		20 950.00	1 800.00	250.00	
其他经营业务人员	7 600.00			7 600.00	600.00	100.00	
建筑安装人员	3 870.00			3 870.00	280.00	50.00	
合 计	231 940.00	350.00	1 160.00	230 430.00	17 140.00	3 000.00	1 830.00

第七章 负债

算单

1月15日　　　　　　　　　　　　　　　　　　　　　　　　　　　　　单位：元

应发薪酬合计	代扣款项						实发金额	签章
	住房公积金	养老保险费	医疗保险费	失业保险费	个人所得税	合计		
2 900.00	203.00	232.00	58.00	29.00		522.00	2 378.00	
3 300.00	231.00	264.00	66.00	33.00		594.00	2 706.00	
3 920.00	274.40	313.60	78.40	39.20		705.60	3 214.40	
5 200.00	364.00	416.00	104.00	52.00	22.92	958.92	4 241.08	
5 100.00	357.00	408.00	102.00	51.00	20.46	938.46	4 161.54	
5 600.00	392.00	448.00	112.00	56.00	32.76	1 040.76	4 559.24	
26 020.00	1 821.40	2 081.60	520.40	260.20	76.14	4 759.74	21 260.26	
108 400.00	7 588.00	8 672.00	2 168.00	1 084.00	218.00	19 730.00	88 670.00	

总表

1月15日　　　　　　　　　　　　　　　　　　　　　　　　　　　　　单位：元

应发薪酬合计	代扣款项						实发金额
	住房公积金	养老保险费	医疗保险费	失业保险费	个人所得税	合计	
108 400.00	7 588.00	8 672.00	2 168.00	1 084.00	218.00	19 730.00	88 670.00
87 500.00	6 125.00	7 000.00	1 750.00	875.00	180.00	15 930.00	71 570.00
8 600.00	602.00	688.00	172.00	86.00	9.00	1 557.00	7 043.00
12 400.00	868.00	992.00	248.00	124.00	15.00	2 247.00	10 153.00
23 000.00	1 610.00	1 840.00	460.00	230.00	48.00	4 188.00	18 812.00
8 300.00	581.00	664.00	166.00	83.00		1 494.00	6 806.00
4 200.00	294.00	336.00	84.00	42.00		756.00	3 444.00
252 400.00	17 668.00	20 192.00	5 048.00	2 524.00	470.00	45 902.00	206 498.00

财会部门编好工资汇总表后,应根据实发金额签发现金支票,提取现金,发放职工薪酬。

企业发放职工薪酬时,借记"应付职工薪酬——工资"账户,贷记"库存现金"账户。期末将"应付职工薪酬——工资"账户归集的各类人员的工资总额进行分配,属于生产工人的工资总额,列入"生产成本"账户;属于生产车间管理人员的工资总额,列入"制造费用"账户;属于销售机构人员的工资总额,列入"销售费用"账户;属于企业行政管理人员的工资总额,列入"管理费用"账户;属于其他经营业务人员的工资总额,列入"其他业务成本"账户;属于建筑安装固定资产人员的工资总额,列入"在建工程"账户;属于无形资产研究、开发人员的工资总额,列入"研发支出"账户;属于6个月以上长期病假人员的工资,则应列入"管理费用"账户。

【例】 中兴工厂编制1月份工资汇总表如图表7-3所示。

(1) 15日,根据工资汇总表中的实发金额签发现金支票,提取现金113 420元,作分录如下:

借:库存现金	206 498.00
贷:银行存款	206 498.00

(2) 15日,发放工资后,根据工资汇总表及所附的工资结算单,作分录如下:

借:应付职工薪酬——工资	252 400.00
贷:库存现金	206 498.00
贷:其他应付款——住房公积金	17 668.00
贷:其他应付款——养老保险费	20 192.00
贷:其他应付款——医疗保险费	5 088.00
贷:其他应付款——失业保险费	2 524.00
贷:应交税费——应交个人所得税	470.00

(3) 31日,分配本月份发放的职工薪酬,作分录如下:

借:生产成本——A产品——直接人工	108 400.00
借:生产成本——B产品——直接人工	87 500.00
借:制造费用——职工薪酬	8 600.00
借:销售费用——销售机构经费	12 400.00
借:管理费用——公司经费	23 000.00
借:其他业务成本	8 300.00
借:在建工程	4 200.00
贷:应付职工薪酬——工资	252 400.00

(三) 职工福利费、工会经费和职工教育经费的核算

职工福利费是指用于职工医疗卫生、生活困难补助、集体福利设施等支出。根

据规定,职工福利费按工资总额的一定比例提取。

工会经费是指工会组织的活动经费。根据规定,工会经费按工资总额的2%提取。

职工教育经费是指企业用于职工学习先进技术和科学文化的经费。根据规定,职工教育经费在按工资总额的1.5%～2.5%的范围内提取。

企业在提取职工福利费、工会经费和职工教育经费时,按生产工人工资总额提取的,列入"生产成本"账户;按生产车间管理人员工资总额提取的,列入"制造费用"账户;按销售机构人员工资总额提取的,列入"销售费用"账户;按企业行政管理人员和长期病假人员工资总额提取的,列入"管理费用"账户;按其他业务经营人员工资总额提取的,列入"其他业务成本"账户;按建筑安装人员工资总额提取的,列入"在建工程"账户;按无形资产研究、开发人员工资总额提取的,列入"研发支出"账户。

【例】 中兴工厂1月份发放职工的工资总额为252 400元,其中:生产A产品工人工资为108 400元;生产B产品工人工资为87 500元;生产车间管理人员工资为8 600元;销售机构人员工资为12 400元;企业行政管理人员工资为23 000元;其他经营业务人员工资为8 300元;建筑安装人员工资为4 200元,按本月份工资总额的14%、2%和1.5%分别计提职工福利费、工会经费和职工教育经费,作分录如下:

借:生产成本——A产品——直接人工(108 400×17.5%)　　　18 970.00
借:生产成本——B产品——直接人工(87 500×17.5%)　　　　15 312.50
借:制造费用——职工薪酬(8 600×17.5%)　　　　　　　　　 1 505.00
借:销售费用——销售机构经费(12 400×17.5%)　　　　　　　2 170.00
借:管理费用——公司经费(23 000×17.5%)　　　　　　　　　4 025.00
借:其他业务成本(8 300×17.5%)　　　　　　　　　　　　　 1 452.50
借:在建工程(4 200×17.50%)　　　　　　　　　　　　　　　　735.00
　　贷:应付职工薪酬——职工福利费(252 400×14%)　　　 35 336.00
　　贷:应付职工薪酬——工会经费(252 400×2%)　　　　　　5 048.00
　　贷:应付职工薪酬——职工教育经费(252 400×1.5%)　　 3 786.50

职工福利费主要用途有:职工及其供养的直系亲属的医药费、企业内医务人员的工资、医务经费及职工因公负伤就医路费;职工生产困难补助费;企业福利机构如浴室、托儿所等工作人员工资,以及这些项目支出与收入相抵后的差额;集体福利设施和文化体育设施;独生子女补助费及其他福利支出。

企业在支用职工福利费、职工教育经费和拨交工会组织工会经费时,再借记"应付职工薪酬"账户,贷记"银行存款"或"库存现金"账户。

(四) 医疗保险费、养老保险费、失业保险费等社会保险费和住房公积金的核算

医疗保险费是指由企业负担的用于职工医疗保险的费用。企业按工资总额的

12%交纳,职工按工资总额的2%交纳。

养老保险费是指由企业负担的用于职工退休后支付职工退休金的费用。企业按工资总额的3%交纳,职工按工资总额的8%交纳。

失业保险费是指由企业负担的用于职工失业的保险费用。企业按工资总额的2%交纳,职工按工资总额的1%交纳。

住房公积金是指企业为其在职职工交存的长期住房储金。企业按工资总额的7%交纳,职工也按工资总额的7%交纳。

企业负担的医疗保险费已包含在职工福利费内,因此在计提时只需在"应付职工薪酬"的二级明细账户内进行划转。

企业负担的养老保险费、失业保险费等社会保险费和住房公积金在按月计提时,借记"生产成本"、"制造费用"、"销售费用"、"管理费用"、"其他业务成本"、"在建工程"、"研发支出"等账户,贷记"应付职工薪酬"账户。

职工负担的医疗保险费、养老保险费、失业保险费和住房公积金在发放职工薪酬予以代扣时,已经列入"其他应付款"账户。

企业按规定将医疗保险费、养老保险费、失业保险费等社会保险费交纳给社会保险事业基金结算管理中心;将住房公积金交纳给公积金管理中心时,应借记"应付职工薪酬"、"其他应付款"账户,贷记"银行存款"账户。

【例】 根据前例的资料对社会保险费和住房公积金进行计提和交纳的核算。

(1) 按工资总额的12%计提医疗保险费,作分录如下:

  借:应付职工薪酬——职工福利   30 288.00
    贷:应付职工薪酬——社会保险费   30 288.00

(2) 按工资总额的3%、2%和7%分别计提养老保险费、失业保险费和住房公积金,作分录如下:

  借:生产成本——A产品——直接人工(108 400×12%)   13 008.00
  借:生产成本——B产品——直接人工(87 500×12%)   10 500.00
  借:制造费用——职工薪酬(8 600×12%)   1 032.00
  借:销售费用——销售机构经费(12 400×12%)   1 488.00
  借:管理费用——公司经费(23 000×12%)   2 760.00
  借:其他业务成本(8 300×12%)   996.00
  借:在建工程(4 200×12%)   504.00
    贷:应付职工薪酬——社会保险费(252 400×5%)   12 620.00
    贷:应付职工薪酬——住房公积金(252 400×7%)   17 668.00

(3) 将本月应交的医疗保险费、养老保险费、失业保险费和住房公积金(含为

职工代扣的部分)分别交纳给社会保险事业基金结算管理中心和公积金管理中心时,作分录如下:

　　借:应付职工薪酬——社会保险费　　　　　　　　　　　42 908.00
　　借:应付职工薪酬——住房公积金　　　　　　　　　　　17 668.00
　　借:其他应付款——住房公积金　　　　　　　　　　　　17 668.00
　　借:其他应付款——养老保险费　　　　　　　　　　　　20 192.00
　　借:其他应付款——医疗保险费　　　　　　　　　　　　 5 048.00
　　借:其他应付款——失业保险费　　　　　　　　　　　　 2 524.00
　　　贷:银行存款　　　　　　　　　　　　　　　　　　　106 008.00

"应付职工薪酬"是负债类账户,用以核算企业根据规定应付给职工的各种薪酬。企业发生职工各种薪酬时,记入贷方;企业支付职工各种薪酬时,记入借方;期末余额在贷方,表示企业尚未支付的职工薪酬。

"其他应付款"账户是负债类账户,用以核算企业除应付票据、应付账款、预收账款、应付职工薪酬、应付利息、应付股利、应交税费、长期应付款等以外的其他各项应付、暂收的款项。企业发生其他各项应付、暂收款项时,记入贷方;企业支付其他各项应付、暂收款项时,记入借方;期末余额在贷方,表示企业尚未支付的其他各项应付、暂收款项。

第三节　非流动负债

一、非流动负债概述

（一）非流动负债的意义

非流动负债的偿还期限长,它包括长期借款、应付债券、长期应付款、专项应付款和预计负债等。

企业在开业阶段,通过非流动负债可以弥补投资者投入资金的不足,以保证生产经营业务的顺利进行。企业在生产经营过程中,当需要扩展生产经营规模,开拓新的市场,需要大量固定资产投资时,如果等待企业内部形成足够的留存收益后,再进行投资,将会丧失有利的时机,因此通过非流动负债来筹集资金是一种有效的方法。

非流动负债的特点是负债数额大,偿还期限长。

（二）借款费用

非流动负债通常是企业向外部借入的款项,向外部借款必然会发生借款费用。

借款费用是指企业因借款而发生的利息及其他相关成本。它包括借款利息、利息调整额的摊销、辅助费用以及因外币借款而发生的汇兑差额等。辅助费用是指向银行借款的手续费、发行债券的发行费用等。

借款分为专门借款和一般借款两类。专门借款是指为购建或者生产符合资本化条件的资产而专门借入的款项。一般借款是指除专门借款以外的其他借款。

企业发生的借款费用,可直接归属于符合资本化条件的资产的购建或者生产的,应当予以资本化,计入相关资产成本;其他借款费用,应当在发生时根据其发生额确认为费用,计入当期损益。

符合资本化条件的资产,是指需要经过相当长时间的购建或者生产活动才能达到预定可使用或者可销售状态的固定资产、投资性房地产和存货等资产。

(三) 借款费用予以资本化的条件

借款费用同时满足下列条件的,才能开始予以资本化:① 资产支出已经发生。资产支出包括为购建或者生产符合资本化条件的资产而以支付现金、转移非现金资产或者承担带息债务形式发生的支出。② 借款费用已经发生。③ 为使资产达到预定可使用或者可销售状态所必要的购建或者生产活动已经开始。

(四) 借款利息资本化金额的确定

在资本化期间内,每一会计期间的利息(包括债券利息调整的摊销)资本化的金额,应当按照下列规定确定:

为购建或者生产符合资本化条件的资产而借入专门借款的,应当以专门借款当期实际发生的利息费用,减去将尚未动用的借款资金存入银行取得的利息收入或进行暂时性投资取得的投资收益后的金额确定。

为购建或者生产符合资本化条件的资产而占用了一般借款的,企业应当根据累计资产支出超过专门借款部分的资产支出加权平均数乘以所占用一般借款的资本化率,计算确定一般借款应予以资本化的利息金额。资本化率应当根据一般借款加权平均利率计算确定。

资本化期间是指从借款开始资本化时点到停止资本化时点的期间,借款费用暂停资本化的期间不包括在内。

(五) 辅助费用的处理

专门借款发生的辅助费用,在所购建或者生产的符合资本化条件的资产达到预定可使用或者可销售状态之前发生的,应当在发生时根据其发生额予以资本化,计入符合资本化条件的资产的成本;在所购建或者生产的符合资本化条件的资产达到预定可使用或者可销售状态之后发生的,应当在发生时根据其发生额确认为费用,计入当期损益。

一般借款发生的辅助费用,应当在发生时根据其发生额确认为费用,计入当期损益。

二、长期借款

长期借款主要是企业向银行或其他金融机构借入的期限在 1 年以上(不含 1

年)的各种借款。它包括专门借款和一般借款。

企业向银行申请长期借款等,必须与银行签订贷款合同,并要提供不同形式的担保,然后在合同规定的期限内还本付息。

企业按照贷款合同取得购建固定资产的长期借款时,借记"银行存款"账户,贷记"长期借款——专门借款"账户。专门借款的利息不论是分期支付,还是一次性支付,均应按照权责发生制的要求分期列支。专门借款当期实际发生的利息费用,减去将尚未动用的借款资金存入银行取得的利息收入或者进行暂时投资取得的投资收益后的金额,确定为专门借款利息费用的资本化金额,并应当在资本化期间内(即从借入购建固定资产专门借款起至固定资产达到预定可使用状态止),将其计入固定资产的购建成本,作为固定资产原始价值的组成部分;在固定资产购建完成达到预定可使用状态后发生的利息费用,则应直接计入当期损益,列入"财务费用"账户。

在借款费用资本化期间内,为购建或者生产符合资本化条件的资产占用了一般借款的,这部分借款利息也应予以资本化。一般借款应予以资本化的利息的计算公式如下:

$$\text{一般借款利息费用资本化金额} = \text{累计资产支出超过专门借款部分的资产支出加权平均数} \times \text{所占用一般借款的资本化率}$$

所占用一般借款的资本化率就是所占用一般借款加权平均利率,其计算公式如下:

$$\text{所占用一般借款的资本化率} = \frac{\text{所占用一般借款当期实际发生的利息之和}}{\text{所占用一般借款本金加权平均数}} \times 100\%$$

$$\text{所占用一般借款本金加权平均数} = \Sigma \left(\text{所占用每笔一般借款本金} \times \frac{\text{每笔一般借款在当期所占用的天数}}{\text{当期天数}} \right)$$

【例】 嘉华化工厂为建造厂房向银行借入专门借款600 000元,合同规定2年到期,年利率为8%,单利计息,到期一次还本付息。

(1) 2013年1月31日,取得专门借款时,作分录如下:

借:银行存款　　　　　　　　　　　　　　　　　　　600 000.00
　　贷:长期借款——专门借款——本金　　　　　　　　　600 000.00

(2) 2013年1月31日,以银行存款支付第一期工程款500 000元,作分录如下:

借:在建工程——建筑工程——建造厂房　　　　　　　500 000.00
　　贷:银行存款　　　　　　　　　　　　　　　　　　　500 000.00

(3) 2013年2月28日,计提本月份专门借款利息费用,作分录如下:

借：在建工程——建筑工程——建造厂房　　　　　　　　　　　4 000.00
　　贷：长期借款——专门借款——利息(600 000×8‰÷12)　　　4 000.00

(4) 2013年12月31日,收到尚未动用专门借款存入银行的利息收入660元,作分录如下：

借：银行存款　　　　　　　　　　　　　　　　　　　　　　660.00
　　贷：在建工程——建筑工程——建造厂房　　　　　　　　　 660.00

(5) 2013年12月31日,以银行存款支付第二期工程款220 000元,作分录如下：

借：在建工程——建筑工程——建造厂房　　　　　　　　　220 000.00
　　贷：银行存款　　　　　　　　　　　　　　　　　　　　220 000.00

(6) 2014年1月31日,计提本月份专门借款利息费用和建造厂房占用120 000元一般借款利息费用,一般借款的资本化率为7.5%,作分录如下：

借：在建工程——建筑工程——建造厂房　　　　　　　　　　4 800.00
　　贷：长期借款——专门借款——利息(600 000×8‰÷12)　　　4 000.00
　　贷：长期借款——一般借款——利息(120 000×7.5%÷12)　　　 800.00

(7) 2014年1月31日,建造厂房竣工,支付剩余工程款30 000元,作分录如下：

借：在建工程——建筑工程——建造厂房　　　　　　　　　　30 000.00
　　贷：银行存款　　　　　　　　　　　　　　　　　　　　 30 000.00

(8) 2014年1月31日,建造的厂房已达到预定可使用状态,交付使用,工程款连同12个月预提的专门借款利息48 000元和一般借款利息800元减去尚未动用借款资金存入银行取得的利息收入660元,工程总决算为798 140元,予以转账,作分录如下：

借：固定资产　　　　　　　　　　　　　　　　　　　　　798 140.00
　　贷：在建工程——建筑工程——建造厂房　　　　　　　　 798 140.00

(9) 2014年2月28日,计提本月份专门借款利息费用,作分录如下：

借：财务费用——利息支出　　　　　　　　　　　　　　　　4 000.00
　　贷：长期借款——专门借款——利息　　　　　　　　　　　4 000.00

等借款到期,支付借款本金和利息时,再借记"长期借款"账户,贷记"银行存款"账户。

如果某项固定资产的购建发生非正常中断,并且中断时间连续有3个月时,应

第七章 负债

当暂停借款费用的资本化,将其中断期间所发生的借款费用直接计入当期的财务费用,直至购建重新开始,再将其后至固定资产达到预定可使用状态前发生的借款费用,计入所购建固定资产的成本。

"长期借款"是负债类账户,用以核算企业向银行等金融机构借入的期限在1年以上的各种借款及应计利息。企业发生长期借款和应计利息时,记入贷方;企业归还长期借款和支付利息时,记入借方;期末余额在贷方,表示企业尚未偿还的长期借款本金和利息。

因引进国外设备等原因,需要向银行等金融机构借入外币长期借款时,应按当日的该种外币的市场汇率,折合成人民币入账。归还时,按账面汇率折合为人民币销账,支付利息和归还本金时的汇率与账面汇率不同而产生的差额,在固定资产达到预定可使用状态前发生的,计入在建工程的成本;在固定资产达到预定可使用状态后发生的,应列入"财务费用"账户。

【例】 嘉华化工厂为引进自动流水线,向中国银行借入引进设备款 120 000 美元,合同规定 15 个月到期,年利率 8%,单利计息,按季计收利息,到期一次还本。

(1) 2012 年 12 月 31 日,取得美元长期借款存入银行,当日汇率为 6.10 元,作分录如下:

借:银行存款——美元户(120 000×6.10)　　　　　　732 000.00
　　贷:长期借款——专门借款　　　　　　　　　　　　　732 000.00

(2) 2012 年 12 月 31 日,进口流水线一套,验收入库,流水线的买价、国外运费、关税等计 120 000 美元,一并以转账支票付讫,当日美元的人民币汇率为 6.10 元,作分录如下:

借:工程物资　　　　　　　　　　　　　　　　　　　　732 000.00
　　贷:银行存款——美元户(120 000×6.10)　　　　　　732 000.00

(3) 2013 年 1 月 2 日,将流水线交付安装公司安装,并以支票支付工程安装款 30 000 元,作分录如下:

借:在建工程——安装工程——安装流水线　　　　　　762 000.00
　　贷:工程物资　　　　　　　　　　　　　　　　　　　732 000.00
　　贷:银行存款　　　　　　　　　　　　　　　　　　　 30 000.00

(4) 2013 年 1 月 31 日,计提本月份美元借款利息,当日美元的人民币汇率为 6.10 元,作分录如下:

借:在建工程——安装工程——安装流水线　　　　　　 4 880.00
　　贷:长期借款——专门借款——利息(800×6.10)　　　 4 880.00

(5) 2013年3月31日,支付第一季度美元借款利息,当日美元的人民币汇率为6.09元,查2月份负担的利息与1月份相同。作分录如下:

  借:长期借款——专门借款——利息   9 760.00
  借:在建工程——安装工程——安装流水线   4 846.00
   贷:银行存款——美元户(2 400×6.09)   14 616.00

(6) 2013年3月31日,流水线工程安装竣工,已达到预定可使用状态,并验收使用,工程总决算为776 606元,予以转账,作分录如下:

  借:固定资产   776 606.00
   贷:在建工程——建筑工程——安装流水线   776 606.00

(7) 2014年3月31日,归还120 000美元长期借款本金,当日美元的人民币的中间汇率为6.09元,作分录如下:

  借:长期借款——专门借款   732 000.00
   贷:财务费用——汇兑差额   1 200.00
   贷:银行存款——美元户(120 000×6.09)   730 800.00

三、应付债券

(一)债券概述

债券是指企业向社会上公开筹借资金而发行的,约定在一定期限内还本期付息的有价证券,它是企业负债的另一种形式。由于企业将所需借入的资金划分为许多较小的计价单位,如500元、1 000元、5 000元、10 000元等不同面值的债券,这样就为社会上不同阶层就其愿意投入的投资额进行投资提供了方便。因此,债券是企业筹集资金的重要方式,与长期借款相比较,它具有可以向企业、单位、社会团体和个人发行,并且可以在金融市场上流通转让的特点。

企业因资金不足而发行债券,必须经中国人民银行批准,企业也可以委托银行或其他金融机构代理发行债券。企业发行的债券,主要用于投资建设项目。企业发行债券必须具备的内容有:

(1) 债券的面值,又称本金,是指举债企业在债券到期日应偿还给持票人的金额。

(2) 票面利率和付息日期,是指债券的票面上标明的利率和支付债券利率的时间,票面利率为年利率。

(3) 债券的发行日期,编号和还本日期。

(4) 发行企业的资信等级等。

除以上内容外,债券上还应标明发行机构名称及盖有公章。

根据我国现行制度规定,企业发行债券的总面值,不得大于该企业自有资产净值,债券的票面利率不得高于银行相同期限居民定期储蓄利率的40%。

债券按照其偿还期限的不同,可分为短期债券和长期债券两种。短期债券是指偿还期限不超过1年的债券。它属于流动负债,通过"交易性金融负债"账户核算。长期债券是指偿还期限超过1年的债券。长期债券属于非流动负债,通过"应付债券"账户核算。以下仅阐述长期债券的核算。

按照发行规定,债券票面上都印有面值,但在实际发行时,面值不等于其发行价值。由于票面利率与市场实际利率往往不同,其发行价值也就不同。因此,债券有按面值发行、溢价发行和折价发行三种。

(二) 债券发行价格的确定

企业是根据市场利率确定债券发行价格的,因此从理论上讲债券应该按面值发行。但实际上,由于发行债券需要先经过设计、印制等一系列筹备工作,到实际发行要相隔一段时间,届时债券的票面利率与市场利率可能会不一致。企业为了维护自身的利益的投资者的利益,就需要确定债券的发行价格。所以,在发行债券时,当票面利率高于市场利率时,债券要溢价发行,当票面利率低于市场利率时,债券要折价发行。

债券的发行价格从资金时间价值的观念来理解,应由两部分构成:一部分是债券面值偿还时按市场利率折算的现值;另一部分是债券各期所支付利息按市场利率折算的现值,其计算公式如下:

$$债券发行价格 = 债券面值偿还时的现值 + 各期债券利息之和的现值$$

$$债券面值偿还时的现值 = 债券面值 \times 复利现值系数$$

$$各期债券利息之和的现值 = 支付一期的利息额 \times 年金现值系数$$

现值是指未来某一时点上的一定量的现金折合为现在的价值。年金是指一定时期内每次等额收付的系列款项。

公式中的复利现值系数可以通过查阅复利现值系数表取得,年金现值系数可以通过查阅年金现值系数表取得。复利现值系数表和年金现值系数表分别见本书附录一和附录二。

【例】 浦江工厂发行面值为1 000元的债券,票面利率为9%,期限为3年,每满1年付息一次,而市场利率为8%,计算其债券发行价格如下:

按8%利率查得3年期的复利现值系数为0.7938;年金现值系数为2.5771。

$$债券发行价格 = 1\,000 \times 0.7938 + 1\,000 \times 9\% \times 2.5771 = 1\,025.74(元)$$

计算结果表明,债券的发行价格为1 025.74元,溢价25.74元。

(三) 按面值发行债券的核算

当企业按面值发行债券，收到发行债券款时，借记"银行存款"账户，贷记"应付债券——债券面值"账户。

企业举债是为了购建固定资产的，发生的利息、因溢价或折价发行而发生的利息调整摊销额和辅助费用，在固定资产达到预定可使用状态前，应予以资本化；在固定资产达到预定可使用状态后，应予以费用化。企业举债的目的是用于流动资产的，上列的借款费用应予以费用化。

债券的利息不论是到期一次还本付息，还是每年分期支付，为了使企业利息负担均衡合理，应按月预提债券的利息。

企业对于一次还本付息的债券，在按月提取利息时，借记"在建工程"或"财务费用"账户，贷记"应付债券"账户；在债券到期支付债券利息和归还债券本金时，再借记"应付债券"账户，贷记"银行存款"账户。

【例】 卢湾石油公司为新建造油库，于 2012 年 3 月 31 日按面值 420 000 元发行债券，债券票面利率为 8%，期限为 2 年，于 2014 年 3 月 31 日还本付息。

(1) 2012 年 3 月 27 日，以银行存款 4 200 元支付债券发行费用，作分录如下：

  借：在建工程——建筑工程——建造油库   4 200.00
    贷：银行存款   4 200.00

(2) 2012 年 3 月 31 日，发行债券，收到款项 420 000 元，存入银行，作分录如下：

  借：银行存款   420 000.00
    贷：应付债券——面值   420 000.00

(3) 2012 年 3 月 31 日，支付新建油库第一期工程款 240 000 元，作分录如下：

  借：在建工程——建筑工程——建造油库   240 000.00
    贷：银行存款   240 000.00

(4) 2012 年 4 月 30 日，按 8% 年利率计提本月份债券利息，作分录如下：

  借：在建工程——建筑工程——建造油库(420 000×8%÷12)   2 800.00
    贷：应付债券——应计利息   2 800.00

(5) 2013 年 3 月 31 日，收到尚未动用发行债券资金 180 000 元存入银行的利息收入 1 296 元，作分录如下：

  借：银行存款   1 296.00
    贷：在建工程——建筑工程——建造油库   1 296.00

(6) 2013年3月31日,油库已竣工,支付建造油库剩余工程款180 000元,作分录如下:

借:在建工程——建筑工程——建造油库　　　　　180 000.00
　　贷:银行存款　　　　　　　　　　　　　　　　　180 000.00

(7) 2013年3月31日,新建油库已达到预定可使用状态,已验收使用。全部工程款420 000元,债券发行费用4 200元,工程应付债券利息为33 600元,减去尚未动用的发行债券的资金存入银行取得的利息收入1 296元,全部工程决算为456 504元,作分录如下:

借:固定资产　　　　　　　　　　　　　　　　　　456 504.00
　　贷:在建工程——建筑工程——建造油库　　　　　456 504.00

(8) 2014年3月31日,债券到期,支付债券利息,并偿还本金,作分录如下:

借:应付债券——面值　　　　　　　　　　　　　　420 000.00
借:应付债券——应计利息　　　　　　　　　　　　　64 400.00
借:财务费用——利息支出　　　　　　　　　　　　　 2 800.00
　　贷:银行存款　　　　　　　　　　　　　　　　　487 200.00

（四）溢价和折价发行债券的核算

1. 溢价发行债券的核算　　溢价发行债券是指企业发行债券的价格高于债券面值,其高于面值的差额称为债券溢价。当企业发行债券的票面利率高于市场实际利率时,这意味着企业将要以高于市场实际利率支付利息,届时可以溢价发行。因此债券溢价实质上是企业在发行债券时,预收投资者一笔款项,以补偿以后多付给投资者的利息。

企业溢价发行债券后,按实际取得的款项,借记"银行存款"账户;按债券面值,贷记"应付债券——面值"账户,实际发行额与面值的差额,贷记"应付债券——利息调整"账户。企业对于每年分期支付利息的债券,在按月提取利息时,借记"在建工程"或"财务费用"账户,贷记"应付利息"账户。

【例】 浦江工厂为建造仓库于2012年11月30日,发行面值为480 000元的债券,债券票面利率为9%,期限为3年,每年11月30日付息,于2015年11月30日归还本金,而市场实际利率为8%。

(1) 2012年11月28日,以银行存款5 000元支付债券发行费用,作分录如下:

借:在建工程——建筑工程——建造仓库　　　　　　5 000.00
　　贷:银行存款　　　　　　　　　　　　　　　　　5 000.00

(2) 2012年11月30日,将每1 000元面值的债券按1 025.74元发行。今收到溢价发行债券款492 355.52元,存入银行,作分录如下:

借：银行存款　　　　　　　　　　　　　　　　　　492 355.52
　　　　贷：应付债券——面值　　　　　　　　　　　　　　480 000.00
　　　　贷：应付债券——利息调整　　　　　　　　　　　　 12 355.52

　　2. 折价发行债券的核算　　折价发行债券是指企业发行债券的价格低于债券面值。其低于面值的差额称为债券折价。当企业发行债券的票面利率低于市场实际利率时，这意味着企业将要以低于市场实际利率支付利息。企业为吸引投资者，给投资者合理的收益，就需要折价发行。因此债券折价实质上是企业在发行债券时，预先少收投资者一笔款项，以补偿投资者以后少得利息的损失。

　　企业折价发行债券后，按实际发行债券取得的款项，借记"银行存款"账户；按债券面值，贷记"应付债券——面值"账户，债券面值与实际发行额的差额，记入"应付债券——利息调整"账户的借方。

　　【例】 泰西工厂为购置数控机床，发行面值300 000元的债券，债券票面利率为7%，期限为2年，于每年1月31日付息，而市场实际利率为8%。

　　（1）2013年1月28日，以银行存款4 500元支付债券发行费用，作分录如下：

　　借：固定资产——发行债券手续费　　　　　　　　　　4 500.00
　　　　贷：银行存款　　　　　　　　　　　　　　　　　　4 500.00

　　（2）2013年1月31日，将每1 000元面值的债券按982.13元发行。今收到折价发行债券款294 639元，存入银行，作分录如下：

　　借：银行存款　　　　　　　　　　　　　　　　　　294 639.00
　　借：应付债券——利息调整　　　　　　　　　　　　　5 361.00
　　　　贷：应付债券——面值　　　　　　　　　　　　　300 000.00

　　（五）利息调整额摊销的核算

　　企业溢价发行债券，意味着要按高于市场实际利率的票面利率支付利息；企业折价发行债券，意味着要按低于市场实际利率的票面利率支付利息，这样企业在溢价或折价发行债券时就形成了利息调整额。因此，在按月预提债券利息时，还要摊销利息调整额，通过摊销以调整利息支出，使企业实际负担的利息支出与按市场实际利率计算的结果相一致。利息调整额摊销的方法有直线法和实际利率法两种。

　　1. 直线法摊销利息调整额的核算　　直线法是指将利息调整额在债券到期前分期平均摊销的方法。

　　企业在摊销利息调整贷方余额时，借记"应付债券——利息调整"账户，贷记"在建工程"或"财务费用"账户。

第七章 负 债

【例】 前例浦江工厂为建造仓库溢价 12 355.52 元,发行 3 年期的债券 480 000元。

(1) 2012 年 11 月 30 日,以银行存款支付建造仓库第一期工程款 270 000 元,作分录如下:

  借:在建工程——建筑工程——建造仓库   270 000.00
   贷:银行存款   270 000.00

(2) 2012 年 12 月 31 日,按 9% 票面利率计提本月份债券利息,作分录如下:

  借:在建工程——建筑工程——建造仓库   3 600.00
   贷:应付利息   3 600.00

同时摊销本月份的利息调整额,作分录如下:

  借:应付债券——利息调整   343.21
   贷:在建工程——建筑工程——建造仓库   343.21

(3) 2013 年 11 月 30 日,将本月份债券利息入账,并支付投资者 1 年期债券利息43 200元,作分录如下:

  借:应付利息   39 600.00
  借:在建工程——建筑工程——建造仓库   3 600.00
   贷:银行存款   43 200.00

同时摊销本月份的利息调整额,作分录如下:

  借:应付债券——利息调整   343.21
   贷:在建工程——建筑工程——建造仓库   343.21

(4) 2014 年 3 月 31 日,收到尚未动用的发行债券资金 210 000 元存入银行的利息收入 2 016 元,作分录如下:

  借:银行存款   2 016.00
   贷:在建工程——建筑工程——建造仓库   2 016.00

(5) 2014 年 3 月 31 日,扩建厂房竣工,支付建造仓库剩余工程款 210 000 元,作分录如下:

  借:在建工程——建筑工程——建造仓库   210 000.00
   贷:银行存款   210 000.00

(6) 2014 年 3 月 31 日,建造仓库竣工,达到预定可使用状态,验收使用,全部工程款480 000元,加上债券发行费用5 000元和应计利息57 600元,减去利息调整额5 491.36元和尚未动用发行债券资金存入银行取得的利息收入2 016元,全部决算为535 092.64元，作分录如下：

  借：固定资产　　　　　　　　　　　　　　　　　　　　　535 092.64
   贷：在建工程——建筑工程——建造仓库　　　　　　　　　535 092.64

  通过3年的摊销，利息调整额全部摊销完毕。债券到期时，还本付息的核算方法与按面值发行债券的方法相同。

  "应付利息"是负债类账户，用以核算企业按照合同约定应支付的短期借款，分期付息到期还本的长期借款和企业债券应支付的利息。企业按规定提取应支付的利息时，记入贷方；企业实际支付利息时，记入借方；期末余额在贷方，表示企业应付未付的利息。

  企业在摊销利息调整借方余额时，借记"在建工程"或"财务费用"账户，贷记"应付债券——利息调整"账户。

  【例】 前例泰西工厂为购置数控机床折价5 361元，发行2年期的债券300 000元。

  (1) 2013年2月5日，购置数控机床一台，买价254 000元，增值税额43 180元，账款已签发转账支票支付，数控机床已达到预定可使用状态，验收使用，并转销前期为购置数控机床发行债券的手续费，作分录如下：

  借：固定资产——生产经营用固定资产　　　　　　　　　301 680.00
   贷：银行存款　　　　　　　　　　　　　　　　　　　297 180.00
    固定资产——发行债券手续费　　　　　　　　　　　4 500.00

  (2) 2013年2月28日，按7%票面利率计提本月份债券利息，作分录如下：

  借：财务费用——利息支出　　　　　　　　　　　　　　　1 750.00
   贷：应付利息　　　　　　　　　　　　　　　　　　　　1 750.00

  同时摊销本月份利息调整额，作分录如下：

  借：财务费用——利息支出　　　　　　　　　　　　　　　223.38
   贷：应付债券——利息调整　　　　　　　　　　　　　　223.38

  每月月末均作同样分录。

  (3) 2014年1月31日，支付投资者1年期债券利息21 000元，作分录如下：

  借：应付利息　　　　　　　　　　　　　　　　　　　　　19 250.00
   财务费用——利息支出　　　　　　　　　　　　　　　1 750.00
   贷：银行存款　　　　　　　　　　　　　　　　　　　　21 000.00

  同时摊销本月份利息调整额，作分录如下：

  借：财务费用——利息支出　　　　　　　　　　　　　　　223.38
   贷：应付债券——利息调整　　　　　　　　　　　　　　223.38

  2. 实际利率法摊销利息调整额的核算　　实际利率法是指将按债券面值和票面利率计算的票面利息，与按每付息期期初债券现值和实际利率计算的实际利息之间的差额,作为每付息期利息调整额摊销额的方法。

采用实际利率法摊销"利息调整"明细账户的贷方余额时,实际利息将会随着表示负债数额的应付债券现值的逐期减少而减少,而利息调整摊销额却随之逐期增加,其计算方法如图表 7-4 所示。

【例】 根据前例浦江工厂溢价 12 355.52 元发行的 480 000 元债券等资料,债券票面利率为9%,实际利率为8%。用实际利率法计算债券各期利息调整摊销额如图表 7-4 所示。

图表 7-4

利息调整摊销额计算表(贷方余额)

单位:元

付息期数	票面利息	实际利息	利息调整摊销额	利息调整贷方余额	应付债券现值
(1)	(2)=面值×票面利率	(3)=上期(6)×实际利率	(4)=(2)−(3)	(5)=上期利息调整额−(4)	(6)=面值+(5)
发行时				12 355.52	492 355.52
1	43 200	39 388.44	3 811.56	8 543.96	488 543.96
2	43 200	39 083.52	4 116.48	4 427.48	484 427.48
3	43 200	38 772.52①	4 427.48	0	480 000.00

① 由于计算上存在尾差,因此 38 772.52 元是近似数。

以上计算的是各年的票面利息、实际利息和利息调整摊销额,各月的票面利息、实际利息和利息调整摊销额还要分别除以 12 取得。

第一年各月应负担的票面利息=43 200÷12=3 600.00(元)

第一年各月应负担的实际利息=39 388.44÷12=3 282.37(元)

第一年各月的利息调整摊销额=3 811.56÷12=317.63(元)

2012 年 12 月 31 日,根据计算的结果,计提本月份债券利息,作分录如下:

借:在建工程——建造仓库　　　　　　　　　　　　　　3 282.37

借:应付债券——利息调整　　　　　　　　　　　　　　317.63

　　贷:应付利息　　　　　　　　　　　　　　　　　　3 600.00

采用实际利率法摊销"利息调整"明细账户借方余额时,实际利息将会随着表示负债数额的应付债券现值的逐期增加而增加,而利息调整摊销额也随之逐期增加,其计算方法如图表 7-5 所示。

【例】 根据前例泰西工厂折价 5 361 元发行的 300 000 元债券等资料,债券票面利率为7%,实际利率为8%,用实际利率法计算债券各期利息调整摊销额如图表 7-5 所示。

图表 7-5

利息调整摊销额计算表(借方余额)

单位:元

付息期数 (1)	票面利息 (2)=面值×票面利率	实际利息 (3)=上期(6)×实际利率	利息调整摊销额 (4)=(2)-(3)	利息调整贷方余额 (5)=上期利息调整额-(4)	应付债券现值 (6)=面值+(5)
发行时				5 361.00	294 639.00
1	21 000	23 517.12	2 571.12	2 789.88	297 210.12
2	21 000	23 789.88①	2 789.88	0	300 000.00

① 由于计算上存在尾差,因此 23 789.88 元是近似数。

采用实际利率法摊销利息调整借方余额的核算方法与直线法相同,不再重述。

从上例两种摊销的方法来看,按直线法摊销利息调整额简便易行。然而,随着各期利息调整额的摊销,企业的负债有了变动,而企业各期负担的债券利息却始终保持不变,因此,采用这种方法,各期负担的利息支出不够合理。而按实际利率法摊销利息调整额,企业各期负担的利息支出会随着各期负债的增减变动而相应地变动,从而使各期的利息支出负担合理,但采用这种方法,计算工作较为复杂。

"应付债券"是负债类账户,用以核算企业为筹集长期资金而发行债券的本金和利息。企业发行债券的面值、因溢价而发生的利息调整额、债券的应计利息、摊销债券因折价而发生的利息调整额时,记入贷方;企业发行债券因折价而发生的利息调整额、支付债券的应计利息、摊销债券因溢价而发生的利息调整额和偿还投资者的本金时,记入借方;期末余额在贷方,表示企业尚未偿还投资者的债券本金和利息。"应付债券"账户下设"面值"、"利息调整"和"应计利息"明细账户,分别进行明细核算。

(六)可转换公司债券的核算

可转换公司债券是指股份有限公司根据法定程序发行的、在一定期间内根据约定的条件可以转换成股票的公司债券。

债券持有者在转换期间内行使转换权利,将债券转换为股票,则债券持有者就成为公司的股东,享受股东的权利;债券持有者在转换期间内未行使转换权利,则债券持有者仍为债权人,有权要求公司还本付息。所以,可转换公司债券具有两重性,既具有债券的性质,又具有股票的性质。

可转换公司债券的发行和平时计提利息,摊销利息调整额的核算方法与普通的债券相同,不再重述。

可转换公司债券转换为股票时,应按债券面值借记"应付债券——可转换公司债券——面值"账户;按尚未摊销的利息调整额借记(或贷记)"应付债券——可转换公司债券——利息调整"账户;按转换股票的股数计算的股票面值贷记"股本"账户;借贷方相抵后的差额,贷记"资本公积"账户。

【例】 捷达股份有限公司 2013 年 3 月 31 日发行 3 年期可转换公司债券 5 000 000元,债券票面利率为6%,按面值发行。债券发行1年后可转换为股票,每10元债券可转换为普通股股票 1 股,每股面值 1 元。2014 年 3 月 31 日有 2 000 000 元可转换公司债券转换为普通股股票 200 000 股,作分录如下:

  借:应付债券——可转换公司债券——面值   2 000 000.00
   贷:股本——普通股   200 000.00
    资本公积——股本溢价   1 800 000.00

可转换公司债券转换为股票时,如债券面值不足转换 1 股股票时,股份有限公司应以现金予以清偿。

四、长期应付款

长期应付款是指除长期借款和应付债券以外的其他各种长期应付款。它包括应付融资租入固定资产的租赁费和分期付款方式购入固定资产发生的应付款项等。

(一)应付融资租入固定资产租赁费的核算

1. 融资租入固定资产概述 融资租赁是指实质上转移了与资产所有权有关的全部风险和报酬的租赁。其所有权最终可能转移,也可能不转移。

企业确定为融资租赁的,应符合以下一项或数项标准:① 在租赁期届满时,租赁资产的所有权转移给承租人。② 承租人有购买租赁资产的选择权,所订立的购买价款预计将远低于行使选择权时租赁资产的公允价值,因而在租赁开始日就可以合理确定承租人将会行使这种选择权。③ 即使资产的所有权不转移,但租赁期占租赁资产使用寿命的大部分。④ 承租人在租赁开始日的最低租赁付款现值,几乎相当于租赁开始日租赁资产公允价值。⑤ 租赁资产性质特殊,如果不作较大改造,只有承租人才能使用。

租赁期是指租赁合同规定的不可撤销的租赁期间。

融资租入的固定资产,承租人应在租赁开始日,按租赁资产的公允价值与最低租赁付款额现值两者中较低者作为租入固定资产的入账价值。

最低租赁付款额是指在租赁期内,承租人应支付或可能被要求支付的款项(不包括或有租金或履约成本),加上由承租人或其有关的第三方担保的资产余值。资产余值是指在租赁开始日估计的租赁期届满时租赁资产的公允价值。但是,如果承租人有购买租赁资产的选择权,所订立的购买价款预计将远低于行使选择时租赁资产的公允价值,因而在租赁开始日就可以合理确定承租人将会行使这种选择权,则购买价款也应当计入最低租赁付款额。或有租金是指金额不固定、以时间长短以外的其他因素(如销售量、使用量、物价指数等)为依据计算的租金。履约成本是指在租赁期内为租赁资产支付的各种使用费用,如技术咨询和服务费、人员培训费、维修费、保险费等。

承租人在计算最低租赁付款额的现值时,可以采用租赁合同规定的利率作为折现率。如果租赁合同没有规定利率的,应当采用同期银行贷款利率作为折现率。当采取每期期末支付租金时,最低租赁付款额的现值计算公式如下:

$$\text{最低租赁付款额的现值} = \text{每期租金} \times \text{年金现值系数} + \text{订立的购买价款} \times \text{现值系数}$$

2. 融资租入固定资产的核算　　当企业确定以最低租赁付款额的现值作为租入固定资产的入账价值时,应将最低租赁付款额作为长期应付款入账,两者之间的差额作为未确认融资费用。

承租人在租赁谈判和签订租赁合同过程中发生的,可归属于租赁项目的手续费、律师费、差旅费、印花税等初始直接费用,应当计入租入固定资产价值。

未确认融资费用在租赁期内各个期间可以采用直线法、实际利率法等方法进行摊销,确认当期的融资费用时,借记"财务费用"账户;贷记"未确认融资费用"账户。

【例】 浦江机械厂年初以融资租赁方式租入机器一台,租赁期为5年,租金为100 000元,其公允价值为80 500元。租赁合同规定年利率为8%,租金于每年年末支付20 000元,租赁期届满时再支付购买价款500元,即取得机器的所有权。届时该机器的公允价值为10 000元,计算其最低租赁付款额的现值如下:

$$\text{机器最低租赁付款额现值} = 20\,000 \times 3.9927^{①} + 500 \times 0.6806^{①} = 80\,194.30(元)$$

(1) 签发转账支票支付租赁机器发生的手续费、律师费、印花税等初始直接费用1 100元,作分录如下:

借:固定资产——融资租入固定资产　　　　　　　　　　　　1 100.00
　　贷:银行存款　　　　　　　　　　　　　　　　　　　　　　1 100.00

---

① 系年金现值系数和现值系数,分别查阅年金现值系数表和现值系数表取得,见附录一和附录二。

(2) 企业取得租入机器验收使用时,因机器的最低租赁付款额现值小于其公允价值,作分录如下:

  借:固定资产——融资租入固定资产   80 194.30
  借:未确认融资费用   20 305.70
   贷:长期应付款——应付融资租赁款   100 500.00

(3) 按月用直线法摊销未确认融资费用时,作分录如下:

  借:财务费用——利息(20 305.70÷60)   338.43
   贷:未确认融资费用   338.43

(4) 年末签发转账支票支付机器租金时,作分录如下:

  借:长期应付款——应付融资租赁款   20 000.00
   贷:银行存款   20 000.00

(5) 5年租赁期满,按合同规定,企业签发转账支票500元,支付机器购买价款,作分录如下:

  借:长期应付款——应付融资租赁款   500.00
   贷:银行存款   500.00

同时,企业取得了机器的所有权,作分录如下:

  借:固定资产——生产经营用固定资产   81 294.30
   贷:固定资产——融资租入固定资产   81 294.30

  如果融资租入固定资产在租赁开始日需要经过安装的,应先通过"在建工程"账户核算,等其安装完毕达到预定可使用状态时,再由"在建工程"账户转入"固定资产——融资租入固定资产"账户。

  "长期应付款"是负债类账户,用以核算企业除长期借款、应付债券和专项应付款以外的各种其他长期应付款。企业发生长期应付款时,记入贷方;企业偿还长期应付款时,记入借方;期末余额在贷方,表示企业尚未偿还的各种其他长期应付款。

  "未确认融资费用"是负债类账户,也是"长期应付款"账户的抵减账户,用以核算企业应当分期计入利息支出的未确认的融资费用。企业发生未确认的融资费用时,记入借方;企业分期摊销未确认融资费用时,记入贷方;期末余额在借方,表示企业未确认融资费用的摊余价值。

  (二) 分期付款购入固定资产应付款的核算

  企业采用分期付款方式购入固定资产发生的应付款,如果分期支付购买价款超过正常信用条件,实质上具有融资性质的,那么所购资产的成本应当以分期付款购买价款的现值为基础确定。实际支付的价款与购买价款的现值之间的差额,应当在信用期间内采用实际利率法进行摊销,计入相关资产的成本或期间费用。

企业在分期付款购入固定资产时,按购入资产原始价值的现值,借记"固定资产"或"在建工程"①账户;按应支付的价款总额,贷记"长期应付款"账户;将两者之间的差额,列入"未确认融资费用"账户的借方。企业在按月摊销未确认融资费用时,借记"财务费用"或"在建工程"②账户,贷记"未确认融资费用"账户。

五、专项应付款

专项应付款是指企业取得政府作为企业所有者投入的具有专项或特定用途的款项。

专项或特定用途的拨款主要有技术改造拨款和技术研究拨款等。企业收到专项或特定用途拨款时,借记"银行存款"账户,贷记"专项应付款"账户。将专项或特定用途的拨款用于工程项目时,借记"在建工程"等账户,贷记"原材料"、"应付职工薪酬"等账户。

工程项目完工后,对形成长期资产的部分,借记"固定资产"等账户,贷记"在建工程"等账户;同时借记"专项应付款"账户,贷记"资本公积"账户。对未形成长期资产需要核销的部分,借记"专项应付款"账户,贷记"在建工程"等账户。如有结余拨款需要返还时,借记"专项应付款"账户,贷记"银行存款"账户。

【例】 东新化工厂因设备陈旧而污染环境,国家决定对其拨款 120 000 元,对原有设备进行技术改造。

(1) 收到国家拨款 120 000 元时,作分录如下:

借:银行存款 120 000.00
    贷:专项应付款 120 000.00

(2) 技术改造工程决定生产除污设备,本月份领用材料 90 000 元,分配职工工资 10 000 元,计提职工福利费 1 400 元,作分录如下:

借:在建工程——技术改造工程 101 400.00
    贷:原材料 90 000.00
        应付职工薪酬——工资 10 000.00
        应付职工薪酬——职工福利 1 400.00

(3) 除污设备竣工,已达到预定可使用状态,验收使用,作分录如下:

---

① 指需要安装的固定资产。
② 指需要安装的固定资产在尚未达到预定可使用状态前摊销的未确认融资费用。

借：固定资产　　　　　　　　　　　　　　　　　　101 400.00
　　贷：在建工程——技术改造工程　　　　　　　　　　101 400.00

（4）同时将专项应付款转销，作分录如下：

借：专项应付款　　　　　　　　　　　　　　　　　101 400.00
　　贷：资本公积——资本溢价　　　　　　　　　　　101 400.00

（5）将多余的技术改造拨款返还政府有关部门，作分录如下：

借：专项应付款　　　　　　　　　　　　　　　　　 18 600.00
　　贷：银行存款　　　　　　　　　　　　　　　　　　18 600.00

"专项应付款"是负债类账户，用以核算企业取得政府作为企业所有者投入的具有专项或特定用途的款项。企业取得专项或特定用途款项时，记入贷方；企业工程项目完工，形成长期资产的和未形成长期资产的予以转销，以及结余拨款返还时，记入借方；期末余额在贷方，表示企业尚未转销的专项应付款。

六、或有事项和预计负债

（一）或有事项的定义和特征

或有事项是指过去的交易或事项形成的，其结果须由某些未来事项的发生或不发生才能决定的不确定事项。常见的或有事项有未决诉讼或仲裁、债务担保、产品质量保证、亏损合同、重组义务和环境污染整治等。或有事项具有以下三个特征。

1. 或有事项是过去的交易或事项形成的　　这是指或有事项的现存状况是企业过去的交易或事项引起的客观存在。比如，未决诉讼虽然是正在进行中的诉讼，但它是企业因过去的经济行为导致起诉其他单位或被其他单位起诉。这是现存的一种状况，而不是未来将要发生的事项。未来可能发生的自然灾害、交通事故、经营亏损等事项都不属于或有事项。

2. 或有事项的结果具有不确定性　　这是指或有事项的结果是否发生具有不确定性，或者或有事项的结果预计将会发生，但发生的具体时间或金额具有不确定性。例如，为其他企业提供债务担保事项，担保方到期是否承担和履行连带责任，需要根据债务到期时被担保方能否按时还款加以确定。这一事项的结果在担保协议达成时具有不确定性。又如，某企业因侵权而被起诉，如无特殊情况，该企业很可能败诉。但是，在诉讼成立时，该企业因败诉将支出多少金额，或支出发生在何时，是难以确知的。或有事项的这种不确定性是其区别其他不确定性会计事项的重要特征。

3. 或有事项由未来事项决定　　这是指或有事项的结果，只能由未来不确定事项的发生或不发生才能决定。比如，未决诉讼，其最终结果只能随案情的发展，由判决结果来决定。因此,或有事项具有时效性,其随着影响或有事项结果的因素发生变化,或有事项最终会转化为确定事项。

(二)或有事项相关义务确认为预计负债的条件

企业只有在与或有事项相关的义务同时符合下列三个条件时,才能将其确认为预计负债。

1. 该义务是企业承担的现时义务　　这是指与或有事项有关的义务是在企业当前条件下已承担的义务,而非潜在义务。比如,沪东工厂的司机因违犯交通规则造成严重的交通事故,该工厂将要承担赔偿义务。因此,违规事项发生后,该工厂随即承担的是一项现时义务。

2. 履行该义务很可能导致经济利益流出企业　　这是指履行与或有事项产生的现时义务时,导致经济利益流出企业的可能性大于50%,但小于或等于95%。例如,2013年1月10日,华新工厂与南方公司签订协议,承诺为南方公司两年期长期借款提供全额担保。从而华新工厂因担保事项而承担了一项现时义务。倘若2013年末,南方公司财务状况良好,通常认定其不会违约,从而华新工厂履行承担的现时义务不是很可能会导致经济利益的流出;倘若2013年年末南方公司的财务状况恶化,且并没有迹象表明其财务状况可能会发生好转,也就是说该公司可能违约,那么华新工厂履行承担的现时义务将很可能导致经济利益流出企业。

3. 该义务的金额能够可靠地计量　　这是指因或有事项产生的现时义务的金额能够合理地预计。由于或有事项具有不确定性,因此,因或有事项产生的现时义务也具有不确定性,需要预计。要将或有事项确认为一项负债,其相关现时义务的金额应能够可靠地预计。例如,华声商厦因涉及一项诉讼案而成为被告,根据以往的审判案例推断,华声商厦很可能要败诉,相关的赔偿金额也可以估算出一个范围,因此可以认为华声商厦未决诉讼承担的现时义务的金额能够可靠地预计,从而应将该未决诉讼确认为一项负债。但是,倘若没有以往的案例可与华声商厦涉及的诉讼案作比照,而相关的法律条文又没有明确解释,那么即使华声商厦可能败诉,在判决以前也不能推断现时义务的金额能够可靠地估计。因此华声商厦不应将未决诉讼确认为一项负债。

(三)预计负债的计量

由于预计负债应承担的现时义务的金额往往具有不确定性,因此现时需要对预计负债进行计量。企业确认预计负债的金额应当按照履行相关义务所需支出的最佳估计数进行初始计量。最佳估计数的确定分以下两种情况考虑。

1. 所需支出存在一个连续范围　　倘若所需支出存在一个连续范围,且该范围内各种结果发生的可能性是相同的,最佳估计数应当按照该范围内的中间值确定。

【例】 2014年1月31日,开捷公司因合同违约而涉及一项诉讼案,根据公司的法律顾问判断,最终的判决很可能对该公司不利。至年末该公司尚未接到法院的判决,因此诉讼须承担的赔偿金额也无法准确地确定。不过,据专业人士估计,赔偿金额可能在 80 000 元至 100 000 元之间,则确认开捷公司或有负债的金额如下:

$$开捷公司预计负债的金额 = \frac{80\,000 + 100\,000}{2} = 90\,000(元)$$

2. 所需支出不存在一个连续范围　倘若所需支出不存在一个连续范围,则最佳估计数应当分别下列情况确定:

(1) 或有事项涉及单个项目　当或有事项仅涉及一个项目的,最佳估计数按照最可能发生的金额确定,如一项未决诉讼,一项未决仲裁或一项债务担保等。

(2) 或有事项涉及多个项目　当或有事项涉及多个项目的,按照各种可能结果及相关概率计算确定。如产品质量保证。在产品质量保证中,提出产品保修要求的,可能有较多的客户,企业相应地对这些客户负有保修义务,那么最佳估计数按照各种可能的发生额及其发生的概率计算确定。

【例】 2014年1月,新华农机厂销售农机 960 台,销售收入为 4 800 000 元。农机厂的产品质量保证条款规定,产品出售后,如果在一年以内发生质量问题,厂方将免费负责修理。根据以往的经验,如果出现较小的质量问题,发生的修理费为销售额的 1%;如果出现较大的质量问题,发生的修理费为销售额的 3%。据预测,在1年内已售的产品中,有 10% 将发生较小的质量问题,有 5% 将发生较大的质量问题。计算该或有负债的最佳估计数如下:

$$销售农机保修费用的最佳估计数 = 4\,800\,000 \times 1\% \times 10\% + 4\,800\,000 \times 3\% \times 5\% = 12\,000(元)$$

(四) 预计负债预期可获得的补偿的处理

企业清偿预计负债所需支出的全部或部分金额,预期由第三方补偿的,则补偿金额只有在基本确定能够收到时,才能作为资产单独确认,且确认的补偿金额不应当超过预计负债的账面价值。补偿金额"基本确定能够收到",是指预期从保险公司、索赔人、被担保企业等获得补偿的可能性大于 95% 但小于 100% 的情形。

可能获得补偿的情况通常有发生交通事故等情况时,企业通常可以从保险公司获得合理的赔偿;在某些索赔诉讼中,企业可以通过反诉的方式对索赔人或第三方另行提出赔偿要求,以及在债务担保业务中,企业在履行担保义务的同时通常可以向被担保企业提出额外追偿要求。

(五)预计负债的核算

企业在确认预计负债的同时,应确认一项支出或费用入账。倘若企业基本确定能获得补偿,那么应将这些补偿先抵减已入账的支出或费用。

企业由对外担保、未决诉讼、未决仲裁、重组义务时产生的预计负债,应当按照确定的金额借记"营业外支出"账户,贷记"预计负债"账户。

【例】 2013年10月28日,华欣公司因生产的新产品侵犯了乐飞工厂的专利权而涉及一项诉讼案。根据企业法律顾问判断,最终的判决很可能对该公司不利。至年末,尚未接到法院的判决。据专业人士估计,赔偿金额可能在100 000元至120 000元之间,作分录如下:

借:营业外支出——赔偿支出 110 000.00
　　贷:预计负债——未决诉讼 110 000.00

俟未决诉讼或未决仲裁在判决或裁决后,再借记"预计负债"等有关账户,贷记"其他应付款"或"银行存款"等有关账户。

【例】 2014年3月18日,华欣公司侵犯专利权诉讼案经法院判决,应赔偿原告112 000元,并承担诉讼费16 800元。款项于判决生效后10日内支付。

(1)签发转账支票16 800元支付诉讼费,作分录如下:

借:管理费用——诉讼费 16 800.00
　　贷:银行存款 16 800.00

(2)将应付赔偿款入账,作分录如下:

借:营业外支出——赔偿支出 2 000.00
借:预计负债——未决诉讼 110 000.00
　　贷:其他应付款 112 000.00

企业由产品质量保证产生的预计负债,应当按照确定的金额,借记"销售费用"账户,贷记"预计负债"账户。

【例】 2014年1月31日,新华农机厂销售农机960台,销售收入4 800 000元,该厂的产品质量保证条款规定,售出的农机1年内发生质量问题将负责免费修理。根据以往经验,如果出现较小的质量问题,发生的修理费为销售额的1%;如果出现较大的质量问题,发生的修理费为销售额的3%。据预测,在1年内已售的产品中,有10%将发生较小的质量问题,有5%将发生较大的质量问题。计提本月

份因产品保修而发生的预计负债,作分录如下:

借:销售费用　　　　　　　　　　　　　　　　　　　　　　12 000.00
　　贷:预计负债——保修费用　　　　　　　　　　　　　　　　12 000.00

当企业因产品质量保证为客户提供售后服务时,倘若是由本企业自行进行维修服务的,应根据耗用的材料和人工费,借记"预计负债"账户,贷记"原材料"、"应付职工薪酬"等账户;倘若是委托其他企业维修的,则根据支付其他企业的修理费用,借记"预计负债"账户,贷记"银行存款"账户。

【例】 2014年1月31日,新华农机厂本月份为维修保修期内的农机,领用原材料5 000元,分配工资4 500元及计提职工福利费630元,作分录如下:

借:预计负债　　　　　　　　　　　　　　　　　　　　　　10 130.00
　　贷:原材料　　　　　　　　　　　　　　　　　　　　　　5 000.00
　　贷:应付职工薪酬——工资　　　　　　　　　　　　　　　4 500.00
　　贷:应付职工薪酬——职工福利　　　　　　　　　　　　　　630.00

企业应当在期末对预计负债的账面价值进行复核。有确凿证据表明该账面价值不能真实反映当前最佳估计数的,应当按照当前最佳估计数对该账面价值进行调整。

"预计负债"是负债类账户,用以核算企业确认的对外提供担保、未决诉讼、产品质量保证、重组义务、亏损性合同等预计负债。企业发生预计负债或调整增加预计负债时,记入贷方;企业实际清偿或调整减少预计负债时,记入借方;期末余额在贷方,表示企业已确认而尚未支付的预计负债。

与或有事项相联系的或有负债和或有资产,企业不应当予以确认。

或有负债是指过去的交易或事项形成的潜在义务,其存在须通过未来不确定事项的发生或不发生予以证实;或是指过去的交易或者事项形成的现时义务,履行该义务不是很可能导致经济利益流出企业或该义务的金额不能可靠地计量。不是很可能是指履行义务的概率大于5%但小于或等于50%。由于或有负债仅仅是潜在义务,或者即使是现时义务,但这一义务不是很可能履行,因此不予以确认,但应当在报表附注中予以披露。

或有资产是指过去的交易或事项形成的潜在资产,其存在须通过未来不确定事项的发生或不发生予以证实。由于或有资产仅仅是潜在资产,因此不符合资产确认的条件,通常也不在报表附注中披露。只有在或有资产很可能会给企业带来经济利益的,才在报表附注中披露其形成的原因、预计产生的财务影响等。

思 考 题

1. 什么是负债？它有哪些特征？
2. 负债可以按哪三种标准分类？具体如何分类？
3. 什么是流动负债？试述其分类。
4. 什么是短期借款？什么是职工薪酬？它包括哪些内容？
5. 什么是工资总额？它由哪些内容构成？分述其各个构成部分的定义。
6. 什么是职工福利费？它是如何计提的？试述其主要用途。
7. 什么是非流动负债？它包括哪些内容？它又有何特点和作用？
8. 什么是借款费用？企业发生借款费用应如何处理？
9. 借款利息资本化金额应如何确定？
10. 什么是长期借款？什么是债券？它们之间有何不同？

图表 7-6

工资汇

2014 年

部门人员	工 资	缺勤应扣工资		应发工资	奖 金	津贴和补贴	
		病假工资	事假工资			副食品补贴	中夜班津贴
A产品生产工人	101 100.00	200.00	660.00	100 240.00	7 860.00	1 400.00	1 100.00
B产品生产工人	84 000.00	110.00	500.00	83 390.00	6 110.00	1 100.00	800.00
生产车间管理人员	11 900.00			11 900.00	850.00	150.00	
销售机构人员	11 500.00		60.00	11 440.00	910.00	150.00	
企业行政管理人员	25 500.00	80.00		25 420.00	2 080.00	300.00	
其他经营业务人员	7 650.00			7 650.00	650.00	100.00	
建筑安装人员	3 900.00		100.00	3 800.00	250.00	50.00	
合 计	245 550.00	390.00	1 320.00	243 840.00	18 710.00	3 250.00	1 900.00

11. 债券应具备哪些内容？怎样计算债券的发行价？

12. 什么是债券的溢价？什么是债券的折价？在什么情况下债券要溢价或折价发行？

13. 利息调整额摊销有哪两种方法？它们各有何特点？

14. 什么是可转换公司债券？可转换公司债券转换为股票时应怎样核算？

15. 什么是长期应付款？什么是融资租赁？什么是最低租赁付款额？

16. 什么是或有事项？它有哪些特征？

17. 或有事项相关义务确认为预计负债应同时符合哪些条件？

18. 预计负债应如何计量？

19. 预计负债预计可获得的补偿应如何处理？

习 题 一

一、目的 练习短期借款和应付职工薪酬的核算。

总 表

3月15日　　　　　　　　　　　　　　　　　　　　　　　　　　　单位：元

应发薪酬合计	代扣款项						实发金额
	住房公积金	养老保险费	医疗保险费	失业保险费	个人所得税	合计	
110 600.00	7 742.00	8 848.00	2 212.00	1 106.00	226.00	20 134.00	90 466.00
91 400.00	6 398.00	7 312.00	1 828.00	914.00	185.00	16 637.00	74 763.00
12 900.00	903.00	1 032.00	258.00	129.00	12.00	2 334.00	10 566.00
12 500.00	875.00	1 000.00	250.00	125.00	16.00	2 266.00	10 234.00
27 800.00	1 946.00	2 224.00	556.00	278.00	57.00	5 061.00	22 739.00
8 400.00	588.00	672.00	168.00	84.00		1 512.00	6 888.00
4 100.00	287.00	328.00	82.00	41.00		738.00	3 362.00
267 700.00	18 739.00	21 416.00	5 354.00	2 677.00	496.00	48 682.00	219 018.00

二、资料　上海机器厂3月份发生下列有关的经济业务：

1. 1日，因流动资金不足，经银行批准借入9个月期限的借款200 000元，存入银行。

2. 10日，签发转账支票160 000元，归还已到期的6个月期限的银行借款。

3. 15日，根据图表7-6工资汇总表（见第236、第237页）提取现金，备发职工薪酬。

4. 15日，根据下列工资汇总表发放本月份职工薪酬。

5. 20日，分配本月份各类人员已支付的职工薪酬。

6. 22日，根据本月份工资总额的14％、2％和1.5％分别计提职工福利费、工会经费和职工教育经费。

7. 24日，签发转账支票将计提的工会经费拨交工会组织。

8. 25日，签发转账支票交纳代扣的个人所得税。

9. 26日，根据本月份工资总额的3％、2％和7％分别计提养老保险费、失业保险费和住房公积金。

10. 26日，根据本月份工资总额的12％计提医疗保险费。

11. 27日，将本月份应交纳的医疗保险费、养老保险费、失业保险费和住房公积金（含为职工代扣的部分）分别交纳给社会保险事业基金结算管理中心和公积金管理中心。

12. 28日，以现金支付职工生活困难补助费300元，独生子女补助费30元。

13. 30日，职工报销家属医药费350元，学习科学文化学费500元，以现金支付。

三、要求　编制会计分录。

习　题　二

一、目的　练习长期借款的核算。

二、资料

1. 新沪钢厂发生下列有关经济业务：

(1) 2012年3月31日，为建造厂房向建设银行借入专门借款700 000元，转入银行存款户。借款合同规定借款期限为2年，年利率8％，单利计息，到期一次还本付息。

(2) 2012年3月31日，建造厂房由市建公司承建，签发转账支票支付第一期工程款400 000元。

(3) 2012年4月30日，计提本月份专门借款利息。

(4) 2012年12月31日，收到尚未动用专门借款资金存入银行的利息收入1 620元。

(5) 2012年12月31日,签发转账支票支付第二期工程款360 000元。

(6) 2013年1月31日,计提本月份专门借款和一般借款的利息费用,本月份起建造厂房动用一般借款60 000元,一般借款的资本化率为7.8%。

(7) 2013年3月31日,建造厂房工程竣工,签发转账支票40 000元支付市建公司建造厂房的剩余工程款。

(8) 2013年3月31日,厂房已达到预定可使用状态,验收使用,建造厂房的全部工程决算包括造价和建造期间的利息费用,今年2月、3月份的利息费用与1月份相同,予以转账。

(9) 2013年4月30日,计提本月份与建造厂房工程有关的借款利息。一般借款的资本化率为7.5%。

(10) 2014年3月31日,签发转账支票归还建造厂房的专门借款的本金及利息。

2. 光华化工厂发生以下有关经济业务:

(1) 2012年3月31日,为引进一条流水线向中国银行借入专门借款150 000美元,存入银行。当日汇率为6.10元,合同规定2年到期,年利率为9%,单利计息,按季计收利息,一次还本。

2. 2012年3月31日,进口一条流水线设备,验收入库,流水线设备的买价、运输及装卸费、关税计150 000美元,一并以转账支票付讫,当日汇率为6.10元。

3. 2012年4月1日,将流水线设备交付天门安装公司安装。

4. 2012年4月30日,计提本月份美元借款利息,当日汇率为6.10元。

5. 2012年5月31日,计提本月份美元借款利息,当日汇率为6.09元。

6. 2012年6月30日,支付本季度引进专门借款利息,当日汇率为6.09元。

7. 2012年6月30日,将流水线安装完毕,签发转账支票,支付安装费20 000元。

8. 2012年6月30日,流水线已达到预定可使用状态,验收使用,根据工程决算转账。

9. 2012年7月31日,计提本月份美元借款利息,当日美元的人民币汇率为6.09元。

10. 2014年3月31日,归还150 000美元的流水线设备借款本金,当日汇率为6.08元。

三、要求 编制会计分录。

习 题 三

一、目的 练习应付债券的核算。

二、资料

1. 中华机器厂为扩大生产量，购置机器设备，决定按面值 630 000 元发行债券，债券票面利率为 8%，期限 2 年，到期还本付息。现发生下列有关的经济业务：

(1) 2012 年 3 月 28 日，以银行存款支付债券发行费用 6 300 元。

(2) 2012 年 3 月 31 日，按面值发行的 630 000 元的债券发行完毕，收到债券发行款存入银行。

(3) 2012 年 3 月 31 日，购入机器设备一台，价值 600 000 元，款项以银行存款支付，机器设备已交付大丰安装公司进行安装。

(4) 2012 年 4 月 30 日，按 8% 年利率计提本月份债券利息。

(5) 2012 年 5 月 31 日，收到尚未动用发行债券资金 30 000 元存入银行的利息收入 36 元。

(6) 2012 年 5 月 31 日，机器设备安装完毕，以银行存款支付设备安装费 30 000 元。

(7) 2012 年 5 月 31 日，机器设备已达到预定可使用状态，并验收使用，机器设备的买价、安装费连同债券发行费用和机器设备应负担的债券利息减去发行债券资金的利息收入构成了工程全部决算，予以转账。

(8) 2014 年 3 月 31 日，债券到期，签发转账支票偿还其本金并支付利息。

2. 上海食品厂为建造冷库，发行面值 540 000 元债券，债券票面利率为 9%，期限 3 年，每年付息一次，而市场实际利率为 8%，现发生下列有关经济业务：

(1) 2012 年 11 月 28 日，以银行存款支付债券发行费用 5 400 元。

(2) 2012 年 11 月 30 日，面值 540 000 元债券发行完毕，收到溢价发行债券的全部款项，存入银行。

(3) 2012 年 11 月 30 日，以银行存款支付建造冷库第一期工程款 300 000 元。

(4) 2012 年 12 月 31 日，按 9% 年利率计提本月份债券利息，并摊销本月份利息调整额。

(5) 2013 年 11 月 30 日，签发转账支票支付投资者 1 年期债券利息。

(6) 2014 年 3 月 31 日，收到尚未动用的发行债券资金 240 000 元存入银行的利息收入 2 304 元。

(7) 2014 年 3 月 31 日，建造冷库竣工，以银行存款支付建造冷库剩余工程款 240 000 元。

(8) 2014 年 3 月 31 日，建造冷库已达到预定可使用状态，并验收使用，工程决算包括工程款、债券发行费用和工程应负担的债券利息减去利息调整额和尚未动用发行债券资金存入银行取得的利息收入，予以转账。

3. 长城铝业发展公司为添置生产设备，发行面值 360 000 元的债券。债券票

面利率为7%,期限为2年,每年付息一次,而市场实际利率为8%,现发生下列有关经济业务:

(1) 2012年3月28日,以银行存款支付债券发行费用3 600元。

(2) 2012年3月31日,面值360 000元的债券发行完毕,收到折价发行债券的全部款项,存入银行。

(3) 2012年3月31日,购入机器一台,价值360 000元,当即签发转账支票支付,机器已验收使用。

(4) 2012年4月30日,按7%年利率计提本月份债券利息,并摊销本月份利息调整额。

(5) 2013年3月31日,支付投资者1年期利息。

(6) 2014年3月31日,签发转账支票偿还债券全部本金及支付最后1年期的债券利息。

三、要求

1. 编制会计分录(利息调整额用直线法摊销)。
2. 用实际利率法计算利息调整额各年的摊销额。

习 题 四

一、目的　练习长期应付款和专项应付款的核算。

二、资料

1. 大明机械厂发生下列有关的经济业务:

(1) 1月2日,签发转账支票支付融资租赁数控机床发生的手续费、印花税、律师费等初始直接费用2 200元。

(2) 1月2日,以融资方式租入数控机床一台,租赁期为6年,租金为240 000元,其公允价值为186 000元,租赁合同规定年利率为8%,租金于每年年末支付40 000元。租赁期届满时,再支付购买价款1 000元,即取得设备的所有权,届时该设备的公允价值为20 000元。数控机床已达到预定可使用状态,并验收使用。

(3) 1月31日,用直线法摊销本月份未确认融资费用。

(4) 12月31日,签发转账支票,支付本年度数控机床租金。

(5) 6年后,租赁期满,按合同规定签发转账支票,支付数控机床购买价款1 000元,取得了数控机床的所有权,予以转账。

2. 华兴焦化厂发生下列经济业务:

(1) 8月1日,收到市政府投入用于治理"三废"的技术改造拨款90 000元,存入银行。

(2) 8月31日,技术改造工程决定生产研制废气回收利用设备,本月份领用材料72 000元,分配工资8 000元,计提职工福利费1 120元。
(3) 9月1日,废气回收利用设备已验收使用,并转销专项应付款。
(4) 9月6日,将结余的治理"三废"拨款签发转账支票返还给市政府。

三、要求 编制会计分录。

习 题 五

一、目的 练习预计负债的核算。

二、资料 新光仪表厂发生下列有关经济业务:

(1) 2013年12月31日,因本厂生产的新产品侵犯了东风工厂的专利权而涉及一项诉讼案,根据法律顾问判断,最终的判决很可能对本厂不利。至今尚未收到法院的判决,据专业人士估计,赔偿金额可能在90 000~100 000元之间。

(2) 2013年12月31日,本厂因与华安公司签订了互相担保协议而成为相关诉讼的第二被告,至今尚未判决。但由于华安公司经营困难,本厂很可能要承担还款连带责任。据预计,本厂承担还款金额120 000元责任的可能性为60%,而承担还款金额90 000元的可能性为40%。

(3) 2013年12月31日,本月份共销售仪表4 000台,销售收入为5 600 000元。本厂产品质量保证条款规定,售出仪表发生质量问题将负责免费修理。根据以往经验,如果出现较小的质量问题发生的修理费为销售款的1%;如果出现较大的质量问题发生的修理费为销售额的2.5%。据预测在1年内已售的产品中有10%将发生较小的质量问题,有4%将发生较大的质量问题,计提本月份因产品保修而发生的预计负债。

(4) 2013年12月31日,本月份为维修保修期内的仪表领用原材料3 560元,分配工资3 750元,计提职工福利费525元,予以转账。

(5) 2014年2月5日,本厂因侵犯专利权诉讼案经法院判决应赔偿原告96 000元,并承担诉讼费10 800元,款项于判决生效后15日内支付,诉讼费当即签发转账支票支付。

(6) 2014年2月20日,签发转账支票96 000元,支付侵犯专利权诉讼案的全部款项。

(7) 2014年2月25日,本厂担保协议诉讼案经法院判决,本厂应承担华安公司的还款连带责任,还款金额为100 000元,款项于判决生效后10日内支付。

三、要求 编制会计分录。

第八章 所有者权益

第一节 所有者权益概述

一、所有者权益的性质

所有者权益是指企业资产扣除负债后由所有者享有的剩余权益。在股份有限公司中,所有者权益又称为股东权益。

企业必须拥有一定数量的资产,才能开展生产经营活动。企业取得资产的途径只有两个:一个是由投资者投资;另一个是由债权人提供,两者都向企业投入了资产,这样,投资者和债权人对于企业的资产以及运用资产所取得的经济利益就享有一种要求权,这种要求权被称为权益。属于投资者部分的权益,称为所有者权益,属于债权人部分的权益,称为债权人权益。

虽然所有者权益和债权人权益均对企业的资产享有要求权,然而两者在性质上有着根本的区别,其主要表现在以下四个方面。

1. 投资的期限不同　　所有者权益是投资者对企业的一项无期限的投资,这种投资在企业的整个续存期间除了可以依法被转让外,不得任意抽回;而债权人权益仅是债权人对企业的一项有期限的投资,表现为企业的负债,企业必须按照约定的期限和条件向债权人归还本金并支付利息。

2. 投资者对企业享有的权利不同　　所有者权益是投资者的所有权,它赋予投资者直接经营管理企业或委托他人经营管理企业的权利;而债权人权益仅对企业所欠的债务有索偿权,债权人与企业只有债权债务关系,而没有参与企业经营管理的权利。

3. 投资者的收益与企业的经营业绩联系程度不同　　投资者拥有的所有者权益与企业的经营业绩息息相关,在企业经营良好时,可以从其盈利中获取丰厚的投资收益,而在企业经营失利发生亏损时,则要承担投资损失;而债权人拥有的权益与企业的经营业绩无关,除企业破产清算外,债权人有权按事先约定的日期和利率收取利息。

4. 投资者对企业资产的要求权在顺序上不同　　所有者权益对企业资产的要求权在顺序上滞后于债权人权益对企业资产的要求权。当企业终止或破产清算时，企业的资产在支付了清算费用后，必须先偿付企业所欠债权人的债务，在付清全部债务后，如有剩余资产才能还给投资者。

二、所有者权益的分类

所有者权益按其形成的来源不同，可分为投入资本和留存收益两类。

（一）投入资本

投入资本是指投资者投入企业的资本和投入企业资本本身的增值。它是所有者权益的主体。投入资本按其形成的渠道不同，又可以分为实收资本和资本公积。

（二）留存收益

留存收益是指企业从历年实现的净利润中提取或形成的留存于企业的内部积累。它属于所有者权益，可以安排分配给所有者。但是，国家为了约束企业过量的分配，要求企业留有一定的积累，以利于企业持续经营和维护债权人利益。留存收益按其用途不同，又可分为盈余公积和未分配利润。

第二节 实收资本和股本

一、实收资本与注册资本

实收资本是指投资者按照企业章程或合同、协议的约定，实际投入企业的资本。

注册资本是指在公司登记机关登记的全体股东认缴的出资额或者认购的股本总额。根据《中华人民共和国公司法》的规定，企业申请开业，必须具备符合国家规定并与其生产经营和服务规模相适应的资金数额。有限责任公司注册资本最低限额为人民币 3 万元，股份有限公司注册资本最低限额为 500 万元。法律、行政法规对公司注册资本最低限额有较高规定的，从其规定。

注册资本可以一次或分次交纳。有限责任公司和股份有限公司全体股东的首次出资额不得低于注册资本的 20%，也不得低于法定注册资本的最低限额，其余部分由股东自公司成立之日起 2 年内缴足。

股东缴足了资本时，其实收资本的金额将等于注册资本的金额。公司成立后，股东不得抽逃出资和擅自改变注册资本。

二、企业的组织形式

我国企业的组织形式主要有有限责任公司和股份有限公司两类。

（一）有限责任公司

有限责任公司是指由 50 个以下股东出资设立的、每个股东以其认交的出资额为限对公司承担责任的企业法人。在我国，可以设立国有独资公司，它是指国家单独出资、由国务院或者地方人民政府授权本级人民政府国有资产监督管理机构履行出资人职责的有限责任公司。

（二）股份有限公司

股份有限公司是指由2人以上200人以下发起人设立的、每个股东以其认购的股份为限对公司承担责任的企业法人。

股份是指股份有限公司投资者的投资份额，是股东权利和义务的计量单位。股份是股票的实质内容，股票是股份的证券形式。

三、投资者投资的方式及其计价

投资者对企业的投资方式，主要有现金投资和非现金资产投资两种。

投资者以现金投入资本的，以实际收到或者存入企业开户银行的金额登记入账，当收到以外币投入的资本时，如采用人民币为记账本位币的，应当采用交易发生日即期汇率折算，不得采用合同约定汇率和即期汇率的近似汇率折算成人民币计价。

投资者以非现金资产投入资本的，如投入的房屋、建筑物、机器设备、原材料、低值易耗品及无形资产对企业投资的，应当按照投资合同或协议约定的价值计价。但合同或协议约定价值不公允的除外。

四、有限责任公司实收资本的核算

（一）现金投资的核算

企业在设立时收到投资者投入现金存入银行时，借记"银行存款"账户，贷记"实收资本"账户。

企业在设立时收到投资者投入的外币，应当采用交易发生日即期汇率折算。

【例】 新设立的泰昌公司收到国外投资者凯迪公司投资的300 000美元，存入银行，当日汇率为6.10元，作分录如下：

借：银行存款——美元户（300 000×6.10）　　　　　1 830 000.00
　　贷：实收资本——凯迪公司　　　　　　　　　　　1 830 000.00

企业在设立以后，接受新投资者投资时，由于新投资者将与原投资者享有同等的经济利益，这就要求新投资者付出大于原投资者的出资额。届时，根据新投资者投入的现金，借记"银行存款"账户；根据新投资者投入的资金在企业注册资本中所占的份额，贷记"实收资本"账户；根据出资额与注册资本中所占份额的差额，贷记"资本公积"账户。

"实收资本"是所有者权益账户，用以核算企业接受投资者投入的实收资本。企业接受投资者投入的资本时，记入贷方；企业按法定程序报经批准减少注册资本时，记入借方；期末余额在贷方，表示企业实收资本总额。实收资本应按投资者进行明细分类核算。

（二）非现金资产投资的核算

投资者以厂房、建筑物、机器设备等固定资产对企业进行投资时，可按投资各方确认的价值，借记"固定资产"账户；按投资的固定资产在注册资本中所占的份额部分，贷记"实收资本"账户；以两者之间的差额贷记"资本公积"账户。

【例】 浦江工厂收到新投资者爱华公司投入数控机床一台，该设备账面原价 300 000 元，已提折旧为 40 000 元，投资合同约定以账面净值入账，投入的资金占企业注册资本 6 000 000 元的 4%，数控机床已验收使用，作分录如下：

借：固定资产	260 000.00
贷：实收资本	240 000.00
贷：资本公积——资本溢价	20 000.00

当投资者投入原材料、低值易耗品等实物时，应根据投资合同或协议约定的价值，借记"原材料"、"低值易耗品"等账户；根据应交的增值税额，借记"应交税费"账户；根据投入的资金占企业注册资本的份额部分，贷记"实收资本"账户；借贷方相抵后的差额，贷记"资本公积"账户。

【例】 新中机器厂收到新投资者中华机器厂投入钢材一批，投资各方确认货款为 150 000 元，应交增值税为 25 500 元，钢材已验收入库。钢材和增值税额投入的资金占企业全部注册资本 3 200 000 元的 5%，作分录如下：

借：原材料——原料及主要材料	150 000.00
借：应交税费——应交增值税——进项税额	25 500.00
贷：实收资本	160 000.00
贷：资本公积——资本溢价	15 500.00

投资者以专利权、非专利技术、商标权和土地使用权等无形资产对企业进行投资时，其核算方法与实物资产相同，不再重述。

五、股份有限公司股本的核算

（一）股份的种类

股份有限公司的股份可以按不同的标准进行分类。

1. 按投资的主体分类　　股份按投资主体可分为国家股、法人股、个人股和外资股四种。

（1）国家股　　又称政府股，是指有权代表国家投资的政府部门或机构以国有资产投入公司而形成的股份。它是由国务院授权的部门、机构或根据国务院决定，由地方人民政府授权的部门或机构持有。

（2）法人股　　又称企业股或单位股，是指企业法人以其依法可以支配的资产投入公司形成的股份；或具有法人资格的事业单位和社会团体以国家允许用以经营的资产向公司投资形成的股份。

(3) 个人股　又称自然人股,是指社会个人或本公司内部职工以个人合法的财产向公司投资形成的股份。

(4) 外资股　它是指外国和我国香港、澳门、台湾地区投资者以购买人民币特种股票形式向公司投资形成的股份。

2. 按股东享有的权利分类　股份按股东享有的权利可分为普通股和优先股两种。

(1) 普通股　它是指公司资本构成中最普通、最基本的、没有特别权利的股份。普通股的股东权利具体表现在四个方面:第一,具有对公司的经营参与权。公司组织以股东会为最高权力机构,股东会由普通股股东或股东代表组成,股东有权出席股东会,可按其持股比例行使表决权,并有被选举权;股东有权查阅公司章程、股东会会议记录和财务报表;股东有权对公司的经营活动进行监督、提出建议或质询。第二,具有分享股利权,当在董事会宣布发放股利时,股东有按其所持股份领取股利的权利。第三,具有剩余财产分配权。当公司终止营业,清算解散时,在以资产清偿了全部债务后,股东有权按其所持股份比例分得剩余财产的权利。第四,具有优先认股权。当公司增发普通股时,为了使普通股原股东对公司净资产的比例保持不变,原股东有按原来股份的比例,优先认购新股的权利。

普通股的股利收入是不稳定的,会随着公司的经营业绩的优劣而变动。公司的经营业绩优,股利就丰厚;公司经营业绩差,则股利就微薄,甚至没有。因此,持普通股的股东要承担较大的投资风险。

(2) 优先股　它是指比普通股具有一定优先权的股份。优先股的优先权主要表现在三个方面:第一,持优先股的股东具有优先分配股利权。公司在发放给普通股股东股利之前,持优先股的股东有按约定的股利率或金额优先分得股利的权利。第二,持优先股的股东具有优先分得公司剩余财产权。公司终止营业清算解散时,在以资产清偿了全部债务后,股东具有比普通股优先求偿的权利。第三,持优先股的股东在特殊情况下可行使表决权。通常,持优先股的股东没有表决权,也无权过问公司的管理事务,但公司连续 3 年未支付优先股股利时,优先股股东即可出席股东会,并行使表决权。

优先股的股利是按约定的股利率支取的,收入稳定,因此,持优先股的股东投资风险小。但持优先股的股东不享有公司盈余公积权益,通常也不享有对公司的经营参与权。

(二) 股票发行的核算

股票是指股份有限公司签发的证明股东按其所持股份享有权利和承担义务的书面凭证。按照我国政府颁布的股票发行办法规定,发行股票应载明的主要事项有：① 公司名称。② 公司成立日期。③ 股票种类、票面金额及代表的股份数。④ 股票的编号。此外，股票应由法定代表人签名，公司盖章。

股份有限公司的股本即非股份有限公司的实收资本，是在核定的注册资本总额范围内发行股票所取得的，届时可设置"股本"账户进行核算。

股票的发行价格取决于公司的经营状况和预期盈利水平。经营状况一般，预期盈利水平低的，一般按面值发行；经营状况好，预期盈利水平高的，可以溢价发行；在我国，为了维护投资者的利益，不允许经营状况差的公司发行股票，因此不存在折价发行股票。

股份有限公司发行股票时，会发生发行费用。股票发行费用是指与股票发行直接相关的费用。它通常包括股票承销费用、注册会计师费用、评估费用、律师费用、公关及广告费用和印刷费用等。

股份有限公司通常是委托证券公司发行股票的，证券公司发行股票完毕后，将发行金额扣除发行费用后的数额交付股份有限公司。

股份有限公司按面值发行股票时，根据证券公司付来的扣除发行费用后的发行款，借记"银行存款"账户；根据发行费用，借记"管理费用"账户或"长期待摊费用"账户；根据股票面值，贷记"股本"账户。

【例】 2014年2月1日，中源股份有限公司设立，委托证券公司按面值发行普通股9 000 000股，每股面值1元，发行费用90 000元，发行完毕，证券公司扣除发行费用后，付来发行款8 910 000元，存入银行。发行费用分2年摊销，作分录如下：

  借：银行存款   8 910 000.00
  借：长期待摊费用   90 000.00
   贷：股本——普通股   9 000 000.00

发行费用在按月摊销时，再转入"管理费用"账户。

股份有限公司溢价发行股票时，其发行费用应从本次股票发行的溢价中扣除。届时，根据证券公司付来的扣除发行费用后的发行款，借记"银行存款"账户；按股票面值贷记"股本"账户；两者之间的差额应列入"资本公积"账户。

【例】 太原股份有限公司2014年3月15日增发普通股2 000 000股，每股面值1元，委托证券公司溢价发行，每股4元，发行费用80 000元，发行完毕后证券公司扣除发行费用后，付来发行款7 920 000元，存入银行，作分录如下：

  借：银行存款   7 920 000.00
   贷：股本   2 000 000.00
   贷：资本公积——股本溢价   5 920 000.00

六、库存股的核算

库存股是指股份有限公司收回本公司已发行的股份。库存股主要用于以股份支付方式奖励职工和减少注册资本等。

(一) 库存股以股份支付方式奖励职工的核算

股份有限公司可以在证券市场上收购本公司的普通股,以股份支付方式奖励给本公司的职工,以调动他们工作的积极性。

股份支付是指企业为获得职工和其他方提供服务而授予权益工具或者承担以权益工具为基础确定的负债的交易。

股份支付分为以权益结算的股份支付和以现金结算的股份支付。以权益结算的股份支付是指企业为获取服务以股份或其他权益工具作为对价进行结算的交易。以现金结算的股份支付是指企业为获取服务承担以股份或其他权益工具为基础计算确定的交付现金或其他资产义务的交易。

股份支付的确认和计量,应当以真实、完整、有效的股份支付协议为基础。

股份支付在授予日,企业都不作会计处理。授予日是指股份支付协议获得批准的日期。获得批准是指企业与职工或其他方就股份支付的协议和条件已达成一致,该协议获得股东大会或类似机构的批准。

股份支付在授予后,通常需要职工或其他方履行一定期限的服务或在企业达到一定业绩条件以后,才可以行权。

业绩条件分为市场条件和非市场条件。市场条件是指行权价格、可行权条件以及行权可能性与权益工具的市场价格相关的业绩条件,如股份支付协议中关于股价至少上升至何种水平才可行权的规定。非市场条件是指除市场条件之外的其他业绩条件,如股份支付协议中关于达到最低盈利目标或销售目标才可行权的规定。

公司在等待期内每个会计期末应将取得职工提供的服务计入成本费用,计入成本费用的金额应当按照权益工具的公允价值计量。对于权益工具结算的涉及职工的股份支付,应当按照授予日权益工具的公允价值计量。届时借记"生产成本"、"制造费用"、"管理费用"等账户,贷记"资本公积——其他资本公积"账户。

公司按照奖励的目标,购进本公司已发放的股份时,按实际支付的金额,借记"库存股"账户,贷记"银行存款"账户。

公司在行权日根据实际行权权益工具数量计算确定其金额,据以借记"资本公积——其他资本公积"账户,贷记"库存股"账户,将两者之间的差额转入"资本公积——股本溢价"账户,如股本溢价不足冲减的,应借记"盈余公积"、"利润分配——未分配利润"账户。

行权日是指职工和其他方行使权力,获取现金或权益工具的日期。

【例】 2013年年初,长江股份有限公司根据股份支付协议收购本公司50 000股普通股奖励职工,年末行政管理人员使净利润比上年增长15%以上的,奖励15 000股,生产车间的产量比上年增长15%以上的,生产工人奖励32 000股,车间管理人员奖励3 000股,授予日本公司普通股公允价值为每股6元。

(1) 1月31日,根据本月生产经营情况,预计能够达到增产增收奖励的目标,将本月份职工提供服务应奖励的金额计入成本、费用,作分录如下:

借:生产成本　　　　　　　　　　　　　　　　　　16 000.00
借:制造费用　　　　　　　　　　　　　　　　　　 1 500.00
借:管理费用　　　　　　　　　　　　　　　　　　 7 500.00
　贷:资本公积——其他资本公积　　　　　　　　　25 000.00

在预计能够达到增产增收奖励目标的前提下,从2~12月每个月末都作以上相同的会计分录。

(2) 3月2日,购进本公司普通股50 000股,每股5.95元,另以交易金额的3‰支付佣金,1‰交纳印花税,款项一并签发转账支票支付,作分录如下:

借:库存股　　　　　　　　　　　　　　　　　　298 690.00
　贷:银行存款　　　　　　　　　　　　　　　　　298 690.00

(3) 2014年1月25日,去年本公司达到增产增收的奖励目标,予以行权,将50 000股库存股奖励给职工,按授予日普通股公允价值确认的金额转账,作分录如下:

借:资本公积——其他资本公积　　　　　　　　　300 000.00
　贷:库存股　　　　　　　　　　　　　　　　　　298 690.00
　贷:资本公积——股本溢价　　　　　　　　　　　 1 310.00

(二) 注销库存股减少注册资本的核算

股份有限公司可以通过收购本公司普通股,予以注销,来减少注册资本,公司收购本公司普通股时,借记"库存股"账户,贷记"银行存款"账户。在确定减少注册资本时,应注销库存股,按注销库存股的面值,借记"股本"账户;按库存股的账面价值,贷记"库存股"账户;两者之间的差额,记入"资本公积——股本溢价"账户的借方;如股本溢价不足冲减的,应借记"盈余公积"、"利润分配——未分配利润"账户。

【例】 吴苏股份有限公司已陆续收购本公司普通股200 000股,全部收购成本为803 200元。该股份每股面值为1元,现决定全部予以注销,以减少注册资本。该公司"资本公积——股本溢价"账户余额588 000元,"盈余公积"账户余额为376 520元,予以转账。作分录如下:

借：股本	200 000.00
借：资本公积——股本溢价	588 000.00
借：盈余公积	15 200.00
贷：库存股	803 200.00

"库存股"是所有者权益账户，也是"股本"和"资本公积——股本溢价"的抵减账户，用以核算企业收购转让或注销的本公司股份金额。企业收购本公司股份时，记入借方；企业将股份奖励职工或予以注销减少注册资本时，记入贷方；期末余额在借方，表示企业持有尚未转让或注销的本公司股份金额。

第三节 资本公积

资本公积是指企业收到投资者出资额超出其在注册资本中所占份额的部分和直接计入所有者权益的利得和损失。它由资本溢价和其他资本公积两个部分组成。

一、资本溢价的核算

资本溢价是指企业收到投资者出资额超出其在注册资本中所占份额部分的金额。

有限责任公司的资本溢价主要发生在合资企业。因为企业在初创阶段，收益较低，经过一个阶段的生产经营后，会产生一定数额的留存收益，且随着生产经营的日趋成熟，其获利能力也会逐渐提高。当投资者中的一方要增加投资，或者新的投资者要参与投资，由于新投入的资本要分享企业开创至今所取得的成果，因此新追加的投资或新的投资者要付出大于原有投资者的出资额，才能取得与原有投资者相同的投资比例。所以，大于原有投资者出资额的部分即为资本溢价额。股份有限公司的资本溢价是发行股票的溢价净收入。这两类企业发生的资本溢价均列入"资本公积"账户。其具体核算方法在上一节中已作了阐述，不再重复。

同一控制下企业合并形成的长期股权投资中产生的资本溢价，其核算方法在第六章第三节中已作了阐述，也不再重复。

企业的资本溢价是一种资本储备形式，它实际上参与了企业的资金周转，支持着企业生产经营活动的正常运转。当企业积累的资本公积较多时，可以根据需要按法定程序转增资本，届时借记"资本公积——资本溢价"账户，贷记"实收资本"账户。

【例】 6月1日，太原公司经批准将200 000元资本公积转增资本，作分录如下：

借：资本公积——资本溢价　　　　　　　　　　　　　200 000.00
　　贷：实收资本　　　　　　　　　　　　　　　　　　　　200 000.00

二、其他资本公积的核算

其他资本公积是指直接计入所有者权益的利得和损失。

企业的长期股权投资采用权益法核算的，在持股比例不变的情况下，被投资单位除净损益以外所有者权益的其他变动，企业应按持股比例计算应享有的份额，借记或贷记"长期股权投资——其他权益变动"账户，贷记或借记"资本公积——其他资本公积"账户；等处置该项长期股权投资时，应将记入"资本公积——其他资本公积"账户的余额结转"投资收益"账户。

企业持有的可供出售金融资产期末的公允价值，若高于其账面余额的，借记"可供出售金融资产——公允价值变动"账户，贷记"资本公积——其他资本公积"；反之，若低于其账面余额的，则借记"资本公积——其他资本公积"账户，贷记"可供出售金融资产——公允价值变动"账户。

企业将持有至到期投资重分类为可供出售的金融资产时，应按其公允价值借记"可供出售金融资产"账户；按其账面价值贷记"持有至到期投资"账户；将两者之间的差额列入"资本公积——其他资本公积"账户。

企业收购本公司股份，以股份支付方式奖励职工和注销股份减少注册资本，从而引起其他资本公积的增减变动，其核算方法在上一节中已作了阐述，不再重复。

"资本公积"是所有者权益类账户，用以核算企业收到投资者出资额超出其在注册资本中所占份额的部分和直接计入所有者权益的利得和损失。当企业发生资本溢价和直接计入所有者权益的利得及转销直接计入所有者权益损失时，记入贷方；当企业发生直接计入所有者权益损失、将资本溢价转增资本和转销直接计入所有者权益利得时，记入借方；期末余额在贷方，表示企业资本公积的结存数额。

第四节　留　存　收　益

留存收益来源于企业的资本增值，按其用途不同，可分为盈余公积和未分配利润两种。

一、盈余公积的核算

盈余公积是指企业按照规定从净利润中提取的积累资金。它包括法定盈余公积和任意盈余公积。

法定盈余公积是指企业按照法律规定的比例从净利润中提取，以备需要时动用的资金。我国规定法定盈余公积按净利润的10％提取。当提取的法定盈余公积超过注册资本的50％时，可以不再提取。

任意盈余公积是指企业经股东大会或类似机构批准，按规定的比例从净利润中提取，以备需要时动用的资金。任意盈余公积必须在公司发放了优先股股利后才能提取。

企业在提取法定盈余公积和任意盈余公积时，借记"利润分配"账户，贷记"盈余公积"账户。

【例】 东方化工厂全年实现净利润400 000元，按10％的比例提取法定盈余公积，按8％的比例提取任意盈余公积，作分录如下：

借：利润分配——提取法定盈余公积　　　　　　　　　　40 000.00
借：利润分配——提取任意盈余公积　　　　　　　　　　32 000.00
　贷：盈余公积——法定盈余公积　　　　　　　　　　　40 000.00
　贷：盈余公积——任意盈余公积　　　　　　　　　　　32 000.00

法定盈余公积和任意盈余公积的用途主要有以下三项：第一，用于弥补企业亏损。由于在社会主义市场经济的条件下，企业面临着激烈的竞争，其生产经营活动随着市场的波动而出现反复，一旦发生亏损时，可以用法定盈余公积或任意盈余公积予以弥补，这样就为企业克服困境、渡过难关创造了条件。第二，用于转增资本。当企业法定盈余公积或任意盈余公积留存较多，而企业需要拓展经营规模时，可以将这两项盈余公积转增资本。第三，用于发放现金股利或利润。当企业累积的盈余公积较多，而未分配利润较少时，为了维护企业的形象，给投资者以合理的回报，也可以用盈余公积分派现金股利或利润。

企业在以法定盈余公积或任意盈余公积弥补亏损时，借记"盈余公积"账户，贷记"利润分配——盈余公积补亏"账户。

【例】 东方机械厂年末亏损20 000元，经批准以法定盈余公积弥补亏损，作分录如下：

借：盈余公积——法定盈余公积　　　　　　　　　　　　20 000.00
　贷：利润分配——盈余公积补亏　　　　　　　　　　　20 000.00

企业以法定盈余公积和任意盈余公积转增资本时，借记"盈余公积"账户，贷记"实收资本"账户。在法定盈余公积转增资本后，留存企业的部分不得少于注册资本的25％。

"盈余公积"是所有者权益类账户，用以核算企业按规定从净利润中提取的法定盈余公积和任意盈余公积。企业提取盈余公积时，记入贷方；企业将盈余公积弥补亏损,转增资本和用于发放现金股利或利润时,记入借方;期末余额在贷方,表示企业盈余公积的结存数额。

二、未分配利润的核算

未分配利润是指企业的净利润尚未分配的数额,它是企业实现的净利润经过弥补亏损、提取盈余公积和向投资者分配利润后留存在企业的、历年结存的利润。

企业为了平衡各会计年度的投资回报水平,以丰补歉,留有余地等原因,可以留有一部分净利润不予分配,从而形成了未分配利润。

企业历年积存的未分配利润,均可参与本年度实现的净利润一并分配。未分配利润是通过设置"利润分配——未分配利润"账户核算的,该账户的贷方余额表示未分配利润,若该账户出现借方余额,则表示企业未弥补亏损。其具体核算方法将在第十章税金和利润中阐述。

思 考 题

1. 什么是所有者权益?其在性质上与债权人权益有何不同?
2. 什么是投入资本?什么是留存收益?它们分别可分为哪两种?
3. 试述实收资本和注册资本的定义及这两者之间的关系。
4. 什么是有限责任公司?什么是股份有限公司?什么是股份?
5. 投资者有哪些投资方式?它们是如何计价的?
6. 股份按股东享有的权利可分为哪两种?分别说明这两种股份股东的权利具体表现在哪些方面?
7. 什么是库存股?它主要有哪些用途?
8. 什么是股份支付?什么是以权益结算的股份支付?
9. 什么是资本公积?什么是资本溢价和其他资本公积?
10. 什么是盈余公积?它可分为哪两种?有哪些用途?
11. 什么是未分配利润?它是怎样形成的?

习 题 一

一、**目的** 练习投资者投入资本的核算。

二、**资料**

1. 2013年华光仪器厂新设立时发生有关的经济业务如下:

(1) 2月1日,国家投资拨付两套流水线设备已达到预定可使用状态,验收使用,该流水线全部造价为594 200元。

(2) 2月10日,收到国外投资者贝克公司投入 111 500 美元,存入银行。当日汇率为 6.12 元。

(3) 2月15日,收到华声机械厂投入的机床一台,已验收使用,该机床账面原值 180 000 元,已提折旧 19 620 元,按投资合同约定的账面净值入账。

(4) 2月20日,收到华声机械厂投入原材料一批,投资合同约定货款 120 000 元,增值税额 20 400 元;专用工具一批,投资合同约定货款 20 000 元,增值税额 3 400 元,两项物品均已验收入库。

2. 2014 年,华光仪器厂的投资者决定扩大生产经营规模,经批准将注册资本扩充到 2 500 000 元。

(1) 2月2日,华声机械厂投入土地使用权,投资合同约定其价值为 430 200 元,投入资金占企业注册资本的 14.34%。

(2) 2月2日,收到国外投资者贝克公司投入机器设备一套,价款 59 400 美元,运杂费和保险费计 600 美元,机器设备已达到预定可使用状态,验收使用。当日汇率为 6.10 元,投入的资金占企业注册资本的 12.20%。

(3) 2月5日,国家通过财政拨入现款 177 800 元,以增加其投资额,现款已存入银行,投入的资金占企业注册资本的 5.96%。

(4) 2月5日,华声机械厂以其某项非专利技术作为投资,投资各方确认价值为 105 000 元,投入资金占注册资本的 3.5%。

3. 光明股份有限公司发生下列有关的经济业务:

(1) 2012 年 1 月 2 日,光明股份有限公司设立,委托证券公司按面值发行普通股 9 600 000 股,每股面值 1 元,发行费用 96 000 元,证券公司发行完毕后,扣除发行费用,付来发行款 9 504 000 元,存入银行,发行费用分 2 年摊销。

(2) 2012 年 1 月 31 日,摊销本月份负担的股票发行费用。

(3) 2014 年 3 月 15 日,本公司增发普通股 500 000 股,每股面值 1 元,委托证券公司溢价发行,每股 4 元,发行费用 20 000 元,证券公司发行完毕后,扣除发行费用,付来发行款 1 980 000 元,存入银行。

三、要求 编制会计分录。

习 题 二

一、目的 练习库存股的核算。

二、资料

1. 光华股份有限公司 2013 年年初决定根据股份支付协议,收购本公司 60 000 股普通股奖励本公司职工。年末,对该公司行政管理人员使净利润比上年增长

18%以上的,奖励18 000股;对生产车间的产量比上年增长16%以上的,生产工人奖励38 000股,车间管理人员奖励4 000股。授予日普通股每股公允价值为5.70元,现发生下列有关的经济业务:

(1) 2013年1月31日,根据本月份生产经营情况,预计能够达到增产增收奖励的目标,将本月份职工提供服务应奖励的金额计入成本、费用。

(2) 2013年4月5日,购进本公司普通股60 000股,每股5.65元,另以交易金额的3‰支付佣金,1‰交纳印花税,款项一并签发转账支票支付。

(3) 2014年1月20日,去年公司达到增产增收的奖励目标,予以行权,将60 000股库存股奖励给职工,按授予日普通股公允价值确认的金额转账。

2. 2014年,灵岩公司"资本公积——股本溢价"账户余额为745 000元,"盈余公积"账户余额为398 200元,现发生下列有关的经济业务:

(1) 1月20日,购进本公司普通股120 000股,每股3.50元,另以交易金额的3‰支付佣金,1‰交纳印花税,款项一并签发转账支票支付。

(2) 3月2日,购进本公司普通股160 000股,每股3.45元,另以交易金额的3‰支付佣金,1‰交纳印花税,款项一并签发转账支票支付。

(3) 3月10日,今决定将收购本公司的280 000股普通股全部予以注销,以减少注册资本,该股份每股面值1元,予以转账。

三、要求 编制会计分录。

习 题 三

一、目的 练习资本公积和盈余公积的核算。

二、资料 新光电器公司发生下列有关经济业务如下:

1. 12月5日,本厂原有注册资本3 240 000元,留存收益250 000元,经批准将注册资本增至5 000 000元,今收到珠江公司出资的支票888 000元,存入银行。其投入资金占企业注册资本的14.8%。

2. 12月5日,收到国外投资者亨特汇入200 000美元,当日美元的中间汇率为6.12元。投入的资金占企业注册资本的20.4%。

3. 12月31日,本公司持有长宁公司30%的股权,采用权益法核算,年末长宁公司除净损益外,所有者权益增加了20 000元,持股比例未变,予以转账。

4. 12月31日,本公司持有的以可供出售金融资产入账的华兴公司股票20 000股,其账面价值成本为87 320元,公允价值变动为借方余额3 385元,今日该股票每股公允价值为4.60元,予以转账。

5. 12月31日,本公司持有的天宝公司按面值发行的2年期债券120 000元,年利率8%，到期一次还本付息，已按持有至到期投资入账。现决定将其重分类为可供出售金融资产，该债券账面价值成本为120 120元，应计利息为5 600元，现公允价值为126 520元，予以转账。

6. 12月31日，按净利润450 000元的10%计提法定盈余公积，8%计提任意盈余公积。

7. 12月31日，经批准将资本公积180 000元、法定盈余公积150 000元转增资本。

8. 3年后4月5日，经上级批准用法定盈余公积弥补去年亏损的20 000元。

三、要求 编制会计分录。

第九章 产品成本与期间费用

第一节 产品成本与期间费用概述

一、产品成本及其包括的内容

产品成本又称制造成本,是指企业为生产产品而发生的直接费用和间接费用。它由直接材料、直接人工、其他直接支出和制造费用四个部分组成。

(一)直接材料

直接材料是指企业在生产产品和提供劳务过程中实际消耗的原材料、辅助材料、设备配件、外购半成品、燃料、动力、包装物以及其他直接材料。

(二)直接人工

直接人工是指企业直接从事产品生产人员的工资、奖金、津贴和补贴,以及根据上列人员工资总额的一定比例计提的职工福利费、工会经费、职工教育经费、各种社会保险费及住房公积金。

(三)其他直接支出

其他直接支出是指不能列入上列项目的其他各项直接支出。如直接用于产品生产的动力电费。

(四)制造费用

制造费用是指企业为生产产品和提供劳务而发生的各项间接费用。制造费用通常是指生产车间发生的费用,它包括下列明细科目。

1. 职工薪酬　　它是指支付给各个生产车间管理人员、辅助工人、修理工人等非直接从事产品生产人员的工资、奖金、津贴和补贴以及其他相关的职工薪酬。

2. 折旧费　　它是指各个生产车间使用的固定资产按规定提取的固定资产折旧费。

3. 租赁费　　它是指各生产车间支付从外部租入的固定资产和低值易耗品的租赁费。但不包括融资租入固定资产的租赁费。

4. 修理费　　它是指各个生产车间使用的固定资产和低值易耗品发生的修理费。

5. 机物料消耗　　它是指各个生产车间为维护机器设备等所消耗的各种

材料。

6. 低值易耗品摊销　它是指各个生产车间所使用的低值易耗品的摊销额。

7. 取暖费　它是指各个生产车间为了保证冬季生产设备正常运转所发生的取暖费用。

8. 水电费　它是指各个生产车间消耗自来水和电力而支付的费用。但不包括直接计入产品成本的自来水费和动力电费。

9. 办公费　它是指各个生产车间耗用的文具、印刷、邮电、办公用品等办公费用。

10. 差旅费　它是指各个生产车间职工因业务、工作需要出差所发生的住宿费、交通费、伙食补助等费用。

11. 运输费　它是指各个生产车间应负担的厂内运输部门和厂外运输机构为本部门提供运输劳务的费用。

12. 保险费　它是指各个生产车间应负担的本部门的财产保险费用。

13. 设计制图费　它是指各个生产车间生产设计部门的日常经费,包括支付的图纸及其他用品费和委托外部设计图纸所支付的费用等。

14. 试验检验费　它是指各个生产车间对材料、产品进行分析化验、检验所发生的费用。

15. 劳动保护费　它是指各个生产车间所发生的各种劳动保护费用,包括各种劳动保护用品和按照规定发放的保健食品、清凉饮料等费用。

16. 停工损失　它是指各个生产车间因季节性生产和大修理期间停工所发生的损失。

17. 其他制造费用　它是指各个生产车间发生的不能列入上列各项目的制造费用。

二、期间费用及其包括的内容

期间费用是指企业在一定时期内从事整个企业范围的生产经营业务活动时所发生的费用和销售产品所发生的费用。它由销售费用、管理费用和财务费用组成。

（一）销售费用

销售费用是指企业在销售产品过程中发生的各项费用,以及专设销售机构的各项经费。它包括下列各明细科目。

1. 运输费　它是指企业为销售产品而发生的运输费。

2. 装卸费　它是指企业为销售产品而发生的装卸费。

3. 包装费　它是指企业为销售产品而发生的包装费。

4. 保险费　它是指企业为已销产品运输途中支付的保险费用。

5. 代销手续费　它是指企业委托其他单位代销产品,按规定所支付的手续费。

6. 广告费　　它是指企业为向社会宣传产品而设置的宣传栏、橱窗，印刷宣传资料和购置的宣传品；在报刊、电台、电视台刊登、广播业务广告等所支付的费用。

7. 展览费　　它是指企业为开展产品促销活动或宣传产品而举办产品展览、展销会所支出的各项费用。

8. 租赁费　　它是指企业为销售产品，支付从外部租入的固定资产和低值易耗品的租赁费。

9. 销售服务费用　　它是指企业为销售产品，提供售后服务发生的费用。

10. 销售机构经费　　它是指企业为销售产品而专设的销售机构的人员工资、奖金、津贴和补贴以及其他相关的职工薪酬、差旅费、办公费、折旧费、修理费、物料消耗、低值易耗品摊销以及其他经费。

以上是工业企业发生的销售费用。而商品流通企业中因商品采购费用数额较小，采取将商品采购费用直接计入当期损益的企业，除了在销售商品过程中发生的销售费用需要运用前述的销售费用中所包括的各明细科目外，其在商品购进过程中发生的各项费用也包括在销售费用内。其中购进商品发生的运输费、装卸费、包装费和保险费分别归入前述的运输费、装卸费、包装费和保险费明细科目。此外，还应设置下列明细科目：

1. 整理费　　它是指企业对购进商品进行挑选整理所发生的费用。
2. 检验费　　它是指企业为购进商品进行检验时所发生的检验费、鉴定费和化验费。
3. 商品损耗　　它是指企业购进的商品在运输途中发生的自然损耗。

（二）管理费用

管理费用是指企业为组织和管理生产经营所发生的各项费用。管理费用通常是行政管理部门发生的费用，它包括下列各明细科目。

1. 公司经费　　它是指支付给企业行政管理部门管理人员工资、奖金、津贴和补贴及其他相关薪酬，以及企业行政管理部门所发生的差旅费、办公费、折旧费、修理费、物料消耗、低值易耗品摊销和其他公司经费。

2. 劳动保险费　　它是指企业计提的在实行养老金办法前退休职工的统筹退休金、6个月以上病假人员工资、职工死亡丧葬补助费、抚恤费等。

3. 董事会费　　它是指企业最高权力机构及其成员为执行职能而发生的各项费用，包括董事会成员津贴、会议费和差旅费等。

4. 咨询费　　它是指企业向有关咨询机构进行科学技术、经营管理咨询所支付的费用，包括聘请经济技术顾问、法律顾问等支付的费用。

5. 聘请中介机构费　　它是指企业聘请中介机构进行查账验资以及进行资产评估等发生的各项费用。

6. 诉讼费　　它是指企业因起诉或应诉而发生的各项费用。

7. 业务招待费　　它是指企业为业务经营的合理需要而支付的费用。

8. 税金　　它是指企业按照规定支付的房产税、车船税、土地使用税和印花税等。

9. 技术转让费　　它是指企业使用非专利技术而支付的费用。

10. 研究与开发费　　它是指企业研究开发新产品、新技术、新工艺所发生的新产品设计费、工艺规程制定费、设备调试费、原材料和半成品的试验费、技术图书资料费，未纳入国家计划的中间试验费用、研究人员的工资、研究设备的折旧与新产品试制、技术研究有关的其他经费，委托其他单位进行的科研试制的费用，以及试制失败损失等。

11. 无形资产摊销　　它是指专利权、非专利技术、商标权、著作权、土地使用权等无形资产的摊销。

12. 研究费用　　它是指企业进行研究、开发无形资产过程中发生的费用化的支出。

13. 开办费　　它是指企业在筹建期间内发生的开办费，包括开办人员的职工薪酬、办公费、培训费、差旅费、印刷费、注册登记费，以及不计入固定资产成本的借款费用等。

14. 排污费　　它是指企业按规定交纳的排污费用。

15. 其他管理费用　　它是指企业发生的不能列入上列各项目的管理费用。

（三）财务费用

财务费用是指企业为筹集生产经营所需资金而发生的各项费用。它包括下列各明细科目。

1. 利息支出　　它是指企业支付的短期借款利息、商业汇票贴现利息、长期借款在固定资产工程竣工并达到预定可使用状态后发生的利息支出，以及企业发行债券按规定应由财务费用负担的利息支出等。若发生存款的利息收入则记入"财务费用"账户的贷方。

2. 汇兑差额　　它是指企业的外币存款、外币现金和以外币结算的各种债权、债务等因汇率的变动所造成的损失或收益。若发生汇兑收益则记入贷方。

3. 手续费　　它是指企业支付给金融机构办理转账结算的手续费。

4. 其他财务费用　　它是指企业发生的不能列入上列各项目的财务费用，如筹资等发生的其他财务费用。

三、产品成本和期间费用的核算要求

产品成本是反映企业生产技术和经营管理水平高低的综合质量指标,期间费用是反映企业生产经营活动中非生产性开支的重要经济指标。正确地进行产品成本和期间费用的核算,对于考核和分析企业的生产经营活动状况,提高企业生产技术和经营管理水平,降低产品成本,节约期间费用,提高企业经济效益有着重要的意义。因此,产品成本和期间费用的核算必须划清下列两个界限。

(一)掌握产品成本与期间费用的核算内容,划清产品成本与期间费用的界限

企业的经济活动是多种多样的,伴随着经济活动的开展,发生了各种用途的开支,就需要分清开支发生的地点和用途,涉及的部门和人员,分门别类地进行记录和核算。例如,职工薪酬的核算,直接从事产品生产人员的职工薪酬应作为产品成本的直接人工入账;各个生产车间管理人员、辅助工人、修理工人等非直接从事产品生产人员的职工薪酬,应作为产品成本的制造费用入账;企业行政管理人员的职工薪酬,应作为管理费用入账;而建筑安装固定资产人员的工资,则既不能作为产品成本入账,又不能作为期间费用入账,应列入"在建工程"账户;对于制造费用和期间费用中共有的其他费用,如折旧费、修理费、租赁费和各种材料用具的消耗等,应根据原始凭证中注明的发生部门,严格区分制造费用、销售费用和管理费用。

此外,对于因违反经济合同或财经纪律而支付的违约金、赔偿金或罚款和因违反国家法律而被没收的财物损失,赞助支出,以及与企业生产经营活动无关的各项支出等,均不能作为产品成本或期间费用入账,而应由"营业外支出"账户列支。

企业不得混淆产品成本与期间费用的界限,也不得乱挤成本、费用和少计成本、费用,从而造成产品成本和期间费用的不真实,不利于企业的成本管理和期间费用管理。乱挤成本、费用还会减少企业利润和国家财政收入;少计成本、费用则会虚增企业利润,超额分配,使企业的耗费未得到应有的补偿,影响其再生产的顺利进行。

(二)掌握产品成本、期间费用的归属期,划清本期产品成本、期间费用与下期产品成本、期间费用的界限

企业要按照权责发生制的要求确定产品成本和期间费用的开支。凡是属于本期发生的产品成本和期间费用,不论其款项是否已经支付,均应作为本期的产品成本和期间费用入账;凡是不属于本期发生的产品成本和期间费用,即使款项已经支付,也不能作为本期的产品成本和期间费用入账。

企业对于本期发生尚未支付的成本和费用,可通过预提费用的方式,计入产品成本和期间费用;对于本期尚未发生而已经支付的成本和费用,可通过待摊费用方式,分期摊入各受益期的产品成本账户和期间费用各有关的账户。

企业不得任意预提和摊销费用,人为地调节各月的产品成本和期间费用。

第二节 产品成本与期间费用的核算

一、耗用原材料的核算

企业在生产经营过程中耗用的各种原材料,财会部门根据领料单将各种原材料按照其领用的部门和用途,进行分类和汇总,对于直接用于制造产品的原材料,应借记"生产成本"账户,并按产品品种进行明细分类核算,生产单位用于为维护机器设备的原材料,应借记"制造费用"账户,专设销售机构耗用的原材料,应借记"销售费用"账户,企业行政管理部门耗用的原材料,应借记"管理费用"账户;同时贷记"原材料"账户。

二、发生职工薪酬的核算

职工薪酬是企业在生产经营活动中消耗的活劳动的价值,它是企业产品成本和期间费用的重要组成部分。

企业对于直接支付给职工的工资、奖金、津贴和补贴,在发放时,借记"应付职工薪酬"账户,贷记"库存现金"账户。期末进行分配时,直接从事产品生产工人的薪酬,借记"生产成本"账户;车间管理人员的薪酬,借记"制造费用"账户;行政管理人员的薪酬,借记"管理费用"账户;其他经营业务人员的薪酬,借记"其他业务成本"账户;建筑安装固定资产人员的薪酬,借记"在建工程"账户;贷记"应付职工薪酬"账户。

对于职工福利费、工会经费、职工教育经费、医疗保险费等社会保险费和住房公积金等其他形式的职工报酬和相关支出,在按工资总额的一定比例计提时,其核算方法与分配职工工资、奖金、津贴和补贴相同,计入相关的成本与费用账户,在此不再重述。

三、待摊费用的核算

待摊费用是指企业已经支付受益期不超过1年的费用。像企业向保险公司投保时,财产保险费、报纸杂志费一般是按年度预付的。为了使企业的费用负担合理,正确地反映企业各期的利润,应根据权责发生制的要求,支付这些受益期较长的费用时,不能一次全额地列入有关的费用账户,应采取分期摊销的方法,先列入"待摊费用"账户,然后按受益期摊入有关的费用账户。

【例】 江南工厂将企业的财产向保险公司投保。

(1) 12月30日,签发转账支票支付下年度财产保险费36 000元,作分录如下:

借:待摊费用——保险费 36 000.00
　　贷:银行存款 36 000.00

(2) 次年1月31日,摊销应由本月份负担的保险费,其中:生产车间2 000元,

销售机构 200 元,行政管理部门 800 元,作分录如下:

```
借:制造费用——保险费                    2 000.00
借:销售费用——销售机构经费                  200.00
借:管理费用——其他费用                     800.00
  贷:待摊费用——保险费                           3 000.00
```

待摊费用的摊销期限不得超过 12 个月,但可以跨年。

"待摊费用"是资产类账户,用以核算企业已经支付但应由本期和以后各期分别负担的分摊期限在 1 年以内(包括 1 年)的各项费用。企业支付待摊费用时,记入借方;企业摊销待摊费用时,记入贷方;期末余额在借方,表示企业已经支付尚待摊销的费用。

"销售费用"是损益类账户,用以核算企业在产品销售过程中所发生的费用。企业发生销售费用时,记入借方;企业期末将其余额结转"本年利润"账户时,记入贷方。

"管理费用"是损益类账户,用以核算企业行政管理部门为组织和管理生产经营活动而发生的各项管理费用。企业发生管理费用时,记入借方;企业期末将其余额结转"本年利润"账户时,记入贷方。

四、预提费用的核算

预提费用是指本期已经发生但尚未支付的各项费用,如企业向银行等金融机构借入的短期借款利息。银行是按季度结算短期借款利息的,企业 3 个月的短期借款利息由季末最后一个月承担显然是不合理的,因此要根据权责发生制的要求,每月要预先计提利息支出入账。短期借款利息支出计算公式如下:

本期短期借款利息支出＝本月短期借款平均余额×月利率

$$本月短期借款平均余额 = \frac{本月短期借款账户余额累计数}{30 天}$$

【例】 江南工厂第一季度短期借款情况如下:

(1) 1 月 31 日,本月份短期借款账户平均余额为 900 000 元,月利率为 6‰,计算该月份负担的利息支出如下:

1 月份短期借款利息支出＝900 000×6‰＝5 400(元)

根据计算结果,计提本月份短期借款利息支出,作分录如下:

```
借:财务费用——利息支出                   5 400.00
  贷:应付利息                                   5 400.00
```

(2) 3 月 31 日,接到银行转来"短期借款计息单",计本季度短期借款利息支出

16 380元,查2月28日已计提短期借款利息支出4 860元,计算本月份应负担的短期借款利息支出如下:

3月份短期借款利息支出＝16 380－5 400－4 860＝6 120(元)

根据计算结果,作分录如下:

  借:应付利息   10 260.00
  借:财务费用——利息支出   6 120.00
   贷:银行存款   16 380.00

"财务费用"是损益类账户,用以核算企业为筹集生产经营所需资金等而发生的费用。企业发生利息支出、汇兑损失、相关的手续费以及现金折扣时,记入借方;企业冲转利息支出、取得汇兑收益和现金折扣及期末将其余额结转"本年利润"账户时,记入贷方。

五、水电费等含税费用的核算

我国税法规定提供电力、热力、气体等货物,以及进行修理、修配劳务的企业,要按其销售收入的一定比例交纳增值税。因此,企业支付的电费、暖气费、煤气费、自来水费和修理、修配费用是含税价格。企业在收到上述货物或劳务的专用发票时,应根据发票上列明货款的金额及其不同的用途,借记"生产成本"、"制造费用"、"销售费用"、"管理费用"等有关账户;根据发票上列明的增值税额,借记"应交税费"账户;根据价税合计金额,贷记"银行存款"账户。

【例】 3月31日,江东工厂收到电力公司增值税专用发票一张,开列动力用电费6 100元,照明用电费1 400元,增值税额1 275元,当即签发现金支票付讫。根据记录,A产品耗用动力电费3 600元,B产品耗用动力电费2 500元,生产车间耗用照明电费500元,销售部门耗用照明电费300元,行政管理部门耗用照明电费600元。作分录如下:

  借:生产成本——A产品——其他直接支出   3 600.00
  借:生产成本——B产品——其他直接支出   2 500.00
  借:制造费用——水电费   500.00
  借:销售费用——销售机构经费   300.00
  借:管理费用——公司经费   600.00
  借:应交税费——应交增值税——进项税额   1 275.00
   贷:银行存款   8 775.00

六、产品成本和期间费用的明细分类核算

企业通过"生产成本"账户和"制造费用"账户对产品成本进行总分类核算,通过"销售费用"、"管理费用"和"财务费用"账户对期间费用进行总分类核算,反映了

企业产品成本和期间费用的总括情况。企业为了反映和监督产品成本构成和期间费用开支的详细情况,分析和检查产品成本升降的原因和期间费用预算的执行情况,为降低产品成本和节约期间费用提供资料,必须对"生产成本"、"制造费用"、"销售费用"、"管理费用"和"财务费用"进行明细分类核算。

"生产成本"、"制造费用"、"销售费用"、"管理费用"和"财务费用"按明细科目分别设置明细分类账户,一般采用多栏式账户,以集中反映生产成本、制造费用、销售费用、管理费用和财务费用各项目开支的情况,并便于记账。现将"管理费用"多栏式明细分类账的格式列示如图表 9-1 所示。

图表 9-1

管理费用明细分类账

年		凭证号数	摘要	公司经费	劳动保险费	董事会费	咨询费	聘请中介机构费	其他管理费用	合计
月	日									

由于"制造费用"、"销售费用"、"管理费用"等账户的明细分类账户较多,平时发生的数额主要是借方金额,因此采用多栏式账页进行核算时,每个项目可以只设一个金额栏,登记借方发生额,若发生贷方发生额时,则用红字登记。

七、完工产品成本和期间费用的结转

企业生产产品发生的间接费用,平时在"制造费用"账户中归集,期末在计算产品成本前,就要将其在受益产品中进行分配,通常根据耗用工时比例分配。其计算公式如下:

$$\text{分配率} = \frac{\text{制造费用总额}}{\text{耗用工时总额}}$$

某种产品应负担的制造费用 = 该种产品耗用工时 × 分配率

【例】 江东工厂1月份发生制造费用32 400元,该厂生产 A 产品耗用3 600工时,生产 B 产品耗用2 400工时,分配制造费用计算的结果如下:

$$\text{分配率} = \frac{32\,400}{3\,600 + 2\,400} = 5.40(\text{元})$$

A 产品应负担的制造费用 = 3 600 × 5.40 = 19 440(元)
B 产品应负担的制造费用 = 2 400 × 5.40 = 12 960(元)

根据计算的结果,作分录如下:

第九章 产品成本与期间费用

　　借：生产成本——A产品　　　　　　　　　　　　19 440.00
　　借：生产成本——B产品　　　　　　　　　　　　12 960.00
　　　　贷：制造费用　　　　　　　　　　　　　　　　　　　32 400.00

　　期末"生产成本"账户归集了企业生产产品所发生的全部直接费用和间接费用。倘若生产的产品全部完工，那么"生产成本"账户归集的费用就是完工产品的成本；倘若生产的产品有一部分完工，一部分尚未完工，那么"生产成本"账户归集的费用就要在完工产品和未完工的在产品之间进行分配，具体的分配方法将在后续课程《成本会计》中阐述。

　　企业在期末结转完工产品成本时，借记"库存商品"账户，贷记"生产成本"账户。

　　【例】　江东工厂本月份投产A、B两种产品，A产品投产500件，耗费直接材料89 310元，直接人工37 850元，其他直接支出3 600元，制造费用19 440元；B产品投产600件，尚未完工，结转完工产品成本，作分录如下：

　　借：库存商品——A产品　　　　　　　　　　　　150 200.00
　　　　贷：生产成本——A产品——直接材料　　　　　　　　89 310.00
　　　　贷：生产成本——A产品——直接人工　　　　　　　　37 850.00
　　　　贷：生产成本——A产品——其他直接支出　　　　　　 3 600.00
　　　　贷：生产成本——A产品——制造费用　　　　　　　　19 440.00

　　企业发生的期间费用应全部由当期的销售收入负担，因此，期末应全部转入"本年利润"账户。届时，借记"本年利润"账户，贷记"销售费用"、"管理费用"和"财务费用"账户。

思 考 题

1. 什么是产品成本？什么是期间费用？
2. 产品成本包括哪些内容？分别说明它们的定义。
3. 期间费用包括哪些内容？分别说明它们的定义。
4. 产品成本和期间费用的核算应划清哪些界限？为什么要划清这些界限？
5. 什么是待摊费用？什么是预提费用？企业的费用为何要进行待摊和预提？
6. 企业发生的含税费用有哪些？它们在核算上有何特点？
7. 企业生产产品发生的直接费用、间接费用以及期间费用在核算上有何不同？

习 题 一

一、目的　　练习产品成本和期间费用的科目及其明细科目的划分。

二、资料 大明工厂12月份发生的经济业务如图表9-2所示。

图表9-2

经济业务归类表

经 济 业 务	应列入产品成本的科目及明细科目	应列入期间费用的科目及明细科目
1. 生产车间为维护机器设备而耗用的材料		
2. 从事产品生产人员的职工薪酬		
3. 支付聘请会计师事务所进行查账验资的费用		
4. 企业的外币因汇率的变动而造成的损失		
5. 生产车间使用的固定资产按规定提取的折旧费用		
6. 生产车间在夏季发放的保健食品和清凉饮料费用		
7. 企业行政管理部门发生的差旅费用		
8. 支付企业聘请法律顾问支付的费用		
9. 摊销企业因销售产品而出借包装物损耗的价值		
10. 商业承兑汇票贴现的利息支出		
11. 支付生产车间6个月以上长期病假人员的职工薪酬		
12. 销售机构领用维修用材料		
13. 生产产品消耗的燃料		
14. 生产车间职工因业务需要而发生的差旅费用		
15. 企业行政管理部门发生的低值易耗品摊销		
16. 生产车间委托外部设计图纸所支付的费用		
17. 企业按照规定支付的印花税		
18. 企业因业务需要而发生的招待客户费用		
19. 企业支付给金融机构办理转账结算的手续费		
20. 企业为销售产品提供售后的服务费用		

(续表)

经 济 业 务	应列入产品成本的科目及明细科目	应列入期间费用的科目及明细科目
21. 生产车间耗用文具、印刷、邮电等费用		
22. 企业为了开展产品促销举办展销会而支付的费用		
23. 生产车间支付运输机构提供的运输劳务费用		
24. 生产车间支付照明用电费		
25. 厂长因工作需要发生差旅费用		
26. 企业因起诉而发生的费用		
27. 企业向社会推销产品支付电视台广告费用		
28. 企业购进专利权的摊销		
29. 生产车间使用低值易耗品的摊销		
30. 生产车间对产品进行分析化验而发生的费用		
31. 企业研究、开发无形资产在研究阶段所发生的支出		
32. 企业委托其他单位代销产品支付的手续费		
33. 生产车间大修理期间所发生的停工损失		

三、要求 根据上列的经济业务,确定应归入产品成本还是归入期间费用,然后再确定核算时应采用的会计科目及明细科目,并填入上列的表格内。

习 题 二

一、目的 练习产品成本和期间费用的核算。

二、资料 卢湾工厂1月份发生下列有关的经济业务:

1. 2日,签发转账支票支付本年度财产保险费43 200元。
2. 3日,签发转账支票支付生产车间委托外单位设计图纸费1 800元。
3. 5日,签发转账支票支付咨询机构技术咨询费1 520元。
4. 7日,签发转账支票支付电视台推销产品的广告费用1 800元。
5. 9日,生产车间工程师因业务需要出差预支差旅费1 200元,以现金付讫。
6. 11日,以银行存款支付银行办理转账结算的手续费420元。

7. 12日，提取本月份固定资产折旧费11 930元，其中生产车间10 500元，专设销售机构520元，行政管理部门910元。

8. 15日，生产车间工程师出差回来，报销差旅费1 180元，并交回多余现金20元，以结清其预支款。

9. 18日，签发转账支票1 250元，支付特约维修单位代为提供产品售后服务的费用。

10. 18日，签发现金支票1 260元，支付招待客户费用。

11. 20日，签发现金支票213 680元，提取现金备发职工薪酬。

12. 20日，本月份应发职工薪酬261 200元，其中：甲产品生产工人108 000元，乙产品生产工人90 000元，生产车间管理人员12 600元，销售机构人员13 200元，行政管理人员2 400元，其他业务人员8 800元，建筑安装人员4 600元。代扣款项为47 520元，其中：住房公积金18 284元，养老保险费20 896元，医疗保险费5 224元，失业保险费2 612元，个人所得税504元。实发金额为213 680元。以现金发放本月份职工薪酬。

13. 25日，分配本月份各类人员工资。

14. 26日，根据本月份工资总额的14%、2%和1.5%分别计提职工福利费、工会经费和职工教育经费。

15. 26日，根据本月份工资总额的3%、2%和7%分别计提养老保险费、失业保险费和住房公积金。

16. 26日，根据本月份工资总额的12%，计提医疗保险费。

17. 27日，将本月份应交纳的医疗保险费、养老保险费、失业保险费和住房公积金(含为职工代扣的部分)分别交纳给社会保险事业基金结算管理中心和公积金管理中心。

18. 28日，摊销应由本月份负担的财产保险费(与第1笔业务有关)，其中生产车间负担75%，专设的销售机构负担5%，行政管理部门负担20%。

19. 29日，收到汽车修理厂专用发票一张，开列载重汽车修理费用2 000元，增值税额340元，当即签发转账支票付讫，该汽车系生产车间使用。

20. 30日，收到电力公司专用发票一张，开列动力用电费6 050元，照明用电费1 350元，增值税额1 258元，当即签发现金支票付讫。根据记录，动力电费甲产品耗用3 300元，乙产品耗用2 750元，照明电费生产车间耗用450元，专设销售机构耗用330元，行政管理部门耗用570元。

21. 30日，签发转账支票1 147元，支付生产车间文具用品费440元，办公用品费357元及电话费350元。

22. 31日，计提本月份短期借款利息4 680元。

23. 31日，根据各部门的领料单编制耗用原材料汇总表如图表9-3所示，予以转账。

图表9-3

耗用原材料汇总表

2014年1月1~31日　　　　　　　　　　　　　　　单位：元

原材料种类 耗料产品及部门	原料及主要材料	辅助材料	燃　料	修理用备件	合　　计
甲产品	65 000.00	4 000.00	1 500.00		70 500.00
乙产品	50 000.00	2 000.00	900.00		52 900.00
生产车间	2 600.00	1 900.00	600.00	600.00	5 700.00
专设销售机构		600.00	200.00	100.00	900.00
行政管理部门		500.00	300.00	200.00	1 000.00
合　　计	117 600.00	9 000.00	3 500.00	900.00	131 000.00

24. 31日，签发转账支票支付生产车间产品分析化验费用2 784元。

25. 31日，本月份生产甲产品耗用3 800工时，生产乙产品耗用2 600工时，按生产产品耗用工时的比例分配本月份制造费用。

26. 31日，本月份投产甲、乙两种产品，甲产品投产500件、乙产品投产300件，甲产品已全部完工，乙产品尚未完工，结转完工产品成本。

27. 31日，将本月份归集的期间费用结转"本年利润"账户。

三、要求

1. 编制会计分录。

2. 用多栏式账页开设并登记"生产成本"、"制造费用"、"销售费用"、"管理费用"、"财务费用"等的明细分类账户。

第十章 税金、政府补助和利润

第一节 税金和教育费附加

一、税金的意义和分类

税金是国家根据税法规定的税率向企业和个人征收的税款,是国家财政收入的一个重要的组成部分。国家凭借政治权力,运用法律手段向企业和个人征税,对保证完成财政收入,筹集建设资金;对调节生产和消费,开展企业间竞争;对促进社会主义市场经济的发展,促进企业加强经济核算,改善经营管理,提高经济效益;对推动国民经济协调发展等方面均有重要的作用。

税的种类较多,按其性质不同,可以分为流转税、收益税和其他税三类。

（一）流转税

流转税是指以流转额和服务收入额为纳税对象征收的税款。它主要有增值税、消费税、营业税、城市维护建设税、关税和资源税等。

1. 增值税　它是指在我国境内销售货物或者提供加工、修理、修配劳务以及进口货物的单位和个人,就其经营加工服务过程中新增加的价值额计算征收的税款。

2. 消费税　它是指在我国境内生产、委托加工和进口应税消费品的单位和个人,就其取得的销售额或者销售量征收的税款。

我国规定的消费税税目有烟、酒及酒精、化妆品、贵重首饰及珠宝玉石、鞭炮、烟花、成品油、汽车轮胎、摩托车、小汽车、高尔夫球及球具、高档手表、游艇、木制一次性筷子和实木地板等。

3. 营业税　它是指在我国境内提供应税劳务①或销售不动产以及转让无形资产的单位和个人,就其取得的营业额征收的税款。

4. 城市维护建设税　它是指在我国境内交纳增值税、消费税和营业税的单位和个人,就其应交纳的增值税、消费税和营业税等为计税依据而征收的税款。

5. 关税　它是指在我国境内从事进出口货物和物品的单位和个人,就其进

---

① 应税劳务是指交通运输业、建筑业、金融保险业、邮电通信业、文化体育业、服务业等所提供的劳务。但公用事业中的水、热、气、电和加工、修理、修配业所提供的劳务不包括在内。

出口额征收的税款。

6. 资源税　它是指在我国境内从事开采应税资源的矿产品或者生产盐的单位和个人，为调节因资源生成和开发条件差异而形成的级差收入，就其销售和自用数量征收的税款。

（二）收益税

收益税是指以收益额为纳税对象征收的税款。它主要有企业所得税和个人所得税等。

1. 企业所得税　它是指在我国境内的各种企业和其他取得收入的组织，就其生产经营所得和其他所得征收的税款。

2. 个人所得税　它是指对中国公民、外籍人员和个体工商户取得的各项应税收入所得征收的税款。

（三）其他税

其他税是指除流转额、收益额外，以其他方面为纳税对象征收的税款。它主要有印花税、车船税、城镇土地使用税和房产税等。

1. 印花税　它是指在我国境内进行经济活动和经济交往中的单位和个人，就其所书立、使用、领受具有法律效力的凭证征收的税款。

2. 车船税　它是指在我国境内的车辆、船舶的所有人，就其行驶于公共道路的车辆和航行于我国境内河流、湖泊或领海口岸的船舶征收的税款。

3. 城镇土地使用税　它是指以城镇土地为征税对象，对拥有土地使用权的单位和个人，就其实际使用土地面积征收的税款。

4. 房产税　它是指以房产为征税对象，依据房产价格或者房产租金向房产所有人或者经营人征收的税款。

二、税金的核算

（一）增值税的计算和核算

增值税的计算方法有扣税法和扣额法两种，我国目前只采用扣税法。扣税法是指先按销售货物或应税劳务的销售额计算增值税额（简称销项税额），然后再按税法规定抵扣购进货物或者应税劳务时已交纳的增值税额（简称进项税额），计算其应纳增值税额的方法。

企业从销项税额中抵扣的进项税额，有下列三项内容：

（1）纳税人购进货物或者应税劳务，从销售方取得的增值税专用发票上注明的增值税额。

（2）纳税人进口货物，从海关取得完税凭证注明的增值税额。

（3）纳税人购进农业产品的进项税额，按买价依照10%的扣除率计算，其计算公式如下：

购进农业产品进项税额＝买价×10％

上列所指的货物是指有形动产,包括原材料、产成品、库存商品、包装物、低值易耗品及电力、热力和气体等。

企业从销项税额中不得抵扣的进项税额,有下列八项内容。

(1) 购进货物或者应税劳务未按规定取得并保存增值税扣税凭证的。

(2) 购进货物或者应税劳务的增值税扣税凭证上未按规定注明增值税额及其他有关事项,或者虽有注明但不符合规定的。

(3) 用于非增值税应税项目①的购进货物或者应税劳务。

(4) 用于免征增值税项目的购进货物或者应税劳务。

(5) 用于集体福利或者个人消费的购进货物或者应税劳务。

(6) 非正常损失②的购进货物及相关的应税劳务。

(7) 非正常损失③的在产品、产成品所用的购进货物或者应税劳务。

(8) 国务院财政、税务部门规定的纳税人自用消费品。③

增值税的税率有基本税率、低税率和零税率三种。基本税率为17％,适用于一般货物和应税劳务。低税率为13％,适用于粮食、食用植物油、自来水、暖气、冷气、热水、煤气、石油、液化气、居民用煤炭制品、图书、报纸、杂志、饲料、化肥和农药等。零税率适用于报关出口的货物,国务院另有规定者除外。

增值税是价外税,它的核算比较复杂,先在"应交税费"账户下设置"应交增值税"和"未交增值税"两个二级明细账户。

在"应交增值税"二级明细账户下再设置"销项税额"、"出口退税"、"进项税额转出"、"进项税额"、"已交税金"、"减免税款"、"出口抵减内销产品应纳税额"、"转出未交增值税"和"转出多交增值税"等三级明细账户。现将这些三级明细账户的核算内容说明如下:

"销项税额"明细账户 企业销售货物或提供应税劳务应收取销项税额时,记入贷方;退回销售货物,应冲销销项税额时,则用红字记入贷方。

"出口退税"明细账户 企业出口适用零税率的货物,凭出口报关单等有关凭证,向税务机关申报办理出口退税,在收到退回增值税额时记入贷方;出口货物办理退税后,若发生退货或者退关而补交已退增值税额时,则用红字记入贷方。

"进项税额转出"明细账户 企业的购入货物、在产品、产成品等发生非正常

---

① 是指提供非增值税应税劳务、转让无形资产、销售不动产以及不动产在建工程。

② 是指企业因管理不善造成被盗、丢失和腐烂变质的损失。

③ 是指与企业技术更新无关的,且容易混为个人消费的应征消费税的小汽车、摩托车和游艇等自用消费品。

损失,以及改变用途等原因时,其已入账的进项税额应转入本账户的贷方,而不能从销项税额中抵扣。

"进项税额"明细账户　　企业购入货物或接受应税劳务,支付符合从销项税额中抵扣的进项税额时,记入借方;退出所购货物冲销进项税额时,则用红字记入借方。

"已交税金"明细账户　　企业交纳当月发生的增值税额时,记入借方;收到退回当月多交增值税额时,则用红字记入借方。

"减免税款"明细账户　　企业按规定获准减免增值税款时,记入借方。

"出口抵减内销产品应纳税额"明细账户　　企业按规定计算的出口货物的进项税额抵减内销产品的应纳税额时,记入借方。

"转出未交增值税"明细账户　　企业在月末发生当月应交未交增值税额时,记入借方。

"转出多交增值税"明细账户　　企业在月末发生当月多交纳的增值税额尚未退回时,记入贷方。

在"未交增值税"二级明细账户下再设置"转入未交增值税"和"转入多交增值税"两个三级明细账户,现将这两个三级明细账户的核算内容说明如下:

"转入未交增值税"明细账户　　企业在月末发生当月应交未交的增值税额转入时,记入贷方;在以后交纳时,记入借方。

"转入多交增值税"明细账户　　企业在月末发生当月多交纳的增值税额尚未退回时,记入借方;在以后退回时,记入贷方。

增值税额的纳税期限由主管税务机关根据纳税人应交税额的多少分别核定。

企业应交增值税额的计算公式如下:

$$\text{应交增值税额} = \text{销项税额} + \text{出口退税} + \text{进项税额转出} + \text{转出多交增值税} - \text{进项税额} - \text{已交税金} - \text{减免税款} - \text{出口抵减内销产品应纳税额} - \text{转出未交增值税}$$

【例】　清泉酒厂的纳税期限为1个月,2月28日应交增值税二级账户的三级明细分类账户的余额如下:

销项税额	95 200	进项税额	78 200
出口退税	1 700	转出未交增值税	9 180

(1) 2月28日,材料仓库被盗窃原材料一批,金额6 000元,该批原材料的增值税税率为17%,予以转账,作分录如下:

借:待处理财产损溢——待处理流动资产损溢　　　　　7 020.00
　　贷:原材料　　　　　　　　　　　　　　　　　　　6 000.00
　　贷:应交税费——应交增值税——进项税额转出　　　1 020.00

(2) 2月28日,根据上列资料计算2月份应交增值税额如下:

应交增值税额=95 200+1 700+1 020-78 200-9 180=10 540(元)

根据计算的结果,作分录如下:

借:应交税费——应交增值税——转出未交增值税　　　　　10 540.00
　　贷:应交税费——未交增值税——转入未交增值税　　　　　10 540.00

如计算的结果为负数,则表示多交增值税额,应借记"应交税费——未交增值税——转入多交增值税"账户,贷记"应交税费——应交增值税——转出多交增值税"账户。

(3) 3月10日,填制增值税交款书,交纳2月份增值税额,作分录如下:

借:应交税费——未交增值税——转入未交增值税　　　　　10 540.00
　　贷:银行存款　　　　　　　　　　　　　　　　　　　　10 540.00

为了便于记账,并便于计算各期的应交增值税额,应交增值税的三级明细分类账可以采用多栏式账页。其格式如图表10-1所示。

【例】丰嘉公司2010年根据1月、2月份有关的记账凭证登记"应交增值税"明细账如图表10-1所示。

图表10-1

应交增值税明细账①

单位:元

2014年		凭证号数	摘要	借方			贷方				借或贷	余额
月	日			合计	进项税额	转出未交增值税	合计	销项税额	进项税额转出	出口退税		
1	3	(略)	进货	19 550	19 550						借	19 550
	10		销货				24 055	24 055			贷	4 505
	15		进货	21 250	21 250						借	16 745
	25		销货				25 925	25 925			贷	9 180
	31		结转未交增值税	9 180		9 180					平	-0-
1	31		本月合计	49 980	40 800	9 180	49 980	49 980			平	-0-
2	2		进货	18 360	18 360						借	18 360
	8		销货				22 440				贷	4 080
	12		出口商品							1 700	贷	5 780
	15		进货	19 040	19 040						借	13 260
	20		销货				22 780				贷	9 520
	25		将失窃原材料转账						1 020		贷	10 540
2	28		结转未交增值税	10 540		10 540					平	-0-
2	28		本月合计	47 940	37 400	10 540	47 940	45 220	1 020	1 700	平	-0-
2	28		本年累计	97 920	78 200	19 720	97 920	95 200	1 020	1 700	平	-0-

① 由于篇幅关系,该账省略了一般企业不常用的明细项目。被省略的明细项目在借方有已交税金、减免税款、出口抵减内销产品应纳税额明细项目,在贷方有转出多交增值税明细项目。

增值税的纳税人分为一般纳税人和小规模纳税人两种,其核算方法是不同的。前述增值税的核算方法是一般纳税人采用的。小规模纳税人是指年销售额在财政部门规定的数额以下的、会计核算不健全的纳税人。

小规模纳税人销售货物或者应税劳务所得的销售额,按3%的征收率计算应纳税额,不得抵扣进项税额。因此,小规模纳税人购进货物时,应将支付的货款和进项税额全部作为货物的进价,记入"在途物资"账户,将价税合计数作为原材料、包装物和低值易耗品的采购成本。销售产品时,不得填制专用发票,只能采用普通发票,将取得的收入全部记入"主营业务收入"账户,这样"主营业务收入"账户反映的是含税收入,因而,月末要将其调整为真正的销售额,将增值税额从含税收入中分离出来,其调整的公式如下:

$$销售额=\frac{含税收入}{1+征收率}$$

然后根据调整的结果,再计算应交增值税额,其计算公式如下:

$$应纳增值税额=销售额\times 征收率$$

【例】 南桥工厂为小规模纳税人,2月28日"主营业务收入"账户余额为90 640元,增值税征收率为3%,计算2月份销售额和应交增值税额如下:

$$销售额=\frac{90\ 640}{1+3\%}=88\ 000(元)$$

$$应交增值税额=88\ 000\times 3\%=2\ 640(元)$$

根据计算结果,调整本月份的销售收入和应交增值税额,作分录如下:

借:主营业务收入　　　　　　　　　　　　　　　　　2 640.00
　　贷:应交税费——应交增值税　　　　　　　　　　　　　　2 640.00

3月10日,填制增值税交款书,交纳增值税额,作分录如下:

借:应交税费——应交增值税　　　　　　　　　　　　2 640.00
　　贷:银行存款　　　　　　　　　　　　　　　　　　　　　2 640.00

(二)消费税的计算和核算

消费税是价内税,是国家对某些特定产品进行特殊调节而设立的税种,交纳消费税的产品,同时也交纳增值税,所以消费税和增值税是交叉交纳的。

1. 生产环节消费税的计算和核算　　生产环节消费税的计税方法有从价定率计税法、从量定额计税法、从价定率和从量定额复合计税法三种。

从价定率计税法是指根据生产企业应税消费品的销售额和适用税率计算消费

税额的方法。其计算公式如下：

$$应税消费品的应交消费税额 = 应税消费品的销售额① \times 适用税率$$

从量定额计税法是指根据生产企业应税消费品的销售数量和适用单位税额计算消费税额的方法，其计算公式如下：

$$应税消费品的应交消费税额 = 应税消费品数量 \times 适用单位税额$$

从价定率和从量定额复合计税法是指根据生产企业应税消费品的销售额及适用税率，销售数量及适用单位税额计算消费税额的方法。其计算公式如下：

$$应交消费税额 = 应税消费品的销售额 \times 适用税率 + 应税消费品的销售数量 \times 适用单位税额$$

实行从价定率和从量定额复合计税法的消费品有薯类白酒、卷烟等；实行从量定额计税法的消费品有黄酒、啤酒和成品油等，其他的应税消费品都实行从价定率计税法。

消费税的纳税期限由主管税务机关根据纳税人应交税额的大小分别核定。

【例】 清泉酒厂的纳税期限为1个月，1月份共销售薯类白酒10吨，每吨6 000元，计销售额60 000元，消费税税率为20%，单位税额为每500克0.50元；销售黄酒9吨，每吨单位税额为240元。计算本月份应交消费税额如下：

薯类白酒应交消费税额 = 60 000 × 20% + 10 × 2 000 × 0.50 = 22 000(元)
黄酒应交消费税额 = 9 × 240 = 2 160(元)

(1) 根据计算的结果，提取应交消费税额，作分录如下：

借：营业税金及附加　　　　　　　　　　　　　　　　　24 160.00
　　贷：应交税费——应交消费税　　　　　　　　　　　　24 160.00

(2) 将产品的消费税结转"本年利润"账户，作分录如下：

借：本年利润　　　　　　　　　　　　　　　　　　　　24 160.00
　　贷：营业税金及附加　　　　　　　　　　　　　　　　24 160.00

下月初交纳消费税时，借记"应交税费"账户，贷记"银行存款"账户。

自产自用的消费品，应根据其用途来确定借方账户，如汽车制造厂自产自用的小轿车，其应交消费税应借记"固定资产"账户；而鞭炮厂自产自用的鞭炮，其应交消费税则应借记"管理费用"账户，贷记"应交税费"账户。

---

① 是指销售、自产自用，以及用于换取生产资料和消费资料，支付代购手续费或者销售回扣，以及在销售数量之外另外付给购货方或中间人作为奖励和报酬的消费品。

2. 进口环节消费税的计算和核算　　进口环节消费税应以进口消费品的组成计税价格为计税依据,其计算公式如下:

$$应交消费税额 = 组成计税价格 \times 消费税税率$$

$$组成计税价格 = \frac{关税完税价格 + 关税税额}{1 - 消费税税率}$$

关税完税价格就是进口消费品的到岸价格(CIF)。到岸价格(CIF)是指以货到目的港为标准的价格,包括货价及货物运抵我国关境内输入点起卸前的包装费、运费、保险费和其他劳务费等费用。

【例】　新光化工进出口公司进口香水一批,到岸价格(CIF)为 21 000 美元,当日美元的人民币汇率为 6.10 元,关税税额为 12 810 元,消费税税率为 30%,计算其应交消费税。

$$组成计税价格 = \frac{21\,000 \times 6.10 + 12\,810}{1 - 30\%} = 201\,300(元)$$

$$应交消费税额 = 201\,300 \times 30\% = 60\,390(元)$$

根据计算的结果,将其计入进口香水的采购成本。作分录如下:

借:在途物资　　　　　　　　　　　　　　　　　　　60 390.00
　　贷:应交税费——应交消费税　　　　　　　　　　　　60 390.00

若进口的是固定资产,则进口关税应计入固定资产的原始价值。

(三)营业税的计算和核算

纳税人销售应税劳务或不动产,出售或出租无形资产,应根据销售额,按照规定的税率计算应交营业税额,其计算公式如下:

$$应交营业税额 = 计税销售额 \times 适用税率$$

计税销售额是指从购买方所收取的全部价款,包括在价款之外收取的一切费用。

【例】　清泉酒厂 2 月份发生出租包装物租金收入 6 000 元,出售非专利技术收入 106 000 元,营业税税率为 5%。计算本月份应交营业税。

$$应交营业税额 = 112\,000 \times 5\% = 5\,600(元)$$

根据计算的结果,提取应交营业税,作分录如下:

借:营业税金及附加　　　　　　　　　　　　　　　　5 600.00
　　贷:应交税费——应交营业税　　　　　　　　　　　　5 600.00

(四)城市维护建设税的计算和核算

城市维护建设税以应交纳的增值税、消费税和营业税为纳税依据,分别乘以适

用的税率计算,其计算公式如下:

应交城市维护建设税额＝(应交增值税＋应交消费税＋应交营业税)×适用税率

城市维护建设税一般在月末提取,次月初交纳。

【例】 清泉酒厂2月份应交增值税额为10 540元,应交消费税额为24 160元,应交营业税额为5 600元,按7%的税率计算本月份应交城市维护建设税。

应交城市维护建设税额＝(10 540＋24 160＋5 600)×7%＝2 821(元)

根据计算的结果,提取应交城市维护建设税额,作分录如下:

借:营业税金及附加　　　　　　　　　　　　　　　　　2 821.00
　　贷:应交税费——应交城市维护建设税　　　　　　　　　　　2 821.00

企业提取的城市维护建设税月末结转"本年利润"账户和次月交纳时的核算方法与消费税相同,不再重复。

(五) 关税的计算和核算

关税是价内税。按照其征收的环节不同,可分为进口关税和出口关税两种。

进口关税以关税完税价格作为纳税依据,其计算公式如下:

应交进口关税额＝关税完税价格×进口关税税率

进口关税完税价格即到岸价格(CIF),它是指成本加保险费、运费价格。

进口货物也要交纳增值税,其计算公式如下:

应交增值税额＝组成计税价格×增值税税率
组成计税价格＝关税完税价格＋关税额＋消费税额

【例】 大境工厂从国外进口原材料一批,货款为35 000美元,保险费和运费等共1 000美元。当日汇率为6.10元。

(1) 当即汇付全部款项36 000美元,作分录如下:

借:在途物资　　　　　　　　　　　　　　　　　　　219 600.00
　　贷:银行存款——美元户(36 000×6.10)　　　　　　　219 600.00

(2) 该批原材料的进口关税税率为10%,提取应交进口关税,作分录如下:

借:在途物资　　　　　　　　　　　　　　　　　　　21 960.00
　　贷:应交税费——应交进口关税　　　　　　　　　　　21 960.00

(3) 进口原材料的增值税税率为17%,计算应交增值税额,并填制增值税交款书,交纳应交的增值税额,作分录如下:

应交增值税额=(219 600+21 960)×17%=41 065.20(元)

  借：应交税费——应交增值税——进项税额   41 065.20
    贷：银行存款   41 065.20

（4）结转材料采购成本，作分录如下：

  借：原材料   241 560.00
    贷：在途物资   241 560.00

  出口关税以离岸价格(FOB)扣除出口关税后的完税价格作为纳税依据，其计算公式如下：

$$应交出口关税额 = 完税价格 \times 出口关税税率$$

$$完税价格 = \frac{离岸价格(FOB)}{1+出口关税税率}$$

  离岸价格(FOB)是指装运港船上交货价。即卖方在指定港口船上交货，承担通过船舷以前的全部费用和风险的销售价格。

  【例】 大境工厂本月份出口产品的离岸价格(FOB)为33 000美元，当日美元的人民币汇率为6.10元，该批产品的出口关税税率为10%。计算本月份应交出口关税。

$$完税价格 = \frac{33\,000 \times 6.10}{1+10\%} = 183\,000(元)$$

$$应交出口关税额 = 183\,000 \times 10\% = 18\,300(元)$$

  根据计算的结果，提取应交出口关税，作分录如下：

  借：营业税金及附加   18 300.00
    贷：应交税费——应交出口关税   18 300.00

  "营业税金及附加"是损益类账户，用以核算企业经营活动发生的营业税、消费税、城市维护建设税、出口关税、资源税和教育费附加。企业提取营业税金及附加时，记入借方；企业期末将其余额结转"本年利润"账户时，记入贷方。

  （六）资源税的计算和核算

  资源税的纳税范围包括原油、天然气、煤炭、金属矿产品原矿、其他非金属矿产品原矿和盐等。

  资源税采取从量定额的计税方法，其计算公式如下：

$$应交资源税额 = 销售及自用数量 \times 单位税额$$

  由于资源税具有调节资源级差的作用，因此资源条件好的，税额高些；资源条件差的，税额低些。

【例】 山西大同煤矿1月份销售原煤4 000吨，自用100吨，该矿所产的原煤每吨单位税额为3元，提取本月份应交资源税额，作分录如下：

  借：营业税金及附加   12 000.00
  借：制造费用   300.00
   贷：应交税费——应交资源税   12 300.00

（七）印花税的计算和核算

印花税根据购销合同、加工承揽合同、建设工程勘察设计合同、建筑安装工程承包合同、财产租赁合同、货物运输合同、仓储保管合同、借款合同、财产保险合同、技术合同、产权转移书据和股票交易凭证的金额，按税法规定的税率交纳；营业账簿中记载资金的账簿，根据"实收资本"加"资本公积"两项的合计金额按5‰的税率交纳，其他账簿每件交纳5元；权利许可证照每件交纳5元。

印花税由纳税人自行计算自行购买印花税票，自行贴花，并由纳税人在每枚税票的骑缝处盖戳注销。企业根据业务需要购买印花税票时，借记"管理费用"账户，贷记"库存现金"或"银行存款"账户。

（八）房产税、城镇土地使用税和车船税的计算和核算

房产税有从价计征和从租计征两种，企业自用的房产采用从价计征。根据房产的余值，按1.2%的税率交纳，其计算公式如下：

$$应交房产税额 = 房产余值 \times 1.2\%$$
$$房产余值 = 房产原值 \times (1 - 扣除比例)$$

企业出租的房产，根据房产的租金收入，按12%的税率交纳，其计算公式如下：

$$应交房产税额 = 房产租金收入 \times 12\%$$

城镇土地使用税根据实际使用土地的面积，按税法规定的单位税额交纳。其计算公式如下：

$$应交城镇土地使用税额 = 应税土地的实际占用面积 \times 适用单位税额$$

一般规定每平方米的年税额，大城市为1.50～30.00元；中等城市为1.20～24.00元；小城市为0.90～18.00元；县城、建制镇、工矿区为0.60～12.00元。

车船税以每辆、自重每吨、净吨位每吨从量计征。载客汽车（包括电车）、摩托车以每辆为计税标准，载货汽车、专业作业车、三轮汽车、低速货车以自重每吨为计税标准，船舶按净吨位每吨为计税标准。

房产税和城镇土地使用税均采取按月征收的方法，车船税采取按年申报征收的方法。

【例】 江浦工厂拥有自用房产原值1 200 000元,允许减除30%计税,房产税年税率为1.2%,自用房产占用土地面积为900平方米,每平方米年税额为12元;小汽车1辆,年税额400元,载货汽车1辆,自重5吨,每吨年税额100元;税务部门规定对房产税、城镇土地使用税和车船税在2月10日前交纳,1月31日计算本月份应交纳各项税金。

$$应交房产税额=\frac{1\,200\,000\times(1-30\%)\times1.2\%}{12}=\frac{10\,080}{12}=840(元)$$

$$应交城镇土地使用税额=\frac{900\times12}{12}=\frac{10\,800}{12}=900(元)$$

$$应交车船税额=400+5\times100=900(元)$$

根据计算的结果,提取应交房产税、城镇土地使用税和车船税,作分录如下:

借:管理费用——税金　　　　　　　　　　　　　　　2 640.00
　　贷:应交税费——应交房产税　　　　　　　　　　　840.00
　　贷:应交税费——应交城镇土地使用税　　　　　　　900.00
　　贷:应交税费——应交车船税　　　　　　　　　　　900.00

"应交税费"是负债类账户,用以核算企业按照税法等规定计算应交纳的各种税费以及代扣代缴的个人所得税等。企业提取应交纳的各种税费时,记入贷方;企业交纳各种税费时,记入借方;期末余额通常在贷方,表示企业尚未交纳的税费;若余额在借方,则表示企业多交或尚未抵扣的税费。

关于所得税的核算将在本章第二节阐述。

三、教育费附加的核算

教育费附加是国家为了加快教育事业的发展,扩大中小学教育经费的来源,向单位和个人征收的附加费用。以用于改善中小学基础教育设施和办学条件。

教育费附加以各单位和个人实际交纳的增值税、消费税、营业税的税额为计征依据,教育费附加率为3%,一般月末提取,次月初交纳。

【例】 清泉酒厂2月份应交增值税10 540元,应交消费税24 160元,应交营业税5 600元。

(1) 按税额的3%提取教育费附加,作分录如下:

借:营业税金及附加　　　　　　　　　　　　　　　1 209.00
　　贷:应交税费——教育费附加　　　　　　　　　　1 209.00

(2) 将教育费附加结转"本年利润"账户,作分录如下:

借:本年利润　　　　　　　　　　　　　　　　　　1 209.00
　　贷:营业税金及附加　　　　　　　　　　　　　　1 209.00

在次月初交纳教育费附加时,借记"应交税费"账户,贷记"银行存款"账户。

第二节 政府补助

一、政府补助概述

政府补助是指企业从政府无偿取得的货币性资产或非货币性资产,但不包括政府作为所有者投入的资本。政府包括各级政府及其所属机构。国际上类似的组织也在此范围之内。

(一)政府补助的特征

1. 政府补助是无偿的　　政府向企业提供补助,并不因此而享有企业的所有权,企业未来也不需要以提供服务、转让资产等方式偿还。

2. 政府补助是有条件的　　政府补助通常附有一定的条件,主要包括政策条件和使用条件。政策条件是指企业只有符合政府补助政策的规定,才有资格申请政府补助。符合政策规定的,不一定都能够取得政府补助;不符合政策规定、不具备申请补助资格的,不能取得政府补助。使用条件是指已获批准取得政府补助的,应当按照政府规定的用途使用。

3. 政府资本性投入不属于政府补助　　政府以投资者身份向企业投入资本,享有企业相应的所有权,两者之间只有投资者与被投资者的关系。政府拨入的投资补助等专项拨款中,在相关文件规定作为"资本公积"处理的,也属于资本性投入的性质。这些均不属于政府补助。

(二)政府补助的主要形式

政府补助的形式主要有:财政拨款、财政贴息和税收返还等。

财政拨款是指政府无偿付给企业的资金,通常在拨款时明确规定了资金的用途。比如,财政部门拨付给企业用于构建固定资产或进行技术改造的专项资金,鼓励企业安置职工就业而给予的奖励款项;拨付企业的粮食定额补贴,拨付企业开展研究活动的研发经费等。

财政贴息是指政府为支持特定领域或区域的发展,根据国家宏观经济形势和政策目标,对承贷企业的银行贷款利息给予补贴。

税收返还是指政府按照国家有关规定采取先征后返(退)、即征即退等办法向企业返还税款。

(三)政府补助的分类

政府补助分为与资产相关的政府补助和与收益相关的政府补助两类。

与资产相关的政府补助是指企业取得的、用于购建或以其他方式形成的长期资产的政府补助。

与收益相关的政府补助是指除与资产相关的政府补助之外的政府补助。

(四) 政府补助的计量

1. 货币性资产形式的政府补助　　企业取得的各种政府补助为货币性资产的,如通过银行转账等方式拨付的补助,通常按照实际收到的金额计量;存在确凿证据表明该补助是按照固定的定额标准拨付的,如按照实际销售量或储备量与单位补贴定额的补助等,可以按照应收的金额计量。

2. 非货币性资产形式的政府补助　　政府补助为非货币性资产的,应当按照公允价值计量;公允价值不能可靠取得的,按照名义金额计量,名义金额计量为1元。

二、政府补助的核算

(一) 与资产相关的政府补助核算

企业取得政府补助的长期资产时,不能直接计入当期的损益,而应当确认为递延收益。届时借记"固定资产"、"无形资产"等账户,贷记"递延收益"账户。

【例】 6月15日,东北化工厂收到当地政府作为补助拨付的环保设备1台,该设备的公允价值为120 000元,已达到预定可使用状态,由生产车间验收使用,作分录如下:

借:固定资产　　　　　　　　　　　　　　　　　　　　　　120 000.00
　　贷:递延收益　　　　　　　　　　　　　　　　　　　　　　120 000.00

当企业取得政府补助的长期资产投入使用后,在该资产的使用寿命内计提折旧或者进行摊销时,先借记"制造费用"、"管理费用"等账户,贷记"累计折旧"或"累计摊销"账户;然后,再确认当期的收益,借记"递延收益"账户,贷记"营业外收入"账户。

【例】 续上例,7月31日,政府补助的环保设备预计使用寿命为6年,预计净残值率为4%。

(1) 计提本月份固定资产折旧费,作分录如下:

借:制造费用——折旧费　　　　　　　　　　　　　　　　　1 600.00
　　贷:累计折旧　　　　　　　　　　　　　　　　　　　　　　1 600.00

(2) 确认本期收益,作分录如下:

借:递延收益　　　　　　　　　　　　　　　　　　　　　　1 600.00
　　贷:营业外收入——政府补助　　　　　　　　　　　　　　　1 600.00

相关资产在使用寿命结束前被出售、转让、报废或发生毁损时,应将尚未分配的递延收益金额一次性转入资产处置当期的"营业外收入"账户。

(二) 与收益相关的政府补助的核算

企业取得与收益相关的政府补助,用于补偿其已发生的相关费用或损失的,应当直接计入当期损益。

【例】 5月18日，上海医药公司因执行政府指令储备的防疫药品已过有效期而报废，损失16 000元，今收到地方政府划拨的补助16 000元，存入银行。作分录如下：

  借：银行存款   16 000.00
   贷：营业外收入——政府补助   16 000.00

如果政府是按照国家定额标准拨付的，期末可以按照实际销售或储备量与单位补贴定额计算的补助金额，借记"其他应收款"账户，贷记"营业外收入"账户。

【例】 4月30日，东湖粮食公司执行政府的粮食政策，销售粳米1 280吨，政府规定每吨给予补贴定额25元，予以转账。作分录如下：

  借：其他应收款——应收政府补助款   32 000.00
   贷：营业外收入——政府补助   32 000.00

等收到政府拨付的补助款时，再借记"银行存款"账户，贷记"其他应收款"账户。

企业取得与收益相关的政府补助，用于补偿企业以后期间的相关费用或损失的，在取得政府补助时，借记"银行存款"账户，贷记"递延收益"账户；在确认相关费用的期间计入当期损益时，再借记"递延收益"账户，贷记"营业外收入"账户。

【例】 凯达电器公司吸收了4位中年残疾人员就业，将取得地方政府的补助。

（1）5月10日，收到地方政府划拨的政府补助99 000元，存入银行，作分录如下：

  借：银行存款   99 000.00
   贷：递延收益   99 000.00

（2）5月31日，该批残疾人员预计工作10年，确认本月份的收入，作分录如下：

  借：递延收益   825.00
   贷：营业外收入——政府补助   825.00

"递延收益"是负债类账户，用以核算企业确认的应在以后期间计入当期损益的政府补助。企业收到应在以后期间计入当期损益的政府补助时，记入贷方；企业在确认政府补助的当期收益时，记入借方；期末余额在贷方，表示企业应在以后期间计入当期损益的政府补助。

第三节 利　　润

利润是指企业在一定会计期间内实现的收入抵补费用后的净额,它是企业的经营成果。如果收入抵补不了费用,则为亏损。利润是综合反映企业一定时期生产经营成果的重要指标。企业劳动生产率的高、低,产品质量的优、劣,产品成本的升、降,产品销售的多、少以及期间费用的省、费等,都会通过利润指标得到综合反映。因此,企业必须正确地核算利润,通过利润指标的分析,可以不断地改善经营管理,提高经济效益。

一、利润总额的构成

企业的利润总额由营业利润和营业外收支净额两个部分组成。

（一）营业利润

营业利润是指企业从各种经营活动中所取得的利润。它由营业收入、营业成本、营业税费、期间费用、资产减值损失、公允价值变动收益和投资收益七小部分组成。

1. 营业收入　　它是指企业经营主要业务和其他业务所确认的收入总额。

2. 营业成本　　它是指企业经营主要业务和其他业务发生的实际成本总额。

3. 营业税金及附加　　它是指企业经营业务应负担的营业税、消费税、城市维护建设税等税费和教育费附加。

4. 期间费用　　它是指企业在经营活动中发生的应当由本期负担的销售费用、管理费用和财务费用。

5. 资产减值损失　　它是指企业各项资产发生的减值损失。

6. 公允价值变动收益　　它是指企业按照规定应当计入当期损益的交易性金融资产以及其他相关资产公允价值变动净收益。

7. 投资收益　　它是指以各种方式对外投资所取得的净收益。

上述内容除其他业务收入和其他业务成本外,均在有关章节作了充分阐述,不再重复。

其他业务收入　　是指企业除主营业务活动以外的其他经营活动所取得的收入。它包括原材料销售、技术转让、代购代销、固定资产和无形资产出租、包装物出租、运输等非工业性劳务收入。

其他业务成本　　是指企业除主营业务活动以外的其他经营活动所发生的成本。它包括销售原材料的成本、出租固定资产折旧费、出租无形资产的摊销额、出租包装物的成本或摊销额,以及直接从事其他经营活动人员的职工薪酬等。

【例】　新昌工厂销售原材料一批,货款12 000元,增值税额2 040元。

（1）收到货款及增值税额14 040元,存入银行,作分录如下:

借：银行存款　　　　　　　　　　　　　　　　　　　14 040.00
　　　　贷：其他业务收入　　　　　　　　　　　　　　　　　12 000.00
　　　　贷：应交税费——应交增值税——销项税额　　　　　　 2 040.00

　　(2) 该原材料的成本为 10 800 元，结转其销售成本，作分录如下：

　　借：其他业务成本　　　　　　　　　　　　　　　　　10 800.00
　　　　贷：原材料　　　　　　　　　　　　　　　　　　　10 800.00

　　企业销售原材料等其他经营活动发生的销售费用及计提的相关税费，其核算方法与主营业务活动相同，通过"销售费用"账户和"营业税金及附加"账户核算，不再重复。

　　"其他业务收入"是损益类账户，用以核算企业除主营业务活动以外的其他经营活动实现的收入。企业确认其他经营活动收入实现时，记入贷方；企业期末将其余额结转"本年利润"账户时，记入借方。

　　"其他业务成本"是损益类账户，用以核算企业除主营业务活动以外的其他经营活动所发生的成本。企业发生其他经营活动成本时，记入借方；企业期末将其余额结转"本年利润"账户时，记入贷方。

　　(二) 营业外收支净额

　　营业外收支净额是指企业发生的与经营业务活动无直接关系的其他各项收入与支出的差额，由营业外收入与营业外支出两部分组成。

　　1. 营业外收入　　它是指企业发生的与经营业务活动无直接关系的各项收入。它主要包括下列内容：

　　(1) 非流动资产处置利得　　它是指企业处置固定资产、无形资产所取得的收入大于处置固定资产、无形资产的账面价值和处置费用的差额。

　　(2) 非货币性资产交换利得　　它是指企业在进行非货币性资产交换时按规定应确认的利得。

　　(3) 债务重组利得　　它是指企业在进行债务重组时按规定应确认的利得。

　　(4) 政府补助　　它是指企业按规定实际取得的各级政府的补助。它包括退还的增值税，或按销量或工作量等和国家规定的补助定额计算并按期给予的定额补贴。

　　(5) 盘盈利得　　它是指企业在财产清查中盘盈存货等流动资产和固定资产产生的利得。

　　(6) 捐赠利得　　它是指企业接受社会各方捐赠而产生的利得。

　　(7) 罚款净收入　　它是指企业因供货单位不履行合同或协议而向其收取的赔款，因购货单位不履行合同、协议支付货款而向其收取的赔偿金、违约金等各种形式的罚款收入,在扣除了因对方违反合同或协议而造成的经济损失后的净收入。

2. 营业外支出　　它是指企业发生的与企业经营业务活动无直接关系的各项支出。它主要包括下列内容:

(1) 非流动资产处置损失　　它是指企业处置固定资产、无形资产所取得的收入小于处置固定资产、无形资产的账面价值和处置费用之间的差额。

(2) 非货币性资产交换损失　　它是指企业在进行非货币性资产交换时按规定应确认的损失。

(3) 债务重组损失　　它是指企业因债务人发生债务困难,在进行债务重组时,因向债务人作出让步而发生的损失。

(4) 公益性捐赠支出　　它是指企业对外进行公益性捐赠的现金及财产物资的价值。

(5) 非常损失　　它是指自然灾害造成企业的各项资产的净损失,并包括由此造成的停工损失和善后清理费用。

(6) 盘亏损失　　它是指企业在财产清查中盘亏存货等流动资产和固定资产的损失。

(7) 罚款支出　　它是指企业因为未履行合同、协议而向其他单位支付的赔偿金、违约金、罚息等。

二、利润核算前的准备工作

企业的利润总额是企业生产经营活动的总成果,为了正确地核算企业的利润总额,企业必须做好账目核对、清查财产和账项调整等准备工作。

(一) 账目核对

账目核对是指企业将各种有关的账簿记录进行核对,通过核对做到账账相符。如果发现不符,应立即查明原因,予以更正。

账目核对的具体内容有:总分类账中各资产类及成本、费用类账户的余额之和应与各负债类、所有者权益类及收入类账户的余额之和核对相符;各总分类账户的期末余额应与其所统驭的明细分类账户的余额之和核对相符;银行存款日记账应与银行对账单核对相符;应收账款、应付账款、其他应收款和其他应付款各账户的余额应与其往来单位账核对相符。

(二) 清查财产

清查财产是指根据账簿记录对企业的现金和各项财产物资及有价证券进行清查盘点,通过清查盘点做到账实相符。

清查财产的具体内容包括库存现金、原材料、包装物、低值易耗品、在产品、产成品或库存商品、固定资产及股票、债券等。如果发现短缺或溢余,应及时查明原因,并进行账务处理,以保护企业财产的安全与完整,并保证核算资料的准确性和

（三）账项调整

账项调整是将属于本期已经发生而尚未入账的经济业务，包括本期应得的收入和应负担的费用，按照权责发生制的要求调整入账。

账项调整是在账账相符、账实相符的基础上进行的，其调整的具体内容如下：

（1）本期已实现而尚未入账的主营业务收入和其他业务收入及其相应的主营业务成本和其他业务成本。

（2）本期已完工验收入库而尚未入账的产成品。

（3）本期已领用的原材料、包装物、低值易耗品的转账和待摊费用的摊销。

（4）本期固定资产折旧的计提。

（5）本期无形资产和长期待摊费用的摊销。

（6）本期职工福利费、工会经费、职工教育经费、社会保险费和住房公积金的计提。

（7）本期各项资产减值准备的计提或转销。

（8）本期已实现的公允价值变动损益、投资收益、利息收入、汇兑损益和已发生的短期负债、非流动负债的利息支出。

（9）本期应负担而尚未支付的各种税金和教育费附加。

（10）本期已批准核销转账的待处理财产损溢。

三、利润总额的核算

期末企业通过账目核对、清查财产和账项调整等一系列利润核算前的准备工作后，在试算平衡的基础上，将企业损益类账户所归集的数额全部转入"本年利润"账户，其借贷方余额相抵后的差额，即为企业实现的利润总额。

【例】 1月31日，上海浦江工厂账项调整后，损益类账户的余额（单位：元）如下：

贷方余额账户	金　额	借方余额账户	金　额
主营业务收入	500 000.00	主营业务成本	406 000.00
其他业务收入	20 000.00	其他业务成本	14 000.00
公允价值变动损益	1 080.00	营业税金及附加	2 696.00
投资收益	2 400.00	销售费用	8 304.00
营业外收入	1 520.00	管理费用	16 140.00
		财务费用	4 560.00
		资产减值损失	2 050.00
		营业外支出	1 250.00

（1）损益类贷方余额账户结转"本年利润"账户，作分录如下：

				借：主营业务收入		500 000.00		
				借：其他业务收入		20 000.00		
				借：公允价值变动损益		1 080.00		
				借：投资收益		2 400.00		
				借：营业外收入		1 520.00		
				贷：本年利润		525 000.00		

(2) 将损益类借方余额账户结转"本年利润"账户，作分录如下：

借：本年利润　　　　　　　　　　　　　　　　　455 000.00
　　贷：主营业务成本　　　　　　　　　　　　　　406 000.00
　　　　其他业务成本　　　　　　　　　　　　　　 14 000.00
　　　　营业税金及附加　　　　　　　　　　　　　 2 696.00
　　　　销售费用　　　　　　　　　　　　　　　　 8 304.00
　　　　管理费用　　　　　　　　　　　　　　　　 16 140.00
　　　　财务费用　　　　　　　　　　　　　　　　 4 560.00
　　　　资产减值损失　　　　　　　　　　　　　　 2 050.00
　　　　营业外支出　　　　　　　　　　　　　　　 1 250.00

通过结账分录，将损益类账户的余额全部转入"本年利润"账户，从而在"本年利润"账户内集中予以反映。现将上列两笔业务登记"本年利润"账户如图表10-2所示。

图表10-2

本 年 利 润

单位：元

2014年		凭证号数	摘　　要	借　方	贷　方	借或贷	余　额
月	日						
1	31	(略)	主营业务收入转入		500 000.00		
			其他业务收入转入		20 000.00		
			公允价值变动损益转入		1 080.00		
			投资收益转入		2 400.00		
			营业外收入转入		1 520.00		
			主营业务成本转入	406 000.00			
			其他业务成本转入	14 000.00			
			营业税金及附加转入	2 696.00			
			销售费用转入	8 304.00			
			管理费用转入	16 140.00			
			财务费用转入	4 560.00			
			资产减值损失转入	2 050.00			
			营业外支出转入	1 250.00		贷	70 000.00
1	31		本期发生额及余额	455 000.00	525 000.00	贷	70 000.00

上列"本年利润"账户的余额为 70 000 元,是企业 1 月份实现的利润总额。

四、所得税的核算

(一) 利润总额与应纳税所得额之间的差异

所得税是指企业就其全年的生产经营所得和其他所得征收的税款,它是以企业全年的所得额作为纳税依据,然而,在经济领域中,会计和税收是两个不同的分支,分别遵循不同的原则,规范不同的对象。因此,在会计准则和税收法规中,均体现了会计和税收各自相对的独立性和适当分离的原则。

从会计核算的角度来看,应以会计年度的利润总额作为企业全年的所得额。这样往往会与税法规定的一个时期的应纳税所得额有所不同,它们之间由于确认的范围和时间不同而产生差异,从而导致会计和税收上对应纳税所得额的计算也出现差异。

(二) 利润总额与应纳税所得额之间差异的种类

利润总额与应纳税所得额之间产生的差异,就其原因和性质的不同,可分为永久性差异和暂时性差异两种。

1. 永久性差异　　它是指因企业会计准则规定和税法对收入与费用等会计项目的确认范围不同,所产生的利润总额与应纳税所得额之间的差异。永久性差异的主要内容如下:

(1) 利息支出　　企业会计准则规定,所有借款的利息(固定资产在建工程用借款除外)均按实际发生数通过财务费用计入利润总额,但税法规定,企业从非金融机构借款的利息支出,高于金融机构同类、同期贷款利率的部分,不得计入应纳税所得额。

(2) 违法经营的罚款和被没收财物的损失　　企业会计准则规定,企业将违法经营的罚款和被没收财物的损失,通过营业外支出而计入利润总额,但税法规定这部分支出不得计入应纳税所得额。

(3) 支付各项税收的滞纳金　　企业会计准则规定,企业将违反税法规定支付各项税收的滞纳金,通过营业外支出而计入利润总额,但税法规定,这部分支出不得计入应纳税所得额。

(4) 公益性捐赠支出　　企业会计准则规定,公益性捐赠支出均可通过营业外支出而计入利润总额,但税法规定企业用于公益性的捐赠支出,在年度内超过利润总额 12% 的部分,以及用于非公益性的捐赠和不通过规定的组织直接赠给受赠人的捐赠,均不得计入应纳税所得额。

(5) 赞助支出　　企业会计准则规定,各种赞助支出均可通过营业外支出而计入利润总额,但税法规定,只有广告性的赞助支出可以计入应税所得额,而非广告性的赞助支出不得计入应纳税所得额。

(6) 业务招待费　　企业会计准则规定,业务招待费按实际发生的数额通过管理费用计入利润总额,但税法规定,企业发生的与生产经营活动有关的业务招待费支出,按照发生额的 60% 计入应纳税所得额,最高不得超出当年销售收入的 5‰,其余 40% 或超出当年销售收入 5‰ 的部分,不得计入应纳税所得额。

(7) 对外投资分回利润　　企业会计准则规定,企业从其他单位分回已经交纳所得税额的利润,通过投资收益计入利润总额,但税法规定,企业从其他单位分回的已交纳所得税的利润,可从应纳税所得额中扣除,以避免重复纳税。

(8) 国债利息收入　　企业会计准则规定,国债利息收入,通过投资收益计入利润总额,但税法规定企业的国债利息收入可以免交所得税,其数额应从应纳税所得额中扣除。

2. 暂时性差异　　它是指资产或负债的账面价值与其计税基础之间的差额。

资产的计税基础是指企业收回资产账面价值过程中,计算应纳税所得额时按照税法规定可以自应税经济利益中抵扣的金额。通常情况下,资产取得时其入账价值与计税基础是相同的,后续计量过程中因企业会计准则规定与税法规定不同,可能产生资产的账面价值与其计税基础的差异。例如,资产发生减值,提取减值准备。根据企业会计准则规定,资产的可变现净值或可收回金额低于其账面价值时,应当计提减值准备;而税法规定,企业提取的减值准备一般不能税前抵扣,只有在资产发生实质性损失时,才允许税前扣除,由此产生了资产的账面价值与计税基础之间的暂时性差异。又如,企业会计准则规定,企业自行开发的无形资产在满足资本化条件时应当资本化,将其开发阶段的支出确认为无形资产成本;而税法规定,企业无形资产开发阶段的支出可于发生当期扣除,由此产生了自行开发的无形资产在持有期间的暂时性差异。

负债的计税基础是指负债的账面价值减去未来期间计算应纳税所得额时按照税法规定可予以抵扣的金额。通常,负债的确认和偿还,不会对当期损益和应纳税所得额产生影响,其计税基础即为账面价值。但在某些情况下,负债的确认可能会影响损益,进而影响不同期间的应纳所得税额,使得其计税基础与账面价值之间产生差额。例如,企业因或有事项确认的预计负债,企业会计准则规定,按照最佳估计数确认,计入当期损益;而税法规定,与确认预计负债相关的费用在实际发生时准予税前扣除,该负债的计税基础为零,因此形成了负债的账面价值与计税基础之间的暂时性差异。

按照暂时性差异对未来期间应税金额的影响不同,可分为应纳税暂时性差异和可抵扣暂时性差异两种。

应纳税暂时性差异是指在确定未来收回资产或清偿负债期间的应纳税所得额时,将导致产生应税金额的暂时性差异。资产的账面价值大于其计税基础或者负债的账面价值小于其计税基础时,产生应纳税暂时性差异。

可抵扣暂时性差异是指在确定未来收回资产或清偿负债期间的应纳税所得额时,将导致产生可抵扣金额的暂时性差异。资产的账面价值小于其计税基础或者负债的账面价值大于其计税基础时,产生可抵扣暂时性差异。

企业应当将当期和以前期间应交未交的所得税确认为负债,将已支付的所得税超过应支付的部分确认为资产。

对于存在应纳税暂时性差异的所得额,应当按照规定确认递延所得税负债,对于存在可抵扣暂时性差异的所得额,应当按照规定确认递延所得税资产。

(三) 所得税费用的计算和核算

企业的所得税额是以全年的应纳税所得额为依据的,其计算公式如下:

$$所得税额 = 应纳税所得额 \times 适用税率$$

由于利润总额与应纳所得额之间存在着永久性差异和暂时性差异。因此,在计算所得税额时,需要将利润总额调整为应纳税所得额,其调整的公式如下:

$$应纳税所得额 = 利润总额 \pm 永久性差异 \pm 暂时性差异$$

所得税费用是由本期所得税额和递延所得税费用两个部分组成,递延所得税费用又分为递延所得税负债和递延所得税资产,其计算公式分解如下:

本期所得税额 = 应纳税所得额 × 适用税率

递延所得税费用 = 递延所得税负债 − 递延所得税资产

递延所得税负债 = 应纳税暂时性差异 × 适用税率

递延所得税资产 = 可抵扣暂时性差异 × 适用税率

所得税费用 = 本期所得税额 + 递延所得税负债 − 递延所得税资产

初始会计年度可以按照上列公式确认所得税费用。

【例】 申江机器厂第一年利润总额为 650 000 元,所得税税率为 25%,该厂发生业务招待费 25 000 元,取得国债利息收入 15 000 元,影响计税基础的有关账户余额为:坏账准备 7 400 元,固定资产减值准备 8 600 元,预计负债 90 000 元。"无形资产"账户余额为 132 000 元,系刚确认的自行开发的专利权,尚未摊销,计算确认其所得税费用如下:

本期所得税额 = (650 000 + 25 000 × 40% − 15 000 + 7 400 + 8 600 + 90 000 − 132 000) × 25% = 154 750(元)

递延所得税负债 = 132 000 × 25% = 33 000(元)

递延所得税资产 = (7 400 + 8 600 + 90 000) × 25% = 26 500(元)

所得税费用 = 154 750 + 33 000 − 26 500 = 161 250(元)

(1) 根据计算的结果,将本年度所得税费用入账,作分录如下:

借：所得税费用　　　　　　　　　　　　　　　　　　　161 250.00
借：递延所得税资产　　　　　　　　　　　　　　　　　　26 500.00
　　贷：应交税费——应交所得税　　　　　　　　　　　　　　154 750.00
　　贷：递延所得税负债　　　　　　　　　　　　　　　　　　33 000.00

(2) 将所得税费用结转"本年利润"账户,作分录如下：

借：本年利润　　　　　　　　　　　　　　　　　　　　161 250.00
　　贷：所得税费用　　　　　　　　　　　　　　　　　　　　161 250.00

后续年度确认递延所得税费用时,还应考虑"递延所得税资产"账户和"递延所得税负债"账户原有的余额。

【例】　申江机器厂第二年利润总额为 700 000 元,所得税税率为 25%,该厂发生业务招待费 28 000 元,取得国债利息收入 18 000 元。"递延所得税资产"账户余额 26 500 元,"递延所得税负债"账户余额 33 000 元,影响计税基础的有关账户余额为：坏账准备 7 800 元,固定资产减值准备 9 200 元。"无形资产"账户中有自行开发的无形资产 132 000 元,已摊销 16 500 元。计算、确认其所得税费用如下：

本期所得税额=[700 000+28 000×40%-18 000+7 800+9 200-
　　　　　　　(132 000-16 500)]×25%=148 675(元)

递延所得税负债=(132 000-16 500)×25%=28 875(元)

递延所得税资产=(7 800+9 200)×25%=4 250(元)

上列计算的递延所得税负债和递延所得税资产的金额是这两个账户应保留的金额,在核算时应减去这两个账户原来的余额。

(1) 根据计算的结果,将本年度所得税费用入账,作分录如下：

借：所得税费用(148 675-4 125+22 250)　　　　　　　166 800.00
借：递延所得税负债(28 875-33 000)　　　　　　　　　　4 125.00
　　贷：应交税费——应交所得税　　　　　　　　　　　　　　148 675.00
　　贷：递延所得税资产(4 250-26 500)　　　　　　　　　　22 250.00

(2) 将所得税费用结转"本年利润"账户,作分录如下：

借：本年利润　　　　　　　　　　　　　　　　　　　　166 800.00
　　贷：所得税费用　　　　　　　　　　　　　　　　　　　　166 800.00

"所得税费用"是损益类账户,用以核算企业确认的应当从当期利润总额中扣除的所得税费用。企业确认所得税费用时,记入借方;企业月末将其余额结转"本年利润"账户时,记入贷方。

"递延所得税资产"是资产类账户,用以核算企业确认的可抵扣暂时性差异产生的所得税资产。企业确认递延所得税资产时,记入借方;企业转销递延所得税资产时,记入贷方;期末余额在借方,表示企业已确认的递延所得税资产。

"递延所得税负债"是负债类账户,用以核算企业确认的应纳税暂时性差异产生的所得税负债。确认递延所得税负债时,记入贷方;转销递延所得税负债时,记入借方;期末余额在贷方,表示已确认的递延所得税负债。

(四)所得税额提取和交纳的核算

所得税额虽然是以企业全年的所得额为纳税依据,然而为了保证国家财政收入的及时和均衡,并使企业能够有计划合理地安排经营资金,一般采取按月或按季预征,年终汇算清缴,多退少补的办法。企业应交纳的所得税额,一般应根据当地税务部门的规定,在月末或季末预提,次月初或次季初交纳,其计算公式如下:

本期累计应交所得税额＝本期累计应纳税所得额×适用税率

本期应交所得税额＝本期累计应交所得税额－上期累计已交所得税额

为了简化核算手续,企业平时可按利润总额作为计算应交所得税额的依据,在年终清算时,再将利润总额与应纳税所得额之间的永久性差异和暂时性差异进行调整。

【例】 大江化工厂3月31日止已交纳了所得税额29 820元,3月31日结算后利润总额为180 000元,所得税税率为25%,计算本月份应交所得税额如下:

本期累计应交所得税额＝180 000×25%＝45 000(元)

本期应交所得税额＝45 000－29 820＝15 180(元)

(1)根据计算的结果,作分录如下:

借:所得税费用　　　　　　　　　　　　　　　　　　　　15 180.00
　　贷:应交税费——应交所得税　　　　　　　　　　　　　　15 180.00

(2)将所得税费用结转"本年利润"账户,作分录如下:

借:本年利润　　　　　　　　　　　　　　　　　　　　　15 180.00
　　贷:所得税费用　　　　　　　　　　　　　　　　　　　　15 180.00

(3)次月初以银行存款交纳所得税额时,作分录如下:

借:应交税费——应交所得税　　　　　　　　　　　　　　15 180.00
　　贷:银行存款　　　　　　　　　　　　　　　　　　　　　15 180.00

"本年利润"是所有者权益类账户,用以核算企业在本年度内实现的净利润。在月末,企业将各收入类账户转入时,记入贷方;企业将各费用类账户转入时,记入借方。期末余额一般在贷方,表示企业实现的净利润;若期末余额在借方,则表示企业本年发生的净亏损。

税法规定,12月份或第4季度的所得税额期末应在年终前几天预交。预交的所得税额是根据当月或当季的收入情况测算的。预交时借记"应交税费"账户,贷记"银行存款"账户。预交的所得税额和年终决算的应交所得税额之间的差额通过汇算清交来解决。

【例】 大江化工厂到 11 月 30 日止已实现利润总额 615 000 元,所得税税率为 25%,已提取并交纳所得税 153 750 元,12 月份预计实现利润总额为 65 000 元。

(1) 12 月 25 日,预交本月份所得税额,作分录如下:

借:应交税费——应交所得税　　　　　　　　　　　　　　　16 250.00
　贷:银行存款　　　　　　　　　　　　　　　　　　　　　　16 250.00

(2) 12 月 31 日,年终决算时,利润总额为 700 000 元,发生非广告性赞助支出 40 000 元,业务招待费 27 500 元,对外投资分回税后利润 9 000 元。"递延所得税负债"账户余额为 25 740 元,"递延所得税资产"账户余额为 4 540 元,影响计税基础的有关账户余额为:坏账准备 4 170 元,存货跌价准备 3 550 元,长期股权投资减值准备 11 280 元,"无形资产"账户中有自行开发的专利权 120 000 元,已摊销了 54 000 元,计算确认本年度所得税费用,并清算本年度应交所得税额如下:

本年所得税额=[700 000+40 000+27 500×40%−9 000+4 170+3 550+
　　　　　　　11 280−(120 000−54 000)]×25%=173 750(元)
本月所得税费用=173 750−153 750=20 000(元)
递延所得税负债=(120 000−54 000)×25%=16 500(元)
递延所得税资产=(4 170+3 550+11 280)×25%=4 750(元)

根据计算的结果,作分录如下:

借:所得税费用(20 000−9 240−210)　　　　　　　　　　　　10 550.00
借:递延所得税资产(4 750−4 540)　　　　　　　　　　　　　　 210.00
借:递延所得税负债(16 500−25 740)　　　　　　　　　　　　 9 240.00
　贷:应交税费——应交所得税　　　　　　　　　　　　　　　20 000.00

(3) 同时,将所得税费用结转"本年利润"账户,作分录如下:

借:本年利润　　　　　　　　　　　　　　　　　　　　　　 10 550.00
　贷:所得税费用　　　　　　　　　　　　　　　　　　　　　10 550.00

(4) 次年 1 月 10 日,清缴所得税额,计算结果如下:

应清缴所得税额=20 000−16 250=3 750(元)

根据计算的结果,清缴所得税额时,作分录如下:

借:应交税费——应交所得税　　　　　　　　　　　　　　　 3 750.00
　贷:银行存款　　　　　　　　　　　　　　　　　　　　　　 3 750.00

第四节 利润分配

一、利润分配的意义和顺序

(一) 利润分配的意义

利润分配是指企业按照国家规定的政策和企业章程的规定,对已实现的净利润在企业和投资者之间进行分配。首先,企业通过提取法定盈余公积和任意盈余公积,作为企业发展生产经营规模的后备资金。其次,通过将一部分利润分配给投资者,作为企业对投资者的回报。最后,企业为了平衡各会计年度的投资回报水平,以丰补歉,留有余地,还留存一部分未分配利润。因此企业要认真做好利润分配工作,处理好企业和投资者之间的经济关系。

(二) 利润分配的顺序

利润分配的顺序基本上也是按照企业和投资者的顺序进行的,有限责任公司与股份有限公司有所不同,具体分配顺序分别列示如下:

有限责任公司	股份有限公司的企业
(1) 以税前利润弥补亏损	(1) 以税前利润弥补亏损
(2) 以税后利润弥补亏损	(2) 以税后利润弥补亏损
(3) 提取法定盈余公积	(3) 提取法定盈余公积
(4) 提取任意盈余公积	(4) 分派优先股股东股利
(5) 向投资者分配利润	(5) 提取任意盈余公积
	(6) 分派普通股股东股利

二、利润分配的核算

企业对实现的利润进行分配,就意味着利润的减少。为了全面地反映整个会计年度利润的完成情况,以便与利润预算的执行情况进行对比分析,因此在利润分配时,不直接冲减"本年利润"账户,而是设置"利润分配"账户进行核算。以下将按照利润分配的顺序阐述其核算方法。

(一) 弥补亏损的核算

根据我国财务制度规定,企业发生年度利润亏损后,可以用下一年度的税前利润弥补,若下一年度利润不足弥补的,可以在5年内延续弥补。若5年以内还没有以税前利润将亏损弥补足额,从第6年开始,则只能以税后利润弥补亏损。

由于以前年度的亏损反映为"利润分配"账户的借方余额,而本年度内实现的利润反映为"本年利润"账户的贷方余额,年终清算后,"本年利润"账户的余额转入"利润分配"账户贷方时,即对以前年度的亏损作了弥补。因此,无论以税前利润弥补亏损,还是以税后利润弥补亏损,均不必另行编制会计分录。

(二) 提取盈余公积的核算

企业的利润总额交纳所得税后,剩余的部分称为税后利润,又称净利润,它应按规定的比例提取法定盈余公积和任意盈余公积。法定盈余公积按净利润 10% 的比例提取,任意盈余公积按股东大会或类似机构批准的比例提取。

【例】 沪光工厂全年实现净利润 350 000 元,按 10% 的比例提取法定盈余公积,按 5% 的比例提取任意盈余公积,作分录如下:

借:利润分配——提取法定盈余公积	35 000.00
借:利润分配——提取任意盈余公积	17 500.00
贷:盈余公积——法定盈余公积	35 000.00
贷:盈余公积——任意盈余公积	17 500.00

(三) 向投资者分配利润的核算

1. 有限责任公司向投资者分配利润的核算　　对有限责任公司来说,其净利润提取法定盈余公积和任意盈余公积后,剩余的部分可以作为投资者的收益,按投资的比例向投资者进行分配。在分配时,一般根据谨慎性的要求而留有余地,以防将来可能遭受到的意外损失。企业在确定分配给投资者利润时,借记"利润分配"账户,贷记"应付股利"账户。

【例】 沪光工厂全年实现净利润为 350 000 元,按 75% 的比例分配给投资者,该企业大河公司投资 90%,昌顺公司投资 10%,作分录如下:

借:利润分配——应付现金股利或利润	262 500.00
贷:应付股利——大河公司	236 250.00
贷:应付股利——昌顺公司	26 250.00

当以现金向投资者分配利润时,借记"应付股利"账户,贷记"银行存款"账户。

"利润分配"是所有者权益类账户,也是"本年利润"的抵减账户,用以核算企业利润的分配(或亏损的弥补)和历年分配(或弥补)后的余额。企业分配利润或年终亏损转入时,记入借方;企业将盈余公积弥补亏损,以及年终将"本年利润"账户余额转入时,记入贷方;平时余额一般在借方,表示企业年内利润分配累计数。年终"本年利润"账户余额转入后,若余额在贷方,表示企业未分配利润;若余额在借方,则表示企业未弥补亏损。

"应付股利"是负债类账户,用以核算企业应向投资者分配的现金股利或利润。企业确定应向投资者分配现金股利或利润时,记入贷方;企业向投资者分配现金股利或利润时,记入借方;期末余额在贷方,表示企业尚未向投资者分配的现金股利或利润。

企业年终清算,向投资者分配现金股利或利润时,也可以根据具体需要,将历年结余的未分配利润,并入本年度进行分配。

2. 股份有限公司向股东分派股利的核算　　股份有限公司是以向股东分派股利的形式分配净利润的。股份有限公司的净利润在提取法定盈余公积后,首先是发放优先股股利,其次是提取任意盈余公积,最后才是发放普通股股利。

1) 发放优先股股利的核算　　优先股股利是指股份有限公司从其净利润中分配给优先股股东的作为其对公司投资的报酬。股份有限公司一般以现金发放优先股股利。优先股的股利率通常是事先约定的,在宣告发放优先股股利日,按优先股的股数乘以优先股股利率,计算出优先股股利,据以借记"利润分配"账户,贷记"应付股利"账户。

【例】　华昌股份有限公司有优先股 1 000 000 股,3 月 5 日宣告将于 3 月 15 日分派优先股股利,每股发放 0.15 元,作分录如下:

　　借:利润分配——应付优先股股利　　　　　　　　　　　　150 000.00
　　　　贷:应付股利　　　　　　　　　　　　　　　　　　　　　　150 000.00

等发放优先股股利时,再借记"应付股利"账户,贷记"银行存款"账户。

2) 提取任意盈余公积的核算　　股份有限公司在发放了优先股股利后,其净利润可以按公司章程或股东会规定的比例提取任意盈余公积。提取时,借记"利润分配"账户,贷记"盈余公积"账户。

3) 发放普通股股利的核算　　普通股股利是指股份有限公司从其净利润中分配给普通股股东的作为其对公司投资的报酬。

股份有限公司发放普通股股利,可以根据具体情况,采取现金股利或股票股利的方式。

(1) 发放现金股利的核算　　现金股利是指以现金方式发放给股东的股利,这是一种最常用的方式。股东投资于股票的目的主要是期望得到较其他投资形式更高的现金收益。由于股东对股利的追求,因此股利的高低,直接影响公司股票市场价格的涨落,而公司股票市场价格的涨落又关系到公司信誉的高低,从而间接影响到公司筹资能力的大小。而公司的董事会则偏重于考虑公司长期发展的财务需要,希望限制股利发放的数额,保留一定的资金,以发展开拓生产经营业务。因此,董事会应权衡各个方面的利益,制订合理的发放股利的方案。

股份有限公司发放现金股利,必须同时具备下列三个条件:第一,要有足够的可供分配股利的净利润;第二,要有足够的现金;第三,要有董事会发放现金股利的决定,并经股东会的讨论批准。

股份有限公司在宣告发放普通股现金股利日,已形成了负债,届时借记"利润分配"账户,贷记"应付股利"账户;俟发放普通股股利时,再借记"应付股利"账户,贷记"银行存款"账户。

【例】 华昌股份有限公司有 6 000 000 股普通股。

3月10日,该公司宣告将于 3 月 20 日分派普通股现金股利,每股 0.16 元,作分录如下:

借:利润分配——应付普通股股利　　　　　　　　　　　960 000.00
　贷:应付股利　　　　　　　　　　　　　　　　　　　　960 000.00

3月20日,发放普通股现金股利时,作分录如下:

借:应付股利　　　　　　　　　　　　　　　　　　　　960 000.00
　贷:银行存款　　　　　　　　　　　　　　　　　　　　960 000.00

(2)发放股票股利的核算　　股票股利是指以增发股票方式分发给股东的股利。作为股利发放股票又称送股。采取发放股票股利方式,实质上是将一部分净利润资本化。股份有限公司发放股票股利,不必动用现金,却增加了公司的股本,增强了公司的财务实力,有利于拓展公司的经营业务。而股东虽没有追加投资,却增加了拥有的股份,同时不影响投资者对现金的需求,因为股票随时可以在证券市场上抛售而取得现金。这种方式具有一定的灵活性。

股票股利一般按股东持有普通股份的比例,分发给普通股的股东,如每 10 股可分发 2 股股票股利,其送股比例为 10 股送 2 股,这样通过送股后,并不会改变股东在股份有限公司中所拥有的股份比例。

股份有限公司经股东大会或类似机构决议分派给普通股股东的股票股利,应在办理好增资手续后,借记"利润分配"账户,贷记"股本"账户。

【例】 新华股份有限公司有 4 000 000 股普通股。3 月 20 日,经股东大会决议分派给普通股股东股票股利,每 10 股分派 2 股,每股面值 1 元,并已办理好增资手续,作分录如下:

借:利润分配——转作股本的股利　　　　　　　　　　　800 000.00
　贷:股本——普通股　　　　　　　　　　　　　　　　　800 000.00

三、"本年利润"账户和"利润分配"账户的转销

年终清算后,"本年利润"账户归集了全年实现的净利润,而"利润分配"账户则归集了全年已分配的利润和历年积存的未分配利润,这时必须结束旧账,开设新账。

企业在结束旧账前,应将"本年利润"账户余额和"利润分配"账户下"提取法定盈余公积"、"提取任意盈余公积"和"应付现金股利或利润"[①]等明细分类账户的余

---

① 股份有限公司则为"应付优先股股利"、"应付普通股股利"两个明细分类账户。

额全部转入"利润分配"账户下"未分配利润"明细分类账户。

【例】 徐汇工厂12月31日有关账户余额如下(单位:元):

贷方余额账户		借方余额账户	
本年利润	372 500.00	利润分配——提取法定盈余公积	37 250.00
利润分配——未分配利润	39 600.00	利润分配——提取任意盈余公积	18 625.00
		利润分配——应付现金股利或利润	260 750.00

(1) 将"本年利润"账户余额结转"利润分配——未分配利润"账户,作分录如下:

借:本年利润　　　　　　　　　　　　　　　　　　　　372 500.00
　　贷:利润分配——未分配利润　　　　　　　　　　　　　　372 500.00

(2) 将"利润分配"各明细分类账户余额结转"利润分配——未分配利润"账户,作分录如下:

借:利润分配——未分配利润　　　　　　　　　　　　　　316 625.00
　　贷:利润分配——提取法定盈余公积　　　　　　　　　　　37 250.00
　　贷:利润分配——提取任意盈余公积　　　　　　　　　　　18 625.00
　　贷:利润分配——应付股利　　　　　　　　　　　　　　260 750.00

根据上列分录登记"利润分配——未分配利润"账户如图表10-3所示。

图表10-3

利润分配——未分配利润

单位:元

2013年		凭证号数	摘要	借方	贷方	借或贷	余额
月	日						
1	1		上年结转			贷	39 600.00
12	31	(略)	本年利润转入		372 500.00		
			提取法定盈余公积转入	37 250.00			
			提取任意盈余公积转入	18 625.00			
			应付股利转入	260 750.00		贷	95 475.00
12	31		本期发生额及余额	316 625.00	372 500.00	贷	95 475.00

思 考 题

1. 什么是税金?税金按照其性质不同可分为哪几类?

2. 国家为何要征收税金?
3. 什么是流转税、收益税和其他税?
4. 试分别说明各种流转税的定义。
5. 试述企业从销项税额中抵扣的进项税额所包括的内容。
6. 生产环节的消费税有哪三种计税方法?并分别说明其定义和计算公式。
7. 什么是政府补助?它有哪些特征?
8. 试述政府补助的主要形式。
9. 试述政府补助的分类和计量。
10. 什么是利润?企业为什么必须正确地核算利润?
11. 什么是营业利润?它由哪七个部分组成?并说明这七个部分的定义。
12. 什么是营业外收入?什么是营业外支出?它们各包括哪些内容?
13. 企业在利润核算前应做好哪些准备工作?并说明这些准备工作的定义。
14. 试述账目核对、清查财产和账项调整的具体内容。
15. 什么是所得税?
16. 利润总额与应纳税所得额之间有哪两种差异?并说明这两种差异的定义。
17. 分述资产的计税基础和负债的计税基础。
18. 按照暂时性差异对未来期间应税金额的不同可分为哪两种差异?并分述其定义。
19. 分述在什么情况下产生应纳税暂时性差异和可抵扣暂时性差异。
20. 什么是利润分配?企业为何要做好利润分配工作?
21. 试述利润分配的具体顺序。
22. "本年利润"账户和"利润分配"账户是怎样转销的?转销后的余额表示什么?

习 题 一

一、**目的** 练习增值税、消费税、营业税和城市维护建设税的核算。

二、**资料**

1. 百里香酒厂 3 月 31 日应交增值税账户的三级明细分类账户的余额如下:

| 销项税额 | 99 960 元 | 进项税额 | 63 410 元 |
| 出口退税 | 1 360 元 | 转出未交增值税 | 26 180 元 |

2. 百里香酒厂"主营业务收入"明细分类账户3月份有关销售资料如下：

　　　　薯类白酒　　12吨　　每吨6 000元　　金额 72 000元
　　　　黄　　酒　　24吨　　每吨5 200元　　金额124 800元

3. 该厂其他业务收入明细分类账户3月份有关明细资料如下：

　　　　出租固定资产租金收入　　　　6 000元
　　　　出售非专利技术收入　　　　 80 000元

4. 该厂接着又发生下列经济业务：

（1）3月31日，因遭受火灾，成品仓库转来存货毁损报废报告单，计毁损产品18 000元，经计算该部分产品耗用的原材料、电力等，购进时支付的进项税额为2 006元，予以转账。

（2）3月31日，材料仓库被盗窃原材料一批，金额2 200元，该批原材料的增值税税率为17%，予以转账。

（3）3月31日，将本月份应交未交的增值税额转账。

（4）3月31日，薯类白酒的消费税税率为20%，单位税额为每500克0.50元，黄酒每吨单位税额为240元，计提本月份应交消费税额。

（5）3月31日，其他业务收入的营业税率为5%，计提出租固定资产和出售非专利技术收入的营业税额。

（6）3月31日，根据本月份应交纳的增值税额、消费税额和营业税额，按7%税率计提城市维护建设税。

（7）3月31日，将营业税金结转"本年利润"账户。

（8）4月10日，分别填制增值税、消费税、营业税和城市维护建设税交款书，交纳上月份增值税额、消费税额、营业税额和城市维护建设税额。

5. 恒通化妆品进出口公司4月下旬发生下列有关的经济业务：

（1）4月21日，进口化妆品一批，到岸价格（CIF）为21 000美元，当日汇率为6.10元，当即将款项汇付对方。

（2）4月25日，提取进口化妆品应交进口交税额12 810元，计入商品采购成本。

（3）4月25日，按30%税率提取应交消费税额。

（4）4月26日，进口化妆品采购完毕，结转其采购成本。

三、要求

1. 根据"资料1"至"资料4"，编制会计分录。

2. 根据编制的会计分录，登记"应交增值税"明细分类账。

3. 根据"资料5",编制会计分录。

习 题 二

一、**目的**　练习关税和资源税的核算。

二、**资料**　某矿9月份发生下列经济业务：

1. 5日,从国外进口材料一批,货款28 800美元,保险费和运费共1 200美元,当即汇付全部款项30 000美元,当日汇率为6.10元。

2. 6日,本月5日进口材料的关税税率为5%,提取应交进口关税额。

3. 8日,进口材料的增值税率为17%,填制增值税交款书付讫。

4. 10日,进口材料已验收入库,结转其采购成本。

5. 30日,本月份出口产品的离岸价格(FOB)为25 000美元,当日美元的人民币汇率为6.10元,该批产品的出口关税税率为10%,计提本月份应交出口关税额。

6. 30日,本月份共销售矿产品5 000吨,自用150吨,每吨单位税额为2元,计提本月份应交资源税额。

7. 30日,将营业税金结转"本年利润"账户。

三、**要求**　编制会计分录。

习 题 三

一、**目的**　练习印花税、房产税、城镇土地使用税、车船税和教育费附加的核算。

二、**资料**　百里香酒厂发生下列有关的经济业务：

1. 3月1日,年初总分类账簿中实收资本账户余额为2 150 000元,资本公积账户余额为100 000元。按5‰税率交纳印花税,日记账簿和明细分类账簿共6本,每本交纳5元印花税,当即签发转账支票付讫。

2. 3月31日,本企业拥有自用房产900 000元,允许减除30%计税,房产税年税率为1.2%,占用土地面积为1 800平方米,每平方米年税额为12元,分别计提本月份应交房产税额和城镇土地使用税额。

3. 3月31日,本企业拥有小汽车1辆,年税额480元,载货汽车2辆,计自重10吨,每吨年税额100元,计提应交车船税额。

4. 3月31日,根据本章习题一相关资料中发生的应交增值税额、消费税额和营业税额,按教育费附加率的3%,计提本月份教育费附加。

5. 3月31日,将教育费附加结转"本年利润"账户。

6. 4月5日,交纳已计提的房产税额、城镇土地使用税额和车船税额。

7. 4月10日,签发转账支票支付上月份教育费附加。

三、**要求** 编制会计分录。

习 题 四

一、**目的** 练习政府补助的核算。

二、**资料** 武宁电器厂发生下列有关的经济业务：

1. 1月30日,收到当地政府作为补助拨付的环保设备1台,该设备的公允价值为150 000元,已达到预定可使用状态,由生产车间验收使用。

2. 2月1日,吸收3位中年残疾人员就业,收到地方政府划拨的政府补助81 000元,存入银行。

3. 2月28日,吸收的残疾人员预计工作9年,确认本月份收入。

4. 2月28日,政府补助拨付的环保设备预计使用寿命为8年,预计净残值率为4%,计提本月份固定资产折旧费。

5. 2月28日,该厂执行政府的节能政策,本月份生产并销售节能电器设备30台,政府规定每台给予补贴560元,予以转账。

6. 3月10日,收到政府拨付的生产并销售节能电器设备的定额补贴16 800元,存入银行。

三、**要求** 编制会计分录。

习 题 五

一、**目的** 练习其他业务的核算。

二、**资料** 南市工厂12月份发生有关经济业务如下：

1. 5日,销售原材料一批,货款20 000元,增值税额3 400元,款项当即收到转账支票,存入银行,查该批原材料成本为18 400元,结转其销售成本。

2. 6日,以现金支付销售原材料的费用100元。

3. 15日,收到转账支票一张,金额4 000元,系固定资产出租收入,支票已存入银行。

4. 25日,收到转账支票一张,金额为3 200元,系为客户提供运输服务收入。

5. 31日,根据本月份出租固定资产收入和运输收入的5%计提本月份营业税额。

6. 31日,查本月份销售的材料购进时已支付进项税额3 128元,根据本月份应交的增值税和营业税按7%税率计提城市维护建设税额,按3%教育费附加率计提教育费附加。

三、要求 编制会计分录。

习 题 六

一、目的 练习利润总额的核算。
二、资料

1. 光大工厂1月31日损益类账户余额(单位:元)如下:

贷方余额账户		借方余额账户	
主营业务收入	450 000.00	主营业务成本	360 000.00
其他业务收入	18 000.00	其他业务成本	12 400.00
公允价值变动损益	2 200.00	销售费用	9 860.00
投资收益	2 560.00	管理费用	15 320.00
营业外收入	1 840.00	财务费用	150.00
		营业外支出	1 470.00

2. 该工厂1月31日发生下列经济业务:

(1) 本月25日盘亏原材料60元、盘盈产品75元,系日常工作中的收发差错,经批准予以核销转账。

(2) 摊销应由本月份负担的保险费1 000元,其中生产车间700元,销售机构100元,行政管理部门200元。

(3) 计提本月份短期借款利息3 120元。

(4) 摊销本月份负担的专利权费320元。

(5) 将本月份应交未交的增值税额20 400元转账。

(6) 本月份的其他业务收入按5%的税率计提营业税额。

(7) 根据本月份应交的增值税额和已提的营业税额,按7%税率计提城市维护建设税。

(8) 根据本月份应交的增值税额和已提的营业税额,按3%计提教育费附加。

(9) 将损益类贷方余额的账户结转"本年利润"账户。

(10) 将损益类借方余额的账户结转"本年利润"账户。

三、要求

1. 编制会计分录。
2. 登记"本年利润"账户。

习 题 七

一、目的　练习所得税费用的核算。

二、资料　昌明机器厂有关资料如下：

1. 第一年利润总额为600 000元，所得税税率为25%，该厂发生业务招待费22 000元，取得国债利息收入12 000元。影响计税基础的有关账户余额为：坏账准备5 400元，固定资产减值准备9 200元，预计负债85 000元。"无形资产"账户余额为118 000元，系刚确认的自行开发的专利权，尚未摊销。

2. 第二年利润总额为660 000元，所得税税率为25%，该厂发生业务招待费24 000元，罚款支出3 600元，取得国债利息收入12 600元。影响计税基础的有关账户余额为：坏账准备5 560元，固定资产减值准备9 640元。"无形资产"账户中有自行开发的无形资产118 000元，已摊销11 800元。

三、要求　确认所得税费用，并编制相应的会计分录。

习 题 八

一、目的　练习利润的核算。

二、资料

1. 大同化工厂11月30日各有关账户的余额（单位：元）如下：

贷方余额账户		借方余额账户	
主营业务收入	280 000.00	主营业务成本	186 000.00
其他业务收入	20 000.00	其他业务成本	14 400.00
公允价值变动损益	1 000.00	营业税金及附加	11 428.00
投资收益	1 780.00	销售费用	12 240.00
营业外收入	2 220.00	管理费用	20 500.00
		财务费用	3 600.00
		资产减值损失	4 500.00
		营业外支出	2 332.00

2. 接着又发生下列经济业务:

(1) 11月30日,将损益类贷方余额的账户结转"本年利润"账户。

(2) 11月30日,将损益类借方余额的账户结转"本年利润"账户。

(3) 11月30日,按25%税率确认所得税费用。

(4) 11月30日,将所得税费用结转"本年利润"账户。

(5) 12月10日,以银行存款交纳上月提取的所得税额。

(6) 12月25日,预计本月份实现利润总额60 000元,按25%税率预交本月份所得税额。

(7) 12月31日,年终决算利润总额为620 000元,前11个月已提取并交纳了所得税额137 500元,发生非广告性赞助支出36 000元,业务招待费24 000元,对外投资分回税后利润8 600元。"递延所得税负债"账户余额为17 500元,"递延所得税资产"账户余额为3 224元。影响计税基础的有关账户余额为:坏账准备4 220元,存货跌价准备3 660元,长期股权投资减值准备8 120元。"无形资产"账户中有自行开发的专利权90 000元,已摊销了30 000元,确认本年度所得税费用,并清算本年度应交所得税额。

(8) 12月31日,将所得税费用结转"本年利润"账户。

(9) 次年1月15日,以银行存款清缴上年度所得税额。

三、要求　编制会计分录。

习 题 九

一、目的　练习利润分配的核算。

二、资料

1. 杨浦服装厂2013年共实现净利润420 000元,接着又发生下列经济业务:

(1) 12月31日,按净利润10%的比例计提法定盈余公积,按净利润5%的比例计提任意盈余公积。

(2) 12月31日,按净利润75%的比例计提应分配给投资者利润,其中长城公司投资80%,沪江公司投资20%。

(3) 次年1月10日,以银行存款支付应付给投资者的利润。

2. 星光股份有限公司有普通股7 500 000股,2013年实现净利润2 200 000元,接着又发生下列有关的经济业务:

(1) 12月31日,按净利润10%的比例计提法定盈余公积。

(2) 12月31日,公司宣告将于次年1月15日分派优先股股利,每股0.16元,该公司共有1 200 000股优先股。

(3) 12月31日,按净利润5%的比例计提任意盈余公积。

(4) 次年1月15日,以银行存款发放优先股股利192 000元。

(5) 次年2月25日,公司宣告将于3月10日发放现金股利,每股发放0.05元。

(6) 次年3月10日,经股东大会决议向普通股股东分派股票股利,每10股分派1.5股,每股面值1元,并已办理好增资手续,予以转账。

(7) 次年3月10日,以银行存款发放普通股现金股利完毕,予以入账。

三、要求 编制会计分录。

第十一章 财务报告

第一节 财务报告概述

一、财务报告的意义

财务报告是指企业对外提供的反映企业某一特定日期财务状况和某一会计期间经营成果、现金流量等会计信息的文件。财务报告包括财务报表和其他应当在财务报告中披露的相关信息和资料，而财务报表是财务报告的主体。

财务报表是指对企业财务状况、经营成果和现金流量的结构性表述。企业在生产经营活动中，发生了大量的经济业务。会计部门根据反映经济业务的原始凭证编制记账凭证，并分门别类地登记入开设的账户中去。通过总分类核算，提供总括的信息；通过明细分类核算，提供详细的信息，以全面、系统、完整地反映企业生产经营活动的状况。然而，在会计账簿中归集的信息是分散的，为了集中地向各有关方面提供企业的财务状况、经营成果和现金流量等经济信息，就必须将分散在账簿中的信息，进行归类、整理、分析后，定期编制财务报表。

下面主要就财务报表的作用、编制及分类作一表述。

二、财务报表的作用

财务报表的编制是会计核算工作的组成部分，财务报表对考核企业的经济活动和经营成果有着重要的作用，主要表现在以下四个方面。

第一，企业的管理层、各职能部门和职工通过财务报表可以了解企业的财务状况、经营成果和现金流量，有利于企业进行分析对比，总结经验，找出差距及改进的措施，以改善企业的经营管理，增强竞争能力，为企业制定预算以及保证决策的科学性和准确性提供了重要的信息和依据。

第二，企业的投资者、债权人通过财务报表可以分析企业的财务状况、经营成果和现金流量，从而判断企业的盈利能力和偿债能力，有助于投资者进行投资决策，债权人进行信贷决策或赊销决策。

第三，国家财政、税务机关和审计部门通过财务报表可以检查企业是否严格遵守国家规定的财务制度和财经纪律，检查企业资金运用情况和利润形成情况以及各种税金的交纳情况。

第四，企业财务报表提供的会计信息经过汇总整理后，可以作为国家制定政策、进行宏观调控的依据，以促进社会资源的有效配置。

三、财务报表的组成和编制要求

（一）财务报表的组成

财务报表至少应当包括下列组成部分：① 资产负债表。② 利润表。③ 现金流量表。④ 所有者权益（或股东权益）变动表。⑤ 附注。

（二）财务报表的编制要求

由于财务报表有着重要的作用，而财务报表的质量决定了其发挥作用的程度。因此各企业必须根据《企业会计准则》的有关规定，按照以下四点要求，认真地编制财务报表。

1. 数字真实　　财务报表是一个信息系统，要求各项数字真实，以客观地反映企业的财务状况、经营成果和现金流量，不得匡计数据，更不得弄虚作假，隐瞒谎报数据。

2. 计算准确　　财务报表必须在账账相符、账实相符的基础上编制，并对报表中的各项指标要认真地计算，做到账表相符，以保证会计信息的准确性。

3. 内容完整　　财务报表必须全面地反映企业财务状况、经营成果和现金流量，各财务报表之间、财务报表的各项指标之间是相互联系、互为补充的。因此企业要按照国家统一规定的报表种类、格式和内容进行填报，不得漏编、漏报。

4. 报送及时　　财务报表必须在规定的期限内及时报送。使投资者、债权人、财政、税务和上级主管部门及时了解企业的财务状况、经营成果和现金流量，以保证会计信息的使用者进行决策的时效性。

四、财务报表的分类

企业的财务报表按照不同的标准，可以有不同的分类方法。

（一）按照财务报表反映的经济内容分类

企业主要的财务报表可分为以下六种。

1. 资产负债表　　反映企业财务状况的报表。

2. 利润表　　反映企业经营成果的报表。

3. 现金流量表　　反映企业的现金和现金等价物流入和流出的报表。

4. 所有者权益（或股东权益）变动表　　反映企业所有者权益结构和变动情况的报表。

5. 应交增值税明细表　　反映企业增值税发生和交纳情况的报表。

6. 利润分配表　　反映企业利润分配情况的报表。

（二）按照财务报表反映的资金运动形态分类

1. 静态财务报表　　它是指反映企业某一特定日期经济指标处于相对静止

状态的报表,如资产负债表和应交增值税明细表。

2. 动态财务报表　　它是指反映企业一定会计期间完成的经济指标的报表,如利润表、利润分配表、现金流量表和所有者权益变动表。

（三）按照财务报表编制的时期分类

1. 月度财务报表　　简称月报,它是指月度编制的计算报表,有资产负债表、利润表和应交增值税明细表。

2. 季度财务报表　　简称季报,它是指季度编制的计算报表,有资产负债表、利润表和应交增值税明细表。

3. 半年度财务报表　　简称半年报,它是指半年度编制的计算报表。除了包括月度财务报表外,还有现金流量表。

4. 年度财务报表　　简称年报,它是指年度编制的决算报告。除了包括半年度财务报表外,还有利润分配表和所有者权益变动表。

（四）按照财务报表母子公司的关系分类

1. 个别财务报表　　它是指由母公司或子公司编制仅反映母公司或子公司自身财务状况、经营成果和现金流量的报表。

2. 合并财务报表　　它是指由母公司编制的,反映母公司和其全部子公司形成的企业集团整体财务状况、经营成果和现金流量的报表。

第二节　资产负债表

一、资产负债表的意义和作用

资产负债表是指反映企业在某一特定日期财务状况的报表。它反映了企业所掌握的各种资产的分布和结构,企业所承担的各种负债,以及投资者在企业中所拥有的权益。

通过对资产负债表的分析,可以了解资产的分布是否得当;资产、负债和所有者权益之间的结构是否合理;企业的财务实力是否雄厚;短期偿债能力的强弱;所有者持有权益的多少;企业财务状况的发展趋势等。从而为企业管理当局挖掘内部潜力和制定今后发展方向等进行预测和决策提供了重要的经济信息,并为投资者和债权人服务。

二、资产负债表的结构和内容

（一）资产负债表的结构

资产负债表的结构由表头和正表两个部分组成。

资产负债表的正表是根据资金运动的规律,即资产的总额与负债和所有者权益的总额必然相等的原理设计的。

资产负债表的正表采用账户式结构,将报表分为左右两方,左方反映企业拥有资产的分布状况;右方反映企业所负的债务和所有者拥有权益的状况,"金额栏"设有"期末余额"和"年初余额"两栏,以便于报表的使用者掌握和分析企业财务状况的变化及发展趋势。

(二)资产负债表的内容

资产负债表的表头由报表名称、编制单位、编制日期和金额单位等内容组成。

资产负债表的正表由资产、负债和所有者权益三部分组成。

1. 资产　　它是指企业过去的交易或者事项形成的、由企业拥有或者控制的、预期会给企业带来经济利益的资源。按照资产的变现能力及耗用周期的不同,可分为流动资产和非流动资产两类。

(1)流动资产　　它是指预计在一个正常营业周期中变现、出售或耗用、或者主要为交易目的而持有、或者预计在资产负债表日起1年内变现、或者自资产负债表日起1年内,交换其他资产或清偿负债能力不受限制的现金或现金等价物。它具有较强的流动性。

现金等价物是指企业持有的期限短、流动性强、易于转换为已知金额的现金、价值变动风险很小的投资。期限短,一般是从购买日起3个月以内到期。现金等价物通常是指在3个月内到期的短期债券投资。

流动资产由货币资金、交易性金融资产、应收票据、应收账款、预付款项、应收利息、应收股利、其他应收款、存货、1年内到期的非流动资产和其他流动资产等项目组成。流动资产表明了企业的短期偿债能力,又可为下一期经营时所运用。因此,它在企业的资产中占有重要的地位。

(2)非流动资产　　它是指流动资产以外的资产。它的流动性是很弱的。

非流动资产主要由可供出售金融资产、持有至到期投资、长期应收款、长期股权投资、投资性房地产、固定资产、在建工程、工程物资、固定资产清理、无形资产、开发支出、商誉、长期待摊费用、递延所得税资产和其他长期资产等项目组成。

2. 负债　　它是指企业过去的交易或者事项形成的、预期会导致经济利益流出企业的现时义务。按照负债偿还期的不同,可分为流动负债和非流动负债。

(1)流动负债　　它是指预计在一个正常营业周期中清偿的、或者主要为交易目的而持有的、或者自资产负债表日起1年内到期应予以清偿的、或者企业无权自主地将清偿推迟至资产负债表日后1年以上的负债。

流动负债由短期借款、交易性金融负债、应付票据、应付账款、预收款项、应付职工薪酬、应交税费、应付利息、应付股利、其他应付款、1年内到期的非流动负债和其他流动负债等项目组成。

(2)非流动负债　　它是指流动负债以外的负债。

非流动负债由长期借款、应付债券、长期应付款、专项应付款、预计负债、递延所得税负债和其他非流动负债等项目组成。

3. 所有者权益　　它是指企业资产扣除负债后由所有者中享有的剩余权益。所有者权益由实收资本、资本公积、库存股、盈余公积和未分配利润等项目组成。

资产负债表的格式及其具体内容如图表11-1所示。

三、资产负债表的编制方法

（一）资产负债表"期末余额"栏内各个项目的填列

资产负债表"期末余额"栏内各个项目的填列可分为以下两种情况。

1. 一般项目的填列　　一般项目可以根据总分类账户的期末余额填列，如应收股利、短期借款。

2. 需要分析计算调整项目的填列　　资产负债表的有些项目则需要根据有关总分类账户和明细分类账户的资料，经过分析计算调整后填列。现将有关项目的分析计算调整填制方法说明如下：

（1）"货币资金"项目　　该项目根据"库存现金"、"备用金"、"银行存款"和"其他货币资金"账户期末余额合计数填列。

（2）"应收款项"项目　　该项目根据"应收账款"账户所属各明细分类账户的期末借方余额合计数，减去"坏账准备——应收账款"明细分类账户期末余额后的差额填列。如"预收账款"账户所属有关明细分类账户有借方余额的，也应包括在本项目内。

（3）"其他应收款"项目　　该项目根据"其他应收款"账户期末余额，减去"坏账准备——其他应收款"明细分类账户期末余额后的差额填列。

（4）"预付款项"项目　　该项目根据"预付账款"账户所属各明细分类账户的期末借方余额合计数填列。如"应付账款"账户所属有关明细分类账户有借方余额的，也应包括在本项目内。

（5）"存货"项目　　该项目根据"材料采购"或"在途物资"、"原材料"、"材料成本差异"、"库存商品"、"发出商品"、"商品进销差价"、"委托加工物资"、"委托代销商品"、"受托代销商品"、"受托代销商品款"、"包装物"、"低值易耗品"、"生产成本"、"存货跌价准备"等账户的期末借贷方余额相抵后的差额填列。

（6）"一年内到期的非流动资产"项目　　该项目根据"可供出售金融资产"、"持有至到期投资"、"长期应收款"和"长期待摊费用"账户的期末余额分析填列。

（7）"其他流动资产"项目　　该项目反映企业除以上流动资产项目外的其他流动资产。如可以根据"待摊费用"账户以及其他有关账户的期末余额填列。

（8）"可供出售金融资产"项目　　该项目根据"可供出售金融资产"账户的期末余额，减去1年内到期的可供出售金融资产的数额后的差额填列。

图表 11-1

资产负债表

编制单位：大东工厂　　　2013年12月31日　　　会企 01 表　　单位：元

资　产	行次	期末余额	年初余额	负债和所有者权益（或股东权益）	行次	期末余额	年初余额
流动资产：				流动负债：			
货币资金	1	180 000	160 000	短期借款	56	300 000	260 000
交易性金融资产	2	110 000	100 000	交易性金融负债	57		
应收票据	3	116 000	104 200	应付票据	58	45 000	42 000
应收账款	4	238 800	209 500	应付账款	59	71 760	59 880
预付款项	5	23 000	65 000	预收款项	60	31 900	30 400
应收利息	6	9 000	7 500	应付职工薪酬	61	27 300	25 160
应收股利	7			应交税费	62	44 185	39 510
其他应收款	8	22 000	20 000	应付利息	63		
存货	9	897 960	853 110	应付股利	64	302 850	274 500
一年内到期的非流动资产①	21	90 000	80 000	其他应付款	65	8 015	14 390
其他流动资产②	24	36 000	32 400	一年内到期的非流动负债	70	31 000	25 000
流动资产合计	31	1 722 760	1 631 710	其他流动负债	71		
非流动资产：				流动负债合计	75	862 010	770 840
可供出售金融资产	32			非流动负债：			
持有至到期投资	33	100 000	80 000	长期借款	81	40 000	40 000
长期应收款	34			应付债券	82	69 000	50 000

316

第十一章 财务报告

项目	行次	期末余额	期初余额	项目	行次	期末余额	期初余额
长期股权投资	35	200 000		长期应付款	83		
投资性房地产	36	200 000	200 000	专项应付款	84		
固定资产	37	1 114 000	1 086 000	预计负债	85		
在建工程	38	376 000	285 000	递延所得税负债	95	24 750	27 060
工程物资	39	18 000	16 230	其他非流动负债	96	133 750	117 060
固定资产清理	40			非流动负债合计	98	995 760	887 900
生产性生物资产	41			负债合计	100		
油气资产	42			所有者权益(或股东权益):			
无形资产	43	135 000	150 000	实收资本(或股本)	101	2 420 000	2 220 000
开发支出	44			资本公积	102	25 200	225 200
商誉	45			减：库存股	103		
长期待摊费用	46	72 000	81 000	盈余公积	104	202 030	141 460
递延所得税资产	47	3 960	2 970	未分配利润	105	98 730	58 350
其他非流动资产	48			所有者权益(或股东权益)合计	106	2 745 960	2 645 010
非流动资产合计	50	2 018 960	1 901 200				
资产总计	55	3 741 720	3 532 910	负债和所有者权益(或股东权益)总计	110	3 741 720	3 532 910

① 该项目的期末余额和期初余额中都有1年内到期的长期待摊费用9 000元，其余均为1年内到期至到期投资。
② 该项目的期末余额和期初余额中均为"待摊费用"账户余额。

(9)"持有至到期投资"项目　　该项目根据"持有至到期投资"账户的期末余额减去"持有至到期减值准备"账户期末余额和1年内到期的持有至到期投资数额后的差额填列。

(10)"长期应收款"项目　　该项目根据"长期应收款"账户的期末余额减去1年内到期的长期应收款数额后的差额填列。

(11)"长期股权投资"项目　　该项目根据"长期股权投资"账户的期末余额减去"长期股权投资减值准备"账户期末余额后的差额填列。

(12)"投资性房地产"项目　　该项目根据"投资性房地产"账户的期末余额减去"投资性房地产累计折旧"和"投资性房地产减值准备"账户期末余额后的差额填列。

(13)"固定资产"项目　　该项目根据"固定资产"账户期末余额减去"累计折旧"和"固定资产减值准备"账户期末余额后的差额填列。

(14)"在建工程"项目　　该项目根据"在建工程"账户的期末余额减去"在建工程减值准备"账户期末余额后的差额填列。

(15)"生产性生物资产"项目　　该项目根据"生产性生物资产"账户的期末余额减去"生产性生物资产累计折旧"账户期末余额后的差额填列。

(16)"油气资产"项目　　该项目根据"油气资产"账户的期末余额减去"累计折耗"账户的期末余额后的差额填列。

(17)"无形资产"项目　　该项目根据"无形资产"账户的期末余额减去"累计摊销"和"无形资产减值准备"账户期末余额后的差额填列。

(18)"长期待摊费用"项目　　该项目根据"长期待摊费用"账户的期末余额减去1年内(含1年)摊销的数额后的差额填列。

(19)"应付款项"项目　　该项目根据"应付账款"账户所属各有关明细分类账户的期末贷方余额合计数填列。如"预付账款"账户所属明细分类账户有贷方余额的,也应包括在本项目内。

(20)"预收款项"项目　　该项目根据"预收账款"账户所属有关明细分类账户的期末贷方余额合计数填列。如"应收账款"账户所属明细分类账户有贷方余额的,也应包括在本项目内。

(21)"一年内到期的非流动负债"项目　　该项目根据"长期借款"、"应付债券"、"长期应付款"、"专项应付款"和"递延收益"等非流动负债账户的期末余额分析填列。

(22)"其他流动负债"项目　　该项目反映企业除以上流动负债项目外的其他流动负债。可以根据有关账户的期末余额填列。

(23)"长期借款"项目　　该项目根据"长期借款"账户的期末余额减去一年

内到期的长期借款数额后的差额填列。

(24) "应付债券"项目　该项目根据"应付债券"账户的期末余额减去一年内到期的应付债券数额后的差额填列。

(25) "长期应付款"项目　该项目根据"长期应付款"账户的期末余额减去"未确认融资费用"账户期末余额,再减去1年内到期的长期应付款数额后的差额填列。

(26) "专项应付款"项目　该项目根据"专项应付款"账户的期末余额减去1年内到期的专项应付款数额后的差额填列。

(27) "其他流动负债"项目　该项目根据"递延收益"等有关账户的期末余额,减去1年内到期的专项应付款数额后的差额填列。

(28) "未分配利润"项目　该项目根据"本年利润"账户期末余额与"利润分配"账户期末余额计算填列。

(二) 资产负债表"年初余额"栏内各个项目的填列

资产负债表"年初余额"栏内各个项目的金额是根据上年年末资产负债表"期末余额"栏内所列的数据填列。

四、应交增值税明细表

(一) 应交增值税明细表的意义和作用

应交增值税明细表是反映企业特定时期内(如月度、年度)增值税发生和交纳的详细情况,以及年初、期末未交增值税额或未抵扣增值税额的报表。它是资产负债表的附表。

通过应交增值税明细表,可以了解增值税的发生和交纳的详细情况,并可据以检查企业是否正确计算和交纳了增值税额。

(二) 应交增值税明细表的结构和内容

"应交增值税明细表"的结构由表头和正表两部分组成。

"应交增值税明细表"的正表由应交增值税和未交增值税两个部分组成。

应交增值税部分由年初未抵扣数、本期增加数、本期减少数、期末未抵扣数四小部分组成。

本期增加数由销项税额、出口退税、进项税额转出、转出多交增值税等四个项目组成,本期减少数由进项税额、已交税金、减免税款、出口抵减内销产品应纳税额和转出未交增值税等五个项目组成。

未交增值税部分由年初未交数、本期转入数、本期已交数和期末未交数等四个项目组成。

"应交增值税明细表"的金额栏分为"本月数"和"本年累计数"两栏,其格式如图表11-2所示。

图表 11-2

应交增值税明细表

会企 01 表附表 1

编制单位：大东工厂　　　　　2013 年 12 月　　　　　　　　单位：元

项　　目	行次	本 月 数	本年累计数
一、应交增值税：			
1. 年初未抵扣数（以"－"号填列）	1	×	
2. 销项税额	2	61 200	714 000
出口退税	3		
进项税额转出	4		5 100
转出多交增值税	5		
	6		
	7		
3. 进项税额	8	42 330	504 900
已交税金	9		
减免税款	10		
出口抵减内销产品应纳税额	11		
转出未交增值税	12	18 870	214 200
	13		
	14		
4. 期末未抵扣数（以"－"号填列）	15	×	
二、未交增值税：			
1. 年初未交数（多交数以"－"号填列）	16	×	17 340
2. 本期转入数（多交数以"－"号填列）	17	18 870	214 200
3. 本期已交数	18	18 496	212 670
4. 期末未交数（多交数以"－"号填列）	19	×	18 870

（三）应交增值税明细表的编制方法

1. 应交增值税部分　　具体如下所述

（1）"年初未抵扣数"项目　　该项目根据"应交税费"总分类账户下所属"应交增值税"明细分类账年初的借方余额填列。

（2）"销项税额"、"出口退税"、"进项税额转出"和"转出多交增值税"项目　这些项目分别根据"应交税费"总分类账户下所属"应交增值税"明细分类账下相关的三级明细分类账户的本月净发生额填入"本月数"栏内，本年累计的净发生额填入"本年累计数"栏内。

（3）"进项税额"、"已交税金"、"减免税款"、"出口抵减内销产品应纳税额"和"转出未交增值税"项目　这些项目分别根据"应交税费"总分类账户下所属"应交增值税"明细分类账户下相关的三级明细分类账户的本月净发生额填入"本月数"栏内，本年累计的净发生额填入"本年累计数"栏内。

（4）"期末未抵扣数"项目　该项目根据"应交税费"总分类账户下所属"应交增值税"明细分类账期末的借方余额填列。

2."未交增值税"部分　具体如下所述：

（1）"年初未交数"项目　该项目根据"应交税费"总分类账户下所属"未交增值税"明细分类账的年初余额填列。

（2）"本期转入数"项目　该项目根据"应交税费"总分类账户下所属"未交增值税额"明细账户下"转入未交增值税"三级明细分类账的贷方发生额填列。

（3）"本期已交数"项目　该项目根据"应交税费"总分类账户下所属"未交增值税"明细账户下"转入未交增值税"三级明细分类账的借方发生额填列。

（4）"期末未交数"项目　该项目根据"应交税费"总分类账户下所属"未交增值税"明细分类账的期末余额填列。

第三节　利　润　表

一、利润表的意义和作用

利润表是指反映企业在一定会计期间经营成果的报表。它反映了企业的各项收入和各项成本、费用以及净利润或净亏损的构成。

通过对利润表的分析，可以检查利润预算的完成情况和销售费用、管理费用、财务费用预算的执行情况，了解企业所得税费用的列支情况和盈利能力，有利于管理当局掌握企业在生产经营过程中存在的问题，以促使其提高经营管理水平和经济效益，也有利于投资者作出正确的决策。

二、利润表的结构和内容

利润表的结构由表头和正表两个部分组成。

利润表的表头由报表名称、编制单位、报表时期和金额单位等内容组成。

利润表的正表部分是根据会计等式"收入－费用＝利润"的原理设计的，它采用多步式结构，分为五个部分。第一部分是营业收入。第二部分是营业利润，它是以营业收入减去营业成本、营业税金及附加、销售费用、管理费用、财务费用和资产减值损失,加上公允价值变动收益和投资收益后的数额,用以反映企业的经营成果。第三部分是利润总额,它是以营业利润加上营业外收入,减去营业外支出后的数额,用以反映企业的税前利润。第四部分是净利润,是以利润总额减去所得税费用后的数额,用以反映企业的税后利润,即反映企业的净收益。第五部分是每股收益。

"利润表"正表部分各项目均分设"本月数"和"本年累计数"两栏金额,"本月数"栏内的金额主要反映当月利润实现的情况;"本年累计数"栏内的金额主要反映自年度开始起,至报告期止的累计数额。

"利润表"的格式及其具体内容如图表11-3所示。

图表11-3

利 润 表

会企02表

编制单位:大东工厂　　　　　2013年12月　　　　　　　　　　　单位:元

项　目	行次	本月金额	本年累计金额
一、营业收入	1	400 000	4 500 000
减:营业成本	2	289 300	3 255 000
营业税金及附加	3	3 370	37 920
销售费用	4	16 610	195 140
管理费用	5	38 120	424 200
财务费用	6	5 460	45 000
资产减值损失	7	2 310	6 700
加:公允价值变动收益(损失以"-"号填列)	8	120	560
投资收益(损失以"-"号填列)	9	6 150	21 500
其中:对联营企业和合营企业的投资收益	10		
二、营业利润(亏损以"-"号填列)	15	51 100	558 100
加:营业外收入	16	1 800	17 500
减:营业外支出	17	2 000	19 600
其中:非流动资产处置损失	18		
三、利润总额(亏损总额以"-"号填列)	20	50 900	556 000
减:所得税费用	21	12 725	152 200
四、净利润(净亏损以"-"号填列)	22	38 175	403 800
五、每股收益:			
(一)基本每股收益	25		
(二)稀释每股收益	26		

三、利润表的编制方法

利润表各项目的"本月金额"主要根据损益类总分类账户的净发生额填列;"本年累计金额"则根据各损益类总分类账户的累计净发生额填列,或者根据上月末本表的"本年累计金额"加上本表的"本月金额"后填列。

现将利润表具体项目的填列方法说明如下:

1. "营业收入"项目　该项目根据"主营业务收入"和"其他业务收入"账户净发生额填列。

2. "营业成本"项目　该项目根据"主营业务成本"和"其他业务成本"账户净发生额填列。

3. "营业税金及附加"项目　该项目根据"营业税金及附加"账户净发生额填列。

4. "销售费用"、"管理费用"、"财务费用"和"资产减值损失"项目　这些项目分别根据"销售费用"、"管理费用"、"财务费用"和"资产减值损失"账户的净发生额填列。

5. "公允价值变动收益"和"投资收益"项目　这些项目分别根据"公允价值变动损益"和"投资收益"账户的净发生额填列。

6. "营业利润"项目　该项目根据该表"营业收入"项目的金额,减去"营业成本"、"营业税金及附加"、"销售费用"、"管理费用"、"财务费用"和"资产减值损失"项目的金额,加上"公允价值变动收益"和"投资收益"项目的金额后的数额填列。

7. "营业外收入"和"营业外支出"项目　这些项目分别根据"营业外收入"和"营业外支出"账户的净发生额填列。

8. "利润总额"项目　该项目根据该表"营业利润"项目的金额加上"营业外收入"项目的金额,减去"营业外支出"项目的金额后的数额填列。

9. "所得税费用"项目　该项目根据"所得税费用"账户的净发生额填列。

10. "净利润"项目　该项目根据"利润总额"项目的金额减去"所得税费用"项目的金额后的差额填列。

11. "基本每股收益"项目　该项目根据该表"净利润"项目的金额除以该公司普通股的股数的商填列。

12. "稀释每股收益"项目　该项目根据该表"净利润"项目的金额除以该公司普通股与潜在普通股之和而取得的商填列。潜在普通股主要包括可转换公司债券、认购权证等。

四、利润分配表

(一) 利润分配表的意义和作用

利润分配表是指反映企业一定会计期间对实现净利润以及以前年度未分

配利润的分配或者亏损弥补的报表。它是伴随着利润的产生而出现的,与利润表有着密切的因果关系,因此成为其第一张附表。

通过利润分配表可以了解利润分配的详细情况,并可据以检查企业是否按规定提存盈余公积和应付股利或利润以及未分配利润的数额等。

(二)利润分配表的内容和结构

利润分配表的结构由表头和正表两部分组成。

利润分配表的正表部分与利润表相同,其采用多步式结构,分为四个部分。第一部分是净利润。第二部分是可供分配的利润,它是净利润加上年初未分配利润,减去盈余公积补亏后的数额。第三部分是可供投资者分配的利润,它是可供分配的利润减去提取法定盈余公积、提取职工奖励及福利基金、提取储备基金、提取企业发展基金以及利润归还投资后的数额。第四部分是未分配利润,它是可供投资者分配的利润减去应付优先股股利、减去所提取的任意盈余公积、减去应付普通股股利、减去转作资本(或股本)的普通股股利后的数额。利润分配表的各项目均分设"本年实际金额"和"上年实际金额"两栏。

利润分配表的格式及其具体内容如图表11-4所示。

图表11-4

利润分配表

会企02表附表1

编制单位:大东工厂　　　　　　2013年度　　　　　　单位:元

项目	行次	本年实际金额	上年实际金额
一、净利润	1	403 800	366 000
加:年初未分配利润	2	58 350	21 750
减:盈余公积补亏	4		
二、可供分配的利润	8	462 150	387 750
减:提取法定盈余公积	9	40 380	36 600
提取职工奖励及福利基金	11		
提取储备基金	12		
提取企业发展基金	13		
利润归还投资	14		
三、可供投资者分配的利润	16	421 770	351 150
减:应付优先股股利	17		
提取任意盈余公积	18	20 190	18 300
应付现金股利或利润	19	302 850	274 500
转作资本(或股本)的普通股股利	20		
四、未分配利润	25	98 730	58 350

(三) 利润分配表的编制方法

1. "本年实际金额"栏的填列方法 该栏应根据当年"本年利润"账户和"利润分配"账户及其所属明细分类账户的净发生额或有关数据分析计算后填列。其具体填列方法如下：

(1) "净利润"项目 该项目根据"本年利润"账户的净发生额填列，其应与利润表中的"净利润"项目的数额相符。

(2) "年初未分配利润"项目 该项目根据"利润分配"账户所属"未分配利润"明细分类账户的期初余额填列。

(3) "盈余公积补亏"项目 该项目根据"利润分配"账户所属的"盈余公积补亏"明细分类账户的期末余额填列。

(4) "可供分配的利润"项目 该项目根据本表"净利润"项目的金额加上"年初未分配利润"项目的金额，减去"盈余公积补亏"项目金额后的数额填列。

(5) "提取法定盈余公积"项目 该项目根据"利润分配"账户所属的"提取法定盈余公积"明细账户的净发生额填列。

(6) "提取职工奖励及福利基金"、"提取储备基金"和"提取企业发展基金"项目 这些项目分别根据"利润分配"账户所属的"提取职工奖励及福利基金"、"提取储备基金"和"提取企业发展基金"明细账户的净发生额填列。这三个明细账户是外商投资企业采用的。

(7) "利润归还投资"项目 该项目根据"利润分配"账户的"利润归还投资"明细账户的净发生额填列。

(8) "可供投资者分配的利润"项目 该项目根据本表"可供分配的利润"项目的金额，减去"提取法定盈余公积"、"提取职工奖励及福利基金"、"提取储备基金"、"提取企业发展基金"和"利润归还投资"项目金额后的数额填列。

(9) "应付优先股股利"、"提取任意盈余公积"、"应付普通股股利"和"转作资本(股本)的普通股股利"项目 这些项目分别根据"利润分配"账户所属的"应付优先股股利"、"提取任意盈余公积"、"应付普通股股利"和"转作资本(股本)的普通股股利"明细账户的净发生额填列。

(10) "未分配利润"项目 该项目根据本表"可供投资者分配的利润"项目的金额减去"应付优先股股利"、"提取任意盈余公积"、"应付普通股股利"和"转作资本(股本)的普通股股利"项目金额后的数额填列。其金额应与资产负债表中"未分配利润"项目的金额相一致。

2. "上年实际金额"栏的填列方法 该栏根据上年的利润分配表填列。

此外，如果上年度利润分配表与本年度利润分配表的项目名称和内容不一致时，应对上年度报表项目的名称和数字按本年度的规定进行调整以后，再填入该表的"上年实际金额"栏内。

第四节 现金流量表

一、现金流量表的作用

现金流量表是指反映企业一定会计期间现金和现金等价物流入和流出的报表。该表是半年度的财务报表。现金有狭义和广义之分,狭义的现金通常是指库存现金。这里所讨论的是广义的现金,是指企业的库存现金、备用金以及可以随时用于支付的存款和其他货币资金。现金流量是指企业在一定期间的现金和现金等价物的流入和流出。

现金流量表为财务报表使用者提供企业一定会计期间内现金和现金等价物流入和流出的信息,财务报表使用者通过对现金流量表的分析,可以评价企业获取现金和现金等价物的能力,评价企业偿还债务及支付企业投资者投资报酬的能力,了解企业本期净利润与经营活动中现金流量发生差异的原因,掌握本期内影响或不影响现金流量的投资活动与筹资活动,并可据以预测企业未来的现金流量。

二、现金流量表的结构和内容

现金流量表的结构由表头、正表和补充资料三个部分组成。

现金流量表的表头部分由报表名称、编制单位、报表时期和金额单位等内容组成。

现金流量表的正表部分采用多步式。它由以下六个部分组成。

(一)经营活动产生的现金流量

经营活动是指企业投资活动和筹资活动以外的所有交易和事项。企业随着经营活动的开展将会产生经营活动的现金流入量和流出量。

1. 经营活动的现金流入量 这部分内容由销售商品、提供劳务收到的现金、收到的税费返还、收到其他与经营活动有关的现金等三个项目组成。

(1)"销售商品、提供劳务收到的现金"项目 该项目反映企业本期销售商品和提供劳务收到的现金,前期销售商品和提供劳务本期收到的现金、销售商品实际收到的增值税额,以及本期预收的账款,减去本期退回本期销售的商品和前期销售本期退回的商品支付的现金。

(2)"收到的税费返还"项目 该项目反映企业收到返还的各种税费,如收到的增值税、消费税、营业税、所得税费用和教育费附加返还等。

(3)"收到其他与经营活动有关的现金"项目 该项目反映企业除了上述各项目外,收到其他与经营活动有关的现金流入。如罚款现金收入、捐赠现金收入、没收包装物押金收入、流动资产损失中获得赔偿的现金收入等。

第十一章 财务报告

2. 经营活动的现金流出量 这部分内容由购买商品、接受劳务支付的现金、支付给职工以及为职工支付的现金、支付的各项税费和支付其他与经营活动有关的现金等四个项目组成。

(1)"购买商品、接受劳务支付的现金"项目 该项目反映企业本期购进原材料、商品、接受劳务支付的现金、本期支付前期购进原材料、商品、接受劳务的未付款项和本期预付款项,以及企业购进原材料、商品等实际支付的能够抵扣销项税额的进项税额。进货退出原材料、商品收到的现金应从本项目内减去。

(2)"支付给职工以及为职工支付的现金"项目 该项目反映企业实际支付给职工的薪酬,以及为职工支付的现金。它包括本期实际支付给职工的工资、奖金、津贴和补贴等,以及实际支付的医疗保险费等社会保险费、住房公积金、职工福利费、工会经费和职工教育经费等。但不包括支付的离退休人员的各项费用和支付给在建工程人员的职工薪酬等。

(3)"支付的各项税费"项目 该项目反映企业按规定支付的各种税费,包括本期发生并支付的税费,以及本期支付以前各期发生的税费和预交的税金,如支付的增值税、消费税、营业税、所得税费用、城市维护建设税、教育费附加、矿产资源补偿费、印花税、房产税、城镇土地使用税、车船税等。不包括计入固定资产价值实际支付的耕地占用税等。

(4)"支付其他与经营活动有关的现金"项目 该项目反映企业除上述各项目外,支付其他与经营活动有关的现金流出,如捐赠现金支出、罚款支出、支付的差旅费、业务招待费、保险费以及企业支付的离退休人员的各项费用等。

(二)投资活动产生的现金流量

投资活动是指企业长期资产的购建和不包括在现金等价物范围内的投资及其处置活动。企业随着投资活动的开展将会产生投资活动的现金流入量和流出量。

1. 投资活动的现金流入量 这部分内容由收回投资收到的现金、取得投资收益收到的现金、处置固定资产、无形资产和其他长期资产收回的现金净额、处置子公司及其他营业单位收到的现金净额和收到其他与投资活动有关的现金等五个项目组成。

(1)"收回投资收到的现金"项目 该项目反映企业出售、转让或到期收回除现金等价物以外的交易性金融资产、可供出售金融资产,长期股权投资中除处置子公司、营业单位以外而收到的现金,以及收回持有至到期投资本金而收到的现金。

(2)"取得投资收益收到的现金"项目 该项目反映企业因持有交易性金融资产、可供出售金融资产、持有至到期投资和长期股权投资而取得的现金股利和利息,以及从子公司、联营企业和合资企业分回利润收到的现金。但不包括股票股利。

(3)"处置固定资产、无形资产和其他长期资产收回的现金净额"项目　该项目反映企业处置固定资产、无形资产和其他长期资产收回的现金,减去为处置这些资产而支付的有关费用后的净额。

(4)"处置子公司及其他营业单位收到的现金净额"项目　该项目反映企业处置子公司及其他营业单位收到的现金减去为处置这些资产而支付的有关费用后的净额。

(5)"收到其他与投资活动有关的现金"项目　该项目反映企业除了上述各项目外,收到的其他与投资活动有关的现金流入。

2. 投资活动的现金流出量　这部分内容由购建固定资产、无形资产和其他长期资产支付的现金、投资支付的现金、取得子公司及其他营业单位支付的现金净额和支付其他与投资活动有关的现金等四个项目组成。

(1)"购建固定资产、无形资产和其他长期资产支付的现金"项目　该项目反映企业购买建造固定资产,取得无形资产和其他长期资产支付的现金。它不包括为购建固定资产而发生的借款利息资本化的部分,以及融资租入固定资产支付的租赁费。

(2)"投资支付的现金"项目　该项目反映企业取得的除现金等价物以外的交易性金额资产、可供出售金融资产、持有至到期投资,以及长期股权投资中除购买子公司及其他营业单位外支付的现金以及支付的相关交易费用。

(3)"取得子公司及其他营业单位支付的现金净额"项目　该项目反映企业购买子公司及其他营业单位成本中以现金支付的部分。

(4)"支付其他与投资活动有关的现金"项目　该项目反映企业除了上述各项目以外,支付其他与投资活动有关的现金流出。

(三)筹资活动产生的现金流量

筹资活动是指导致企业资本及债务规模和构成发生变化的活动。企业随着筹资活动的开展,将会产生筹资活动的现金流入量和流出量。

1. 筹资活动的现金流入量　这部分内容由吸收投资收到的现金、取得借款收到的现金和收到其他与筹资活动有关的现金等三个项目组成。

(1)"吸收投资收到的现金"项目　该项目反映企业收到的投资者投入的现金,包括以发行股票、债券等方式筹集的资金实际收到款项净额(发行收入减去支付的佣金等发行费用后的净额)。

(2)"取得借款收到的现金"项目　该项目反映企业举借各种短期、长期借款收到的现金。

(3)"收到其他与筹资活动有关的现金"项目　该项目反映企业除上述各项

目外,收到其他与筹资活动有关的现金流入。

2. 筹资活动的现金流出量　　这部分内容由偿还债务支付的现金、分配股利、利润或偿付利息支付的现金和支付其他与筹资活动有关的现金等三个项目组成。

(1)"偿还债务支付的现金"项目　　该项目反映企业以现金偿还债务的本金,包括偿还金融企业的借款本金、偿还债券本金等。

(2)"分配股利、利润或偿付利息支付的现金"项目　　该项目反映企业实际支付的现金股利,支付给其他投资单位的利润以及支付的借款利息,债券利息等。

(3)"支付其他与筹资活动有关的现金"项目　　该项目反映企业除了上述各项目外,支付其他与筹资活动有关的现金流出。

(四)汇率变动对现金及现金等价物的影响

"汇率变动对现金及现金等价物的影响"项目　　该项目反映企业外币现金流量及境外子公司的现金流量折算为人民币时,所采用的现金流量发生日的即期汇率折算的人民币金额与"现金及现金等价物净增加额"中外币现金净增加额按期末汇率折算的人民币金额之间的差额。

(五)现金及现金等价物净增加额

"现金及现金等价物净增加额"项目　　该项目反映企业现金及现金等价物的流入量与现金及现金等价物的流出量之间的差额。

(六)期末现金及现金等价物余额

"期末现金及现金等价物余额"项目　　该项目反映企业期末现金余额和期末现金等价物余额的合计数。

补充资料是指未能列入现金流量表正表的、而需要予以披露的内容。补充资料由将净利润调节为经营活动的现金流量、不涉及现金收支的投资和筹资活动和现金及现金等价物净增加额三个部分的内容组成。

三、现金流量表的编制方法

现金流量表正表虽然分为六个部分,但最复杂的部分是经营活动产生的现金流量净额。因为经营活动产生的现金流量净额是根据收付实现制确认的净利润反映的,而企业会计准则要求会计核算按权责发生制确认净利润。因此,在编制现金流量表时,就需要将权责发生制确认的净利润转换为收付实现制下的净利润,转换的方法有直接法和间接法两种。

直接法是指以利润表中各主要经营收支项目为基础,并以实际的现金收入和现金支出进行调整,结算出现金流入量、现金流出量和现金流量净额的方法。间接法是指以净利润为基础,以非现金费用和债权债务以及存货的变动额加以调整,结算出现金流量净额的方法。现金流量表中,经营活动产生的现金流量净额在正表部分采用的是直接法；在补充资料部分采用的是间接法。现将现金流量表各项目的填列方法说明如下。

(一) 经营活动产生的现金流量各项目的填列方法

1. "销售商品、提供劳务收到的现金"项目　　该项目根据利润表"营业收入"项目的金额，加上"应交税费——应交增值税"账户所属的"销项税额"明细账贷方净发生额，再加上资产负债表"应收票据"、"应收款项"项目的年初余额和"预收款项"项目的期末余额，减去"应收票据"、"应收款项"项目的期末余额和"预收款项"项目的年初余额，减去"坏账准备——应收账款"账户贷方发生额填列。

2. "收到的税费返还"项目　　该项目根据"其他应收款"和"营业外收入"账户的贷方发生额中收到返还的增值税、营业税、消费税和所得税填列。

3. "收到其他与经营活动有关的现金"项目　　该项目根据"营业外收入"、"其他应付款"结合"库存现金"、"银行存款"等有关账户发生额分析填列。

4. "购买商品、接受劳务支付的现金"项目　　该项目根据利润表"营业成本"项目的金额，加上"应交税费——应交增值税"账户所属的"进项税额"的净发生额，加上存货中未列入成本减少的金额，再加上资产负债表中"存货"项目的期末余额，减去"存货"项目的年初余额，加上"应付票据"、"应付款项"项目的年初余额和"预付款项"项目的期末余额，减去"应付票据"、"应付款项"项目的期末余额和"预付款项"项目的年初余额，加上"存货跌价准备"账户的贷方发生额，减去已计入产品成本和其他业务成本的折旧费、职工薪酬及"待摊费用"和"长期待摊费用"账户中转入产品成本的金额后的数额填列。

5. "支付给职工以及为职工支付的现金"项目　　该项目根据"应付职工薪酬"账户借方净发生额，扣除列入"在建工程"账户中的职工薪酬后的差额填列。

6. "支付的各项税费"项目　　该项目根据"应交税费——应交增值税——已交税金"、"应交税费——未交增值税——转入未交增值税"和"应交税费——应交所得税"三个明细分类账户的借方发生额之和，加上利润表"营业税金及附加"项目的金额，加上列入"管理费用"账户内的税金，再加上"应交税费"账户的年初余额和"应交税费"账户所属"未交增值税"、"应交所得税"明细账户的期末余额，减去"应交税费"账户的期末余额和"应交税费"账户所属"未交增值税"、"应交所得税"明细账户的年初余额填列。

7. "支付其他与经营活动有关的现金"项目　　该项目根据利润表"销售费用"、"管理费用"、"财务费用"、"营业外支出"四个项目金额之和，减去这四个项目中不需要以现金支付的金额，再减去这四个项目中已经包含的、并且已列入本表的"支付给职工以及为职工支付的现金"项目中的职工薪酬，以及"支付的各项税费"

项目中的税金,还要减去已列入"财务费用"项目、但将列入本表的"分配股利、利润或偿付利息所支付的现金"、"支付其他与筹资活动有关的现金"和"汇率变动对现金及现金等价物的影响"这三个项目的金额,加上"待摊费用"、"长期待摊费用"、"预提费用"账户借方发生额,再加上"其他应收款"账户借方发生额,减去"其他应收款"账户贷方发生额填列。

不需要以现金支付的数额是指提取的固定资产折旧费、待摊费用、无形资产、长期待摊费用的摊销数,预提费用的提取数(利息除外),固定资产盘亏(扣除盘盈)、固定资产清理净损失等。

(二)投资活动产生的现金流量各项目的填列方法

1. "收回投资所收到的现金"项目　　该项目根据"交易性金融资产"账户贷方发生额,减去该账户所属"现金等价物"明细账户的贷方发生额,加上"可供出售金融资产"、"持有至到期投资"和"长期股权投资"账户的贷方发生额,减去"持有至到期投资——应计利息"明细账户的贷方发生额,再减去这些账户中收回的非现金数额和处置子公司及其他营业单位收到的现金数额后填列。

2. "取得投资收益收到的现金"项目　　该项目根据利润表"公允价值变动收益"、"投资收益"项目的金额之和,加上"应收股利"、"应收利息"和"持有至到期投资——应计利息"三个账户的年初余额,减去这三个账户的期末余额填列。

3. "处置固定资产、无形资产和其他长期资产收回的现金净额"项目　　该项目根据"固定资产清理"和"油气资产清理"账户的借、贷方发生额、"投资性房地产"、"生产性生物资产"和"无形资产"账户的贷方发生额,并结合"银行存款"等有关账户的发生额分析填列。

4. "处置子公司及其他营业单位收到的现金净额"项目　　该项目根据"长期股权投资"账户的贷方发生额中处置子公司及其他营业单位收到的现金及现金等价物的数额填列。

5. "购建固定资产、无形资产和其他长期资产支付的现金"项目　　该项目根据"固定资产"、"在建工程"、"工程物资"、"生产性生物资产"、"油气资产"、"无形资产"、"研发支出——开发支出"账户的借方发生额,加上"固定资产减值准备"、"无形资产减值准备"账户的贷方发生额,减去本期在建工程动用工程物资的金额、本期融资租入固定资产的价值和为购建固定资产而发生的借款利息资本化的金额,再减去因赊购、接受投资、接受捐赠或收回投资等各种原因未支付现金而取得固定资产、在建工程、工程物资和无形资产的数额填列。

6. "投资支付的现金"项目　　该项目根据"交易性金融资产"、"可供出售金融资产"、"持有至到期投资"、"长期股权投资"和"投资性房地产"账户的借方发生额合计数,减去这些账户中未支付现金而增加的投资的数额,减去"交易性金融资产——现金等价物"和"持有至到期投资——应计利息"账户的借方发生额,再减去"长期股权投资"账户中购买子公司及其他营业单位支付的现金数额后的差额填列。

7."取得子公司及其他营业单位支付的现金净额"项目　该项目根据"长期股权投资"账户的借方发生额中因购买子公司及其他营业单位支付的现金及现金等价物的数额填列。

(三)筹资活动产生的现金流量各项目的填列方法

1."吸收投资收到的现金"项目　该项目有限责任公司根据"实收资本"账户贷方发生额中收到现金的金额;股份有限公司根据"股本"账户贷方发生额中收到现金的金额,然后这两种企业都要加上"资本公积"账户贷方发生额中收到的现金的金额,再加上"应付债券——本金"账户贷方发生额,减去未收到现金而增加的应付债券本金的数额填列。

2."借款收到的现金"项目　该项目根据"短期借款"、"长期借款——本金"账户贷方发生额的合计数填列。

3."偿还债务支付的现金"项目　该项目根据"短期借款"、"长期借款——本金"、"应付债券——本金"账户的借方发生额合计数填列。

4."分配股利、利润或偿付利息支付的现金"项目　该项目根据"应付利息"、"应付股利"账户借方发生额,加上"财务费用"、"在建工程"账户中所列支的银行借款利息和债券利息,加上"预提费用——利息"、"长期借款——利息"、"应付债券——应计利息"账户的借方发生额,减去上述三个账户的贷方发生额填列。

5."支付其他与筹资活动有关的现金"项目　该项目根据"长期应付款"账户的借方发生额,加上"财务费用"账户中发行债券费用,再加上"实收资本"或"股本"、"资本公积"、"盈余公积"等账户借方发生额中以现金支付金额后的数额填列。

(四)汇率变动对现金及现金等价物的影响项目的填列方法

"汇率变动对现金及现金等价物的影响"项目　该项目根据"财务费用——汇兑损失"账户净发生额填列。发生汇兑损失用负数表示;发生汇兑收益则用正数表示。

(五)现金及现金等价物净增加额项目的填列方法

"现金及现金等价物净增加额"项目　该项目根据资产负债表中"货币资金"项目的期末余额减去该项目的年初余额,再加上"交易性金融资产——现金等价物"账户的期末余额减去该账户的年初余额填列。其计算的结果应与前面四大部分之和相等。

(六)期末现金及现金等价物余额项目的填列方法

1."期初现金及现金等价物余额"项目　该项目根据资产负债表中"货币资

金"项目的期初余额加上"交易性金融资产——现金等价物"账户的期初余额填列。

2. "期末现金及现金等价物余额"项目　该项目根据本表"现金及现金等价物净增加额"项目与"期初现金及现金等价物余额"项目的金额之和填列。

（七）补充资料

1. 将净利润调节为经营活动现金流量各项目的填列方法　具体如下所述：

（1）"净利润"项目　该项目根据利润表"净利润"项目的数额填列。

（2）"资产减值准备"项目　该项目根据利润表中"资产减值损失"项目的金额填列。

（3）"固定资产折旧、油气资产折耗、生产性生物资产折旧"项目　该项目根据"累计折旧"、"累计折耗"和"生产性生物资产累计折旧"账户贷方发生额中提取的折旧、折耗的金额填列。

（4）"无形资产摊销"项目　该项目根据"累计摊销"账户贷方发生额分析填列。

（5）"长期待摊费用摊销"项目　该项目根据"长期待摊费用"账户贷方发生额分析填列。

（6）"处置固定资产、无形资产和其他长期资产的损失（减收益）"项目　该项目根据"营业外支出——非流动资产处置损失"明细账户的净发生额，减去"营业外收入——非流动资产处置利得"明细账户的净发生额，再减去"其他业务收入"账户出租无形资产的收入金额，加上"其他业务成本"账户出租无形资产的成本（不含其中的职工薪酬）后的金额填列。

（7）"固定资产报废损失"项目　该项目根据"营业外支出"账户所属的"盘亏损失——固定资产盘亏"明细账户的净发生额，减去"营业外收入"账户所属的"盘盈利得——固定资产盘盈"明细账户的净发生额后的差额填列。

（8）"公允价值变动损失"项目　该项目根据利润表中"公允价值变动收益"项目的金额填列，收益用负数反映。

（9）"财务费用"项目　该项目根据"财务费用"账户发生的利息、筹资费用和汇兑损失的合计数填列。

（10）"投资损失（减：收益）"项目　该项目根据利润表"投资收益"项目的金额填列，收益用负数反映。

（11）"递延所得税资产减少"项目　该项目根据资产负债表中"递延所得税资产"项目的年初余额减去期末余额后的差额填列。

（12）"递延所得税负债增加"项目　该项目根据资产负债表中"递延所得税负债"项目的期末余额减去年初余额后的差额填列。

（13）"存货的减少（减：增加）"项目　该项目根据资产负债表中的"存货"项

目的年初余额减去期末余额后的数额填列。

(14)"经营性应收项目的减少(减：增加)"项目　　该项目根据资产负债表中的"应收票据"、"应收款项"、"预付款项"、"其他应收款"项目的年初余额之和,减去上列各项目的期末余额,减去列入本表的"资产减值准备"项目中的计提的坏账准备金额后的数额填列。

(15)"经营性应付项目的增加(减：减少)"项目　　该项目根据资产负债表中的"应付票据"、"应付款项"、"预收款项"、"应付职工薪酬"、"应交税费"、"其他应付款"项目的期末余额之和,减去上述各项目的年初余额之和,再减去列入本表的"资产减值准备"项目中的计提的存货跌价准备金额后的数额填列。

(16)"其他"项目　　该项目根据资产负债表"其他流动资产"项目的年初余额减去期末余额,再加上"其他流动负债"项目的期末余额减去年初余额后的数额填列。

(17)"经营活动产生的现金流量净额"项目　　该项目根据前列16个项目之和填列。

2. 不涉及现金收支的重大投资和筹资活动各项目的填列方法　　具体表述如下：

(1)"债务转为资本"项目　　该项目反映企业本期转为资本的债务金额。根据"应付票据"、"应付账款"、"短期借款"、"长期借款"、"长期应付款"等负债账户的借方发生额中转为资本的数额填列。

(2)"一年内到期的可转换公司债券"项目　　该项目反映企业一年内到期的可转换公司债券的本息。根据"应付债券——可转换公司债券"明细账户的贷方发生额分析填列。

(3)"融资租入固定资产"项目　　该项目反映企业本期融资租入固定资产计入"长期应付款"账户的金额。根据"长期应付款——融资租入固定资产价款"账户的贷方发生额填列。

3. 现金及现金等价物净变动情况的各项目的填列方法　　具体表述如下：

(1)"现金的期末余额"、"现金的期初余额"项目　　这些项目分别根据资产负债表"货币资金"项目的期末余额和年初余额填列。

(2)"现金等价物的期末余额"、"现金等价物的期初余额"项目　　这些项目分别根据"交易性金融资产——现金等价物"账户的期末余额和期初余额填列。

(八)现金流量表的具体格式及编制方法

现根据图表11-1资产负债表、图表11-3利润表、图表11-4利润分配表及下列有关资料编制的现金流量表如图表11-5所示。

1)有关明细账户的年初余额与年末余额(单位：元)如下：

账户名称	年末数	年初数
交易性金融资产——现金等价物	45 000	30 000
应交税费——未交增值税	18 870	17 340
应交税费——应交所得税	21 945	19 140
持有至到期投资——应计利息	5 000	2 000

2) 有关账户的借贷方发生额(单位：元)如下：

账户名称	借方	贷方
交易性金融资产——债权投资	135 000	125 000
其中：现金等价物	45 000	30 000
应收利息	9 000	7 500
其他应收款——包装物押金	18 000	16 000
坏账准备——应收账款	2 200	2 700
存货跌价准备	1 500	1 800
待摊费用	36 000	32 400
持有至到期投资	110 000	80 000
其中：应计利息	5 000	2 000
固定资产	286 900	153 000
累计折旧	103 000	208 000
在建工程	91 000	
工程物资	9 470	7 700
固定资产减值准备		2 200
累计摊销		15 000
长期待摊费用		9 000
短期借款	260 000	300 000
其他应付款——包装物押金	18 275	11 900
应付职工薪酬	980 060	982 200
应付股利	274 500	302 850
应交税费——应交增值税——销项税额		714 000
应交税费——应交增值税——进项税款转出		5 100
应交税费——应交增值税——进项税额	504 900	
应交税费——未交增值税——转入未交增值税	212 670	214 200
应交税费——应交所得税	152 695	155 500
应付债券	25 000	50 000
其中：应计利息	2 000	3 000

3) 销售费用有关明细账户净发生额(单位：元)如下：

销售机构经费——保险费(待摊费用转入)	6 480
销售机构经费——职工薪酬	51 800
销售机构经费——折旧费	10 700
销售机构经费——物料消耗	5 220
销售机构经费——包装费(耗用包装用品)	7 180
销售机构经费——低值易耗品摊销	5 750

4) 管理费用有关明细账户净发生额如下(单位：元)：

公司经费——职工薪酬	136 200
公司经费——折旧费	21 800
公司经费——物料消耗	13 600
公司经费——低值易耗品摊销	8 170
税金	3 710
无形资产摊销	15 000

5) 财务费用有关明细账户净发生额如下(单位：元)：

利息	36 900
发行债券费用	100
汇兑损失	3 620

6) 营业外收入有关明细账户净发生额如下(单位：元)：

| 处置非流动资产利得 | 6 230 |
| 罚款收入现金 | 11 270 |

7) 营业外支出有关明细账户净发生额如下(单位：元)：

处置非流动资产净损失	5 960
捐赠支出现金	8 000
罚款支出现金	5 540
盘亏损失——流动资产盘亏	100

8) 其他有关资料如下：

(1) 存货有 30 000 元被盗窃，连同其进项税额 5 100 元全部由保险公司赔偿，已收到现金。

(2) 产品成本内含固定资产折旧费 175 500 元，职工薪酬 772 600 元，摊销租入固定资产的改良支出 9 000 元，摊销保险费 25 920 元。其他业务成本内含职工薪酬 21 600 元。

(3) 报废固定资产以现金支付清理费用 7 800 元，出售固定资产及固定资产残料收入现金 58 970 元。

（4）增加的固定资产和工程物资全部以现金支付。增加的在建工程 91 000 元中,有 7 700 元系领用的工程物资,有 3 000 元为工程项目发行债券的利息,其余部分支付的是现金。

（5）"累计折旧"账户的贷方发生额全部为该年提取的固定资产折旧额。

图表 11-5

现 金 流 量 表

会企 03 表

编制单位：大东工厂　　　　　　2013 年度　　　　　　　　　　单位：元

项　目	行次	金　额
一、经营活动产生的现金流量：		
销售商品、提供劳务收到的现金	1	5 171 700
收到的税费返还	3	
收到其他与经营活动有关的现金	8	39 995
经营活动现金流入小计	9	5 211 695
购买商品、接受劳务支付的现金	10	2 815 070
支付给职工以及为职工支付的现金	12	980 060
支付的各项税费	13	406 655
支付其他与经营活动有关的现金	18	389 650
经营活动现金流出小计	20	4 591 435
经营活动产生的现金流量净额	21	620 260
二、投资活动产生的现金流量：		
收回投资收到的现金	22	173 000
取得投资收益收到的现金	23	17 560
处置固定资产、无形资产和其他长期资产收回的现金净额	25	51 170
处置子公司及其他营业单位收到的现金净额	26	
收到其他与投资活动有关的现金	28	
投资活动现金流入小计	29	241 730
购建固定资产、无形资产和其他长期资产支付的现金	30	378 870
投资支付的现金	31	195 000
取得子公司及其他营业单位支付的现金净额	32	
支付其他与投资活动有关的现金	35	

(续表)

项目	行次	金额
投资活动现金流出小计	36	573 870
投资活动产生的现金流量净额	37	−332 140
三、筹资活动产生的现金流量：		
吸收投资收到的现金	38	47 000
取得借款收到的现金	40	300 000
收到其他与筹资活动有关的现金	43	
筹资活动现金流入小计	44	347 000
偿还债务支付的现金	45	283 000
分配股利、利润或偿付利息支付的现金	46	313 400
支付其他与筹资活动有关的现金	52	100
筹资活动现金流出小计	53	596 500
筹资活动产生的现金流量净额	54	−249 500
四、汇率变动对现金及现金等价物的影响	55	−3 620
五、现金及现金等价物净增加额	56	35 000
加：期初现金及现金等价物余额	57	190 000
六、期末现金及现金等价物余额	58	225 000
补充资料	行次	金额
1. 将净利润调节为经营活动现金流量：		
净利润	59	403 800
加：计提的资产减值准备	60	6 700
固定资产折旧、油气资产折耗、生产性生物资产折旧	61	208 000
无形资产摊销	62	15 000
长期待摊费用摊销	63	9 000
处置固定资产、无形资产和其他长期资产的损失（收益以"—"号填列）	64	−270
固定资产报废损失（收益以"—"号填列）	65	
公允价值变动损失（收益以"—"号填列）	66	−560
财务费用（收益以"—"号填列）	67	40 620

(续表)

项　　　目	行次	金　额
投资损失(收益以"－"号填列)	68	－21 500
递延所得税资产减少(增加以"－"号填列)	69	－990
递延所得税负债增加(减少以"－"号填列)	70	－2 310
存货的减少(增加以"－"号填列)	71	－44 850
经营性应收项目的减少(增加以"－"号填列)	72	－3 800
经营性应付项目的增加(减少以"－"号填列)	73	15 020
其他	74	－3 600
经营活动产生的现金流量净额	75	620 260
2. 不涉及现金收支的投资和筹资活动：		
债务转为资本	76	
一年内到期的可转换公司债券	77	
融资租入固定资产	78	
3. 现金及现金等价物净增加情况：		
现金的期末余额	79	180 000
减：现金的期初余额	80	160 000
加：现金等价物的期末余额	81	45 000
减：现金等价物的期初余额	82	30 000
现金及现金等价物净增加额	83	35 000

会计主管：　　　　　　　复核：　　　　　　　制表：

行次 1 ＝ 4 500 000＋714 000＋104 200＋209 500＋31 900－116 000－238 800－30 400－
　　　　2 700＝5 171 700(元)

行次 8 ＝ 11 270＋35 100＋11 900－18 275＝39 995(元)

行次 10＝3 255 000＋504 900＋5 220＋7 180＋5 750＋13 600＋8 170＋100＋30 000＋
　　　　897 960－853 110＋42 000＋59 880＋23 000－45 000－71 760－65 000＋1 800－
　　　　175 500－772 600－9 000－25 920－21 600＝2 815 070(元)

行次 13＝212 670＋152 695＋37 920＋3 710＋39 510＋18 870＋21 945－44 185－17 340－
　　　　19 140＝406 655(元)

行次 18＝195 140＋424 200＋45 000＋19 600－6 480－51 800－10 700－5 220－
　　　　7 180－5 750－136 200－21 800－13 600－8 170－3 710－15 000－36 900－
　　　　100－3 620－5 960－100＋36 000＋18 000－16 000＝389 650(元)

行次 22＝125 000－30 000＋80 000－2 000＝173 000（元）
行次 23＝560＋21 500＋7 500＋2 000－9 000－5 000＝17 560（元）
行次 25＝58 970－7 800＝51 170（元）
行次 30＝286 900＋91 000＋9 470＋2 200－7 700－3 000＝378 870（元）
行次 31＝135 000－45 000＋110 000－5 000＝195 000（元）
行次 45＝260 000＋25 000－2 000＝283 000（元）
行次 46＝274 500＋36 900＋3 000＋2 000－3 000＝313 400（元）
行次 67＝36 900＋100＋3 620＝40 620（元）
行次 72＝104 200＋209 500＋65 000＋20 000－116 000－238 800－23 000－22 000－2 700＝－3 800（元）
行次 73＝45 000＋71 760＋31 900＋27 300＋44 185＋8 015－42 000－59 880－30 400－25 160－39 510－14 390－1 800＝15 020（元）
行次 74＝32 400－36 000＝－3 600（元）

第五节 所有者权益变动表

一、所有者权益变动表的意义和作用

所有者权益变动表是指反映企业在一定会计期间构成所有者权益的各组成部分增减变动情况的报表。它反映了企业所有者权益的结构及其增减变动情况。

通过对所有者权益变动表的分析，可以了解企业实收资本[①]、资本公积、库存股、盈余公积和未分配利润的增减变动的详细情况，掌握企业增资扩股的能力及其资金的来源。

二、所有者权益变动的内容和结构

所有者权益变动表的结构由表头和正表两个部分组成。

所有者权益变动表的正表分为四个部分，第一部分是上年年末余额。第二部分是本年年初余额，它是上年年末余额加上会计政策变更和前期差错更正后的数额。第三部分是本年增减变动金额，它由净利润、直接计入所有者权益的利得和损失、所有者投入和减少资本、利润分配和所有者权益内部结转五小部分组成。第四部分是本年年末余额，它是本年年初余额，加上或减去本年变动金额后的数额。

所有者权益变动表金额栏分为本年金额和上年金额两个部分，本年金额栏和上年金额栏均采用多栏式，分别为实收资本[②]、资本公积、库存股、盈余公积、未分

---

① ② 股份有限公司为股本。

配利润和所有者权益合计六栏。

所有者权益变动表的格式及其具体内容如图表 11-6 所示。

三、所有者权益变动表的编制方法

（一）"本年金额"栏的填列方法

1．"上年年末余额"项目　　该项目分别根据"实收资本①"、"资本公积"、"库存股"、"盈余公积"、"利润分配——未分配利润"账户上年的年末余额填列。

2．"会计政策变更"、"前期差错更正"项目　　这些项目分别根据"盈余公积"、"利润分配——未分配利润"账户分析填列。

3．"本年年初余额"项目　　该项目根据本表"上年年末余额"项目的金额，加上"会计政策变更"、"前期差错更正"两个项目金额后的数额填列。

4．"净利润"项目　　该项目根据"本年利润"账户的净发生额填列，其应与利润分配表中的"净利润"项目的数额相符。

5．"直接计入所有者权益的利得和损失"中四个明细项目　　这四个明细项目分别为"可供出售金融资产公允价值变动净额"、"权益法下被投资单位其他所有者权益变动的影响"、"与计入所有者权益项目相关的所得税影响"和"其他"，分别根据"资本公积"账户及其他相关账户的发生额分析填列。

6．"所有者投入和减少资本"中的三个明细项目　　这三个明细项目分别为"所有者投入资本"、"股份支付计入所有者权益的金额"和"其他"，分别根据"实收资本"、"资本公积"账户的发生额分析填列。

7．"利润分配"中的三个明细项目　　这三个明细项目分别为"提取盈余公积"、"对所有者（或股东）的分配"和"其他"，分别根据"利润分配"相关明细账户的净发生额填列。

8．"所有者权益内部结转"中的四个明细项目　　这四个明细项目分别为"资本公积转增资本（或股本）"、"盈余公积转增资本（或股本）"、"盈余公积弥补亏损"和"其他"，分别根据"实收资本"、"资本公积"、"盈余公积"和"利润分配——盈余公积补亏"账户的净发生额分析填列。

9．"本年年末余额"项目　　该项目根据本表的"本年年初余额"项目的金额，加上"净利润"项目的金额，加上或减去"直接计入所有者权益的利得和损失"中各明细项目的金额，再加上或减去"利润分配"中各明细项目和"所有者权益内部结转"中各明细项目的金额后的数额填列。

---

① 股份有限公司为股本。

图表 11-6

所有者权

编制单位：大东工厂　　　　　　　　　　　　　　　　　　　　　　　　　　　　　2013

项　　目	行次	本　年			
		实收资本（或股本）	资本公积	减：库存股	盈余公积
一、上年年末余额	1	2 220 000	225 200		141 460
加：会计政策变更	2				
前期差错更正	3				
二、本年年初余额	4	2 220 000	225 200		141 460
三、本年增减变动金额（减少以"－"号填列）					
（一）净利润	5				
（二）直接计入所有者权益的利得和损失					
1. 可供出售金融资产公允价值变动净额	6				
2. 权益法下被投资单位其他所有者权益变动的影响	7				
3. 与计入所有者权益项目相关的所得税影响	8				
4. 其他	9				
上述（一）和（二）小计	10				
（三）所有者投入和减少资本					
1. 所有者投入资本	11				
2. 股份支付计入所有者权益的金额	12				
3. 其他	13				
（四）利润分配					
1. 提取盈余公积	14				60 570
2. 对所有者（或股东）的分配	15				
3. 其他	16				
（五）所有者权益内部结转					
1. 资本公积转增资本（或股本）	17	200 000	200 000		
2. 盈余公积转增资本（或股本）	18				
3. 盈余公积弥补亏损	19				
4. 其他	20				
四、本年年末余额	21	2 420 000	25 200		202 030

第十一章　财务报告

益变动表

会企04表

年度　　　　　　　　　　　　　　　　　　　　　　　　　　　单位：元

金　　　额		上　年　金　额					
未分配利润	所有者权益合计	实收资本（或股本）	资本公积	减：库存股	盈余公积	未分配利润	所有者权益合计
58 350	2 645 010	2 000 000	225 200		86 560	21 750	2 333 510
58 350	2 645 010	2 000 000	225 200		86 560	21 750	2 333 510
	403 800						366 000
	403 800						366 000
			220 000				220 000
					54 900		274 500
40 380	302 850					36 600	
98 730	2 745 960	2 220 000	225 200		141 460	58 350	2 645 010

(二)"上年金额"栏的填列方法

"上年金额"栏各个项目的数额可以根据该表上一年度的"本年金额"栏的数额填列。

现根据图表 11-1 资产负债表、图表 11-4 利润分配表及下列有关资料编制所有者权益变动表如图表 11-6 所示。

该企业本年和上年均未发生会计政策变更和前期差错更正业务,本年将 200 000 元资本公积转增资本、上年所有者追加投资 220 000 元,上年金额中的上年年末余额实收资本为 2 000 000 元,资本公积为 225 200 元,盈余公积为 86 560 元,未分配利润为 21 750 元。

第六节 附 注

一、附注概述

附注是指对资产负债表、利润表和现金流量表等报表中列示项目的文字描述或明细资料,以及对未能在这些报表中列示项目的说明等。

附注应当披露财务报表的编制基础,相关信息应当与资产负债表、利润表和现金流量表等报表中列示的项目相互参照。

二、附注应披露的内容

附注是财务报告的重要组成部分。企业应当按照规定披露附注信息。附注主要包括下列内容。

(一)企业的基本情况

(1)企业注册地、组织形式和总部地址。

(2)企业的业务性质和主要经营活动。

(3)母公司以及集团最终母公司名称。

(4)财务报告的批准报出者和财务报告批准报出日。

(二)财务报表的编制基础

财务报表的编制基础包括会计年度、记账本位币、会计计量所运用的计量基础等。

(三)遵循企业会计准则的声明

企业应当声明编制的财务报表符合企业会计准则的要求,真实、完整地反映了企业的财务状况,经营成果和现金流量等有关的信息。

(四)重要会计政策和会计估计

企业应当披露采用的重要会计政策和会计估计,届时应当披露重要会计政策的确定依据和财务报表项目的计量基础,以及会计估计中所采用的关键假设和不确定因素。

(五) 会计政策和会计估计变更以及差错更正的说明

企业应当按照企业会计准则及其应用指南的规定,披露会计政策和会计估计变更以及差错更正的有关情况。

(六) 报表重要项目的说明

企业对报表重要项目的说明,应当按照资产负债表、利润表、现金流量表和所有者权益变动表及其项目列示的顺序,采用文字和数字描述相结合的方式进行披露。报表重要项目的明细金额合计,应当与报表项目金额相衔接。

第七节 财务报表的分析

一、财务报表分析概述

企业定期编制的各种财务报表,主要是向企业管理层、投资者、债权人等进行决策提供财务信息。然而,财务报表只能粗略地反映企业的财务状况和经营成果。为了充分地发挥财务报表的作用,还必须将财务报表上相关的财务指标有机地联系起来,通过计算、比较和综合分析,借以全面正确地评价企业财务状况的优劣、经营管理水平的高低以及企业发展前景的好坏,以便作出正确的决策。

二、财务报表分析的方法

财务报表的分析主要采用比率分析法。

比率分析法是指通过比率来反映财务指标之间相互关系的方法。按照分析的目的不同,可以分为偿债能力分析、营运能力分析和盈利能力分析三类。

(一) 偿债能力分析

偿债能力分析分为短期偿债能力分析和长期偿债能力分析两种。

1. 短期偿债能力分析 短期偿债能力是指企业偿还流动负债的能力。反映企业短期偿债能力的指标主要有流动比率和速动比率两种。

(1) 流动比率 它是指企业的流动资产与流动负债的比率。它用于衡量企业流动资产在短期债务到期前可以变为现金用于偿还流动负债的能力。

用流动比率来衡量资产流动性的大小,要求企业的流动资产在清偿流动负债以后,还有余力去应付日常经营活动中其他资金的需要。从债权人的角度来看,流动比率越高,债权越有保障;但从企业角度来看,过高的流动比率表明资金在生产经营过程中运转不畅,会影响企业的盈利能力。通常认为流动比率在 200% 左右较好,流动比率的计算公式如下:

$$流动比率 = \frac{流动资产}{流动负债} \times 100\%$$

【例】 根据本章图表11-1资产负债表的有关资料计算大东工厂2013年的流动比率如下：

$$流动比率 = \frac{1\,722\,760}{862\,010} \times 100\% = 199.85\%$$

这一比率接近200%，表明企业短期偿债能力较强，流动资金运用得当。如果流动比率过高，就需要进一步分析流动资产的结构是否合理，如货币资金运用是否得当，存货是否呆滞积压，应收账款的流动状况是否正常等，以便更好地运用企业的流动资金。

(2) 速动比率　　它是指企业的速动资产与流动负债的比率。它用于衡量企业流动资产中可以立即用于偿还负债的能力。速动资产是指流动资产中变现能力较强的那部分资产。它是流动资产减去存货、预付款项、1年内到期的非流动资产和其他流动资产后的差额。

在流动资产中，属交易性金融资产的股票和债券，可以立刻在证券市场出售而转化为现金，应收票据和应收账款通常也能在较短时期内转变为现金。而存货的流动性较差，变现时间长，不包括在速动资产内；预付款项不能变现或不能直接用于偿还债务，1年内到期的非流动资产不能或难以立即变现，待摊费用也不能用于偿还债务，因此，流动资产剔除这些因素后就形成了速动资产。速动比率是流动比率的补充，通常认为速动比率在100%左右较好，但这个比率因不同行业的经营性质不同而有所区别，需参照同行业的资料和本企业的历史情况进行判断。速动比率的计算公式如下：

$$速动比率 = \frac{速动资产}{流动负债} \times 100\%$$

$$速动资产 = 流动资产 - 存货 - 预付账款 - 1年内到期的非流动资产 - 其他流动资产$$

【例】 根据本章图表11-1资产负债表的有关资料计算大东工厂2013年的速动比率如下：

$$速动资产 = 1\,722\,760 - 897\,960 - 23\,000 - 90\,000 - 36\,000 = 675\,800(元)$$

$$速动比率 = \frac{675\,800}{862\,010} \times 100\% = 78.40\%$$

这一比率与100%尚有一定差距，表明企业迅速地偿还流动负债的能力不强。

2. 长期偿债能力分析　　长期偿债能力是指企业偿还长期负债的能力。反映企业长期偿债能力的指标是资产负债率。资产负债率是指企业的负债总额与资产总额的比率。负债总额由流动负债和长期负债两部分构成。资产负债率用来衡量企业利用债权人提供资金进行经营活动的能力，反映了债权人提供贷款的安全程度。

资产负债率从债权人的角度来看越小越好，因为债权人收回债务的安全保障程度较高，该项比率越大，债权人得到的安全保障程度越低。如果资产负债率大于100%，则表明企业已资不抵债，即将破产。从投资者的角度来看，则希望资产负

债率能高一些,以充分利用社会资金为企业生产经营业务服务。资产负债率的计算公式如下:

$$资产负债率=\frac{负债总额}{资产总额}\times 100\%$$

【例】 根据本章图表11-1资产负债表的有关资料计算大东工厂2013年的资产负债率如下:

$$资产负债率=\frac{995\,760}{3\,741\,720}\times 100\%=26.61\%$$

这一比率表明企业经营资金主要是由投资者投入的,财务状况良好,企业有足够的资产来偿还其全部债务,使债权人放心;同时也反映了企业有四分之一以上的经营资金是从社会借入的,表明企业有一定的筹资能力。

(二) 营运能力分析

营运能力分析指标主要有应收账款周转率、存货周转率和流动资产周转率。

1. 应收账款周转率　　它是指企业一定时期内营业收入与应收账款平均余额的比率。它反映了企业应收账款的流动程度。

应收账款周转率用以估计应收账款变现的速度和管理的效率,周转迅速既可以节约资金,又表明企业信用状况良好,不易发生坏账损失。因此应收账款周转率越高越好,其计算公式如下:

$$应收账款周转率=\frac{营业收入}{应收账款平均余额}$$

$$\frac{应收账款}{平均余额}=\frac{1}{2}\times(应收账款期初余额+应收账款期末余额)$$

【例】 根据本章图表11-1资产负债表和图表11-3利润表有关资料计算2013年应收账款周转率如下:

$$应收账款平均余额=\frac{1}{2}\times(209\,500+238\,800)=224\,150(元)$$

$$应收账款周转率=\frac{4\,500\,000}{224\,150}=20.08(次)$$

计算结果显示,该厂2013年应收账款周转了20.08次。

2. 存货周转率　　它是指企业一定时期内的营业成本与存货平均余额的比率。存货周转率用于衡量企业销售能力的强弱和分析存货库存状况的好差。存货周转率越高,表明企业经营效率越高,库存存货适度。存货周转率太低,表示企业采购原材料过多或产品积压,应分析原因,采取措施予以解决。存货周转率计算公式如下:

$$存货周转率=\frac{营业成本}{存货平均余额}$$

$$存货平均余额=\frac{1}{2}\times(存货期初余额+存货期末余额)$$

【例】 根据本章图表11-1资产负债表和图表11-3利润表的有关资料计算大东工厂2013年存货周转率如下：

$$存货平均余额 = \frac{1}{2} \times (853\,110 + 897\,960) = 875\,535(元)$$

$$存货周转率 = \frac{3\,255\,000}{875\,535} = 3.72(次)$$

计算结果显示2013年该厂的存货周转了3.72次。

3. 流动资产周转率　　它是指企业一定时期内的营业收入与流动资产平均余额的比率。它反映了企业流动资产的使用效率。流动资产周转率的计算公式如下：

$$流动资产周转率 = \frac{营业收入}{流动资产平均余额}$$

$$流动资产平均余额 = \frac{1}{2} \times (流动资产期初余额 + 流动资产期末余额)$$

【例】 根据本章图表11-1资产负债表和图表11-3利润表及前例有关资料，计算大东工厂2013年流动资产周转率如下：

$$流动资产平均余额 = \frac{1}{2} \times (1\,631\,710 + 1\,722\,760) = 1\,677\,235(元)$$

$$流动资产周转率 = \frac{4\,500\,000}{1\,677\,235} = 2.68(次)$$

计算结果显示该厂的流动资产在2013年周转了2.68次。

应收账款周转率、存货周转率和流动资产周转率三项营运能力指标均周转得越快越好，表明企业营运能力强。然而这三项指标在不同的行业之间可能有较大的区别。分析时，应将本企业的指标与同行业的平均水平、与本企业的历史资料进行对比，以衡量本企业各类资金的营运效率。

（三）盈利能力分析

盈利能力分析指标主要有总资产报酬率、净资产收益率、营业利润率、营业净利率和成本费用利润率四种。

1. 总资产报酬率　　它是指企业一定时期内获得的报酬总额与总资产平均余额的比率。它是反映企业资产综合利用效果的指标，也是衡量企业利用债权人和所有者权益总额所取得盈利的重要指标。总资产报酬率越高，表明企业对总资产的利用效益越好，整个企业的盈余能力越强，经营管理水平也越高。总资产报酬率的计算公式如下：

$$总资产报酬率 = \frac{利润总额 + 利息支出}{总资产平均余额} \times 100\%$$

$$总资产平均余额=\frac{1}{2}\times(总资产期初余额+总资产期末余额)$$

【例】 大东工厂 2013 年利息支出为 36 900 元,根据本章图表 11-1 资产负债表和图表 11-3 利润表的有关资料,计算大东工厂 2009 年总资产报酬率如下:

$$总资产平均余额=\frac{1}{2}\times(3\,532\,910+3\,741\,720)=3\,637\,315(元)$$

$$总资产报酬率=\frac{556\,000+36\,900}{3\,637\,315}\times100\%=16.30\%$$

这一指标反映了企业每 100 元总资产能获得报酬 16.30 元,表明该企业总资产运用得好,盈利能力强。

2. 净资产收益率 它是指企业一定时期内的净利润与净资产平均余额的比率。净资产是总资产减去负债后的差额,属于投资者所有,其实质也就是所有者权益。

净资产收益率是用于衡量投资者投资的收益水平的指标。净资产收益率越高,表明投资者投资的收益水平越强。净资产收益率又是衡量企业负债资金成本高低的指标。从投资者的角度看,企业通过举债所筹集的资金与投资者投资在生产经营活动中发挥着同样的作用。如果净资产收益率高于同期的借款利率,表示企业负债资金成本低,企业举债经营增加了投资者的利益;反之,如果净资产收益率低于同期的借款利率,表示企业负债资金成本高,企业举债经营减少了投资者的利益,净资产收益率的计算公式如下:

$$净资产收益率=\frac{净利润}{所有者权益平均余额(净资产平均余额)}\times100\%$$

$$\genfrac{}{}{0pt}{}{所有者权益平均余额}{(净资产平均余额)}=\frac{1}{2}\times\left(\genfrac{}{}{0pt}{}{所有者权益}{期初余额}+\genfrac{}{}{0pt}{}{所有者权益}{期末余额}\right)$$

【例】 根据本章图表 11-1 资产负债表和图表 11-3 利润表的有关资料,计算大东工厂 2013 年净资产收益率如下:

$$所有者权益平均余额=\frac{1}{2}\times(2\,645\,010+2\,745\,960)=2\,695\,485(元)$$

$$净资产收益率=\frac{403\,800}{2\,695\,485}\times100\%=14.98\%$$

这一指标反映了企业每100元净资产能获得净利润14.98元,表明该企业净资产运用得好,盈利能力强。该指标是投资者考虑对企业是否进行再投资的重要资料。

3. 营业利润率和营业净利率 营业利润率是指企业一定时期内营业利润与营业收入的比率。该指标用来衡量企业营业收入获取营业利润的能力。营业利润率越高,盈利能力越强,其计算公式如下:

$$营业利润率 = \frac{营业利润}{营业收入} \times 100\%$$

营业净利率是指企业一定时期内的净利润与营业收入的比率。它用于衡量企业营业收入获取净利润的能力。营业净利率越高越好,其计算公式如下:

$$营业净利率 = \frac{净利润}{营业收入} \times 100\%$$

【例】 根据图表 11-3 利润表及前例有关资料计算大东工厂 2013 年营业利润率和营业净利率如下:

$$营业利润率 = \frac{558\ 100}{4\ 500\ 000} \times 100\% = 12.40\%$$

$$营业净利率 = \frac{403\ 800}{4\ 500\ 000} \times 100\% = 8.97\%$$

这两个指标分别反映了企业每 100 元营业额,使企业取得 12.40 元的营业利润和 8.97 元的净利润。

4. 成本费用利润率　　它是指企业一定时期内的利润总额与成本费用总额的比率。它用于衡量企业投入与产出的水平,即所得与所费的比率。成本费用利润率愈高愈好,其计算公式如下:

$$成本费用利润率 = \frac{利润总额}{成本费用总额} \times 100\%$$

$$成本费用总额 = 营业成本 + 营业税金及附加 + 销售费用 + 管理费用 + 财务费用$$

【例】 根据本章图表 11-3 利润表及前列有关资料计算大东工厂 2013 年成本费用利润率如下:

$$成本费用总额 = 3\ 255\ 000 + 37\ 920 + 195\ 140 + 424\ 200 + 45\ 000 = 3\ 957\ 260(元)$$

$$成本费用利润率 = \frac{556\ 000}{3\ 957\ 260} \times 100\% = 14.05\%$$

这一指标反映了企业每耗费 100 元成本费用可获得 14.05 元利润。企业应将成本费用利润率与上年度相比较,分析其升降的原因,这样有利于采取措施,降低成本费用以提高成本费用利润率。

第八节　合并财务报表

一、合并财务报表概述

合并财务报表是指反映母公司和其全部子公司形成的企业集团整体财务状况、经营成果和现金流量的财务报表。

母公司是指有一个或一个以上子公司的企业;子公司是指被母公司控制的企业。

(一) 合并财务报表的合并范围

合并财务报表的合并范围应当以控制为基础予以确定。控制是指一个企业能够决定另一个企业的财务和经营政策,并能据以从另一个企业的经营活动中获取利益的权力。

母公司直接或通过子公司间接拥有被投资单位半数以上的表决权,表明母公司能够控制被投资单位,应当将被投资单位认定为子公司,纳入合并财务报表的合并范围。

母公司拥有被投资单位半数或以下的表决权,满足下列条件之一的,视为母公司能够控制被投资单位,应当将该被投资单位认定为子公司,纳入合并财务报表的合并范围。但是,有证据表明母公司不能控制被投资单位除外:① 通过与被投资单位其他投资者之间的协议,拥有被投资单位半数以上的表决权。② 根据公司章程或协议,有权决定被投资单位的财务和经营政策。③ 有权任免被投资单位的董事会或类似机构的多数成员。④ 在被投资单位的董事会或类似机构占多数表决权。

母公司应当将其全部子公司纳入合并财务报表的合并范围。

(二) 合并财务报表的合并程序

合并财务报表应当以母公司和其子公司的财务报表为基础,根据其他有关资料,按照权益法调整对子公司的长期股权投资后,由母公司编制。

母公司应当统一子公司所采用的会计政策和会计期间,使子公司采用的会计政策和会计期间与母公司保持一致。

在编制合并财务报表时,子公司除了应当向母公司提供财务报表外,还应当向母公司提供与母公司、其他子公司之间发生的所有内部交易的相关资料、所有者权益变动的有关资料和编制合并财务报表所需要的其他资料。

(三) 合并财务报表的内容

合并财务报表应当包括下列组成部分:① 合并资产负债表。② 合并利润表及利润分配表。③ 合并现金流量表。④ 合并所有者权益(或股东权益)变动表。⑤ 附注。

二、购买日合并财务报表的编制

母公司在购买日应编制合并资产负债表。由于母公司参与了子公司的投资,因此,子公司内由实收资本和留存收益构成的所有者权益,一部分属于母公司所有;另一部分属于子公司的其他投资者所有,因此在编制合并资产负债表时,要将母公司对子公司的长期股权投资与母公司在子公司所有者权益中所享有的份额应当相互抵销,将不属于母公司的内容进行调整,然后将母公司和子公司的各项资产、负债和所有者权益予以合并。

企业在编制合并资产负债表时,由于子公司所有者权益中有一部分属于其他投资者权益,因此在报表上要增设一个"少数股东权益"项目。企业在编制合并资产负债表时,通常要编制合并资产负债表工作底稿,那么在合并资产负债表工作底稿上也要增设"少数股东权益"项目,可列于"留存收益"项目之后。母公司资产负债表中的"长期股权投资"项目金额,如果全部是对子公司的投资,那么应与子公司资产负债表中"实收资本"项目和"留存收益"项目中属于母公司投资的部分金额要相互抵销。母公司对子公司的长期股权投资与母公司在子公司所有者权益中所享有的份额的差额,应当在"商誉"项目列示。子公司资产负债表中"实收资本"项目和"留存收益"项目的金额,在抵销了母公司资产负债表中的"长期股权投资"项目后,剩余的部分应调整转入"少数股东权益"项目内。

【例】 2012年12月31日为购买日,浦江公司向梅陇工厂投资1 250 000元,占其所有者权益的60%,浦江公司和梅陇工厂的资产负债表如图表11-7、图表11-8所示。

图表 11-7

浦江公司资产负债表
2012 年 12 月 31 日　　　　　　　　　　　　　　　　单位:元

资　产	期3/4末余额	负债和所有者权益	期末余额
货币资金	300 000	短期借款	1 150 000
应收款项	400 000	长期借款	700 000
存货	2 600 000	应付款项	340 000
长期股权投资	1 250 000	实收资本	4 500 000
固定资产净额	2 700 000	留存收益①	560 000
合　计	7 250 000	合　计	7 250 000

① 包括盈余公积、未分配利润等内容。

图表 11-8

梅陇工厂资产负债表
2012 年 12 月 31 日　　　　　　　　　　　　　　　　单位:元

资　产	期末余额	负债和所有者权益	期末余额
货币资金	160 000	短期借款	820 000
应收款项	240 000	长期借款	500 000
存货	1 500 000	应付款项	180 000
固定资产净额	1 600 000	实收资本	1 800 000
		留存收益	200 000
合　计	3 500 000	合　计	3 500 000

根据图表11-7和图表11-8两张资产负债表编制合并资产负债表工作底稿,如图表11-9所示。

图表 11-9

浦江公司与梅陇工厂合并资产负债表工作底稿

2012 年 12 月 31 日　　　　　　　　　　　　　　　　　　　　单位：元

项　目	浦江公司	梅陇工厂	抵销及调整金额		合并后金额
资产					
货币资金	300 000	160 000			460 000
应收款项	400 000	240 000			640 000
存货	2 600 000	1 500 000			4 100 000
长期股权投资	1 200 000		－1 200 000①		
固定资产净额	2 700 000	1 600 000			4 300 000
商誉	50 000				50 000
合　计	7 250 000	3 500 000	－1 200 000		9 550 000
负债和所有者权益					
短期借款	1 150 000	820 000			1 970 000
长期借款	700 000	500 000			1 200 000
应付款项	340 000	180 000			520 000
实收资本	4 500 000	1 800 000	－1 080 000①	－720 000②	4 500 000
留存收益	560 000	200 000	－120 000①	－80 000②	560 000
少数股东权益				＋800 000②	800 000
合　计	7 250 000	3 500 000	－1 200 000		9 550 000

　① 浦江公司的长期股权投资 1 200 000 元与被投资单位梅陇工厂的实收资本 1 080 000 元、留存收益 120 000 元相抵销，其余 50 000 元作为商誉入账。

　② 梅陇工厂所有者权益部分抵销了浦江公司的长期股权投资 1 200 000 元后，剩余的部分有实收资本 720 000 元，留存收益 80 000 元，调整转入"少数股东权益"项目内。

　　根据图表 11-9，浦江公司与梅陇工厂合并资产负债表工作底稿，编制合并资产负债表如图表 11-10 所示。

图表 11-10

浦江公司与梅陇工厂合并资产负债表

2012 年 12 月 31 日　　　　　　　　　　　　　　　　　　　　单位：元

资　产	期末余额	负债和所有者权益	期末余额
货币资金	460 000	短期借款	1 970 000
应收款项	640 000	长期借款	1 200 000
存货	4 100 000	应付款项	520 000
固定资产净额	4 300 000	实收资本	4 500 000
商誉	50 000	留存收益	560 000
		少数股东权益	800 000
合　计	9 550 000	合　计	9 550 000

　　各子公司之间的长期股权投资也应按照上述方法将投资子公司的长期股权投资与被投资子公司所有者权益中所享有的份额相互抵销。

三、投资后合并财务报表的编制

母公司对子公司投资后,开展了生产经营活动,从而取得了利润和进行了利润分配。由于母公司拥有对子公司的控制权,因此母公司对从子公司取得的收益应采用权益法进行核算,其"长期股权投资"账户要反映出它所拥有的子公司净资产的变化。期末母公司除了要编制合并资产负债表外,还要编制合并利润表及利润分配表和合并现金流量表。

(一)投资后合并资产负债表和合并利润表及利润分配表的编制

投资后编制合并资产负债表的方法与投资时的编制方法基本相同,不再重述。

企业编制合并利润表及利润分配表时,子公司报表中的"净利润"项目的金额中,根据权益法的规定,有一部分是属于母公司的投资收益,另一部分属于子公司其他投资者的收益,因此在编制合并财务报表时,要将这部分数据分别予以抵销或进行调整后,再将报表各项目的数据予以合并。

企业在编制合并利润表及利润分配表时,由于子公司的"净利润"项目的金额中,有一部分属于其他投资者的收益,因此在报表上要增设一个"少数股东损益"项目。企业在编制合并利润表及利润分配表时,通常要编制合并财务报表工作底稿,那么在合并财务报表工作底稿上也要增设"少数股东损益"项目,可将其列于"投资收益"项目之下。

母公司利润表及利润分配表中的"投资收益"项目的金额,如果全部是从子公司取得的,那么应与子公司利润表及利润分配表中的"净利润"项目内属于母公司投资收益部分的金额要相互抵销。子公司的利润表及利润分配表中"净利润"项目的金额,在抵销了母公司利润表及利润分配表中"投资收益"项目的金额后,剩余的金额调整转入"少数股东损益"项目内。由于"净利润"项目是"利润总额"项目的一部分,因此"利润总额"项目也要相应地进行抵销和调整。

【例】 上例中,2012年浦江公司对梅陇工厂投资1 200 000元,梅陇工厂2013年末利润总额为360 000元,交纳所得税额为90 000元,净利润为270 000元,分配给投资者利润为135 000元,其余135 000元作为留存收益。现编制浦江公司与梅陇工厂合并财务报表工作底稿,如图表11-11所示。

根据上列浦江公司与梅陇工厂合并财务报表工作底稿,分别编制浦江公司与梅陇工厂合并资产负债表和浦江公司与梅陇工厂合并利润表及利润分配表,如图表11-12、图表11-13所示。

(二)合并资产负债表、利润表及利润分配表其他需要抵销的项目

企业在合并资产负债表、利润表及利润分配表时,除了要抵销和调整"长期股权投资"、"实收资本"、"留存收益"、"利润总额"和"净利润"等项目外,还应抵销下列各有关的内容。

图表 11-11

浦江公司与梅陇工厂合并财务报表工作底稿
2013年12月31日
单位：元

项目	浦江公司	梅陇工厂	抵销及调整金额		少数股东损益	合并后金额
利润表及利润分配表						
营业收入	6 800 000	3 260 000				10 060 000
减：营业成本	5 178 000	2 390 200				7 568 200
营业税金及附加	34 850	17 340				52 190
期间费用	969 150	492 460				1 461 610
加：投资收益	162 000		−162 000①			
少数股东损益（收益为"减"）			+108 000②		108 000	108 000
利润总额	780 000	360 000	−162 000①	−108 000②		870 000
减：所得税费用	195 000	90 000				285 000
净利润	585 000	270 000	−162 000①	−108 000②		585 000
减：应付股利	292 500	135 000	−81 000①	−54 000②		292 500
	292 500	135 000	−81 000①	−54 000②		292 500
加：年初留存收益	560 000	200 000	−120 000	−80 000		560 000
年末留存收益	852 500	335 000	−201 000	−134 000		852 500
资产负债表						
资产						
货币资金	320 000	175 000				495 000
应收款项	385 000	260 000				645 000
存货	2 657 500	1 584 000				4 241 500

(续表)

项目	浦江公司	梅陇工厂	抵销及调整金额	少数股东损益	合并后金额
长期股权投资	1 362 000		－1 362 000③		
固定资产净额	2 728 000	1 652 000			4 380 000
商誉	50 000				50 000
合　计	7 502 500	3 671 000	－1 362 000		9 811 500
负债和所有者权益					
短期借款	1 200 000	850 000			2 050 000
长期借款	600 000	500 000			1 100 000
应付款项	350 000	186 000			536 000
实收资本	4 500 000	1 800 000	－1 080 000③		4 500 000
留存收益	852 500	335 000	－282 000③ －720 000④		771 500
少数股东权益			－134 000④ ＋854 000④		854 000
合　计	7 502 500	3 671 000	－1 362 000		9 811 500

① 浦江公司"投资收益"项目 162 000 元系根据所属企业梅陇工厂净利润 60%的份额转账的，为了避免重复反映收益，"投资收益"项目、"利润总额"项目和"净利润"项目应分别抵销 162 000 元，同时梅陇工厂"净利润"项目中属于浦江公司份额的 50%分配给投资者，50%作为留存收益，因此"应付股利"项目和"留存收益"项目也要分别抵销 81 000 元。

② 梅陇工厂"利润总额"项目中有 10 800 元属于少数股东收益，应分别于以抵销。"净利润"项目中，属少数股东损益的份额，50%分配给投资者，50%作为留存收益，因此"应付股利"项目中 54 000 元和"留存收益"项目中 54 000 元，应调整转入"少数股东损益"项目。

③ 浦江公司的"长期股权投资"项目 1 362 000 元与被投资企业梅陇工厂的"实收资本"项目 1 080 000 元及"留存收益"项目 282 000 元相抵销（"留存收益"项目 282 000 元由梅陇工厂留存收益 335 000 元的 60%即 201 000 元和浦江公司留存收益 1 362 000 元所占留存收益 81 000 元所组成）。

④ 梅陇工厂所有者权益部分，抵销了浦江公司的"长期股权投资"项目 1 362 000 元后，剩余的部分有"实收资本"项目 720 000 元，"留存收益"项目 134 000 元，调整转入"少数股东权益"项目。

图表 11-12

浦江公司与梅陇工厂合并资产负债表

2013 年 12 月 31 日   单位：元

资　　产	期末余额	负债和所有者权益	期末余额
货币资金	495 000	短期借款	2 050 000
应收款项	645 000	长期借款	1 100 000
存货	4 241 500	应付款项	536 000
固定资产	4 380 000	实收资本	4 500 000
商誉	50 000	留存收益	771 500
		少数股东权益	854 000
合　　计	9 811 500	合　　计	9 811 500

图表 11-13

浦江公司与梅陇工厂合并利润表及利润分配表

2013 年度   单位：元

项　　目	本月数	本年累计数
营业收入		10 060 000
减：营业成本	（略）	7 568 200
营业税金及附加		52 190
期间费用		1 461 610
少数股东损益（损失为"加"）		108 000
利润总额		870 000
减：所得税费用		285 000
净利润		585 000
减：应付股利		292 500
留存收益		292 500
加：年初留存收益		560 000
年末留存收益		852 500

  1. 母公司与子公司、子公司相互之间发生的商品购销业务应当抵销　　当母公司与子公司、子公司相互之间发生购销货业务时，由于它们是同一个企业集团整体，在一个企业集团整体内部是不存在商品购销货业务的，若购货方将从同一企业集团整体内购入的货物全部售完，那么在编制合并财务报表时，只需抵销"营业收入"项目和"营业成本"项目的金额。

  【例】　母公司销售给子公司产品 300 000 元，子公司已将这部分产品加工后全

部售完,现将相关的两个项目合并的结果列示如下:

项 目	母公司	子公司	抵销金额	合并后金额
营业收入	4 000 000	2 400 000	－300 000	6 100 000
营业成本	3 150 000	2 000 000	－300 000	4 850 000

然而,若购货方从同一企业集团整体内购入的货物尚未销售,这样购货方的存货中就包含了销货方的利润。既然在一个企业集团整体内购销货业务不能成立,那么销货方的利润当然也不可能实现,因此在编制合并利润表时,除了要抵销"营业收入"项目和"营业成本"项目的金额外,还应将这部分未实现的内部销售利润从"利润总额"的项目内抵销,并且在编制合并资产负债表时,还应将子公司"存货"项目中包含的这一部分来实现的内部销售利润予以抵销。

【例】 上例中,若子公司向母公司购进的 300 000 元存货期末尚有 100 000 元未销售,这部分尚未销售的产品,母公司的销售成本为 80 000 元,现将利润表和资产负债表中有关的项目合并的结果列示如下:

项 目	母公司	子公司	抵销金额	合并后金额
营业收入	4 000 000	2 400 000	－100 000	6 300 000
营业成本	3 150 000	2 000 000	－80 000	5 070 000
利润总额	500 000	278 000	－20 000	758 000
存货	2 000 000	1 200 000	－20 000	3 180 000

2. 母公司与子公司、子公司相互之间的债权债务项目应当相互抵销　　母公司与子公司、子公司相互之间相互持有对方的商业汇票,签发并承兑商业汇票的一方,核算时列入"应付票据"账户;收取商业汇票的一方,核算时列入"应收票据"账户。对此,企业在编制合并资产负债表时,这两个账户相对应的项目应当相互抵销。

母公司与子公司、子公司相互之间发生的"应收账款"和"应付账款"以及其他应收应付款项,在编制合并资产负债表时,均要予以抵销。此外在抵销应收账款、其他应收款时,还要抵销坏账准备,在抵销坏账准备的同时,还要相应地抵销合并利润表中的资产减值损失。

【例】 2013 年年末,母公司与子公司"资产负债表"中,母公司"应收款项"项目金额为 597 000 元,已扣除的坏账准备金额为 3 000 元,"应付款项"项目金额为 500 000 元;子公司"应收款项"项目金额为 447 750 元,已扣除的坏账准备金额为 2 250 元,"应付款项"项目金额为 396 000 元,其中 100 000 元为应付母公司的货款,母公司已计提了坏账准备 500 元。母公司与子公司"利润表"中,母公司"资产减值损失"项目金额为 9 600 元,子公司"资产减值损失"项目金额为 6 750 元。现将资产负债表和利润表中有关的项目合并的结果列示如下:

项　目	母公司	子公司	抵销金额	合并后金额
应收款项	597 000	447 750	−99 500	945 250
已扣除的坏账准备	3 000	2 250	−500	4 750
应付款项	500 000	396 000	−100 000	796 000
资产减值损失	9 600	6 750	−500	15 850

3. 母公司与子公司之间、子公司相互之间的持有至到期投资与应付债券应当相互抵销　　当母公司与子公司之间、子公司相互之间一方发行了债券,而另一方购买了债券,则购买方形成了持有至到期投资,发行方则形成了应付债券,对此在编制合并资产负债表应当予以抵销。

【例】　2013年年末,母公司与子公司的"资产负债表"中,母公司"持有至到期投资"项目金额为500 000元,其中100 000元系购买子公司的债券,子公司"应付债券"项目金额为300 000元,现将这两个项目合并的结果列示如下:

项　目	母公司	子公司	抵销金额	合并后金额
持有至到期投资	500 000		−100 000	400 000
应付债券		300 000	−100 000	200 000

当母公司与子公司、子公司相互之间持有债券后,持有债券的一方将会取得利息收入,届时列入"投资收益"账户;而发行债券的一方将要支付债券的利息,届时列入"财务费用"账户。对此在合并利润表时也应当予以抵销。

【例】　2013年年末,母公司与子公司的"利润表"中,母公司"投资收益"项目金额为115 000元,其中6 000元系从子公司取得的债券利息收入,而子公司"财务费用"项目金额为45 000元,其中6 000元系支付母公司债券利息,现将这两个项目合并的结果列示如下:

项　目	母公司	子公司	抵销金额	合并后金额
投资收益	115 000	30 000	−6 000	139 000
财务费用	66 000	45 000	−6 000	105 000

(三) 合并现金流量表的编制

合并现金流量表应当以母公司和子公司的现金流量表为基础,在抵销母公司与子公司、子公司相互之间发生的内部交易对合并现金流量表的影响后,由母公司合并编制。

合并现金流量表要抵销的内容主要有:① 母公司与子公司、子公司相互之间当期以现金投资或收购股权增加的投资所产生的现金流量。② 母公司与子公司,子公司相互之间当期取得投资收益收到的现金,与分配股利、利润或偿付利息支付的现金。③ 母公司与子公司、子公司相互之间以现金结算债权与债务所产生的现金流量。④ 母公司与子公司、子公司相互之间当期销售商品所产生的现金流量。⑤ 母公司与子公司、子公司相互之间处置固定资产、无形资产和其他长期资产收回的现金净额，与购建固定资产、无形资产和其他长期资产支付的现金等。

合并现金流量表与个别现金流量表相比较，还涉及子公司与其少数股东之间的现金流入和流出的处理问题。对于子公司与少数股东之间发生的现金流入和现金流出，从企业集团整体来看，也影响到其整体的现金流入量和现金流出量的增减变动，必须在合并现金流量表中予以反映。

子公司与少数股东之间发生的影响现金流入和现金流出的经济业务有：少数股东对子公司增加现金投资、子公司向其少数股东支付现金股利等。为了便于公司的股东、债权人等投资者了解掌握其现金流量的情况，有必要将与子公司少数股东之间的现金流入和现金流出的情况单独予以反映。

对于子公司中的少数股东增加在子公司中的现金投资，在合并现金流量表中，应当在"筹资活动产生的现金流量"中的"吸收投资收到的现金"项目之下，增设"其中：子公司吸收少数股东投资收到的现金"项目予以反映。

对于子公司向少数股东支付现金股利，在合并现金流量表中，应当在"筹资活动产生的现金流量"中的"分配股利、利润或偿付利息支付的现金"项目之下，增设"其中：子公司支付给少数股东股利、利润支付的现金"项目予以反映。

合并现金流量表除了需增设一些项目外，其格式与个别现金流量表相同，不再重述。

（四）合并所有者权益变动表的编制

合并所有者权益变动表应当以母公司和子公司的所有者权益变动表为基础，在抵销母公司与子公司、子公司相互之间发生的内部交易对合并所有者权益变动表的影响后，由母公司合并编制。

合并所有者权益变动表要抵销的内容有：① 母公司对子公司的长期股权投资与母公司在子公司所有者权益中所享有的份额。② 母公司对子公司、子公司相互之间持有对方长期股权投资的投资收益。③ 母公司与子公司、子公司相互之间发生的其他内部交易对所有者权益变动的影响等。

合并所有者权益变动表也可以根据合并资产负债表和合并利润表进行编制。

思 考 题

1. 什么是财务报表？为何要编制财务报表？它有哪些作用？
2. 试述财务报表的组成和编制要求。

3. 试述财务报表分类的方法及其具体分类。
4. 什么是资产负债表？它有哪些作用？其结构怎样？
5. 什么是利润表？它有哪些作用？可分为哪几个部分？各部分之间的相互关系如何？
6. 什么是利润分配表？它有哪些作用？
7. 什么是现金流量表？它有哪些作用？其结构怎样？
8. 什么是直接法？什么是间接法？
9. 什么是所有者权益变动表？它有哪些作用？其结构怎样？
10. 企业如何进行偿债能力分析？
11. 企业如何进行营运能力分析和盈利能力分析。
12. 什么是合并财务报表？什么是母公司和子公司？
13. 试述合并财务报表的合并范围。
14. 合并资产负债表应如何编制？
15. 合并利润表及利润分配表应如何编制？
16. 合并现金流量表与个别现金流量表相比较，有哪些经济业务？需要增设哪些项目单独予以反映？

习 题 一

一、目的 练习财务报表的编制。

二、资料 东昌工厂2013年12月31日有关资料如下：

1. 年终结账后有关账户余额（单位：元）如下：

借方余额账户	年末余额	年初余额	贷方余额账户	年末余额	年初余额
库存现金	1 180	1 050	坏账准备	1 250	1 120
银行存款	165 320	159 700	存货跌价准备	2 620	1 760
备用金	1 500	1 200	固定资产减值准备	4 900	4 200
其他货币资金	30 000	25 000	短期借款	320 000	290 000
交易性金融资产	120 000	114 000	应付票据	47 800	39 900
应收票据	128 000	121 000	应付账款	76 400	70 200
应收账款	250 000	224 000	预收账款	32 040	28 100
预付账款	24 000	32 600	应付职工薪酬	29 600	25 885
应收利息	9 600	7 500	应交税费	48 950	45 540

(续上)

借方余额账户	年末余额	年初余额	贷方余额账户	年末余额	年初余额
其他应收款	22 500	21 600	应付股利	322 875	293 250
材料采购	90 100	88 200	其他应付款	9 000	8 500
原材料	318 000	301 000	累计折旧	376 000	264 000
材料成本差异	4 770	5 418	累计摊销	36 000	24 000
委托加工物资	35 600	33 722	长期借款	30 000	30 000
包装物	29 800	28 200	应付债券	120 000	90 000
低值易耗品	55 120	52 180	递延所得税负债	13 765	15 980
库存商品	279 600	268 800	实收资本	2 550 000	2 300 000
发出商品	21 900	20 580	资本公积	56 445	306 445
生产成本	125 910	118 800	盈余公积	216 000	147 120
待摊费用	38 400	36 000	利润分配	101 055	62 310
持有至到期投资	210 000	185 000			
长期股权投资	250 000	250 000			
固定资产	1 512 000	1 369 600			
在建工程	402 000	306 000			
工程物资	19 200	17 200			
无形资产	156 000	156 000			
长期待摊费用	90 000	100 000			
递延所得税资产	4 200	3 960			

2. 有关明细分类账户余额(单位：元)如下：

	年末余额	年初余额
(1) 应收账款账户借方余额	280 000	244 000
应收账款账户贷方余额	30 000	20 000
(2) 应付账款账户借方余额	20 000	15 000
应付账款账户贷方余额	96 400	85 200
(3) 持有至到期投资账户		
其中：1年内到期的持有至到期投资	95 000	84 000
(4) 长期待摊费用账户		
其中：1年内到期的长期待摊费用	10 000	10 000
(5) 应付债券账户		
其中：1年内到期的应付债券	34 000	30 000

3. "应交税费"账户所属有关明细账户的发生额(单位:元):
(1) "应交增值税"三级明细账户的净发生额:

账 户 名 称	12月数	1~11月数
销项税额	71 400	744 600
进项税额转出		5 950
进项税额	49 640	528 360
转出未交增值税	21 760	222 190

(2) "未交增值税——转入未交增值税"明细账户:年初数为贷方余额 19 890元,年末数为贷方余额 21 760元,该账户的借方发生额 12月份为 20 910元,1~11月份为 221 170元;贷方发生额 12月份为 21 760元,1~11 月份为 222 190元。

(3) "应交所得税"明细账户年初贷方余额为 20 250元,年末贷方余额为 23 280元。

4. 本年损益类账户净发生额(单位:元):

账 户 名 称	12月数	1~11月数
主营业务收入	404 000	4 216 000
其他业务收入	16 000	164 000
主营业务成本	293 300	3 058 700
其他业务成本	10 500	109 500
营业税金及附加	3 910	40 630
销售费用	18 180	189 820
管理费用	39 800	408 460
财务费用	4 500	43 500
资产减值损失	2 420	5 080
公允价值变动损益	160	440
投资收益	6 320	16 580
营业外收入	1 960	16 640
营业外支出	2 230	19 570
所得税费用	13 400	148 100

5. 利润分配明细分类账户净发生额(单位:元):

账 户 名 称	本年数	上年数
提取法定盈余公积	43 050	39 100
提取任意公积	25 830	23 460
应付股利	322 875	293 250

6. 上年净利润为 391 000 元,上年初未分配利润为 27 120 元。

7. 有关明细分类账户的年末余额与年初余额(单位:元)如下:

账 户 名 称	年末余额	年初余额
交易性金融资产——现金等价物	60 000	43 000
持有至到期投资——应计利息	6 000	4 000

8. 有关总分类账户和明细分类账户的发生额如下(单位:元):

账 户 名 称	借方金额	贷方金额
交易性金融资产(该账户内全部为债权投资)	150 000	144 000
其中:现金等价物	50 000	33 000
其他应收款——包装物押金	24 000	23 100
坏账准备——应收账款	2 340	2 880
存货跌价准备	1 610	1 920
固定资产减值准备	2 000	2 700
待摊费用	38 400	36 000
持有至到期投资	120 000	95 000
其中:应计利息	6 000	4 000
固定资产	304 900	163 200
累计折旧	109 900	221 900
在建工程	114 000	18 000
工程物资	28 200	26 200
累计摊销		12 000
长期待摊费用		10 000
短期借款	290 000	320 000
应付职工薪酬	1 041 285	1 045 000
应付股利	293 250	322 875
应交税费——应交所得税	160 925	163 955
其他应付款——包装物押金	12 200	12 700
应付债券	30 000	60 000
其中:应计利息	3 000	5 000

9. 其他有关资料如下:

(1) 存货中遭受火灾损失的 35 000 元及相应的进项税额 5 950 元,已由保险公司赔偿,并付来现款。

(2) 职工薪酬计入生产成本及制造费用为 822 000 元,其他业务成本为 23 000 元,销售费用为 55 100 元,管理费用为 144 900 元。

(3) 固定资产折旧费计入制造费用为 188 500 元,销售费用为 9 800 元,管理费用为 23 600 元,长期待摊费用用于租入固定资产改良支出的摊销计入制造费用为 10 000 元。

(4) 摊销保险费计入制造费用为 32 400 元,销售费用为 3 600 元。

(5) 计入销售费用的耗用材料为 7 220 元,耗用包装物 8 010 元,低值易耗品摊销 6 220 元。

(6) 计入管理费用的耗用材料为 14 200 元,无形资产摊销为 12 000 元,税金为 2 700 元。

(7) 计入财务费用的利息为 39 000 元,发行债券费用为 150 元,汇兑损失为 4 150 元。

(8) 固定资产账户借方发生额中,有 18 000 元系"在建工程"账户转入,"在建工程"账户借方发生额中,有 26 200 元系"工程物资"账户转入;有 5 000 元系"应付债券——应计利息"账户转入,其他的借方发生额均以现金支付。出售与清理报废的固定资产的残料收入现金 55 190 元,另以现金支付清理费用 3 400 元。

(9) 营业外收入中有 5 440 元系处置固定资产利得,8 000 元系接受现金捐赠,5 160 元系罚款收入现金,营业外支出中有 6 950 元系处置固定资产损失,10 000 元系公益性捐赠现金支出,600 元系存货盘亏损失,4 250 元系罚款支出现金。

10. 该厂本年和上年均未发生会计政策变更和前期差错更正业务,本年将 250 000 元资本公积转增资本,上年所有者追加投资 150 000 元,上年金额中的上年年末余额实收资本为 2 150 000 元,资本公积为 306 445 元,盈余公积为 84 560 元,未分配利润为 27 120 元。

三、要求

1. 根据"资料 1"、"资料 2",编制资产负债表。

2. 根据"资料 3",编制应交增值税明细表。

3. 根据"资料 4",编制利润表。

4. 根据"资料 5"、"资料 6"和利润表,编制利润分配表。

5. 根据"资料 7"、"资料 8"、"资料 9"和资产负债表、利润表及前列有关资料,编制现金流量表。

6. 根据"资料 10"和资产负债表、利润分配表,编制所有者权益变动表。

习 题 二

一、目的　练习财务报表的分析。

二、资料　东昌工厂2013年有关资料如下:

1. 2011年期初存货为871 700元,流动资产为1 699 750元,2012年的营业收入为4 500 000元,营业成本为3 298 400元。

2. 本章习题一编制的财务报表。

三、要求

1. 根据习题一编制的财务报表中的有关资料进行偿债能力分析。

2. 根据"资料1"及习题一编制的财务报表中的有关资料进行营运能力分析。

3. 根据习题一编制的财务报表中的有关资料进行盈利能力分析。

习 题 三

一、目的　练习编制合并财务报表。

二、资料　母公司与子公司有关资料如下:

1. 2012年12月31日,沪兴公司向南桥工厂投资1 500 000元,占其所有者权益的60%。

2. 沪兴公司和南桥工厂2012年12月31日的资产负债表如图表11-14、图表11-15所示。

图表11-14

沪兴公司资产负债表

2012年12月31日　　　　　　　　　　　　　　　　单位:元

资　　产	期末余额	负债和所有者权益	期末余额
货币资金	330 000	短期借款	1 200 000
应收账款	450 000	长期借款	850 000
存货	2 800 000	应付账款	360 000
长期股权投资	1 500 000	实收资本	4 950 000
固定资产净额	2 900 000	留存收益	620 000
合　　计	7 980 000	合　　计	7 980 000

图表 11-15

南桥工厂资产负债表

2012 年 12 月 31 日　　　　　　　　　　　　　　　单位：元

资　　产	期末余额	负债和所有者权益	期末余额
货币资金	180 000	短期借款	880 000
应收账款	260 000	长期借款	550 000
存货	1 640 000	应付账款	200 000
固定资产净额	1 720 000	实收资本	1 960 000
		留存收益	210 000
合　　计	3 800 000	合　　计	3 800 000

3. 沪兴公司和南桥工厂 2013 年度的利润表和利润分配表如图表 11-16、图表 11-17 所示。

图表 11-16

沪兴公司利润表及利润分配表

2013 年度　　　　　　　　　　　　　　　　　单位：元

项　　目	金　　额
营业收入	7 550 000
减：营业成本	5 748 000
营业税金及附加	38 600
期间费用	1 083 400
加：投资收益	180 000
利润总额	860 000
减：所得税费用	215 000
净利润	645 000
减：应付股利	354 750
留存收益	290 250

图表 11-17

南桥工厂利润表及利润分配表

2013 年度　　　　　　　　　　　　　　　　　　　　单位：元

项　目	金　额
营业收入	3 540 000
减：营业成本	2 596 000
营业税金及附加	18 880
期间费用	525 120
利润总额	400 000
减：所得税费用	100 000
净利润	300 000
减：应付股利	165 000
留存收益	135 000

4. 沪兴公司和南桥工厂 2013 年 12 月 31 日的资产负债表如图表 11-18、图表 11-19 所示。

图表 11-18

沪兴公司资产负债表

2013 年 12 月 31 日　　　　　　　　　　　　　　　　单位：元

资　产	期末余额	负债和所有者权益	期末余额
货币资金	351 250	短期借款	1 250 000
应收账款	473 000	长期借款	700 000
存货	2 852 000	应付账款	375 000
长期股权投资	1 383 000	实收资本	4 950 000
固定资产净额	2 928 000	留存收益	910 250
商誉	198 000		
合　计	8 185 250	合　计	8 185 250

图表 11-19

南桥工厂资产负债表

2013 年 12 月 31 日　　　　　　　　　　　　　　　　　　　　　单位：元

资产	期末余额	负债和所有者权益	期末余额
货币资金	192 000	短期借款	900 000
应收账款	270 000	长期借款	550 000
存货	1 710 000	应付账款	220 000
固定资产净额	1 803 000	实收资本	1 960 000
		留存收益	345 000
合　　计	3 975 000	合　　计	3 975 000

5. 母公司与子公司有关资料如下：

（1）2013年年末，母公司的利润表中："营业收入"项目为6 000 000元，其中560 000元系售给子公司的产品；"营业成本"项目为4 510 000元；"投资收益"项目为150 000元；"资产减值损失"项目为6 920元；"财务费用"项目为69 000元。子公司的利润表中："营业收入"项目为2 700 000元；"营业成本"项目为2 030 000元，其中560 000元系耗用从母公司购进的原材料；"投资收益"项目为20 000元；"资产减值损失"项目为4 550元；"财务费用"项目为37 500元，其中7 200元系支付母公司债券利息。

（2）2013年年末，母公司的资产负债表中："应收账款"项目为398 000元，已扣除坏账准备2 000元；"应付账款"项目为300 000元；"持有至到期投资"项目为280 000元，其中90 000元系购买子公司的债券。子公司的资产负债表中："应收账款"项目为278 600元，已扣除坏账准备1 400元；"应付账款"项目金额为210 000元，其中75 000元为应付母公司的货款，母公司已计提了坏账准备375元；"应付债券"项目为200 000元，其中有90 000元由母公司买去。

三、要求

1. 根据"资料1"、"资料2"，编制2012年合并资产负债表工作底稿，并根据工作底稿编制2012年合并资产负债表。

2. 根据"资料3"、"资料4"，编制2013年合并财务报表工作底稿，并根据工作底稿分别编制2013年合并资产负债表和合并利润表及利润分配表。

3. 根据"资料5"，计算母、子公司资产负债表和利润表有关项目的抵销金额和合并后金额。

第十二章 债务重组和非货币性资产交换

第一节 债务重组

一、债务重组的概述

(一) 债务重组的意义

债务重组是指在债务人发生财务困难的情况下,债权人按照其与债务人达成的协议或者法院的裁定做出让步的事项。

债务是指企业由于过去的事项而发生的现存义务,这种义务的结算将会引起含有经济利益的资源流出企业,如短期借款、应付账款、应付票据、应付职工薪酬、长期借款、应付债券等。

债务人发生财务困难是指因债务人出现资金周转困难、经营陷入困境或者其他原因,导致其无法或者没有能力按原定条件偿还债务。

债权人作出让步是指债权人同意发生财务困难的债务人现在或者将来以低于重组债务账面价值的金额或者价值偿还债务。债权人作出让步的情形主要包括:债权人减免债务人部分债务本金或者利息,降低债务人应付债务的利率等。

在市场经济的条件下,企业之间存在着激烈的竞争,当企业由于生产经营决策失误、资本结构失衡、负债比例过高等原因,导致企业资金周转失灵,从而发生财务困难,无力偿付到期的债务时,债权人出于下列两个原因同意债务人修改债务条件:第一,为最大限度地收回债权;第二,为缓解债务人暂时的财务困难,避免由于采取立即求偿的措施,致使债权上的损失更大。

(二) 债务重组的方式

债务重组方式可以分为以下五种。

1. 以低于重组债务账面价值的现金清偿债务 它是指债务人以低于重组债务账面价值的现金清偿债务。为此,债权人作出了减免债务人部分债务的让步,从而以低于重组债权账面价值的现金收到债权。

2. 以非现金资产清偿债务 它是指债务人转让其非现金资产给债权人以清偿债务。债务人常用于偿债的非现金资产主要有:存货、固定资产、无形资产以

第十二章 债务重组和非货币性资产交换

及股票、债券、基金等金融资产。

3. 将债务转为资本 它是指债务人将其所负的债务转换为资本。然而从债权人的角度看,则为债权转为股权。

债务转为资本实质上是增加债务人的资本。在债务人以债务转为资本方式进行债务重组时,必须严格遵照国家有关法律的规定。债务转为资本的结果是债务人因此而增加实收资本(或股本),债权人因此而增加长期股权投资。

4. 修改其他债务条件 它是指修改不包括以现金、非现金资产清偿债务和以债务转为资本三种方式在内的债务条件,如延长债务偿还期限、并降低利率、延长债务偿还期限并减少债务本金或者利息等。

5. 多种方式的组合 它是指以现金、非现金资产清偿债务、将债务转为资本和修改其他债务条件等多种方式的组合。

二、债务人的债务重组

债务人在进行债务重组时,由于债务重组的方式不同,其核算的方法也各异,现分述之。

(一)以低于重组债务账面价值的现金清偿债务的核算

以低于重组债务账面价值的现金清偿债务方式的,债务人应当将重组债务的账面价值与实际支付现金之间的差额计入当期损益。

重组债务的账面价值是指债务的面值,或本金、原值,如带息的应付票据、短期借款、长期借款、应付债券等含有利息,还应加上应计未付的利息;如溢价或折价发行的债券,还应加上尚未摊销的利息调整额。

【例】 3月1日,南方公司向广华工厂采购材料一批,含税价格为150 000元,当即签发并承兑带息商业承兑汇票150 000元付讫,汇票的付款期为6个月,月利率为6‰。9月1日,南方公司因发生财务困难,无法兑现票款,经双方协议,广华工厂同意减免南方公司15 000元债务,并要求其立即付款。今签发转账支票140 760元,清偿广华工厂债务,作分录如下:

借:应付票据——面值　　　　　　　　　　　　　　　　150 000.00
借:应付票据——利息(150 000×6‰×6)　　　　　　　　5 760.00
　贷:银行存款　　　　　　　　　　　　　　　　　　　140 760.00
　贷:营业外收入——债务重组利得　　　　　　　　　　15 000.00

(二)以非现金资产清偿债务的核算

以非现金资产清偿债务的,债务人应当将重组债务的账面价值与转让的非现金资产公允价值之间的差额,计入当期损益;转让的非现金资产公允价值与其账面价值之间的差额,应当分别不同情况进行处理。

非现金资产为存货的,应当作为销售处理,以其公允价值确认收入,同时结转相应的成本。

非现金资产为固定资产、无形资产的,其公允价值与账面价值的差额,计入营业外收入或营业外支出。

非现金资产为长期股权投资的,其公允价值与账面价值的差额,计入投资损益。

非现金资产的账面价值是指非现金资产的账面余额扣除有关损失准备后的金额,如存货的账面价值就是其账面余额扣除有关存货跌价准备后的金额;固定资产的账面价值就是其账面余额扣除累计折旧和有关固定资产减值准备后的金额;长期股权投资的账面价值就是其账面余额扣除长期股权投资减值准备后的金额。

【例】 光新工厂8月8日向中兴公司购进材料一批,含税价格为155 000元,当时签发并承兑不带息的商业承兑汇票付讫,汇票的付款期为2个月。10月8日,光新工厂因发生财务困难,无法兑现票款,经双方协议,10月12日,中兴公司同意光新工厂用A产品一批抵偿债务,该批A产品的公允价值为125 000元,增值税税率为17%。

(1) 作销售收入入账,作分录如下:

借:应付票据　　　　　　　　　　　　　　　　　　　155 000.00
　　贷:主营业务收入　　　　　　　　　　　　　　　　125 000.00
　　贷:应交税费——应交增值税——销项税额　　　　 21 250.00
　　贷:营业外收入——债务重组利得　　　　　　　　　 8 750.00

(2) A产品未提跌价准备,其账面价值为110 000元,结转其销售成本,作分录如下:

借:主营业务成本　　　　　　　　　　　　　　　　　110 000.00
　　贷:库存商品　　　　　　　　　　　　　　　　　　110 000.00

【例】 6月10日,南方公司向华生机床厂赊购数控机床1台,价值200 000元,合同规定9月10日付清价款。9月10日,因南方公司发生财务困难,无法按合同规定偿还债务,经双方协商,华生机床厂同意南方公司以一座旧仓库抵偿债务。该仓库原始价值为300 000元,已提折旧110 000元,已计提减值准备10 000元。

(1) 将清偿债务的仓库转账,作分录如下:

借:固定资产清理——处置旧仓库　　　　　　　　　　180 000.00
借:累计折旧　　　　　　　　　　　　　　　　　　　110 000.00
借:固定资产减值准备　　　　　　　　　　　　　　　　10 000.00
　　贷:固定资产　　　　　　　　　　　　　　　　　　300 000.00

(2) 该仓库经评估,公允价值为176 000元,签发转账支票支付中介机构对旧

仓库的评估费用 2 500 元,作分录如下:

  借:固定资产清理——处置旧仓库   2 500.00
    贷:银行存款   2 500.00

(3) 计提偿债仓库营业税额 5 280 元,作分录如下:

  借:固定资产清理——处置旧仓库   5 280.00
    贷:应交税费——应交营业税   5 280.00

(4) 将旧仓库交付华生机床厂以清偿前欠数控机床款,作分录如下:

  借:应付账款   200 000.00
  借:营业外支出——处置非流动资产损失(176 000−187 780) 11 780.00
    贷:固定资产清理——处置旧仓库   187 780.00
    贷:营业外收入——债务重组利得(200 000−176 000) 24 000.00

(三) 将债务转为资本清偿债务的核算

  将债务转为资本清偿债务的,债务人应当将债权人放弃债权而享有股权的份额确认为实收资本或者股本,将享有股权份额的公允价值与实收资本或者股本之间的差额确认为资本公积。重组债务的账面价值与股权公允价值之间的差额,计入当期损益。

  【例】 3 月 2 日,宁海机械厂向中原汽车厂赊购载重汽车 2 辆,每辆150 000元,计价款 300 000 元,合同规定 6 月 2 日付清账款,6 月 2 日,宁海机械厂因发生财务困难,无力支付账款,经双方协议,中原汽车厂同意宁海机械厂以该厂 5% 的股权抵偿债务,5% 股权的公允价值为 270 000 元。该厂的所有者权益为 5 000 000元,予以转账,作分录如下:

  借:应付账款   300 000.00
    贷:实收资本(5 000 000×5%)   250 000.00
    贷:资本公积——资本溢价   20 000.00
    贷:营业外收入——债务重组利得   30 000.00

(四) 修改其他债务条件清偿债务的核算

  1. 修改其他债务条件清偿债务不涉及或有应付金额的核算 修改其他债务条件清偿债务,并且修改后的债务条款不涉及或有应付金额的,债务人应当将修改其他债务条件后债务的公允价值作为重组后的债务的入账价值。重组债务的账面价值与重组后债务的入账价值之间的差额,计入当期损益。

  或有应付金额是指需要根据未来某种事项出现而发生的应付金额,而且该未来事项的出现具有不确定性。

【例】 4月5日,星光公司为支付材料采购货款及增值税额,签发并承兑了带息的商业承兑汇票120 000元给卢湾公司,汇票的付款期为3个月,月利率为6‰。7月5日,星光公司因发生财务困难,无法兑现票款,经双方协议,卢湾公司要求星光公司先偿付汇票利息,然后同意其推迟6个月付款,并减少其本金10 000元。

(1) 签发转账支票2 160元,支付商业承兑汇票利息,作分录如下:

  借:应付票据——利息——卢湾公司   2 160.00
    贷:银行存款   2 160.00

(2) 将应付票据进行债务重组转账,作分录如下:

  借:应付票据——面值——卢湾公司   120 000.00
    贷:应付账款——卢湾公司   110 000.00
    贷:营业外收入——债务重组利得   10 000.00

2. 修改其他债务条件清偿债务涉及或有应付金额的核算 修改其他债务条件清偿债务的,修改后的债务条款如涉及或有应付金额,且该或有应付金额符合预计负债确认条件的,债务人应当将该或有应付金额确认为预计负债。重组债务的账面价值与重组后债务的入账价值和预计负债金额之和的差额,计入当期损益。

【例】 2008年12月31日,东新工厂向银行借入500 000元,期限为3年,年利率为7.2%,到期一次还本付息。现因东新工厂发生财务困难,于2010年12月31日进行债务重组,银行同意延长到期日至2013年12月31日,利率降至6%,每年付息一次,免除积欠利息72 000元,本金减至450 000元,但附有一条件,即债务重组后,如东新工厂自第二年起有盈利,则利率回复至7.2%;若无盈利,利率仍维持在6%。计算长期借款的账面价值与重组后债务的入账价值的差额(单位:元)如下:

  长期借款的账面价值   572 000.00
    其中:面值   500 000.00
      应计利息(500 000×7.2%×2)   72 000.00
  减:重组后债务的入账价值   531 000.00
    其中:面值   450 000.00
      应计利息(450 000×6%×3)   81 000.00
    减:或有应付金额[450 000×(7.2%−6%)×2] 10 800.00
  差额   30 200.00

(1) 2010年12月31日,根据计算的结果,进行债务重组,作分录如下:

借：长期借款——本金	500 000.00
借：长期借款——利息	72 000.00
贷：长期借款——债务重组	531 000.00
贷：预计负债	10 800.00
贷：营业外收入——债务重组利得	30 200.00

（2）2011年12月31日，签发转账支票偿还银行借款利息，作分录如下：

| 借：长期借款——债务重组（450 000×6%） | 27 000.00 |
| 　　贷：银行存款 | 27 000.00 |

（3）2012年12月31日，因本年已实现盈利，签发转账支票偿还长期借款利息，作分录如下：

借：长期借款——债务重组（450 000×6%）	27 000.00
借：预计负债	5 400.00
贷：银行存款（450 000×7.2%）	32 400.00

（4）2013年12月31日，签发转账支票482 400元，偿还长期借款本息，作分录如下：

借：长期借款——债务重组	477 000.00
借：预计负债	5 400.00
贷：银行存款	482 400.00

债务重组后产生的预计负债，如果在未来偿还债务期间内，未满足债务重组协议所规定的或有应付金额的条件，那么应当将或有应付金额计入当期损益，届时借记"预计负债"账户，贷记"营业外收入——债务重组利得"账户。

（五）多种方式的组合清偿债务的核算

债务重组是以现金清偿债务、非现金资产清偿债务、将债务转为资本、修改其他债务条件等方式的组合进行的，债务人应当依次以支付的现金、转让的非现金资产公允价值、债权人享有股权的公允价值、修改其他债务条件后债务的公允价值作为重组后的债务的入账价值。重组债务的账面价值与公允价值之间的差额，计入当期损益。

【例】 1月15日，永新工厂签发并承兑不带息的商业承兑汇票220 000元给华光公司，汇票的付款期为5个月，6月15日到期日，永新工厂因发生财务困难，无力清偿，经法院裁定，永新工厂以一辆大客车抵偿债务，该大客车原值为120 000元，累计折旧为45 000元，已提减值准备10 000元，其公允价值为60 000元，并将其余的债务转为3.5%的股权，其公允价值为120 000元，永新工厂的重新注册的资本为3 000 000元，还规定6个月后再支付现金25 000元，以清偿剩余债务。

(1) 先转销清偿大客车的账面价值，作分录如下：

借：固定资产清理——处置大客车	65 000.00
借：累计折旧	45 000.00
借：固定资产减值准备	10 000.00
贷：固定资产	120 000.00

(2) 以大客车抵偿部分债务、部分债务转作资本，剩余债务 6 个月后清偿，作分录如下：

借：应付票据	220 000.00
借：营业外支出——非流动资产处置损失	5 000.00
贷：固定资产清理——处置大客车	65 000.00
贷：实收资本	105 000.00
贷：资本公积——资本溢价	15 000.00
贷：应付账款	25 000.00
贷：营业外收入——债务重组利得	15 000.00

三、债权人的债务重组

债权人在进行债务重组时，由于债务重组的方式不同，其核算的方法也各异，现分述之。

（一）接受低于账面价值的现金清偿债务的核算

企业接受低于账面价值的现金清偿债务的，债权人应当将重组债权的账面价值与收到的现金之间的差额，计入当期损益。

重组债权的账面价值是指债权面值，或本金、原值。如应收账款应减去其已计提的坏账准备；带息的应收票据、债券投资等有利息的，应加上应计未收的利息；如溢价或折价购进的债券，还应加上尚未摊销的利息调整额。

【例】 3 月 10 日，长宁工厂赊销给城南公司产品一批，含税价格为 150 000 元，付款期限为 3 个月，已按 5‰ 计提坏账准备。6 月 10 日，因城南公司发生财务困难，无法按合同规定偿还债务，经双方协议，同意减免城南公司债务 15 000 元，当即收到城南公司清偿债务的转账支票 135 000 元解存银行，作分录如下：

借：银行存款	135 000.00
借：坏账准备	750.00
借：营业外支出——债务重组损失	14 250.00
贷：应收账款	150 000.00

（二）接受非现金资产清偿债务的核算

企业接受非现金资产清偿债务的，债权人应当对受让的非现金资产按其公允价值入账，重组债权的账面余额与受让的非现金资产的公允价值之间的差额计入当期损益。

第十二章 债务重组和非货币性资产交换

【例】 4月20日,黄浦工厂赊销给宝山工厂产品一批,含税价格为100 000元,付款期为3个月,已按5‰计提了坏账准备。7月20日,宝山工厂发生财务困难无法按合同规定偿还债务,经双方协议,同意宝山工厂以一辆小轿车抵偿债务,该小轿车的公允价值为90 000元,作分录如下:

借:固定资产　　　　　　　　　　　　　　　　　　90 000.00
借:坏账准备　　　　　　　　　　　　　　　　　　　　500.00
借:营业外支出——债务重组损失　　　　　　　　　 9 500.00
　贷:应收账款　　　　　　　　　　　　　　　　　　　　　　100 000.00

企业接受债务人以存货清偿债务的,应将增值税进项税额作受让的非现金资产公允价值的组成部分入账。

【例】 5月5日,长宁公司赊销给广兴工厂材料一批,含税价格为120 000元,付款期为2个月,已按5‰计提了坏账准备,7月5日,广兴工厂发生财务困难,无法按合同规定偿还债务,经双方协议,同意广兴工厂用产品抵偿债务,该产品的公允价值为100 000元,增值税税率为17%,产品已运到,作为原材料验收入库,作分录如下:

借:原材料　　　　　　　　　　　　　　　　　　　100 000.00
借:应交税费——应交增值税——进项税额　　　　　17 000.00
借:坏账准备　　　　　　　　　　　　　　　　　　　　600.00
借:营业外支出——债务重组损失　　　　　　　　　 2 400.00
　贷:应收账款　　　　　　　　　　　　　　　　　　　　　　120 000.00

企业接受债务人以股票、债券和基金清偿债务的,根据其持有的目的不同,按其公允价值加上应支付的相关税费,作为交易性金融资产、可供出售金融资产、持有至到期投资入账。

【例】 7月7日,东风公司赊销给徐汇工厂材料一批,含税价值为180 000元,付款期限为3个月,已按5‰计提了坏账准备。10月7日,徐汇工厂发生财务困难,无法按合同规定偿还债务,经双方协议,同意徐汇工厂以持有的16 000股华生公司的股票抵偿债务。该股票每股市价10元,另按交易金额的3‰支付佣金,1‰交纳印花税,交易费用当即签发转账支票付讫,华生公司的股票决定将其按交易目的持有,作分录如下:

借:交易性金融资产　　　　　　　　　　　　　　　160 640.00
借:坏账准备　　　　　　　　　　　　　　　　　　　　800.00
借:营业外支出　　　　　　　　　　　　　　　　　 19 200.00
　贷:银行存款　　　　　　　　　　　　　　　　　　　　　　　640.00
　贷:应收账款　　　　　　　　　　　　　　　　　　　　　　180 000.00

(三)接受将债务转为资本清偿债务的核算

企业接受债务人将债务转为资本的,债权人应当将享有股权的公允价值确认为对债务人的投资,根据投资的目的不同,可以将其作为交易性金融资产、可供出售金融资产、持有至到期投资、长期股权投资入账。重组债权的账面余额与股权的公允价值之间的差额计入当期损益。

【例】 3月20日,长宁工厂售给徐汇股份有限公司材料一批,含税价格为175 000元,同时收到其签发并承兑的带息商业承兑汇票175 000元,付款期为6个月,月利率6‰。9月20日,徐汇股份有限公司因发生财务困难,无法兑现票款,经双方协议,同意徐汇股份有限公司以其22 000股普通股抵偿票款。该普通股每股市价为7.50元,签发转账支票按股票市价的3‰支付佣金,1‰交纳印花税,该股票作为长期股权投资,作分录如下:

借:长期股权投资(22 000×7.5+660)	165 660.00
借:营业外支出——债务重组损失	16 300.00
贷:应收票据——面值	175 000.00
贷:应收票据——利息(175 000×6‰×6)	6 300.00
贷:银行存款(165 000×4‰)	660.00

(四)接受修改其他债务条件清偿债务的核算

1. 接受修改其他债务条件清偿债务不涉及或有应收金额的核算 企业接受债务人修改其他债务条件清偿债务的,如修改后的债务条款中不涉及或有应收金额的,债权人应当将修改其他债务条件后的债权的公允价值作为重组后债权的账面价值,重组债权的账面余额与重组后债权的账面价值之间的差额,计入当期损益。

或有应收金额是指需要根据未来某项事项出现而发生的应收金额,而且该未来事项的出现具有不确定性。

【例】 2月5日,卢湾公司赊销给星光公司产品一批,含税价格为80 000元,付款期限为2个月,已按5‰计提了坏账准备。4月5日,星光公司因发生财务困难,无法按合同规定偿还债务,经双方协议,星光公司先偿付10 000元现金,并减免其债务5 000元,其余部分债务同意其推迟3个月付款,收到其偿还债务的转账支票10 000元,存入银行,作分录如下:

借:银行存款	10 000.00
借:坏账准备	400.00
借:营业外支出——债务重组损失	4 600.00
借:应收账款——债务重组	65 000.00
贷:应收账款——星光公司	80 000.00

2. 接受修改其他债务条件清偿债务涉及或有应收金额的核算 企业接受债务人以修改其他债务条件清偿债务的,如修改后的债务条款中涉及或有应收金额的,债权人不应当确认或有应收金额,不得将其计入重组后债权的账面价值。

【例】 2009年3月31日,静安公司购进沪南工厂3年期的债券200 000元,年利率为7.2%,到期一次还本付息,作为持有至到期投资入账,并已计提减值准备5 000元。2012年3月31日,沪南工厂因发生财务困难,无法兑付本息,经双方协议,免除积欠利息43 200元,静安公司同意延长到期日至2014年3月31日,年利率降至6%,但附有一条件,债务重组后,如债务人自第二年起有盈利,则年利率回复至7.2%;若无盈利,仍维持在6%,计算沪南工厂债券的账面价值与重组后债权的账面价值,以及它们之间的差额(单位:元)如下:

沪南工厂债券的账面价值	238 200.00
其中:面值	200 000.00
应计利息(200 000×7.2%×3)	43 200.00
减:持有至到期投资减值准备	5 000.00
减:重组后债权的账面价值	224 000.00
其中:面值	200 000.00
应计利息(200 000×6%×2)	24 000.00
差额	14 200.00

(1) 2012年3月31日,债务重组完毕,根据计算的结果,作分录如下:

借:持有至到期投资——债务重组	224 000.00
借:持有至到期投资减值准备	5 000.00
借:营业外支出——债务重组损失	14 200.00
贷:持有至到期投资——成本	200 000.00
贷:持有至到期投资——应计利息	43 200.00

(2) 2014年3月31日,沪南工厂因债务重组后第二年起就有盈利,收到其偿还的本金200 000元,利息28 800元的转账支票,存入银行,作分录如下:

借:银行存款	228 800.00
贷:持有至到期投资——债务重组	224 000.00
贷:营业外收入——债务重组利得	4 800.00

(五) 接受多种方式的组合清偿债务的核算

债务重组是采用以现金清偿债务、非现金资产清偿债务、债务转为资本、修改其他债务条件等方式的组合进行的,债权人应当依次以收到现金、接受的非现金资产公允价值、债权人享有股权的公允价值和修改其他债务条件后的债权的公允价值作为重组后的债权的账面价值入账。重组债权的账面余额与重组后债权的账面价值之间的差额，计入当期损益。

【例】 华光公司持有永新工厂签发并承兑的不带息商业承兑汇票210 000元，6月15日为到期日。到期日因永新工厂发生财务困难，无力清偿，经双方协议，减免永新工厂15 000元债务，永新工厂先偿付现金10 000元，再以1辆大客车抵偿部分债务。大客车公允价值为60 000元，并将部分债务转为2%的股权，2%股权的公允价值为100 000元，还规定1年后再支付现金25 000元，以清偿剩余债务，债务重组完毕，作分录如下：

借：银行存款　　　　　　　　　　　　　　　　　　10 000.00
借：固定资产　　　　　　　　　　　　　　　　　　60 000.00
借：长期股权投资　　　　　　　　　　　　　　　　100 000.00
借：应收账款　　　　　　　　　　　　　　　　　　25 000.00
借：营业外支出——债务重组损失　　　　　　　　　15 000.00
　　贷：应收票据　　　　　　　　　　　　　　　　210 000.00

第二节　非货币性资产交换

一、非货币性资产交换概述

非货币性资产交换是指交易双方主要以存货、固定资产、无形资产和长期股权投资等非货币性资产进行的交换。该交换不涉及或只涉及少量的货币性资产（即补价）。

货币性资产是指企业持有的货币资金和将以固定或可确定的金额收取的资产，包括库存现金、银行存款、应收账款和应收票据以及准备持有至到期的债券投资等。非货币资产是指货币性资产以外的资产。

二、非货币性资产交换的认定

由于非货币性资产交换双方参与交换的非货币性资产的价值有时会不相等，从而需要运用少量的货币性资产来进行补价。补价是指非货币性资产交换中只涉及少量的货币性资产。

在确定涉及补价的交易是否作为非货币性资产交换时，收到补价的企业，应按收到的货币性资产占换出资产公允价值的比例等于或低于25%认定；支付补价的企业，应按支付的货币性资产占换出资产公允价值加上支付的货币性资产之和的比例等于或低于25%认定，或者按支付的货币性资产占换入资产公允价值的比例等于或低于25%认定。其计算公式如下：

第十二章 债务重组和非货币性资产交换

收到补价的企业：$\dfrac{\text{收到的货币性资产}}{\text{换出资产公允价值}} \leqslant 25\%$

支付补价的企业：$\dfrac{\text{支付的货币性资产}}{\text{支付的货币性资产}+\text{换出资产公允价值}} \leqslant 25\%$

或：$\dfrac{\text{支付的货币性资产}}{\text{换入资产公允价值}} \leqslant 25\%$

【例】 广信工厂以产品与春江公司交换机器设备一台,产品的账面价值为50 000元,公允价值为60 000元,机器设备的原值为100 000元,已提折旧35 000元,公允价值为70 000元;广信工厂另行签发转账支票支付春江公司10 000元,确定其是否属于非货币性资产交换如下：

春江公司（收到补价的企业）：$\dfrac{10\,000}{70\,000}=14.29\%$

广信工厂（支付补价的企业）：$\dfrac{10\,000}{10\,000+60\,000}=14.29\%$

计算结果显示,春江公司收到的货币性资产占换出资产公允价值比例的14.29%,广信工厂支付的货币性资产占换出资产公允价值加上支付的补价之和比例的14.29%,均低于25%,因此交易双方均属于非货币性资产交换。

三、非货币性资产交换的确认

（一）以公允价值为基础计量换入资产成本

企业确认以公允价值为基础计量换入资产成本的,非货币性资产交换必须同时满足下列两个条件。

1. 该项非货币资产交换具有商业实质　　满足下列条件之一的非货币性资产交换具有商业实质:换入资产的未来现金流量在风险、时间和金额方面与换出资产显著不同。或者换入资产与换出资产的预计未来现金流量现值不同,且其差额与换入资产和换出资产的公允价值相比是重大的。

2. 换入资产或换出资产的公允价值能够可靠地计量　　换入和换出资产的公允价值均能够可靠计量的,应当以换出资产的公允价值作为确定换入资产成本的基础,但有确凿证据表明换入资产的公允价值更加可靠的除外。

（二）以换出资产的账面价值为基础计量换入资产成本

当企业的非货币资产交换不能同时满足该项交换具有商业实质和换入资产或换出资产的公允价值能够可靠地计量这两个条件时,应确认以换出资产的账面价值和应支付的相关税费作为换入资产的成本。

四、以公允价值为基础计量换入资产成本的核算

（一）以公允价值为基础计量换入资产成本不涉及补价的核算

企业发生的非货币性资产交换,以换出资产公允价值为基础计量换入资产成

本而不涉及补价的,应当以换出资产的公允价值和应支付的相关税费作为换入资产的成本,换出资产的公允价值与账面价值的差额计入当期损益。由于不同的非货币性资产确认损益的核算各不相同,分别予以阐述。

企业换出资产为存货的,应当按其公允价值确认销售收入,并结转其销售成本。

【例】 天华公司以生产的 A 产品 1 000 件,每件公允价值为 100 元,增值税税率为 17%,与东风工厂交换叉车 1 辆。

(1) 双方资产交换完毕,叉车已验收使用,作分录如下:

借:固定资产	117 000.00
贷:主营业务收入	100 000.00
贷:应交税费——应交增值税——销项税额	17 000.00

(2) A 产品的单位成本为 75 元,结转其销售成本,作分录如下:

借:主营业务成本	75 000.00
贷:库存商品	75 000.00

企业换出的资产为固定资产、无形资产的,应当按换出资产的公允价值和发生应支付的相关税费确认换入资产的成本,将换出资产的公允价值与账面价值之间的差额,列入"营业外收入"或"营业外支出"账户。

【例】 东风工厂以叉车一辆,公允价值为 117 000 元,与天华公司交换 A 材料 1 000 件。

(1) 该叉车账面原值为 135 000 元,已提折旧 15 000 元,予以转账,作分录如下:

借:固定资产清理——处置叉车	120 000.00
借:累计折旧	15 000.00
贷:固定资产	135 000.00

(2) 收到天华公司专用发票,开列 A 材料 1 000 件,每件 100 元,货款 100 000 元,增值税额 17 000 元,A 材料已验收入库,并结转叉车公允价值与账面价值的差额,作分录如下:

借:原材料	100 000.00
借:应交税费——应交增值税——进项税额	17 000.00
借:营业外支出——非货币性资产交换损失	3 000.00
贷:固定资产清理——处置叉车	120 000.00

企业换出资产为长期股权投资的,应当以换出资产公允价值和应支付的相关税费确认换入资产的成本,换出资产的公允价值与账面价值的差额列入"投资收益"账户。

(二) 以公允价值为基础计量换入资产成本涉及补价的核算

企业发生的非货币性资产交换以换出资产公允价值为基础计量换入资产成本

而涉及补价的,应当分别情况进行核算。

企业支付补价的,应当以换出资产的公允价值加上支付的补价和应支付的相关税费,作为换入资产的成本。换入资产的成本与换出资产的账面价值、支付的补价和相关税费之间的差额,计入当期损益。

【例】 鲁西工厂以持有的长兴公司5%的股权与泰安工厂交换厂房1幢,5%股权的公允价值为500 000元,账面价值为475 000元。支付股权变更费用2 000元,并按交换合同规定支付泰安工厂20 000元,款项一并签发转账支票支付,作分录如下:

  借:固定资产   522 000.00
    贷:长期股权投资   475 000.00
    贷:银行存款   22 000.00
    贷:投资收益   25 000.00

企业收到补价的,应当以换出资产的公允价值减去补价,加上应支付的相关税费,作为换入资产的成本。换入资产的成本与换出资产的账面价值减去补价,加上应支付的相关税费的差额,计入当期损益。

【例】 广安公司以B产品1 000千克,每千克公允价值110元,增值税税率为17%,与长江公司换入小汽车1辆,另收取对方补价8 500元。

(1)换入的小汽车已验收使用,收到对方付来的补价8 500元,存入银行,作分录如下:

  借:固定资产   120 200.00
  借:银行存款   8 500.00
    贷:主营业务收入   110 000.00
    贷:应交税费——应交增值税——销项税额 18 700.00

(2)B产品的单位成本为100元,结转其销售成本,作分录如下:

  借:主营业务成本   100 000.00
    贷:库存商品   100 000.00

五、以换出资产账面价值为基础计量换入资产成本的核算

(一)以换出资产账面价值为基础计量换入资产成本不涉及补价的核算

企业发生的非货币性资产交换,以换出资产账面价值为基础计量换入资产成本而不涉及补价的,应当按换出资产的账面价值加上应支付的相关税费,作为换入资产的成本。

【例】 静安工厂以A材料4 000千克,每千克账面价值20元,增值税税率为17%,与卢湾工厂交换B材料5 000千克。签发转账支票支付B材料的运费200

元。B材料已验收入库，作分录如下：

借：原材料——B材料　　　　　　　　　　　　　　　　80 200.00
　　贷：原材料——A材料　　　　　　　　　　　　　　　80 000.00
　　贷：银行存款　　　　　　　　　　　　　　　　　　　　200.00

（二）以换出资产账面价值为基础计量换入资产成本涉及补价的核算

企业发生的非货币性资产交换，以换出资产的账面价值为基础计量换入资产成本而涉及补价的，应当分别情况进行核算。

企业支付补价的，应当按换出资产的账面价值加上支付的补价和应支付的相关税费，作为换入资产的入账价值，不确认损益。

【例】　新光工厂以其一座仓库与华安公司交换一幢办公楼，该仓库账面原值360 000元，已提折旧36 000元，已提减值准备5 000元，另支付对方60 000元补价。

（1）将换出仓库转账，作分录如下：

借：固定资产清理——处置仓库　　　　　　　　　　　319 000.00
借：累计折旧　　　　　　　　　　　　　　　　　　　 36 000.00
借：固定资产减值准备　　　　　　　　　　　　　　　　5 000.00
　　贷：固定资产——仓库　　　　　　　　　　　　　　360 000.00

（2）计提换出仓库营业税额，作分录如下：

借：固定资产清理——处置仓库　　　　　　　　　　　　 9 570.00
　　贷：应交税费——应交营业税　　　　　　　　　　　　9 570.00

（3）签发转账支票60 000元支付华安公司补价，办公楼也已验收使用，作分录如下：

借：固定资产——办公楼　　　　　　　　　　　　　　388 570.00
　　贷：固定资产清理——处置仓库　　　　　　　　　　328 570.00
　　贷：银行存款　　　　　　　　　　　　　　　　　　 60 000.00

企业收到补价的，应当按换出资产的账面价值，减去收到的补价，加上应支付的相关税费，作为换入资产的入账价值，也不确认收益。

【例】　昌化公司以其持有的南安工厂6%的股权与彭浦工厂交换大客车2辆，南安工厂6%股权的账面价值为450 000元，另收到对方付来补价100 000元，存入银行。大客车已验收使用，作分录如下：

借：固定资产　　　　　　　　　　　　　　　　　　　350 000.00
借：银行存款　　　　　　　　　　　　　　　　　　　100 000.00
　　贷：长期股权投资　　　　　　　　　　　　　　　　450 000.00

思 考 题

1. 什么是债务与债务重组？债权人为何同意债务人修改债务条件？

2. 什么是债务人发生财务困难？什么是债权人作出让步？
3. 债务重组方式可分为哪几种？说明各种重组方式的定义。
4. 债务人以低于债务账面价值的现金清偿债务时应怎样核算？
5. 什么是非现金资产账面价值？债务人以非现金资产清偿债务时应怎样核算？
6. 债务人将债务转为资本清偿债务时应怎样核算？
7. 什么是或有应付金额？债务人以修改其他债务条件清偿债务涉及或有应付金额应怎样核算？
8. 什么是重组债权账面价值？企业接受债务人以非现金资产清偿债务时应怎样核算？
9. 企业接受债务人将债务转为资本清偿债务时应怎样核算？
10. 什么是或有应收金额？债权人接受修改其他债务条件清偿债务涉及或有应收金额应怎样核算？
11. 什么是非货币性资产交换？什么是货币性资产和非货币性资产？它们分别包括哪些内容？
12. 非货币性资产交换应如何认定？
13. 怎样确认以公允价值为基础计量换入资产成本？
14. 怎样确认以账面价值为基础计量换入资产成本？
15. 企业换出存货、固定资产、长期股权投资以公允价值计量为基础应怎样确认损益？请分别予以阐述。
16. 以公允价值为基础，计量换入资产涉及补价的，应怎样确认其成本？

习 题 一

一、目的 练习债务人债务重组的核算。

二、资料

1. 泰东股份有限公司发生下列有关的经济业务：

(1) 2011年1月5日,3个月前为采购材料签发并承兑给大华工厂的带息商业承兑汇票160 000元已到期,因发生财务困难而无法兑付。该汇票的月利率为6‰。经双方协议,大华工厂同意减免本公司债务18 000元,今签发转账支票付清债务。

(2) 2011年1月10日,3个月前向金辉公司赊购机器设备一批,计270 000元,欠款已到付款期,因发生财务困难而无力偿还,经双方协议,对方同意本公司以1幢办公楼抵偿债务,该办公楼原值为360 000元,已提折旧100 000元,已计提减值准备 5 000 元。经评估,该办公楼公允价值为 250 000 元,签发转账支票支付中介机构评估费用 3 000 元,按办公楼公允价值的 3% 计提营业税,办公楼已交付金辉公司。

(3) 2011 年 1 月 20 日,2 个月前向虹口工厂赊购材料的 125 000 元欠款已到付款期,因发生财务困难而无力偿还,经双方协议,虹口工厂同意本公司以一批 B 产品抵偿债务。该批 B 产品的公允价值为 101 000 元,增值税税率为 17%。B 产品的账面余额为 92 500 元。

(4) 2011 年 1 月 30 日,6 个月前为采购材料签发并承兑给奉贤公司带息的商业承兑汇票 150 000 元已到期,因发生财务困难而无力偿付,该汇票的月利率为 6‰,经双方协议,奉贤公司同意以本公司 2% 的股权抵偿债务,2% 股权的公允价值为 140 000 元,该公司的所有者权益为 6 000 000 元,予以转账。

(5) 2011 年 3 月 15 日,3 个月前为购置设备签发并承兑给南汇工厂的带息商业承兑汇票 80 000 元已到期,该汇票月利率为 6‰,因发生财务困难而无法偿付,经双方协议要求本公司先偿付汇票利息,然后同意推迟 6 个月付款,并减少偿还本金 5 000 元。今签发转账支票偿付汇票利息。

(6) 2011 年 3 月 31 日,3 年前向工商银行借入 300 000 元的借款已到期,借款年利率为 7.2%,到期一次还本付息。现因发生财务困难进行债务重组,银行同意延长到期日至 2014 年 3 月 31 日,利率降至 6%,每年付息一次,免除积欠利息 64 800 元,本金减至 270 000 元,但附有一条件,即债务重组后,自第二年起有盈利,则利率回复至 7.2‰;若无盈利,利率仍维持在 6%。

(7) 2011 年 9 月 15 日,按照协议签发转账支票清偿南汇工厂账款。

(8) 2012 年 3 月 31 日,按照协议签发转账支票偿还工商银行借款利息。

(9) 2013 年 3 月 31 日,本公司仍无盈利,按照协议签发转账支票清偿工商银行借款利息。

(10) 2014 年 3 月 31 日,按照协议签发转账支票清偿工商银行借款本息。

2. 广陵工厂 1 月份发生下列有关的经济业务:

(1) 8 日,2 个月前向广庆公司采购材料签发并承兑的不带息商业承兑汇票 225 000 元已到期,因发生财务困难,无法兑现票款,经双方协议,广庆公司同意本厂立即以现金支付票款 60 000 元,其余的债务转为 4% 的股权,4% 股权的公允价值为 150 000 元,本厂重新注册的资本为 3 000 000 元。签发转账支票 60 000 元偿付广庆公司账款。

(2) 30 日,3 个月前向嘉丰公司赊购机器设备,价款 186 000 元已到期,因发生财务困难,无力清偿,经法院裁定,本厂以一辆小轿车抵偿部分债务。该小轿车原值为 150 000 元,累计折旧为 60 000 元,已提减值准备 6 000 元,其公允价值为

75 000元,并以本厂 A 产品一批抵偿部分债务,该批 A 产品的公允价值为 80 000元,增值税税率为 17‰,A 产品账面余额为 72 000元,已提跌价准备 1 500元,还规定 1 年后再支付现金 10 000元,以清偿剩余债务。

三、要求

1. 根据"资料 1",编制会计分录,若泰东公司 2009 年起有盈利,再编制第(9)、第(10)笔经济业务的会计分录。

2. 根据"资料 2",编制会计分录。

习 题 二

一、目的 练习债权人债务重组的核算。

二、资料

1. 南方工厂发生下列有关的经济业务:

(1) 2011 年 1 月 5 日,2 个月前赊销给红光公司产品一批,含税价格为 145 000元,已按 5‰计提了坏账准备,因红光公司现金流量不足,无法按合同规定在今日偿还债务,经双方协议,同意减免对方债务 12 500元后,当即收到红光公司清偿债务的转账支票 132 500元,存入银行。

(2) 2011 年 1 月 10 日,2 个月前赊销给金龙公司产品一批,含税价格为 195 000元,已按 5‰计提了坏账准备。因该公司发生了财务困难,无法按合同规定偿还债务,经双方协议,同意该公司以其持有的 30 000 股普通股的股票抵偿债务。该股票每股市价 6元,另签发转账支票,按股票市价的 3‰支付佣金,1‰交纳印花税。该股票作为长期股权投资。

(3) 2011 年 1 月 15 日,3 个月前赊销给新中工厂产品一批,含税价格为 156 000元,已按 5‰计提了坏账准备,因该厂发生财务困难,无法按合同规定偿还债务,经双方协议,同意对方用产品抵偿债务,该产品公允价值为 125 000 元,增值税税率为 17‰,该批产品由材料仓库验收入库。

(4) 2011 年 1 月 20 日,2 个月前赊销给南汇工厂产品一批,含税价格为 120 000元,已按 5‰计提了坏账准备。因南汇工厂发生财务困难,无法按合同规定偿还债务,经双方协议,同意该厂以一台机床抵偿债务,该机床的公允价值为 108 000元。

(5) 2011 年 1 月 25 日,5 个月前收到城东股份有限公司签发并承兑的带息商业承兑汇票 160 000元,已到期。该汇票月利率为 6‰。因该公司发生财务困难,无法兑现票款,经双方协议,同意该公司以其 25 000 股普通股抵偿票款。该普通股每股市价为 6.20元,办妥债权转为股权的手续,并签发转账支票,按股票市价的

3‰支付佣金，1‰交纳印花税。该股票为交易目的而持有。

(6) 2011年1月30日，3个月前收到西山公司带息商业承兑汇票80 000元，已到期。该汇票月利率为6‰，因该公司发生财务困难，无法兑现票款，经双方协议，西山公司先偿付汇票利息，然后同意其推迟2个月付款，并减免其本金5 000元，今收到其偿付利息的转账支票，存入银行。

(7) 2011年3月30日，收到西山公司转账支票一张，系偿付2个月前债务重组的账款。

(8) 2011年3月31日，本公司持有沪东工厂3年期的债券120 000元已到期，该债券年利率为7.2%，到期一次还本付息，已计提了减值准备6 000元。因该厂发生财务困难，无法兑付本息，经双方协议，免除其积欠利息25 920元，并延长到期日至2014年3月31日，年利率降至6%，但附有一条件，债务重组后，如沪东工厂自第2年起有盈利，则年利率回复至7.2%，若无盈利，仍维持6%。

(9) 2014年3月31日，沪东工厂2013年起有盈利，按照协议付来转账支票清偿债券本息。

(10) 2014年3月31日，上项业务若沪东工厂2013年仍无盈利，按照协议付来转账支票清偿债券本息。

2. 泰兴工厂3月份发生下列有关的经济业务：

1. 1日，持有今日到期的鸿兴股份有限公司签发并承兑的不带息商业承兑汇票198 000元，因鸿兴股份有限公司发生财务困难，无法兑现票款，经双方协议，同意该公司以现金78 000元偿付部分票款，其余部分以其20 000股普通股抵偿，该普通股每股市价为5.60元，已办妥债权转为股权的手续，并签发转账支票按股票市价的3‰支付佣金，1‰交纳印花税。该股票作为可供出售金融资产入账。

2. 30日，持有今日到期的华声工厂签发并承兑的不带息商业承兑汇票200 000元，因华声工厂发生财务困难无法兑现票款，经法院裁定，华声工厂先偿付现金15 000元，再以1台仪器抵偿部分债务。仪器的公允价值为60 000元，并将部分债务转为2.5%的股权，2.5%股权的公允价值为80 000元，还规定1年后再支付现金20 000元，以清偿剩余债务。

三、要求 编制会计分录。

习 题 三

一、目的 练习非货币性资产交换的认定。

二、资料 黄陂工厂发生下列有关的经济业务：

1. 以厂房一幢，原值为450 000元，已提折旧150 000元，公允价值为320 000

元,向茂名工厂换入数控机床1台。该机床原值为275 000元,已提折旧20 000元,公允价值为250 000元。黄陂工厂收到茂名工厂付来现金70 000元。

2. 以产品一批,账面价值100 000元,公允价值为110 000元,与沪光公司交换原材料一批。该原材料账面价值为70 000元,公允价值为80 000元。收到沪光公司付来现金30 000元。

3. 以产品一批,账面价值125 000元,公允价值135 000元,与星桥工厂交换生产流水线一条。该流水线账面价值为160 000元,公允价值为175 000元。黄陂工厂支付星桥工厂现金40 000元。

三、要求 确定上列经济业务是否属于非货币性资产交换。

习 题 四

一、目的 练习非货币性资产交换的核算。

二、资料

1. 北信工厂2月份发生下列有关的经济业务:

(1) 4日,以生产的甲产品2 500千克,与长城工厂交换载重汽车1辆。甲产品每千克单位成本为50元,公允价值为60元,增值税税率为17%,载重汽车已验收使用。

(2) 15日,以数控机床1台准备与天辰公司交换E材料,该数控机床原值148 000元,已提折旧20 000元,公允价值为125 000元,予以转账。

(3) 15日,支付数控机床的拆卸费用600元。

(4) 16日,收到天辰公司发来交换数控机床的E材料,附来专用发票,开列E材料5 000千克,每千克21元,计货款105 000元,增值税额17 850元。E材料已验收入库,数控机床也已交付对方,予以转账。

(5) 20日,以持有的鲁东公司6%的股权与虹口公司交换办公楼1幢。6%股权的公允价值为540 000元,账面价值为500 000元。支付股权变更费用2 500元,并按交换合同规定支付虹口公司18 000元,款项一并签发转账支票支付。

(6) 25日,以专利权一项与黄浦公司交换小汽车1辆。该专利权账面价值155 000元,已摊销了20 000元,公允价值为137 500元。另收到对方补价9 000元,存入银行。

(7) 28日,以生产的乙产品3 000千克,与华西工厂交换叉车1辆。乙产品每千克单位成本30元,公允价值为36元,增值税税率为17%。叉车已验收使用。

2. 东安工厂3月份发生下列有关的经济业务:

(1) 3日,以P材料3 000千克,与宝山工厂交换Q材料2 500千克。P材料每千克账面价值 30 元,增值税税率为 17%。签发转账支票支付 Q 材料运费 300 元。Q 材料已验收入库。

(2) 10 日,以办公楼一幢,准备与安达工厂交换厂房一幢。该办公楼账面原值 450 000 元,已提折旧 48 000 元,已提减值准备 6 000 元,予以转账。

(3) 11 日,按办公楼账面净额的 3% 计提营业税额。

(4) 12 日,签发转账支票支付与安达工厂交换厂房的补价 45 000 元,厂房已验收使用。

(5) 27 日,以持有的沪光工厂 5% 的股权与长宁公司交换小汽车 2 辆。沪光工厂 5% 股权的账面价值为 350 000 元,另收到对方付来补价 50 000 元,存入银行。小汽车已验收使用。

三、要求

1. 根据"资料 1",编制会计分录(换入资产已确认以公允价值为基础计量)。
2. 根据"资料 2",编制会计分录(换入资产已确认以账面价值为基础计量)。

第十三章 会计调整

第一节 会计政策及其变更

一、会计政策

(一) 会计政策的含义

会计政策是指企业在会计确认、计量和报告中所采用的原则、基础和会计处理方法。

原则是指按照《企业会计准则》规定的、适合于企业会计核算所采用的具体会计原则。例如,《企业会计准则》规定,收入只有在经济利益很可能流入从而导致企业资产增加或者负债减少,且经济利益的流入额能够可靠计量时才能予以确认,这就是收入确认的原则。

基础是指确认交易或者事项后采用的会计确认基础和会计计量基础。可供选择的会计确认基础有权责发生制和收付实现制两种,企业应当采用权责发生制作为会计确认基础。会计计量基础也称会计属性,它包括历史成本、重置成本、可变现净值、现值和公允价值。

会计处理方法是指企业在会计核算中按照法律、行政法规和企业会计准则的规定,采用或者选择适合于本企业的具体处理方法。

(二) 会计政策的特点

我国的会计政策具有选择性、强制性和层次性三个特点。

1. 选择性　　由于企业的交易或者事项的复杂性和多样化,有些交易或者事项在符合会计原则和计量基础的前提下,存在着多种可供选择的会计政策。例如,企业在确定发出存货的实际成本时,可以在个别计价法、先进先出法、移动加权平均法和综合加权平均法中进行选择。

2. 强制性　　在我国,《企业会计准则》属于行政法规,会计政策所包括的具体会计原则、计量基础和具体会计处理方法由《企业会计准则》规定,具有一定的强制性。企业必须在法规所允许的范围内,选择适合本企业实际情况的会计政策。

3. 层次性　　会计政策包括会计原则、计量基础和会计处理方法三个层次。其中,会计原则是指导企业会计核算的具体原则;计量基础是为将会计原则体现在会计核算中而采用的计量基础;会计处理方法是按照会计原则和计量基础的要求,由企业在会计核算中采用或者选择的、适合本企业的具体的会计处理方法。会计原则、计量基础和会计处理方法三者是一个具有逻辑性的、密不可分的整体,通过这个整体,会计政策才能得以应用和落实。

(三)会计政策的披露

企业应当披露重要的会计政策,不重要的会计政策可以不予披露。判断会计政策是否重要应当考虑与会计政策相关的项目的性质和金额。企业应当披露的重要会计政策包括:① 发出存货成本的计量。例如,企业发出存货成本的计量是采用综合加权平均法,还是采用其他计量方法。② 固定资产的初始计量。例如,企业取得的固定资产初始成本是以购买价款,还是以购买价款的现值为基础进行计量。③ 无形资产的确认。例如,企业内部研究开发项目开发阶段的支出是确认为无形资产,还是在发生时计入当期损益。④ 长期股权投资的后续计量。例如,企业对于长期股权投资后的会计处理是采用成本法,还是采用权益法。⑤ 投资性房地产的后续计量。例如,企业投资性房地产的后续计量是采用成本模式,还是公允价值模式。⑥ 收入的确认。例如,企业确认收入时是按照从购货方已收或应收的合同或协议价款确定销售商品收入金额,还是按照应收的合同或协议价款的公允价值确定销售商品收入金额。⑦ 借款费用的处理。例如,借款费用采用资本化的处理方法,还是采用费用化的处理方法。⑧ 非货币性资产交换的计量。例如,非货币性资产交换是以换出资产的公允价值作为确定换入资产成本的基础,还是以换出资产的账面价值作为确定换入资产成本的基础。⑨ 其他重要的会计政策。

(四)企业不得随意变更会计政策

企业采用的会计政策,每一会计期间和前后各期应当保持一致,不得随意变更,以保证会计信息的可比性,使财务报告使用者在比较企业多个会计期间的财务报告时,能够正确地判断企业的财务状况、经营成果和现金流量的趋势。如会计政策确定需要变更的,应当在附注中予以说明。

二、会计政策变更

会计政策变更是指企业对相同的交易或者事项由原来采用的会计政策改用另一会计政策的行为。

(一)会计政策变更的条件

企业满足下列条件之一的,可以变更会计政策:一是依法变更;二是自行变更。

1. 依法变更　它是指法律、行政法规或者企业会计准则等要求变更。例如存货,《企业会计准则》对发出存货的计价排除了后进先出法,那么原来发出存货采用后进先出法的企业,就应改用《企业会计准则第1号——存货》中的规定可以采用的其他发出存货的计价方法。

2. 自行变更　它是指企业为了适应经济环境、客观情况的变化而变更会计政策。在企业原来采用的会计政策所提供的会计信息,难以恰当地反映企业的财务状况、经营成果和现金流量的情况时,应改变原有的会计政策,按变更后新的会计政策进行会计处理,以便对外提供更可靠、更相关的会计信息。

（二）会计政策变更的处理方法

企业发生会计政策变更时,有追溯调整法和未来适用法两种不同的处理方法,现分别予以阐述。

1. 追溯调整法　它是指对某项交易或者事项变更会计政策,视同该项交易或者事项初次发生时即采用变更后的会计政策,并以此对财务报表相关项目进行调整的方法。

当会计政策变更能够提供更可靠、更相关的会计信息时,应当采用追溯调整法。届时对于比较财务报表期间的会计政策变更,应当调整各期间净损益各项目和财务报表其他相关项目,视同该政策在比较财务报表期间一直采用。对于比较财务报表可比期间以前的会计政策变更的累积影响数,应调整比较财务报表最早期间的期初留存收益,财务报表其他相关项目的数据也应一并调整。

会计政策变更累积影响数是指按照变更后的会计政策对以前各期追溯计算的列报前期最早期初留存收益应有金额与现有金额之间的差额。

追溯调整法由以下四个步骤构成：① 计算会计政策变更的累积影响数。② 编制相关项目的调整分录。③ 调整到列报前期最早期初财务报表相关项目及其金额。④ 附注说明。

累积影响数可以通过以下计算程序获取：① 根据新会计政策重新计算受影响的前期交易或者事项。② 计算两种会计政策下的差异。③ 计算差异的所得税影响金额。④ 确定前期中的每一期的税后差异。⑤ 计算会计政策变更的累积影响数。

【例】　东北化工厂2010年1月至6月自行研究开发成功一项专利权,开发阶段的支出为180 000元,当时全部列入"管理费用"账户。而根据新颁发的《企业会计准则第6号——无形资产》的规定,企业内部研究开发的无形资产,开发阶段的支出应将其资本化,确认为无形资产。该准则于2012年1月1日起施行。该厂决定从2012年起将自行开发的无形资产入账,该资产预计使用寿命为10年。该厂的所得税税率为25%,工厂分别按净利润的10%和6%提取法定盈余公积和任意盈余公积。

（1）计算将自行开发的无形资产入账后的累积影响数,计算结果如图表13-1所示。

图表 13-1

将自行开发的无形资产入账后的累积影响数计算表

单位：元

时期	直接计入当期损益额	摊销计入当期损益额	利润总额差异	所得税影响金额	净利润差异
2010年年末	180 000	9 000	171 000	42 500	128 500
2011年年末	0	18 000	-18 000	-4 500	-13 500
合计	180 000	27 000	153 000	38 000	115 000

东北化工厂2012年12月31日的比较财务报表列报前期最早期初为2011年1月1日。

东北化工厂在2010年将自行开发的专利权180 000元直接计入当期损益，将该事项改为无形资产入账后，当年下半年摊销9 000元。这一变更，增加利润总额171 000元，增加所得税额42 500元，增加净利润128 500元。这128 500元即为该厂2011年期初将直接计入当期损益的自行开发的专利权作为无形资产入账后的累积影响数。

东北化工厂在2011年自行开发的专利权直接计入当期损益额为零，而作为无形资产入账的专利权摊销计入的当期损益额为18 000元，减少利润总额18 000元，减少所得税额4 500元，减少净利润13 500元。这13 500元即为该厂2012年期初将直接计入当期损益的自行开发的专利权作为无形资产入账后的累积影响数。

（2）编制相关项目的调整分录。

对2010年有关事项的调整分录：

① 调整会计政策变更累积影响数，作分录如下：

  借：无形资产　　　　　　　　　　　　　　　　　　180 000.00
    贷：累计摊销　　　　　　　　　　　　　　　　　　9 000.00
    贷：利润分配——未分配利润　　　　　　　　　　128 500.00
    贷：递延所得税负债　　　　　　　　　　　　　　　42 500.00

② 调整利润分配，作分录如下：

  借：利润分配——未分配利润　　　　　　　　　　　　20 560.00
    贷：盈余公积——法定盈余公积　　　　　　　　　　12 850.00
    贷：盈余公积——任意盈余公积　　　　　　　　　　7 710.00

对2011年有关事项的调整分录：

① 调整会计政策变更累积影响数，作分录如下：

借：利润分配——未分配利润　　　　　　　　　　　　　　　13 500.00
　　借：递延所得税负债　　　　　　　　　　　　　　　　　　　4 500.00
　　　　贷：累计摊销　　　　　　　　　　　　　　　　　　　　　　18 000.00

② 调整利润分配，作分录如下：

　　借：盈余公积——法定盈余公积　　　　　　　　　　　　　1 350.00
　　借：盈余公积——任意盈余公积　　　　　　　　　　　　　　810.00
　　　　贷：利润分配——未分配利润　　　　　　　　　　　　　　2 160.00

（3）财务报表相关项目金额的调整。

东北化工厂在列报2012年度财务报表时，应调整2012年资产负债表有关项目的年初余额、利润表有关项目的上年金额及所有者权益变动表有关项目的上年金额和本年金额。

① 资产负债表相关项目金额的调整。可以根据上列2011年、2012年2年调整分录的合计数进行调整。

调增"无形资产"项目年初余额153 000元（180 000－27 000），调增"递延所得税负债"项目年初余额38 000元，调增"盈余公积"项目年初余额18 400元，调增"未分配利润"项目年初余额96 660元。

② 利润表相关项目金额的调整。可以根据会计政策变更后的累积影响数计算表中的上年年末①行的数据进行调整。

调增"管理费用"项目上年金额18 000元②，分别调减"营业利润"项目和"利润总额"项目上年金额18 000元，分别调减"所得税费用"项目和"净利润"项目上年金额4 500元和13 500元。

③ 所有者权益变动表相关项目金额的调整。可以根据对2010年调整利润分配分录中的相关数据，调增所有者权益变动表相关项目的上年金额；根据对2011年调整利润分配分录中的相关数据，调减所有者权益变动表中相关项目的本年金额。

分别调增"会计政策变更"项目中"盈余公积"栏和"未分配利润"栏上年金额20 560元和107 940元，以及"所有者权益合计"栏上年金额128 500元。

分别调减"会计政策变更"项目中"盈余公积"栏和"未分配利润"栏本年金额2 160元和11 340元，以及"所有者权益合计"栏本年金额13 500元。

2. 未来适用法　　它是指将变更后的会计政策应用于变更日及以后发生的

---

① 见本书图表13-1中2011年年末的数据。
② 系摊销计入当期损益额。

交易或者事项,或者在会计估计变更当期和未来期间确认会计估计变更影响数的方法。

在当期期初确定会计政策变更对以前各期累积影响数不切实可行的,应当采用未来适用法处理。届时不需要计算会计政策变更产生的累积影响数,只需在会计政策变更日开始执行新的会计政策。

(三)会计政策变更的披露

企业应当在附注中披露与会计政策变更的有关的下列信息。

1. 会计政策变更的性质、内容和原因　　应包括:对会计政策变更的简要阐述、变更的日期、变更前采用的会计政策和变更后所采用的新会计政策及会计政策变更的原因。

2. 当期和各个列报前期财务报表中受影响的项目名称和调整金额　　应包括:采用追溯调整法时,计算出的会计政策变更的累积影响数;当期和各个列报前期财务报表中需要调整的净损益及其影响金额,以及其他需要调整的项目名称和调整金额。

3. 无法进行追溯调整的,说明该事实和原因以及开始应用变更后的会计政策的时点、具体应用情况　　应包括:无法进行追溯调整的事实;确定会计政策变更对列报前期影响数不切实可行的原因;在当期期初确定会计政策变更对以前各期累积影响数不切实可行的原因;开始应用新会计政策的时点和具体应用情况。

第二节　会计估计及其变更

一、会计估计

会计估计是指企业对结果不确定的交易或者事项以其最近可利用的信息为基础所作的判断。

(一)会计估计的特点

会计估计具有以上三个特点。

1. 会计估计的存在是由于经济活动中内在的不确定性因素的影响　　企业在会计核算中,总是力求保持会计核算的准确性,但有些交易或者事项本身具有不确定性。例如,预计固定资产使用寿命和净残值、无形资产摊销年限等都需要根据经验作出估计。因此,在进行会计核算和相关信息披露的过程中,会计估计是不可避免的。

2. 会计估计往往以最近可利用的信息或资料为基础　　企业在会计核算中,由于经营活动的不确定性,不得不经常进行估计。一些估计主要用于确定资产或负债的账面价值。如由于坏账准备的计提、经济诉讼的发生而引起的负债等;另一些估计主要用于确定将在一定期间记录的收益或费用的金额,如对一定期间的折旧、摊销的金额,企业在进行会计估计时,通常是根据当时的情况和经验,以一定的信息或资料为基础进行的。但是,随着时间的推移、环境的变化,进行会计估计的基础可能会发生变化,因此,进行会计估计所依据的信息或者资料不得不经常发生变化。由于以最新的信息为基础所作的估计最接近实际,因此进行会计估计时,应以最近可利用的信息或资料为基础。

3. 进行会计估计并不会削弱会计确认和计量的可靠性　企业为了定期、及时地提供有用的会计信息,将延续不断的经营活动人为地划分为一定的期间,并在权责发生制的基础上对企业的财务状况和经营成果进行定期确认和计量。例如,在会计分期的情况下,许多企业的交易跨越若干会计年度,所以需要在一定程度上作出决定:在某一年度发生的开支,哪些可以合理地预期能够产生其他年度以收益形式表示的利益,从而全部或部分向后递延;哪些可以合理地预期在当期能够得到补偿,从而确认为费用。因此,由于会计分期和货币计量的前提,在确认和计量过程中,不得不对许多尚在延续中、其结果尚未确定的交易或者事项予以估计入账。

(二)会计估计的披露

企业应当披露重要的会计估计,不具有重要性的会计估计可以不披露。企业应当披露的重要会计估计有:① 存货可变现净值的确定。② 采用公允价值模式下的投资性房地产公允价值的确定。③ 固定资产的预计使用寿命与净残值;固定资产的折旧方法。④ 使用寿命有限的无形资产的预计使用寿命与净残值。⑤ 固定资产、无形资产、长期股权投资等非流动资产可收回金额的确定。⑥ 建造合同完工进度的确定。⑦ 预计负债初始计量的最佳估计数的确定。⑧ 金融资产公允价值的确定。⑨ 非同一控制下企业合并成本公允价值的确定。⑩ 与债务重组相关资产的公允价值的确定。⑪ 其他重要的会计估计。

二、会计估计变更

会计估计变更是指由于资产和负债的当前状况及预期经济利益和义务发生了变化,从而对资产或负债的账面价值或者资产的定期消耗金额进行调整。

(一)会计估计变更的情形

由于企业经营活动中内在的不确定因素,许多财务报表项目不能准确地计量,只能进行估计,估计过程涉及以最近可以得到的信息为基础所作的判断。但是,随着时间的推移,将会发生两种情况:一是赖以进行估计的基础发生了变化。企业进行会计估计,总是依赖于一定的基础。一旦其所依赖的基础发生了变化,则会计估计也相应发生变化。例如,企业的某项无形资产摊销年限原定为10年,以后发生的情况表明,该资产的受益年限已不足10年,应相应调减摊销年限。二是取得了新的信息、积累了更多的经验。企业进行会计估计是就现有的资料对未来所作的判断,随着时间的推移,企业可能不得不对估计进行变更。例如,企业根据当时得到的信息,应收账款每年按其余额的 5‰ 计提坏账准备,由于目前掌握了新的信息,判定不能收回的应收账款已达其余额的 8‰,那么企业应将计提坏账准备的比例变更为 8‰。

以上两种情形的会计估计变更的依据应当真实可靠。

(二)会计估计变更的处理方法

企业对会计估计变更应当采用未来适用法。会计估计变更有两种下列处理的方法。

1. 会计估计变更仅影响当期的　其影响数应当在变更的当期予以确认。例如,企业原按应收账款金额的 5‰ 计提坏账准备的,由于企业无法收回应收账款的比例已达 8‰,那么企业按应收账款余额的 8‰ 计提坏账准备。这类会计估计变更,只影响变更当期。因此,应于变更当期确认。

2. 会计估计变更既影响变更当期又影响未来期间的　其影响数应当在变更当期和未来期间予以确认。

【例】　光明电器厂外购的一项专利权计 150 000 元,预计摊销 10 年,从 2012 年 1 月开始摊销。近年来,随着科技的进步,该项专利权的受益年限为 8 年,该厂决定从 2014 年起将专利权的摊销年限变更为 8 年。计算该厂从 2014 年至 2019 年每年的摊销额。

$$每年摊销额 = \frac{150\,000 - 15\,000 \times 2}{8 - 2} = 20\,000(元)$$

(三)会计估计变更的披露

企业应当在附注中披露与会计估计变更有关的下列信息。

1. 会计估计变更的内容和原因　应包括变更的内容、日期以及为何要对会计估计进行变更。

2. 会计估计变更对当期和未来期间的影响数　应包括会计估计变更对当期和未来期间损益的影响金额,以及对其他各项目的影响金额。

3. 会计估计变更的影响数不能确定的　应当披露这一事实和原因。

三、会计政策变更与会计估计变更的划分

企业应当正确划分会计政策变更与会计估计变更,并按照不同的方法进行相关的会计核算。

(一)会计政策变更与会计估计变更的划分基础

企业应当以变更事项的会计确认、计量基础和列报项目是否发生变更作为判断该变更是会计政策变更还是会计估计变更的划分基础。

1. 以会计确认是否发生变更作为判断基础　《企业会计准则——基本准

则》规定了资产、负债、所有者权益、收入、费用和利润六项会计要素的确认标准,这是会计核算的首要环节。通常对会计确认的指定或选择是会计政策,其相应的变更是会计政策变更。会计确认的变更一般会引起列报项目的变更。例如,企业在前期将内部研究开发的专利权在开发阶段的支出计入当期损益,而当期按照《企业会计准则第 6 号——无形资产》的规定,该项支出符合无形资产的确认条件,应当确认为无形资产。该事项中会计确认发生了变更,即前期将专利权的开发成本确认为费用,而当期将其确认为资产,因此,该变更是会计政策变更。

2. 以计量基础是否发生变更作为判断基础 《企业会计准则——基本准则》规定了历史成本、重置成本、可变现净值、现值和公允价值等五项会计计量属性,它们是会计处理的计量基础。通常,对计量基础的指定或选择是会计政策,其相应的变更是会计政策变更。例如,企业在前期对购入的价款超过正常信用条件延期支付的固定资产初始计量采用历史成本,而当期按照《企业会计准则第 4 号——固定资产》的规定,该类固定资产的初始成本应以购买价款的现值为基础确定。该事项的计量基础发生了变化,因此该变更是会计政策变更。

3. 以列报项目是否发生变更作为判断基础 《企业会计准则第 30 号——财务报表列报》规定了财务报表项目应采用的列报原则。通常,对列报项目的指定或选择是会计政策,其相应的变更是会计政策变更。例如,某商品流通企业在前期将商品采购费用列入销售费用,当期根据《企业会计准则第 1 号——存货》的规定,将采购费用列入存货成本。因为列报项目发生了变化,因此该变更是会计政策变更。

(二) 划分会计政策估计与会计变更的具体方法

企业在分析并判断某个事项变更的归属时,如果涉及上述一项判断基础的变更时,则该事项系会计政策变更;如果不涉及上述判断基础的变更时,则该事项系会计估计变更。例如,企业在前期将构建固定资产相关的一般借款利息计入当期损益,当期根据《企业会计准则》的规定,将其予以资本化,企业因此将对该事项进行变更。该事项的计量基础未发生变更,即都是以历史成本作为计量基础;该事项的会计确认发生了变更,即前期将借款费用确认为一项费用,而当期将其确认为一项资产;同时,会计确认的变更导致该事项在资产负债表和利润表相关项目的列报也发生了变更。因此,该事项涉及会计确认和列报的变更,属于会计政策变更。又如,企业原采用旧年限平均法计提固定资产折旧,根据固定资产使用的实际情况,企业决定改用年数总和法计提固定资产折旧。该事项前后采用的两种计提折旧的方法都是以历史成本作为计量基础,而对该事项的会计确认和列报项目也未发生变更,只是固定资产折旧、固定资产净值等相关金额发生了变化。因此,该事项属于会计估计变更。

第三节 前期差错及其更正

一、前期差错概述

（一）前期差错的含义及包括的内容

前期差错是指由于没有运用或错误运用信息，而对前期财务报表造成省略或错报。上述的信息有两种：一是编报前期财务报表时预期能够取得并加以考虑的可靠信息；二是前期财务报告批准报出时能够取得的可靠信息。

前期差错通常包括计算错误、应用会计政策错误、疏忽或曲解事实、舞弊产生的影响，以及存货、固定资产盘盈等。

（二）前期差错的类型

前期差错按其对财务报表使用者的影响程度不同，可分为以下两类。

1. 不重要的前期差错　　它是指不足以影响财务报表使用者对企业财务状况、经营成果和现金流量作出正确判断的会计差错。

2. 重要的前期差错　　它是指足以影响财务报表使用者对企业财务状况、经营成果和现金流量作出正确判断的前期差错。前期差错影响的财务报表的金额越大、性质越严重，其重要性就越大。

二、前期差错的更正方法

企业对于不同类型的前期差错，采用不同的更正方法，现分别予以阐述。

（一）不重要的前期差错的更正方法

企业对于不重要的前期差错，不需要调整财务报表相关项目的期初数，但应调整发现当期的相关项目，属于影响损益的，应直接计入当期相关的损益项目。

【例】2014年1月31日，沪光机械厂经检查发现2013年多提管理部门用设备折旧费3 600元，予以更正。作分录如下：

借：累计折旧　　　　　　　　　　　　　　　　　　　　　　3 600.00
　　贷：管理费用——折旧额　　　　　　　　　　　　　　　　3 600.00

企业发生固定资产盘盈，往往是以前年度账务处理差错所造成的，因此也应作为前期差错更正处理。

【例】2013年12月26日，恒顺电器厂盘盈摩托车一辆，经检查发现摩托车系2012年12月20日购进，价值9 600元，已计入当月的销售费用，该摩托车预计可使用8年，预计净残值率为4%，该厂固定资产折旧采用年限平均法，予以更正。作分录如下：

借：固定资产　　　　　　　　　　　　　　　　　　　　　　9 600.00
　　贷：累计折旧　　　　　　　　　　　　　　　　　　　　　1 152.00
　　贷：销售费用　　　　　　　　　　　　　　　　　　　　　8 448.00

(二) 重要的前期差错的更正方法

企业对于重要的前期差错,应当采用追溯重述法进行更正,但确定前期差错累积影响数不切实可行的除外。追溯重述法是指在发现前期差错时,视同该项前期差错从未发生过,从而对财务报表相关项目进行更正的方法。

企业应当在其发现重要的前期差错的当期财务报表中,调整前期比较数据。具体地说,通过下述处理对其进行追溯更正:① 追溯重述差错发生期间列报的前期比较金额。② 如果前期差错发生在列报的最早前期之前,则追溯重述列报的最早前期的资产、负债和所有者权益相关项目的期初余额。

对于发生的重要的前期差错,如果影响损益,应将其对损益的影响数调整发现差错当期的期初留存收益,财务报表其他相关项目的期初数也应一并调整;如果不影响损益,应调整财务报表相关项目的期初数。

【例】 2014年3月20日,中南电器公司经检查发现2013年多计产品销售成本120 000元,该公司的所得税税率为25%。公司分别按净利润的10%和5%计提法定盈余公积和任意盈余公积。

(1) 分析前期差错的影响数。该公司多计产品销售成本,将会少计利润总额,从而造成少计提应交所得税额和少计净利润,并造成少计提盈余公积。

(2) 编制相关项目的调整分录。

① 补列产品销售成本,作分录如下:

 借:库存商品 120 000.00
  贷:以前年度损益调整 120 000.00

② 补计提应交所得税额,作分录如下:

 借:以前年度损益调整 30 000.00
  贷:应交税费——应交所得税 30 000.00

③ 结转"以前年度损益调整"账户,作分录如下:

 借:以前年度损益调整 90 000.00
  贷:利润分配——未分配利润 90 000.00

④ 补提法定盈余公积和任意盈余公积,作分录如下:

 借:利润分配——未分配利润 13 500.00
  贷:盈余公积——法定盈余公积 9 000.00
  贷:盈余公积——任意盈余公积 4 500.00

(3) 财务报表的调整和重述。中南电器公司在列报2014年财务报表时,应调整2014年资产负债表有关项目的年初余额,利润表及所有者权益变动表的上年金额也应进行调整。

① 资产负债表相关项目金额的调整。调增"库存商品"项目年初余额120 000

元，调增"应交税费"项目年初余额30 000元；分别调增"盈余公积"项目年初余额和"未分配利润"项目年初余额13 500元和76 500元。

② 利润表项目的调整。调减"营业成本"项目上年金额120 000元；分别调增"销售利润"项目和"利润总额"项目上年金额各120 000元；分别调增"所得税费用"项目和"净利润"项目上年金额30 000元和90 000元。

③ 所有者权益变动表项目的调整。分别调增"前期差错更正"项目中"盈余公积"栏和"未分配利润"栏上年金额13 500元和76 500元，以及"所有者权益合计"栏上年金额90 000元。

"以前年度损益调整"是损益类账户，用以核算企业本年度发生的调整以前年度损益的事项以及本年发现的重要前期差错更正涉及调整以前年度损益的事项。企业调整增加的以前年度利润或调整减少的以前年度亏损，由于调整减少或增加以前年度利润或亏损而相应减少所得税费用，以及将以前年度多计的净利润结转"利润分配"账户时，记入贷方；企业调整减少的以前年度利润或调整增加的以前年度的亏损，由于调整增加或减少以前年度利润或亏损而相应增加的所得税费用，以及将以前年度少计的净利润结转"利润分配"账户时，记入借方。

三、前期差错更正的披露

企业应当在附注中披露与前期差错更正有关的信息：① 前期差错的性质。② 各个列报前财务报表中受影响的项目名称和更正金额。③ 无法进行追溯重述的，说明该事实和原因以及对前期差错开始进行更正的时点、具体更正情况等。

思 考 题

1. 什么是会计政策？什么是原则、基础和会计处理方法？
2. 试述会计政策的特点。
3. 企业应当披露哪些重要的会计政策？
4. 什么是会计政策变更？试述会计政策变更的条件。
5. 什么是追溯调整法？它由哪几个步骤构成？
6. 什么是累积影响数？试述累积影响数的计算程序。
7. 什么是未来适用法？它在什么情况下被采用？
8. 企业应当披露会计政策变更的哪些信息？
9. 什么是会计估计？它有哪些特点？
10. 企业应当披露哪些重要的会计估计？
11. 什么是企业估计变更？它有哪两种情形？
12. 会计估计变更有哪两种处理方法？

13. 试述会计政策变更与会计估计变更的划分基础。
14. 试述划分会计政策变更与会计估计变更的具体方法。
15. 什么是前期差错？它包括哪些内容？
16. 前期差错有哪两类？分述各类差错的更正方法。

习 题 一

一、目的 练习会计政策变更的处理方法。

二、资料 天成电器公司2010年1月至6月自行研究开发成功一项管理专有技术，开发阶段的支出为160 000元，当时全部列入"管理费用"账户。根据《企业会计准则》规定，企业内部研究开发的无形资产，开发阶段的支出应将其资本化，确认为无形资产。该准则于2012年1月1日起施行。该公司决定从2012年起将自行开发的无形资产入账，该资产预计使用寿命为8年。该公司的所得税税率为25%，公司分别按净利润的10%和5%提取法定盈余公积和任意盈余公积。

三、要求
1. 计算将自行开发的无形资产入账后的累积影响数。
2. 编制相关项目的调整分录。
3. 列出财务报表相关项目的调整金额。

习 题 二

一、目的 练习会计估计变更的处理方法。

二、资料 东方造船厂外购的一项专利权，共计180 000元，预计摊销10年，从2009年1月开始摊销。近年来，随着科技的进步，该项专利权的受益年限为9年，该企业决定从2010年起，将专利权的摊销年限变更为9年。

三、要求 计算该厂发生变更专利权的摊销年限后的年摊销额。

习 题 三

一、目的 练习前期差错的更正方法。

二、资料 天宝电器公司发生下列有关的经济业务：

1. 2013年12月27日，盘盈计算机一台，经检查发现该计算机系2012年12月5日购进，价值5 000元，已计入当月的管理费用，该计算机预计可使用5年，预计净残值率为4%，该公司固定资产采用年限平均法，予以更正。

2. 2014年2月10日,经检查发现2013年少提生产车间机器设备折旧费5 000元,予以更正。

3. 2014年3月15日,经检查发现2013年多计产品销售成本150 000元,该公司的所得税税率为25%,公司分别按净利润的10%和6%计提法定盈余公积和任意盈余公积,予以更正。

三、要求

1. 编制更正分录。
2. 根据编制的会计分录,对财务报表进行调整和重述。

第十四章 资产负债表日后事项

第一节 资产负债表日后事项概述

一、资产负债表日后事项的含义和涵盖的期间

（一）资产负债表日后事项的含义

资产负债表日后事项是指资产负债表日至财务报告批准报出日之间发生的有利或不利事项。

资产负债表日是指会计年度末和会计中期期末。会计中期期末包括半年期末、季末和月末。

财务报告批准报出日是指董事会或类似机构批准财务报告报出的日期。它通常是指对财务报告的内容负有法律责任的单位或个人批准财务报告对外公布的日期。

财务报告的批准者包括所有者、所有者的多数、董事会或类似管理单位、部门和个人。董事会有权制订公司的年度财务预算方案、决策方案、利润分配方案和弥补亏损方案。因此，公司制企业的财务报告批准报出日是指董事会批准财务报告批准报出的日期。非公司制企业的财务报告批准报出日是指经理（厂长）会议或类似机构批准财务报告批准报出的日期。

有利或不利事项是指资产负债表日后事项肯定对企业的财务状况和经营成果具有一定的影响，既包括有利影响，也包括不利影响。

（二）资产负债表日后事项涵盖的期间

资产负债表日后事项涵盖的期间是指自资产负债表日次日起至财务报告批准报出日止的一段期间。具体是指报告期间下一期间的第一天至董事会或类似机构批准财务报告对外公布的日期。财务报告批准报出以后、实际报出之前又发生与资产负债表日后事项有关的事项，并由此影响财务报告对外公布日期的，应以董事会或类似机构再次批准财务报告对外公布的日期为截止日期。

二、资产负债表日后事项的内容

资产负债表日后事项包括资产负债表日后调整事项和资产负债表日后非调整事项。调整事项是指对资产负债表日已经存在的情况提供了新的或进一步证据的事项,据以对资产负债表日所反映的收入、费用、资产、负债以及所有者权益进行调整。

(一) 资产负债表日后调整事项

资产负债表日后调整事项是指对资产负债表日已经存在的情况提供了新的或进一步证据的事项。

如果资产负债表日及所属会计期间已经存在某种情况,但当时并不知道其存在或者不能知道确切结果,资产负债表日后发生的事项能够证实该情况的存在或者确切结果,则该事项属于资产负债表日后调整事项。如果资产负债表日后事项对资产负债表日的情况提供了进一步的证据,证据表明的情况与原来的估计和判断不完全一致,则需要对原来的会计处理进行调整。

企业发生的资产负债表日后调整事项,通常包括下列各项:① 资产负债表日后诉讼案件结案,法院判决证实了企业在资产负债表日已经存在现时义务,需要调整原先确认的与该诉讼案件相关的预计负债,或确认一项新负债。② 资产负债表日后取得确凿证据,表明某项资产在资产负债表日发生了减值或者需要调整该项资产原先确认的减值金额。③ 资产负债表日后进一步确定了资产负债表日前购入资产的成本或售出资产的收入。④ 资产负债表日后发现了财务报表舞弊或差错。

(二) 资产负债表日后非调整事项

资产负债表日后非调整事项是指表明资产负债表日后发生的情况的事项。非调整事项的发生不影响资产负债表日企业财务报表的数据,只说明资产负债表日后发生了某些情况。非调整事项说明的情况对于财务报告使用者来说有的重要,有的不重要。其中重要的非调整事项虽然不影响资产负债表日财务报表的数据,但可能影响资产负债表日以后的财务状况和经营成果,不加以说明将会影响财务报告使用者作出正确估计和决策,因此需要适当披露。

企业发生的资产负债表日后非调整事项,通常包括下列各项:① 资产负债表日后发生重大诉讼、仲裁、承诺。② 资产负债表日后资产价格、税收政策、外汇汇率发生重大变化。③ 资产负债表日后因自然灾害导致资产发生重大损失。④ 资产负债表日后发行股票和债务以及其他巨额举债。⑤ 资产负债表日后资本公积转增资本。⑥ 资产负债表日后发生巨额亏损。⑦ 资产负债表日后发生企业合并或处置子公司。⑧ 资产负债表日后利润分配方案中拟分配股利或利润。

(三) 资产负债表日后调整事项与资产负债表日后非调整事项的区别

正确区分资产负债表日后调整事项与资产负债表日后非调整事项是处理资产负债表日后事项的关键。判定调整事项和非调整事项的基本条件是:第一,调整事项应符合以下两点:① 资产负债表日前已经发生,并根据当时掌握的资料已作了会计处理。② 资产负债表日后又获得新的证据,表明原会计处理不准确,需要重新或补充处理。第二,非调整事项应符合以下两点:① 资产负债表日后所发生的。② 对使用者理解财务报表有重大影响的。

第二节 资产负债表日后调整事项的会计处理

一、资产负债表日后调整事项的处理原则

企业发生的资产负债表日后调整事项,应当调整资产负债表日的财务报表。对于年度财务报表,由于资产负债表日后事项发生在报告年度的次年,报告年度的有关账目已经结转,特别是损益类账户在结账后已无余额。因此,年度资产负债表日后发生的调整事项,应具体分别以下情况进行处理。

1. 涉及损益的调整事项　　应通过"以前年度损益调整"账户核算。涉及损益的调整事项,如果发生在该企业资产负债表日所属年度(即报告年度)所得税汇算清缴前的,应调整报告年度应纳税所得额、应纳所得税额;发生在该企业报告年度所得税汇算清缴后的,应调整本年度(即报告年度的次年)应纳所得税额。

2. 涉及利润分配的调整事项　　应直接在"利润分配——未分配利润"账户核算。

3. 不涉及损益及利润分配的调整事项　　应调整相关的账户。

4. 调整财务报表相关项目的数据　　通过上述账务处理后,还应同时调整财务报表相关项目的数据,它包括:① 资产负债表日编制的财务报表相关项目的期末数或本年发生数。② 当期编制的财务报表相关项目的期初数或上年发生数。③ 经过上述调整后,如涉及报表附注内容的,还应作出相应调整。

二、资产负债表日后调整事项的具体会计处理方法

(一) 资产负债表日后诉讼案件结案形成的调整事项

企业在资产负债表日前发生的诉讼案件,在资产负债表日,当诉讼案件具备确认预计负债条件时,将其作为现时义务按最佳估计数入账;当资产负债表日后诉讼案件结案时,法院判决的结果与最佳估计数不一致时,一方面证实了企业在资产负债表日已经存在现时义务,另一方面需要调整原先确认的与该诉讼案件相关的预计负债,将其重新确认为负债。

【例】 2013 年 12 月 2 日,恒通公司因生产的新产品侵犯了凯迪公司的专利权而涉及一项诉讼案。根据企业法律顾问判断,最终的判决很可能对恒通公司不利。至年末,恒通公司尚未接到法院的判决。经分析,决定对该项诉讼案按最佳估计数 150 000 元,确认预计负债入账。这两个公司的财务报告批准报出日均为 2014 年 3 月 31 日,所得税税率均为 25%,均按净利润的 10% 和 5% 分别计提法定盈余公积和

任意盈余公积。2014年3月15日,法院判决恒通公司应赔偿凯迪公司180 000元,赔偿款于判决生效后10日内支付。并由恒通公司承担本案的诉讼费18 000元。

该例中,2014年3月15日的判决证实了恒通公司和凯迪公司在资产负债表日(即2013年12月31日)分别存在现时赔偿义务和获赔权利,因此它们均应将"法院判决"这一事项作为资产负债表日后调整事项处理。恒通公司和凯迪公司2013年所得税的汇算清缴均在2014年4月8日完成,现分别阐述这两个公司的核算。

1)恒通公司相关事项的核算。下面分别编制会计分录和调整年度财务报告两个方面阐述。

(1)编制相关事项的会计分录。

① 将应付诉讼费入账。3月15日,将应付法院的诉讼费入账,作分录如下:

借:以前年度损益调整　　　　　　　　　　　　　　　　　18 000.00
　　贷:其他应付款　　　　　　　　　　　　　　　　　　　18 000.00

② 将已确认的负债入账。3月15日,将应付凯迪公司的赔偿款入账,作分录如下:

借:预计负债　　　　　　　　　　　　　　　　　　　　150 000.00
借:以前年度损益调整　　　　　　　　　　　　　　　　　30 000.00
　　贷:其他应付款　　　　　　　　　　　　　　　　　　180 000.00

③ 将应退所得税额入账。3月15日,计提应退所得税额,作分录如下:

借:应交税费——应交所得税　　　　　　　　　　　　　12 000.00
　　贷:以前年度损益调整[(30 000+18 000)×25%]　　　12 000.00

④ 转销递延所得税资产。3月15日,转销预计负债时,相应转销递延所得税资产,作分录如下:

借:以前年度损益调整　　　　　　　　　　　　　　　　　37 500.00
　　贷:递延所得税资产　　　　　　　　　　　　　　　　　37 500.00

⑤ 支付诉讼费和赔偿款。3月25日,签发转账支票分别支付法院的诉讼费和凯迪公司的赔偿款,作分录如下:

借:其他应付款　　　　　　　　　　　　　　　　　　　198 000.00
　　贷:银行存款　　　　　　　　　　　　　　　　　　　198 000.00

⑥ 结转以前年度损益调整。3月31日,将"以前年度损益调整"账户的余额结转"利润分配"账户,作分录如下:

借:利润分配——未分配利润　　　　　　　　　　　　　73 500.00
　　贷:以前年度损益调整　　　　　　　　　　　　　　　73 500.00

⑦ 调整盈余公积。3月31日,按净利润变动额调整盈余公积,作分录如下:

借:盈余公积——法定盈余公积　　　　　　　　　　　　　　　7 350.00
　　借:盈余公积——任意盈余公积　　　　　　　　　　　　　　　3 675.00
　　　　贷:利润分配——未分配利润　　　　　　　　　　　　　　　　　11 025.00

(2) 调整年度财务报表的相应数据。

① 资产负债表相关项目年末余额的调整。调减"递延所得税资产"项目37 500元;调增"其他应付款"项目198 000元;调减"应交税费"项目12 000元;调减"预计负债"项目150 000元;调减"盈余公积"项目11 025元;调减"未分配利润"项目62 475元。

② 利润表相关项目本年金额的调整。调增"营业外支出"项目48 000元;调减"利润总额"项目48 000元;调增"所得税费用"项目25 500元(37 500-12 000);调减"净利润"项目73 500元。

③ 所有者权益变动表有关项目本年金额的调整。调减"净利润"项目中"所有者权益合计"栏73 500元;调减"利润分配"项目下的"提取盈余公积"项目中的"盈余公积"栏11 025元;调减"利润分配"项目下的"其他"项目中"未分配利润"栏62 475元;并相应的调整各栏的本年年末余额。

2) 凯迪公司的核算。分别编制会计分录和调整年度财务报表两个方面阐述。

(1) 编制相关事项的会计分录。

① 将应收账款入账。3月15日,根据法院的判决,将应收赔偿款入账,作分录如下:

借:其他应收款　　　　　　　　　　　　　　　　　　　　180 000.00
　　贷:以前年度损益调整　　　　　　　　　　　　　　　　　　　180 000.00

② 计提应交所得税额。3月15日,计提赔偿款收益应交所得税额,作分录如下:

借:以前年度损益调整　　　　　　　　　　　　　　　　　　45 000.00
　　贷:应交税费——应交所得税　　　　　　　　　　　　　　　　45 000.00

③ 收到赔偿款解行。3月15日,收到恒通公司付来赔偿款180 000元,存入银行,作分录如下:

借:银行存款　　　　　　　　　　　　　　　　　　　　　180 000.00
　　贷:其他应收款　　　　　　　　　　　　　　　　　　　　　　180 000.00

④ 结转以前年度损益调整。3月31日,将"以前年度损益调整"账户余额结转"利润分配"账户,作分录如下:

借：以前年度损益调整　　　　　　　　　　　　　　　135 000.00
　　贷：利润分配——未分配利润　　　　　　　　　　　　　　135 000.00

⑤ 补提盈余公积　　3月31日，按所获赔偿净收益补提盈余公积，作分录如下：

借：利润分配——未分配利润　　　　　　　　　　　　　 20 250.00
　　贷：盈余公积——法定盈余公积　　　　　　　　　　　　　13 500.00
　　贷：盈余公积——任意盈余公积　　　　　　　　　　　　　 6 750.00

(2) 调整年度财务报表相关项目的数据。

① 资产负债表相关项目年末余额的调整。调增"其他应收款"项目180 000元；调增"应交税费"项目45 000元；调增"盈余公积"项目20 250元；调增"未分配利润"项目114 750元。

② 利润表相关项目本年金额的调整。调增"营业外收入"项目180 000元；调增"利润总额"项目180 000元；调增"所得税费用"项目45 000元；调增"净利润"项目135 000元。

③ 所有者权益变动表相关项目本年金额的调整。调增"净利润"项目中"所有者权益合计"栏135 000元；调增"利润分配"项目下"提取盈余公积"项目中"盈余公积"栏20 250元；调增"利润分配"项目下"其他"项目中"未分配利润"栏114 750元；并相应调整各栏的本年年末余额。

(二) 资产负债表日后取得资产损失或减值的证据而形成的调整事项

企业在资产负债表日后取得确凿证据，表明某项资产在资产负债表日发生了损失或者需要调整该项资产原先确认的减值金额。

【例】 兴达公司2013年10月25日销售给开端公司产品一批，货款200 000元，增值税额34 000元。合同约定开端公司于收到产品后3个月内付款。兴达公司年末已按应收账款年末余额的5‰计提了坏账准备，其中开端公司为1 170元。兴达公司的财务报告批准报出日为2014年3月31日。2014年1月15日，兴达公司收到法院通知，开端公司已宣告破产清算，无力清偿全部账款，兴达公司预计可收到账款的70%。

该例中，2014年1月15日的法院通知证实了兴达公司在资产负债表日存在坏账损失，这一事项应作为资产负债表日后调整事项处理。兴达公司原按照"应收账款余额百分比法"提取了1 170元坏账准备，现应按照新的证据补提坏账准备。下面分别编制会计分录和调整年度财务报告两个方面阐述。

(1) 编制相关事项的会计分录。

① 补提坏账准备。1月15日，根据法院通知，补提开端公司账款的坏账准备，

作分录如下：

　　借：以前年度损益调整　　　　　　　　　　　　　　　　　　　69 030.00
　　　　贷：坏账准备(234 000×30%－1 170)　　　　　　　　　　　　　69 030.00

　② 调整递延所得税资产。1月15日，根据补提的坏账准备额，按25%所得税税率调整递延所得税资产，作分录如下：

　　借：递延所得税资产(69 030×25%)　　　　　　　　　　　　　　17 257.50
　　　　贷：以前年度损益调整　　　　　　　　　　　　　　　　　　17 257.50

　③ 结转以前年度损益调整。1月31日，将"以前年度损益调整"账户余额结转"利润分配"账户，作分录如下：

　　借：利润分配——未分配利润　　　　　　　　　　　　　　　　51 772.50
　　　　贷：以前年度损益调整　　　　　　　　　　　　　　　　　　51 772.50

　④ 调整盈余公积。1月31日，按净利润变动额的10%和6%分别调整法定盈余公积和任意盈余公积，作分录如下：

　　借：盈余公积——法定盈余公积　　　　　　　　　　　　　　　 5 177.25
　　借：盈余公积——任意盈余公积　　　　　　　　　　　　　　　 3 106.35
　　　　贷：利润分配——未分配利润　　　　　　　　　　　　　　　 8 283.60

　(2) 调整年度财务报表相关项目的数据。

　① 资产负债表相关项目年末余额的调整。调减"应收账款"项目69 030元；调增"递延所得税资产"项目17 257.50元；分别调减"盈余公积"项目和"未分配利润"项目8 283.60元和43 488.90元。

　② 利润表相关项目本年金额的调整。调增"资产减值损失"项目69 030元；分别调减"营业利润"项目和"利润总额"项目69 030元；调减"所得税费用"项目17 257.50元；调减"净利润"项目51 772.50元。

　③ 所有者权益变动表相关项目本年金额的调整。调减"净利润"项目中"所有者权益合计"栏51 772.50元；调减"利润分配"项目下"提取盈余公积"项目中"盈余公积"栏8 283.60元；调减"利润分配"项目下"其他"项目中"未分配利润"栏43 488.90元；并相应调整各栏的本年年末余额。

　(三) 资产负债表日后进一步确认收入形成的调整事项

　　企业在资产负债表日已根据收入确认的条件确认资产销售收入，但资产负债表日后获得关于资产收入的进一步证据，如发生销货退回等，也应调整财务报表相关项目的金额。至于资产负债表日后发生的销货退回，既包括报告年度或报告中期销售的商品在资产负债表日后发生的销货退回，也包括以前期间销售的商品在资产负债表日后发生的销售退回。

企业发生的资产负债表日后至财务报告批准报出日之间的销货退回事项,可能在该企业年度所得税汇算清缴之前,也可能在该企业年度所得税汇算清缴之后,现分别予以阐述。

1. 销货退回发生在该企业报告年度所得税汇算清缴之前的核算　涉及报告年度所属期间的销货退回发生在该企业报告年度所得税汇算清缴之前的,应调整报告年度利润表的收入、成本等,并相应调整报告年度的应纳税所得额以及报告年度应交的所得税额。

【例】2013年12月28日,华声公司销售给天明公司产品一批,货款50 000元,增值税额8 500元,货款尚未收到,已作为收入入账。该公司信誉很好,未计提坏账准备,并结转产品销售成本40 000元。2014年2月5日,因该批产品质量不符要求,已被退回。该公司将于2014年2月10日完成上年所得税的汇算清缴。编制调整相关事项的分录。

(1) 调整销售收入。2月5日,将退回产品作销货退出处理,作分录如下:

借:以前年度损益调整　　　　　　　　　　　　　　　　　　50 000.00
借:应交税费——应交增值税　　　　　　　　　　　　　　　8 500.00
　　贷:应收账款　　　　　　　　　　　　　　　　　　　　58 500.00

(2) 调整销售成本。2月5日,将退回产品验收入库,冲转产品销售成本,作分录如下:

借:库存商品　　　　　　　　　　　　　　　　　　　　　40 000.00
　　贷:以前年度损益调整　　　　　　　　　　　　　　　　40 000.00

(3) 将应退所得税额入账。2月5日,按25%所得税税率计提应退所得税额,作分录如下:

借:应交税费——应交所得税　　　　　　　　　　　　　　2 500.00
　　贷:以前年度损益调整　　　　　　　　　　　　　　　　2 500.00

(4) 结转以前年度损益调整。2月28日,将"以前年度损益调整"账户余额结转"利润分配"账户,作分录如下:

借:利润分配——未利润分配　　　　　　　　　　　　　　7 500.00
　　贷:以前年度损益调整　　　　　　　　　　　　　　　　7 500.00

(5) 调整盈余公积。2月28日,按净利润调整额的10%和5%分别调整法定盈余公积和任意盈余公积,作分录如下:

借:盈余公积——法定盈余公积　　　　　　　　　　　　　750.00
借:盈余公积——任意盈余公积　　　　　　　　　　　　　375.00
　　贷:利润分配——未利润分配　　　　　　　　　　　　1 125.00

然后，根据会计分录要相应调整2013年度的财务报表，调整资产负债表的"应收账款"、"库存商品"、"应交税费"、"盈余公积"和"未分配利润"项目的年末余额；调整利润表的"营业收入"、"营业成本"、"营业利润"、"利润总额"、"所得税费用"和"净利润"的项目的本年金额；调整所有者权益变动表的"净利润"项目；调整"利润分配"项目下"提取盈余公积"、"其他"项目的本年金额，具体调整方法和前例基本相同，不再重述。

2. 销售退回发生在该企业报告年度所得税汇算清缴之后的核算　　涉及报告年度所属期间的销货退回发生在该企业报告年度所得税汇算清缴之后的，应调整报告年度利润表的收入、成本等。但按照税法规定，在这期间的销货退回所涉及的应交所得税，应作为本年度的纳税调整事项。因此，其核算方法，除了不需要调整报告年度的所得税外，所需编制调整相关事项的会计分录，与销售退回发生在该企业报告年度所得税汇算清缴之前的相同，不再重述。

（四）资产负债表日后发现财务报表舞弊或差错

企业在资产负债表日后发现报告期或以前期间存在的财务报表舞弊或差错后，应当将其作为资产负债表日后调整事项，调整报告期间的财务报告相关项目的数据。具体会计处理本书在第十三章第三节已作了阐述，不再重复。

第三节　资产负债表日后非调整事项的会计处理

一、资产负债表日后非调整事项的处理原则

企业发生的资产负债表日后非调整事项，是表明资产负债表日后发生的情况的事项，与资产负债表日后存在状况无关，不应当调整资产负债表日后的财务报表。但有的非调整事项对财务报表使用者具有重大影响，如不予以说明，将不利于财务报表使用者作出正确估计和决策，因此，应在附注中进行披露。

二、资产负债表日后非调整事项的具体会计处理方法

资产负债表日后发生的非调整事项，应当在报表附注中进行披露每项重要的资产负债表日后非调整事项的性质、内容及其对财务状况和经营成果的影响。无法作出估计的，应当说明原因。

资产负债表日后调整事项通常包括以下八项。

（一）资产负债表日后发生重大诉讼、仲裁、承诺

资产负债表日后发生的重大诉讼、仲裁、承诺等事项，对企业影响较大，为防止误导投资者及其他财务报告使用者，应当在报表附注中予以披露。

（二）资产负债表日后资产价格、税收政策和外汇汇率发生重大变化

资产负债表日后资产价格、税收政策和外汇汇率发生重大变化，虽然不会影响

资产负债日财务报表相关项目的数据,但对企业资产负债表日后期间的财务状况和经营成果有重大影响,应当在报表附注中予以披露。

【例】 东风科技公司2013年按25%税率交纳企业所得税,其财务报告批准报出日为2014年3月31日。2014年1月30日,该公司接到当地税务部门的通知,其申报的高新技术企业已被认定,从2014年起按15%税率征收企业所得税。

该例中,东风科技公司2013年已按25%税率交纳企业所得税,但2014年起将按15%税率交纳企业所得税,对于这一税率的重大变化,应对由此而产生的影响在报表附注中进行披露。

(三)资产负债表日后因自然灾害发生重大损失

企业因自然灾害导致资产重大损失而对其资产负债表日后财务状况影响较大的,如果不进行披露,有可能使财务报告使用者作出错误的决策。因此应作为非调整事项在报表附注中进行披露。

(四)资产负债表日后发行股票和债券以及其他巨额举债

企业发行股票、债券以及向银行或非银行金融机构举借巨额债务都是比较重大的事项,虽然这一事项与企业资产负债表日的存在状况无关,但是这一事项的披露能使财务报告使用者了解与此有关的情况及可能带来的影响,因此应当在报表附注中进行披露。

(五)资产负债表日后资本公积转增资本

企业以资本公积转增资本将会改变企业的资本(或股本)结构,影响较大,应当在报表附注中进行披露。

(六)资产负债表日后发生巨额亏损

企业资产负债表日后发生巨额亏损将会对企业报告期以后财务状况和经营成果产生重大影响,应当在报表附注中及时披露该事项,以便为投资者或其他财务报告使用者作出正确决策提供信息。

(七)资产负债表日后发生企业合并或处置子公司

企业合并或者处置子公司的行为可以影响股权结构、经营范围等方面,对企业未来的生产经营活动能产生重大影响,应当在报表附注中进行披露。

(八)资产负债表日后利润分配方案中拟分配的股利或利润

资产负债表日后企业制定利润分配方案,拟分配股利或利润的行为,并不会导致企业在资产负债表日形成现时义务,不应该调整资产负债表日的财务报告。但是该事项对企业资产负债表日后财务状况有较大影响,可能导致企业现金大规模流出,企业股权结构变动等。为了便于财务报告使用者更充分地了解相关信息,企业需要将其作为非调整事项在财务报告中予以披露。

第十四章 资产负债表日后事项

思 考 题

1. 什么是资产负债表日后事项？什么是资产负债表日和财务报告批准报出日？
2. 试述资产负债表日后事项涵盖的期间。
3. 什么是资产负债表日后调整事项？它通常包括哪些事项？
4. 什么是资产负债表日后非调整事项？它通常包括哪些事项？
5. 试述资产负债表日后调整事项与资产负债表日后非调整事项的区别。
6. 试述资产负债表日后调整事项的处理原则。
7. 试述资产负债表日后诉讼案件结案形成的调整事项的具体会计处理方法。
8. 试述资产负债表日后非调整事项的处理原则。

习 题 一

一、目的 练习资产负债表日后调整事项的会计处理。

二、资料

1. 2012年12月5日，康达公司因生产的新产品侵犯了威远公司的专利权而涉及一项诉讼案，根据企业法律顾问判断，最终的判决很可能对该公司不利。至年末尚未接到法院的判决。经分析后决定对该项诉讼案按最佳估计数160 000元确认预计负债入账。这两个公司的财务报告批准报出日均为2013年3月31日，所得税税率均为25%，所得税的汇算清缴均在2013年4月5日完成。两个公司均按净利润的10%和5%分别计提法定盈余公积和任意盈余公积。2013年3月10日，法院判决康达公司应赔偿威远公司188 000元，并承担诉讼费19 000元，赔偿款和诉讼费均在判决生效后10日内支付。

2. 2012年10月26日，鸿兴公司销售给天宏公司产品一批，货款250 000元，增值税额42 500元。合同约定天宏公司在收到产品后3个月内付款，鸿兴公司年末已按应收账款年末余额的8‰计提了坏账准备，其中天宏公司为2 340元。鸿兴公司的财务报告批准报出日为2013年3月31日。2013年1月20日，鸿兴公司收到法院通知，天宏公司已宣告破产清算，无力清偿全部债务，鸿达公司预计可收到账款的72%。鸿兴公司按净利润的10%和6%分别计提法定盈余公积和任意盈余公积。

3. 2012年12月30日，武宁公司销售给凯民公司产品一批，货款80 000元，增值税额13 600元，账款尚未收到，已作为收入入账。该公司信誉很好，未计提坏账准备，并结转产品销售成本60 000元。2013年2月16日，因该产品质量不符要求已被退回。该公司将于2013年2月20日完成上年所得税的汇算清缴。武宁公司按净利润的10%和6%分别计提法定盈余公积和任意盈余公积。

三、要求

1. 根据"资料1",分别编制康达公司和威远公司相关事项的会计分录,并调整年度财务报表的相应数据。

2. 根据"资料2",编制鸿兴公司相关事项的会计分录,并调整年度财务报表的相应数据。

3. 根据"资料3",编制武宁公司相关事项的会计分录,并调整年度财务报表的相应数据。

4. 如果武宁公司已于2013年2月15日完成上年所得税的汇算清缴,其他资料不变,则重新对武宁公司的调整事项进行会计处理。

附录一 复利现值系数表

N\i	1%	2%	3%	4%	5%	6%	7%	8%	9%	10%
1	0.9901	0.9804	0.9709	0.9615	0.9542	0.9434	0.9346	0.9259	0.9174	0.9091
2	0.9803	0.9612	0.9426	0.9246	0.9070	0.8900	0.8734	0.8573	0.8417	0.8264
3	0.9706	0.9423	0.9151	0.8890	0.8638	0.8396	0.8163	0.7938	0.7722	0.7513
4	0.9610	0.9238	0.8885	0.8548	0.8227	0.7921	0.7629	0.7350	0.7084	0.6830
5	0.9515	0.9057	0.8626	0.8219	0.7835	0.7473	0.7130	0.6806	0.6499	0.6209
6	0.9420	0.8880	0.8375	0.7903	0.7462	0.7050	0.6663	0.6302	0.5963	0.5645
7	0.9327	0.8706	0.8131	0.7599	0.7107	0.6651	0.6227	0.5835	0.5470	0.5132
8	0.9235	0.8535	0.7894	0.7307	0.6768	0.6274	0.5820	0.5403	0.5019	0.4665
9	0.9143	0.8368	0.7664	0.7026	0.6446	0.5919	0.5439	0.5002	0.4604	0.4241
10	0.9052	0.8203	0.7441	0.6756	0.6139	0.5584	0.5083	0.4632	0.4224	0.3855
11	0.8963	0.8043	0.7224	0.6496	0.5847	0.5268	0.4751	0.4289	0.3875	0.3505
12	0.8874	0.7885	0.7014	0.6246	0.5568	0.4970	0.4440	0.3971	0.3555	0.3186
13	0.8787	0.7730	0.6810	0.6006	0.5303	0.4688	0.4150	0.3677	0.3262	0.2897
14	0.8700	0.7579	0.6611	0.5775	0.5051	0.4423	0.3878	0.3405	0.2992	0.2633
15	0.8613	0.7430	0.6419	0.5553	0.4810	0.4173	0.3624	0.3152	0.2745	0.2394
16	0.8528	0.7284	0.6232	0.5339	0.4581	0.3936	0.3387	0.2919	0.2519	0.2176
17	0.8444	0.7142	0.6050	0.5134	0.4363	0.3714	0.3166	0.2703	0.2311	0.1978
18	0.8360	0.7002	0.5874	0.4936	0.4155	0.3503	0.2959	0.2502	0.2120	0.1799
19	0.8277	0.6864	0.5703	0.4746	0.3957	0.3305	0.2765	0.2317	0.1945	0.1635
20	0.8195	0.6730	0.5537	0.4564	0.3769	0.3118	0.2584	0.2145	0.1784	0.1486

注：N 为计息期数；i 为利率。

附录二

年金现值系数表

N \ i	1%	2%	3%	4%	5%	6%	7%	8%	9%	10%
1	0.9901	0.9804	0.9709	0.9615	0.9524	0.9434	0.9346	0.9259	0.9174	0.9091
2	1.9704	1.9416	1.9135	1.8861	1.8594	1.8334	1.8080	1.7833	1.7591	1.7355
3	2.9410	2.8839	2.8286	2.7751	2.7232	2.6730	2.6243	2.5771	2.5313	2.4869
4	3.9020	3.8077	3.7171	3.6299	3.5460	3.4651	3.3872	3.3121	3.2397	3.1699
5	4.8534	4.7135	4.5797	4.4518	4.3295	4.2124	4.1002	3.9927	3.8897	3.7908
6	5.7955	5.6014	5.4172	5.2421	5.0757	4.9173	4.7665	4.6229	4.4859	4.3553
7	6.7282	6.4720	6.2303	6.0021	5.7864	5.5824	5.3893	5.2064	5.0330	4.8684
8	7.6517	7.3255	7.0197	6.7327	6.4632	6.2098	5.9713	5.7466	5.5348	5.3349
9	8.5660	8.1622	7.7861	7.4353	7.1078	6.8017	6.5152	6.2469	5.9952	5.7590
10	9.4713	8.9826	8.5302	8.1109	7.7217	7.3601	7.0236	6.7101	6.4177	6.1446
11	10.3676	9.7868	9.2526	8.7605	8.3064	7.8869	7.4987	7.1390	6.8052	6.4951
12	11.2551	10.5753	9.9540	9.3851	8.8633	8.3838	7.9427	7.5361	7.1607	6.8137
13	12.1337	11.3484	10.6350	9.9856	9.3936	8.8527	8.3577	7.9038	7.4869	7.1034
14	13.0037	12.1062	11.2961	10.5631	9.8986	9.2950	8.7455	8.2442	7.7862	7.3667
15	13.8651	12.8493	11.9379	11.1184	10.3797	9.7122	9.1079	8.5596	8.0607	7.6061
16	14.7179	13.5777	12.5611	11.6523	10.8378	10.1059	9.4466	8.8514	8.3126	7.8237
17	15.5623	14.2919	13.1661	12.1657	11.2741	10.4773	9.7632	9.1216	8.5436	8.0216
18	16.3983	14.9920	13.7535	12.6593	11.6896	10.8276	10.0591	9.3719	8.7556	8.2014
19	17.2260	15.6785	14.3238	13.1339	12.0853	11.1581	10.3356	9.6036	8.9501	8.3649
20	18.0456	16.3514	14.8775	13.5903	12.4622	11.4699	10.5940	9.8181	9.1285	8.5136

丁元霖最新财会系列教材

会计学基础 定价：27.00元

会计学基础习题与解答 定价：26.00元

财务会计 定价：39.00元

财务会计习题与解答 定价：28.00元

成本会计 定价：37.00元

成本会计习题与解答 定价：21.00元

财务管理 定价：33.00元

财务管理习题与解答 定价：12.50元

管理会计 定价：27.00元

管理会计习题与解答 定价：18.00元

税务会计 定价：25.00元

税务会计习题与解答 定价：18.00元

全国各地新华书店、经济书店均有销售
本社发行科可以办理邮购

电话：021-64411389、64411367　　传真：021-64411325
地址：上海市中山西路2230号　　邮编：200235
邮购汇款额＝书款＋邮资(书款总额10％)＋邮挂费(3元)

丁元霖最新财会系列丛书

商品流通企业会计	定价：37.00元
商品流通企业会计习题与解答	定价：28.00元
商品流通企业会计模拟实习	定价：32.00元
商品流通企业会计模拟实习解答	定价：14.00元
旅游饮食服务业会计	定价：33.00元
旅游饮食服务业会计习题与解答	定价：24.00元
银行会计	定价：34.00元
银行会计习题与解答	定价：23.00元
外贸会计	定价：39.00元
外贸会计习题与解答	定价：24.00元
物流企业会计	定价：25.00元
物流企业会计习题与解答	定价：22.00元

全国各地新华书店、经济书店均有销售

本社发行科可以办理邮购

电话：021-64411389、64411367　　传真：021-64411325

地址：上海市中山西路2230号　　邮编：200235

邮购汇款额＝书款＋邮资(书款总额10%)＋邮挂费(3元)